L'ONTOLOGIE D'ARISTOTE
AU CARREFOUR
DU LOGIQUE ET DU RÉEL

BIBLIOTHÈQUE D'HISTOIRE DE LA PHILOSOPHIE

NOUVELLE SÉRIE

Fondateur : Henri GOUHIER

Directeur : Jean-François COURTINE

L'ONTOLOGIE D'ARISTOTE AU CARREFOUR DU LOGIQUE ET DU RÉEL

par

Annick STEVENS

Ouvrage publié avec le concours de la Fondation Universitaire de Belgique et de la Fondation Francqui

PARIS

LIBRAIRIE PHILOSOPHIQUE J. VRIN

6, Place de la Sorbonne, V^e^

—

2000

Imprimé en France
ISSN 0249-7980
ISBN 2-7116-1424-7

Pour Jacques,
Alice et Philémon

« Locke, au XVIIe siècle, postula (et réprouva) une langue impossible dans laquelle chaque chose individuelle, chaque pierre, chaque oiseau et chaque branche eût un nom propre ; Funes projeta une fois une langue analogue mais il la rejeta parce qu'elle lui semblait trop générale, trop ambiguë. En effet, non seulement Funes se rappelait chaque feuille de chaque arbre de chaque bois, mais chacune des fois qu'il l'avait vue ou imaginée (...) Non seulement il lui était difficile de comprendre que le symbole générique chien *embrassât tant d'individus dissemblables et de formes diverses ; cela le gênait que le chien de trois heures quatorze (vu de profil) eût le même nom que le chien de trois heures un quart (vu de face) ».*

J. L. Borges, Funes ou la mémoire.

INTRODUCTION

Plus que tout autre ouvrage philosophique, la *Métaphysique* d'Aristote s'est transmise au cours de l'Histoire accompagnée d'une variété impressionnante d'interprétations. La cause principale en est que les quatorze livres réunis à l'époque hellénistique sous le titre « Μετὰ τὰ φυσικά » n'étaient pas destinés par Aristote à la publication mais lui servaient de notes et de recherches personnelles. Il en résulte un manque indéniable de liens explicites entre les multiples questions traitées, de sorte que l'objet, la nature et l'unité même de la science qui y est décrite sont, jusqu'à nos jours encore, sujets à controverse. On peut discerner cependant trois grands courants d'interprétation, qui se poursuivent depuis les premiers commentateurs grecs jusqu'à l'époque contemporaine. Pour le premier, l'objet véritable de l'ouvrage est l'être en général et la science qui doit l'appréhender est la philosophie générale ou l'ontologie [1]. Pour le second, il s'agit de l'être éminent, immuable, parfait et servant de principe pour les autres, de sorte que la science la plus haute, à laquelle doit aboutir la recherche, est la théologie. Chacune de ces deux études peut également inclure celle qu'Aristote annonce comme consacrée aux causes et principes premiers du réel dans son ensemble. Enfin, un troisième courant réalise une synthèse entre les deux sciences, soit par l'identification de leurs objets, soit par la relation de dépendance de l'une à l'autre. Chacune de ces trois interprétations se revendique des textes, mais en choisissant de privilégier par rapport aux autres ceux qui instituent, respectivement, la science de l'étant

1. Le terme même d'ontologie n'a été forgé qu'au 17e siècle; dans le contexte aristotélicien, je l'utiliserai toujours pour traduire la « science de l'étant en tant qu'étant ». A propos des contenus différents qu'ont reçus, au cours du Moyen Age et des Temps Modernes, les termes « métaphysique », « philosophie première », « ontologie », « métaphysique générale et spéciale », consulter L. Couloubaritsis (1990, p. 297-308) et J.-Fr. Courtine (1990).

en général, ou la science de la substance immobile, ou une possible fusion des deux sciences. Ainsi, au 19e siècle encore, coexistaient des opinions aussi différentes que celle de Schwegler, qui identifiait l'étant en tant qu'étant à la substance divine comme objet unique d'une métaphysique purement théologique[1], celle de Bonitz qui distinguait la philosophie générale et la philosophie première[2], celle de Zeller qui ne voyait qu'une seule science dans la théologie et la science des premiers principes[3], enfin celle de Grote pour qui la science décrite dans la *Métaphysique* était tout à la fois ontologie et théologie, la plus universelle et la plus haute, consacrée aussi bien à l'étant en tant qu'étant qu'aux premiers moteurs[4]. Le point commun entre ces conceptions était l'idée qu'il n'y avait pas de contradiction définitive entre les multiples questions traitées mais que d'une manière ou d'une autre on pouvait en reconstituer une unité. Cette relative confiance fut renversée par Natorp qui montra que les deux conceptions étaient inconciliables et avança la thèse que les passages théologiques étaient des intrusions étrangères à la pensée d'Aristote, qui devaient être éliminées du texte[5]. Suivant ce constat de deux versions antagonistes, Jaeger proposa néanmoins de les conserver toutes les deux en expliquant chronologiquement leur différence : les passages théologiques représentaient une version ancienne, encore platonicienne, de la science première, tandis que la description de l'ontologie générale reflétait la maturité aristotélicienne[6].

Les années qui suivirent ce double événement furent décevantes : on tenta de retrouver une conciliation possible entre les deux sciences, par des moyens tous insatisfaisants. Les uns posèrent comme clef de voûte du système un petit paragraphe du livre E où, en contradiction avec ce qui se trouve affirmé partout ailleurs, les deux objets sont attribués à la même science[7] ; les autres reprirent une conception de l'être inspirée du néoplatonisme, selon laquelle tous les étants reçoivent l'être grâce à leur relation

1. A. Schwegler, 1848, IV, p. 35. Cette identification est devenue rare ; elle est encore le fait de L. Robin (1908, p. 152), de Ph. Merlan (*passim*) et de J. Owens (1978[3]). Elle se fonde principalement sur certains passages du livre K, dont l'inauthenticité me semble indiscutable depuis la remarquable étude de P. Aubenque (1983), qui en a montré non seulement les multiples anomalies stylistiques mais surtout les contresens sur des points non controversés, bien attestés par des textes sûrs.

2. H. Bonitz, 1849, II, p. 174, 285.

3. E. Zeller, 1897, I, p. 291-292.

4. G. Grote, 1883, p. 423.

5. P. Natorp, 1888, p. 49-50.

6. W. Jaeger, 1923, *passim*.

7. Voir les travaux de W. D. Ross, A. Mansion, G. Reale, E. Berti, V. Décarie. L'authenticité de ce passage est de plus en plus contestée (cf. W. Leszl, 1975, p. 528-538 ; P. Rodrigo, 1995, p. 24-26 ; E. Martineau, 1997).

avec l'être premier et divin [1] ; les autres encore invoquèrent une « analogie » de l'être en vertu de laquelle ils réduisaient progressivement l'étant universel à la seule substance, puis celle-ci à la substance immobile [2]. Considéré ainsi, l'ouvrage d'Aristote mérite le reproche heideggerien attribué à toute métaphysique : la question ontologique est réduite à une question onto-théologique, la richesse intrinsèque de l'être oubliée au profit du privilège d'un être particulier [3]. Dans tous les cas, la subordination de l'universel au premier est insuffisamment montrée, et une tâche critique importante de mon travail sera de mettre en évidence les erreurs sur lesquelles elle repose, qui sont principalement une mauvaise détermination du domaine des sciences définies par Aristote, une mauvaise compréhension de la relation uni-référentielle existant entre les significations de l'être, une simplification abusive de l'explication causale de l'univers physique à partir du premier moteur immobile. Une variante plus cognitiviste de cette subordination a été présentée récemment sous deux formes : selon R. Brague, dans la structure « katholou-prôtologique » que constitue l'univers aristotélicien, le divin est avant tout principe d'intelligibilité, au sens où il réalise de la manière la plus pure ce que la connaissance observe de manière imparfaite dans les autres étants [4] ; selon L. Couloubaritsis, « le problème de l'universalité de la métaphysique aristotélicienne n'est pas tributaire du rapport ontologique entre Dieu et les autres étants, mais concerne principalement le savoir comme tel », car elle « se réfère au savoir lui-même dans son déploiement à partir de la sensation jusqu'à son opposé, c'est-à-dire ce qui est absolument intelligible » [5] ; on voit que, de

1. Cf. H. von Arnim (1928, p. 32), E. von Ivanka (1932, p. 23-24).

2. O. Hamelin (1920, p. 394), L. Robin (1944, p. 106-109). Les auteurs cités à la note 7 de la page précédente attribuent le même effet réducteur à la relation « πρὸς ἕν », qu'ils aient ou non abandonné la traduction de ce procédé par la notion d'« analogie d'attribution », héritée du Moyen Age. G. Reale est le principal auteur de la réduction progressive du champ de la philosophie, de l'ensemble des étants à la seule substance, et de la substance en général à la seule substance divine. On trouve un écho récent de cette réduction chez M. Zingano, selon lequel, grâce à l'unité focale, « la doctrine de la substance prend la place de la science si recherchée – et toujours disputée – de l'être » (1997, p. 336). Une variante de la subordination de l'ontologique au théologique est avancée par J. Vuillemin, selon lequel l'unité « analogique » de la Métaphysique générale est insuffisante pour en faire une science, de sorte qu'elle doit être légitimée par la Métaphysique spéciale (1967, p. 42-43). La même conception est encore affirmée par J. Follon et G. Gérard (1992).

3. On trouvera une présentation des interprétations onto-théologiques de la *Métaphysique,* à la lumière de la critique heideggerienne, dans la synthèse récente de R. Lefèbvre (1990).

4. R. Brague (1988) ; description de J.-F. Courtine (1989, p. 44).

5. L. Couloubaritsis, 1992, p. 518-519.

cette manière également, le savoir de l'être universel est conditionné par le savoir d'un être premier.

Un nouvel événement marquant dans l'exégèse du texte fut l'étude de P. Aubenque, qui ruina l'interprétation onto-théologique sur le mode de l'échec, en affirmant que, d'une part, l'ontologie visée par Aristote n'est pas réalisée et n'est pas réalisable, à la fois parce qu'elle n'a accès qu'à l'étant sublunaire et parce que l'unité des sens de l'être par leur rapport à l'*ousia* est insuffisamment fondée ; que, d'autre part, même la théologie est impossible car le transcendant est radicalement inconnaissable[1]. La réfutation du caractère réducteur de l'onto-théologie se poursuit avec W. Leszl et L. Couloubaritsis[2], qui refusent cependant la conclusion aporétique de P. Aubenque et proposent de redéfinir les conditions de possibilité d'une science de l'être en tant qu'être.

Le changement le plus fondamental introduit par ces deux derniers auteurs consiste à accorder une attention nouvelle non seulement au statut des principes, mais aussi au statut des autres concepts qui régissent toute la connaissance de l'étant et dont Aristote rend compte de manière approfondie, dans des parties de l'ouvrage qui ont toujours été tenues pour secondaires. L'analogie des principes permet, en effet, de nier que tout principe doive être transcendant, et que l'explication ultime du réel doive se fonder sur un principe premier unique[3]; mais surtout elle révèle la

1. P. Aubenque, 1962. J. Brunschwig, examinant la thèse de cet ouvrage (1964, p. 185-190), émet déjà des doutes sur « le caractère indéfini de la recherche sur l'être dans son unité » qui identifierait l'ontologie à la dialectique. D'une manière plus complète, T.H. Irwin (1990) réfute les arguments qu'avance Aubenque (ainsi que ceux d'autres auteurs) pour déclarer aporétique la réflexion d'Aristote en *Métaph.* Z, quand bien même on la considérerait comme une discussion dialectique. A partir de la même constatation que l'ontologie n'est pas une science parce que l'être n'est pas un genre, mais que ses tâches sont dialectiques, J. Moreau poursuit d'une toute autre manière, en fondant la scientificité de l'étude de l'être en général « dans la considération de l'être absolu, c'est-à-dire dans la théologie. » (1977, p. 596).

2. Pour ce dernier, voir particulièrement 1983, p. 60-61.

3. S. Mansion (1955, p. 263) avait déjà noté que les apories du livre B concernant la transcendance, l'éternité, la substantialité et l'universalité des principes n'étaient de véritables apories que dans un cadre platonicien mais que pour Aristote elles servaient seulement d'introduction à ses propres solutions. Au contraire, P. Aubenque considère comme une des raisons de l'échec d'Aristote à instituer une ontologie générale son acceptation des exigences d'incorruptibilité, de transcendance et d'hétérogénéité des principes pour le sublunaire et le supralunaire (1962, en particulier p. 314-322). Quant à la réduction à un principe unique, elle est encore défendue par E. Berti en 1979, quand il reproche à W. Leszl de nier « l'effective dépendance de l'univers entier d'un principe qui est le premier être et le premier un, et, en conséquence, la possibilité d'une science unique qui embrasse à la fois le principe et toute la réalité restante » (p. 110, n. 93) ; il reviendra néanmoins sur cette position dans son étude beaucoup plus nuancée de 1981 (p. 240-250).

possibilité de connaître directement l'universel à partir de ses structures intrinsèques. Font également partie de celles-ci toutes ces notions ontologiques et hénologiques qu'Aristote appelle les « propriétés par soi de l'étant en tant qu'étant » : leur étude la plus systématique se trouve aux livres Δ et I, mais on constate rapidement que l'ensemble des livres les plus utilisés gagnent à être lus selon cette perspective qui révèle de façon infiniment plus claire l'objectif d'Aristote et sa réalisation effective. Aussi, W. Leszl redéfinit l'objet de la *Métaphysique* de la manière suivante : « Les principales tâches attribuées par Aristote à la science de l'étant en tant qu'étant, telles que la discussion de certaines notions neutres-topiques comme celles de priorité et de postériorité, de catégories et des différents types d'unité, ainsi que le traitement de certains jugements sur l'existence et le mode d'être des entités, peuvent seulement être considérées comme des tâches appartenant à une enquête concernant l'interrelation entre le langage (ou l'activité conceptuelle en général) et la réalité, que j'appelle ontologie, puisqu'elle est à propos de la réalité, mais est telle parce qu'elle concerne les conditions d'intelligibilité de la réalité, donc le fait même qu'elle est réalité »[1]. A sa suite, L. Couloubaritsis précise encore cette tâche en la définissant comme le domaine de l'hénologie, car c'est l'Un qui, finalement, « intègre toute forme d'unité et toutes les catégories, non plus comme leur essence mais comme leur condition d'unification et d'intelligibilité d'un réel fragmenté »[2]. Autrement dit, l'étant reste l'objet du savoir, qui donc est ontologique, mais l'hénologie possède sur l'ontologie un primat méthodologique, du fait que tous les concepts nécessaires, tels que l'identité et la différence, l'antérieur et le postérieur, la contrariété, le tout et la partie, l'universel et le particulier, l'espèce, le genre et l'analogie, etc., échappent à l'ontologie et entrent sous la question de l'Un[3]. Cependant, cette conception devient chez lui une héno-onto-théologie au sens où l'« étance divine et immatérielle » est considérée comme le point

1. W. Lezsl, 1975, p. 48. L'auteur accentue peut-être trop, par rapport à ce qu'on lit dans les textes aristotéliciens, la priorité de l'étude du langage ou du rapport entre le langage et la réalité extralinguistique, faisant ainsi de l'ontologie une « logique au sens large » (p. 541-542). La préoccupation fondamentale d'Aristote me semble être l'étude des principes généraux de la réalité, et secondairement celle des principes de la connaissance, au sens d'une exigence de scientificité et d'adéquation du discours au réel. W. D. Ross, qui reconnaît cette tâche de la science générale, de définir les principes et les termes se trouvant dans toute la réalité, estime néanmoins que la métaphysique comprise comme science de la réalité indépendante et immobile est plus répandue dans les œuvres d'Aristote et plus en accord avec la méfiance envers une science universelle dans les *Analytiques Postérieurs* (1924, p. 252-253). Nous verrons qu'une telle affirmation ne résiste pas à l'examen des textes.

2. L. Couloubaritsis, 1990, p. 33.

3. *Id.*, 1992, p. 500-501.

ultime du déploiement de la science de l'étant, à laquelle on peut rapporter « toutes les autres étances qui se suivent selon un ordre hiérarchique. »[1]

Mon étude se situe, par conséquent, dans la perspective ouverte par ces deux auteurs, mais ne suit pas L. Couloubaritsis pour l'inclusion de toutes les conditions épistémologiques dans la seule hénologie, ni pour le retour à un ordre vertical du réel et du savoir. En effet, mon intention est de montrer que tous ces concepts qui définissent *a priori* les cadres épistémologiques nécessaires à l'intelligibilité du réel, forment une structure à un seul niveau, qui s'applique de manière distributive et égale à l'ensemble des étants. D'autre part, puisque ces concepts se traduisent dans la réalité extralinguistique comme des propriétés par soi des étants en tant qu'étants, ils sont en même temps conditions d'intelligibilité et principes d'être des étants, de sorte que l'ontologie d'Aristote est à la fois une épistémologie et une ontologie proprement dite, à condition de prendre celle-ci comme une étude de l'étant en intension et non en extension. Cette double face de l'enquête, à la fois linguistico-sémantique et proprement ontologique, évite aussi qu'elle se confonde avec une partie de la logique. Si donc, en montrant que les étants sont intelligibles à partir de leurs propres structures, je reviens à la position traditionnelle d'une correspondance entre le logique et l'ontologique et réaffirme la possibilité d'une connaissance de l'universel, ce n'est pas d'une manière traditionnelle. Quant à la théologie, un examen terminologique rigoureux montrera qu'elle possède son domaine propre qui est l'étude de la substance immobile, car c'est ainsi que les textes la disent première science théorétique et philosophie première. Le fait que cette science particulière soit exposée dans la seconde partie du livre Λ ne la fait pas entrer en concurrence avec l'ontologie mais confirme, s'il le fallait encore, la juxtaposition de traités indépendants et la vanité de toute tentative d'identifier l'une ou l'autre avec « la métaphysique ». L'objet principal du traité n'en reste pas moins la science universelle de l'étant car c'est à son propos qu'Aristote institue un type de science totalement original et unique dans l'Antiquité.

Pour appuyer cette interprétation nouvelle, les principales étapes du présent travail devront donc être : une distinction claire, en accord avec tous les textes, entre les domaines respectifs de l'ontologie et de la théologie ; une clarification des principes comme conditions à la fois d'être et d'intelligibilité des étants ; une mise en évidence du type d'universalité et du type d'unité que possèdent ces principes ainsi que les autres conditions d'appréhension des étants ; une reprise de la question des sens de l'être qui ne se rabatte pas immédiatement sur la division des étants en catégories mais qui permette de prendre en compte dans l'ontologie l'ensemble de ses

1. *Id.*, p. 520-521.

significations. La justification du caractère conceptuel de l'enquête aristotélicienne résultera aussi de la capacité de cette démarche à rendre compte de l'analyse de *l'ousia* et de *l'eidos*, qui s'éclaire quand on les prend eux aussi comme des concepts opératoires et non comme des réalités particulières.

Il me reste à justifier le parti-pris de chercher à comprendre l'ouvrage dans son ensemble, comme exprimant une pensée unitaire, en dépit du manque indéniable d'unité de la rédaction et de son probable étalement sur une période relativement longue. Un certain courant génétique, en effet, cherche à mettre en évidence le plus possible de contradictions qui seraient dues à une évolution radicale de la pensée d'Aristote, soit entre les différents ouvrages du corpus, soit, au sein de la *Métaphysique*, entre les passages les plus anciens et les plus récents[1]. Or, comme on l'a déjà maintes fois signalé, parmi les critères utilisés pour bouleverser, parfois profondément, l'ordre des ouvrages, des livres ou des paragraphes, aucun ne procure de véritable certitude : il y a extrêmement peu de critères externes de datation, les renvois internes peuvent souvent être des gloses, les variations de sens d'un mot relèvent davantage de la polysémie que de l'évolution, les comparaisons stylométriques dépendent autant du genre traité que de la chronologie. Bien entendu, l'œuvre aristotélicienne ne s'est pas écrite en un seul jour, et il est certain qu'une pensée mûrit, se développe, se précise. Mais c'est précisément la raison pour laquelle, en l'absence de tout reniement explicite de la part d'Aristote, il est plus intéressant d'observer le cheminement qui a conduit à la résolution progressive des difficultés plutôt que de refuser de surmonter des contradictions apparentes. Entre la résignation au fragmentaire et la fermeture d'un système absolu, il existe une troisième voie, celle précisément que me semble avoir suivie le Stagirite : la définition d'une structure minimale capable de s'adapter sans cesse à de nouveaux objets, sans prétendre épuiser la connaissance d'aucun d'entre eux.

Toutes les traductions sont personnelles ; les éditions sur lesquelles elles se basent sont celle de Bekker pour les œuvres autres que la *Métaphysique*, et, pour celle-ci, celles de Bekker, de Ross et de Jaeger, plus rarement celle de Christ. Les différentes leçons ne sont signalées et discutées que si elles ont une portée philosophique.

1. Cf. notamment B. Dumoulin (1983 et 1987) et D.W. Graham (1987).

CHAPITRE PREMIER

LA CONCEPTION ARISTOTÉLICIENNE DE LA SCIENCE

S'il existe une science de l'étant en tant qu'étant, il faut qu'elle soit conforme aux règles qui, selon Aristote, régissent toute science. Or, en se référant aux règles méthodologiques exposées dans les *Analytiques* et occasionnellement répétées dans d'autres ouvrages, certains interprètes ont estimé, comme on le sait, que le discours ontologique ne pouvait accéder au statut de science, mais tout au plus à celui de dialectique [1] ; d'autres ont ajouté une issue positive à cet aveu d'échec, en élevant la dialectique elle-même à la dignité de science [2] ; d'autres enfin, et les plus nombreux, ont accepté les justifications qu'Aristote expose aux livres Γ et E de la *Métaphysique* pour défendre le statut spécial de la science universelle de l'étant [3]. Parmi ces derniers, le courant majoritaire considère qu'Aristote fait reposer ultimement l'unité de l'ontologie sur son caractère théologique [4], tandis que rares sont les auteurs qui voient, dans la multiplicité elle-même du réel, la présence d'éléments unificateurs du discours. Tous, cependant, prennent comme point de départ qu'il y a un problème d'unité de l'objet de la science ontologique, parce que l'étant n'est pas un genre.

Une réponse au problème pourrait être qu'Aristote reconnaît plusieurs types de sciences, et que les règles qui créent une difficulté ne concernent que la science démonstrative, tandis que l'ontologie est, au mieux, une science des principes, au pire, une science « spéculative ». Une autre

1. Cf. principalement P. Aubenque (1962, *passim*).

2. Cf. C. Rossitto (1978) et E. Berti (1980).

3. Il faut ajouter, pour être complet, le cas particulier de J. Owens (1978[3]) et de P. Merlan (1957), qui identifient l'étant en tant qu'étant, objet de la *Métaphysique*, avec l'étant divin, et nient ainsi qu'Aristote ait jamais cherché à construire une ontologie générale.

4. Cf. Introduction, note 7 p. 12 et note 1 p. 13.

réponse est d'affirmer que l'ontologie n'enfreint pas les règles qui doivent s'appliquer à toutes les sciences, car son objet présente la même unité que celle d'un genre. Pour vérifier la validité de la première réponse, il faut examiner les textes où sont classées et décrites les méthodes et les facultés donnant accès à la connaissance. L'autre réponse doit être éprouvée à partir des justifications apportées au livre Γ de la *Métaphysique*. Dans les deux cas, il faudra également tenir compte de cette difficulté maintes fois signalée[1], que la méthode démonstrative exposée dans les *Analytiques* ne semble être nulle part appliquée par Aristote, du moins sous son formalisme strict; aussi, différentes conclusions ont pu en être tirées, dont les principales sont : 1) seules les mathématiques sont des sciences au sens rigoureux; 2) il suffit que les ouvrages d'Aristote puissent être mis sous forme démonstrative, même s'ils ne le sont pas; 3) la méthode démonstrative ne sert qu'à l'enseignement ou à l'exposé de sciences achevées. Une étape importante dans ce débat a été l'article de J. Barnes (1969), selon lequel la théorie de la démonstration exposée dans les *Analytiques* ne concerne pas la recherche et l'institution d'un savoir, mais la forme sous laquelle un savoir achevé doit être présenté et enseigné. Cette thèse n'a cependant pas clos le débat : W. Leszl, en 1980, lui reproche de vouloir maintenir la conception d'un traitement uniforme de toutes les sciences; il montre au contraire que les différentes méthodes utilisées par Aristote ne peuvent s'appliquer toutes à toutes les sciences, et qu'il n'y a pas non plus d'opposition entre sciences démonstratives et sciences non démonstratives, correspondant à une division entre des disciplines qui seraient proprement scientifiques et d'autres qui seraient plus spéculatives (p. 391)[2]. A son tour, L. Couloubaritsis, dans son essai sur la *Physique*, tout en adoptant la thèse de Barnes, insiste sur la différence entre la science purement démonstrative et l'institution des principes d'une science, non

1. Cf. le symposium « Aristote et les problèmes de méthode », en particulier P. Aubenque (p. 3), G.E.L. Owen (p. 83), P. Moraux (p. 173).

2. On invoque parfois, pour opposer la méthode en mathématiques et la méthode en sciences naturelles, le passage du *De Part. An.* (I 1, 639b 30-640a 2) qui dit que « la sorte de démonstration et de nécessité est autre pour la physique et pour les sciences théorétiques ». Or, comme le comprend I. Düring (1961, p. 216), faisant référence à Michel d'Ephèse (3, 20-29 Hd), et suivi par P. Pellegrin (1982, p. 165-167), Aristote n'oppose pas entre elles la physique et les autres sciences théorétiques, mais les oppose toutes deux à la science dont il vient de parler, à savoir la science poiétique; en effet, il vient de dire que les objets fabriqués ont seulement une nécessité hypothétique, tandis que les êtres naturels ont une nécessité proprement dite. On trouve dans le même ouvrage l'affirmation que la méthode est la même en astronomie et en zoologie : il faut d'abord récolter les faits (τὰ φαινόμενα), ensuite en fournir les causes (*Part. An.* I 1, 639b 6; cf. aussi 645b 1-3; *Hist. An.* I 6, 491a 7-14; *Marche An.* 1, 704b 8-10).

seulement par la méthode inductive, mais également par la méthode dialectique (1980, p. 80-81).

Prendre position dans ce débat nécessiterait le relevé minutieux des méthodes, tant manifestes que sous-jacentes, utilisées dans l'ensemble du corpus, enquête qui excède largement le cadre du présent travail; cependant, par la confrontation des principales indications des *Analytiques* et de celles que l'on trouve éparses dans d'autres œuvres, dans le but de déterminer quelle science ontologique est possible, apparaîtront également les éléments d'une explication globale, qui soit à la fois théoriquement cohérente et conciliable avec la diversité des pratiques. Le point de départ le plus manifeste en est la distinction d'au moins deux types de science.

Science démonstrative et science des principes

Au sixième livre de l'*Ethique à Nicomaque*, ayant entrepris de définir les facultés de l'âme, Aristote distingue cinq domaines dans lesquels l'âme atteint la vérité par affirmation ou négation; ce sont : la technique (τέχνη), la science (ἐπιστήμη), la prudence (φρόνησις), la sagesse (σοφία), l'intelligence (νοῦς). Les marques distinctives de la science sont qu'elle connaît ce qui ne peut être autrement, c'est-à-dire le nécessaire et l'immuable. Elle est enseignable, or tout enseignement part de connaissances préalables [1], car il se fait en partie par induction (διὰ ἐπαγωγῆς), en partie par syllogisme, méthodes complémentaires au sens où l'induction institue les universels et où le syllogisme prend les universels comme principes. Or, de ces deux parties, la science est la partie démonstrative (VI 3, 1139b 18-32). Quant à la faculté capable d'acquérir les principes de la démonstration, c'est l'intelligence :

> Puisque la science est une conception (ὑπόληψις) à propos des universels et des étants nécessaires, et qu'il y a des principes des choses démontrables et de toute science (car la science se fait avec le raisonnement), du principe du connaissable il ne peut y avoir ni science ni technique ni prudence, pour la première, parce que le connaissable est démontrable, pour les deux autres, parce qu'elles concernent les choses qui peuvent être autrement. Leur étude n'est donc pas non plus la sagesse, car le sage peut avoir une démonstration pour certaines choses. Si donc les facultés par

1. « Comme nous le disons dans les *Analytiques* ». Quelques lignes plus loin, Aristote renvoie à nouveau aux *Analytiques* pour toutes déterminations complémentaires du fonctionnement de la science.

> lesquelles nous atteignons la vérité et ne nous trompons jamais, à propos des choses qui ne peuvent pas ou même qui peuvent être autrement, sont la science et la prudence et la sagesse et l'intelligence, et que de ces trois-là aucune ne puisse l'être (je veux dire, la prudence, la science, la sagesse), il reste que l'intelligence est la faculté des principes. (VI 6, 1140b 31 – 1141a 8).

Le texte n'ajoute pas grand chose à propos de l'intelligence, sinon qu'elle fournit les termes (ὅροι) premiers, qui ne sont pas institués par raisonnement (λόγος) (9, 1142a 26 et 12, 1143a 36- b 1). Voyons à présent le développement de cette synthèse dans les *Analytiques*.

L'objet du traité est annoncé comme suit :

> Il faut dire d'abord le domaine et l'objet de notre examen, à savoir la démonstration et la science démonstrative ; ensuite, définir ce qu'est une proposition et un terme et un raisonnement ; lequel est parfait et lequel est imparfait ; après cela ce que signifie en général que ceci appartient ou n'appartient pas à ceci, et ce que nous appelons être attribué à toute chose ou à aucune. (*Anal. Pr.* I 1, 24a 10-15).

Ce programme est rempli par les *Analytiques Premiers*, qui étudient la construction des propositions prédicatives et les différentes sortes de syllogismes ; ensuite, la majeure partie des *Analytiques Postérieurs* est consacrée à approfondir les règles de la démonstration et à préciser comment s'acquièrent les définitions. C'est là également que se trouvent des indications générales sur les méthodes d'acquisition de la connaissance. Au chapitre 2 du premier livre, Aristote fournit d'abord deux exigences valables pour toute science en général (71b 9, 15 : ἁπλῶς) : elle doit être connaissance des causes et son objet ne peut être autrement que ce qu'elle en dit (71b 11-12)[1]. Il ajoute aussitôt que, s'il y a une autre sorte de savoir, on le dira plus tard, mais qu'en tous cas il affirme la connaissance par démonstration (b 16-17). Une démonstration (ἀπόδειξις) est un raisonnement producteur de connaissance (71b 18-19 : συλλογισμὸς ἐπιστημονικός = καθ'ὃν τῷ ἔχειν αὐτὸν ἐπιστάμεθα). Dès lors, « si le connaître est tel que nous le disons, la connaissance démonstrative doit nécessairement partir de choses vraies, premières, non médiées, plus connues, antérieures et causes de la conclusion » (71b 19-22) ; à partir de prémisses ne remplissant pas ces conditions, on pourra toujours construire un syllogisme, mais il ne sera pas une démonstration, car il ne produira

1. Sur ces exigences, cf. notamment S. Mansion (1946), E. Berti (1965, chapitre 1), J.-M. Le Blond (1970[2]), G.-G. Granger (1976, p. 24).

aucune connaissance[1]. La phrase citée distingue la règle générale, à savoir que la science concerne le nécessaire, et son application au cas particulier des connaissances démonstratives, où cette exigence portera sur la nature des prémisses. On retrouve la même déduction de l'une à l'autre dans cet autre passage :

> Puisque ce dont il y a connaissance en général ne peut être autrement, le connaissable selon la connaissance démonstrative doit être nécessaire (et la connaissance démonstrative est celle que nous possédons en possédant une démonstration) ; la démonstration est donc un syllogisme partant de prémisses nécessaires (I 4, 73a 21-24).

En outre, une indication de l'application de la règle générale de la science à différents types de science se trouve au chapitre 33 :

> Le connaissable et la connaissance diffèrent du vraisemblable et de l'opinion par le fait que la connaissance est générale et passe par des choses nécessaires, or le nécessaire ne peut être autrement. D'autre part, il existe des choses vraies et réelles, mais qui peuvent être autrement. Il est donc clair qu'il n'y a pas de connaissance à leur sujet, car des choses qui peuvent être autrement seraient considérées comme ne pouvant être autrement. Maintenant, il n'y en a pas non plus d'intelligence (νοῦς), car j'appelle intelligence le principe de la connaissance. Et pas davantage de connaissance non démonstrative (ἀναπόδεικτος), c'est-à-dire de conception (ὑπόληψις) de la prémisse non médiée. (I 33, 88b 30-37).

Trois types de connaissance se trouvent donc dans ce texte, qui partagent toutes l'exigence de la nécessité : la connaissance démonstrative, l'intelligence et la connaissance non démonstrative des prémisses, qui correspond à l'acquisition, longuement décrite au livre II, des définitions indémontrables. Le même terme ἐπιστήμη est utilisé pour la connaissance démonstrative et pour la connaissance non démonstrative, et la division de la science en ces deux sortes est encore plus clairement exprimée au chapitre 3 : « Quant à nous, nous affirmons que toute connaissance n'est pas démonstrative mais que celle des non médiés est non démonstrative »

1. La description que donne Aristote de la rhétorique illustre cette utilisation de la méthode des *Analytiques* : « La rhétorique est composée de la science analytique et de la politique consacrée aux problèmes moraux qui sont semblables, les uns à la dialectique, les autres aux discours sophistiques » (*Rhétor.* I, 1359b 9-12). Cependant, l'analytique ne lui sert pas à étudier ses objets selon la vérité, car cela appartient à une autre discipline (1359b 4-7), mais à construire des syllogismes rhétoriques (1358a11) ou enthymèmes (1356b 2-17).

(72b 18-20)[1]. La distinction d'un sens général et de deux sens particuliers du mot est donc plus exacte que celle d'un sens large et d'un sens strict qui ne s'appliquerait qu'à la démonstration. En outre, il faut opposer à la tendance fréquente de réduire la science proprement dite à cette seule signification, le fait que, dans les *Analytiques Postérieurs*, les exigences qui ne concernent que la démonstration sont presque toujours attribuées explicitement à la seule « ἐπιστήμη ἀποδειχτικός »[2]. La plus importante de celles-ci est que, puisqu'il n'y a démonstration que de choses nécessaires[3] et que toute démonstration consiste à prouver l'appartenance d'une chose à une autre par l'intermédiaire de la cause de cette appartenance[4], il en résulte qu'on ne peut démontrer que les propriétés par soi d'un certain genre :

> Puisqu'appartiennent par nécessité, pour chaque genre, tous les attributs qui lui appartiennent par soi et en tant que tel, il est manifeste que les démonstrations productrices de savoir se font à propos des propriétés par soi et à partir de telles propriétés. (*Anal. Post.* I 6, 75a 28-31).

La suite précise qu'il ne suffit donc pas qu'un attribut soit éternel pour pouvoir être démontré de son sujet, car l'important est que l'essence du sujet soit elle-même la cause de la propriété[5]. Et c'est la raison pour laquelle on ne peut démontrer une propriété d'un genre à partir des principes d'un autre genre, car, même si l'attribution est toujours vraie, elle n'est pas propre à ce genre. Par exemple, « il n'appartient pas à la géométrie de montrer qu'il y a une seule science des contraires, ni même que deux cubes font un cube, (…) car cela ne leur appartient pas en tant que genre propre, mais en tant que quelque chose de commun. » (I 7, 75b 12-20). Ces attributs communs appartiennent par soi à un genre commun et font l'objet

1. Une telle conception s'oppose à ceux qui prétendent qu'il doit y avoir démonstration de tout, les uns concluant que le savoir est impossible (car on devrait démontrer jusqu'à l'infini, de sorte qu'il n'est de savoir que par hypothèse), les autres acceptant les démonstrations circulaires, d'une chose par l'autre et vice-versa. La réponse d'Aristote est donc qu'il y a bien une connaissance des principes, mais qu'elle est d'un autre type que la démonstrative.

2. L'expression est très fréquente : cf. 71b 20, 73a 21, 74b 5, 75a 12,19, 76a 37, b 11, 84a 10, etc. En outre, elle est souvent remplacée par ἡ ἀπόδειξις ou par ἡ ἐπιστήμη δι' ἀποδείξεως.

3. Le chapitre 30 ajoute au nécessaire ce qui se produit le plus fréquemment (ὡς ἐπὶ τὸ πολύ).

4. Cf. aussi *Anal. Post.* II 3, 90b 33-34 ; II 4, 91a 14-15.

5. Sur l'appartenance à un sujet par soi et en tant que tel, plus de détails sont fournis au chapitre IV, p. 205-211.

d'une autre science, plus générale[1], de sorte que, de toutes façons, « une science une est science d'un genre un » (I 28, 87a 38). Cependant, aucune science ne peut démontrer les principes propres aux autres sciences car ceux-ci sont ultimes et non déductibles de principes antérieurs (I 9, 76a 16-18). Ceci ne signifie pas qu'une science du réel dans son ensemble, si elle existe, ne peut être démonstrative, mais seulement que ses démonstrations doivent porter sur des propriétés démontrables propres à son domaine et non sur les indémontrables des domaines des autres sciences.

Une autre caractéristique qui ne peut concerner que la science démonstrative est le fait de ne pas recourir à la sensation. En effet, « puisque les démonstrations sont générales, et que les choses générales ne peuvent être senties, il est manifeste qu'il n'est pas possible de connaître par la sensation » (I 31, 87b 33-35). De fait, la démonstration commence là où s'achève le rôle de la sensation, une fois constitués les termes et propositions généraux ; mais il est bien clair que, pour cet autre type de connaissance, il est possible et même nécessaire de connaître par la sensation.

Voyons à présent ce qu'Aristote dit dans les *Analytiques* à propos de la connaissance non démonstrative. Elle a pour tâche de fournir les préconnaissances nécessaires à la connaissance démonstrative, c'est-à-dire les principes des démonstrations. Ceux-ci sont, d'une part, les thèses (définitions) et les hypothèses (affirmations d'une existence) portant sur un objet particulier, d'autre part, les axiomes dont la connaissance est nécessaire pour appréhender n'importe quel objet, par exemple le fait que toute chose doive être soit affirmée soit niée (I 1, 71a 11-17 ; 2, 72a 14-24 ; 10, 76a 31-b 22 ; 11, 77a 5-28). Il semble que l'intelligence fournisse la saisie des concepts simples, lesquels sont ensuite mis en rapport selon des règles précises pour former les propositions non médiées qui serviront à leur tour de base aux démonstrations :

> S'il est nécessaire de connaître les choses antérieures à partir desquelles se fait la démonstration, et que l'on s'arrête à un moment aux non médiés, ceux-ci sont nécessairement indémontrables. Nous les appelons donc ainsi, et nous affirmons qu'il n'y en a pas seulement une connaissance mais aussi un principe de connaissance, par lequel nous acquérons les termes (ὅρους). (I 3, 72b 20-25).

1. Par exemple, dans le genre des quantités, l'arithmétique étudie les nombres, la géométrie les grandeurs, mais certaines propriétés leur appartiennent à tous en tant que quantités. Pour des sciences ainsi incluses dans une science plus générale, certains principes sont dits communs « par analogie », dans une acception un peu particulière de cette expression, car elle signifie ici qu'ils sont utiles « pour autant qu'ils se trouvent dans chaque genre » et non en tant qu'ils appartiennent au genre plus large (I 10, 76a 37-41).

Dans ce passage, Aristote fait manifestement la différence entre la connaissance des indémontrables et le principe de cette connaissance, qui n'est pas à proprement parler une connaissance mais une condition préalable à toute connaissance. La connaissance des indémontrables est principalement celle des définitions, décrite à partir du livre II, chapitre 3. Une méthode d'acquisition des définitions est la méthode de division (ἡ διὰ τῶν διαιρέσεων ὁδός), dont il est affirmé qu'elle ne construit pas de syllogismes (chap. 5-7). Une méthode par démonstration est possible pour les essences dont il y a une cause extérieure, mais même là il ne s'agit pas d'une démonstration de l'essence, seulement d'une acquisition de celle-ci à partir de la démonstration de sa cause (chap. 8-9). Le chapitre 13 revient sur la méthode de division pour indiquer comment il faut parvenir à la différence dernière. Son efficacité n'est pas mise en doute ; au contraire, l'importance accordée à cette méthode, dont on trouve en outre de nombreuses applications dans les traités physiques, biologiques et éthiques, montre que les mathématiques, qui assument leurs définitions de manière axiomatique[1], ne constituent pas selon Aristote un modèle pour la science démonstrative mais seulement un de ses types possibles.

Par ailleurs, le chapitre 19 présente une tout autre version de l'acquisition des principes, avec comme méthode l'induction et comme faculté l'intelligence. Peu importe que ce chapitre ait été ou non ajouté plus tard ; l'important est de déterminer s'il porte sur les mêmes principes, à savoir les définitions, auquel cas il faut voir comment il peut être concilié avec les chapitres précédents, ou s'il s'agit cette fois, conformément à ce qui ressortait déjà du dernier passage cité, de l'acquisition des concepts simples, antérieure à celle des définitions. Il nous faut donc examiner ce qu'est l'intelligence des principes, non seulement selon ce dernier chapitre, mais également d'après les descriptions du *De Anima*.

Mais avant de passer à cet examen, je voudrais conclure sur les règles de connaissance établies dans les *Analytiques* et sur leur applicabilité aux traités aristotéliciens de recherche scientifique.

1. L'ouvrage décrit deux étapes de la connaissance : la constitution des propositions indémontrables et la démonstration ; de même qu'il y a plusieurs méthodes possibles pour la première, il y a plusieurs types de démonstration. Les résultats de la première sont des essences, ceux de la seconde des propriétés par soi. Seules parmi les sciences, les mathématiques ne comportent que la seconde car elles posent leurs définitions sans chercher à les justifier.

1. Cf. *Anal. Post.* II 9, 93b 21-28.

2. La diversité des méthodes de recherche effectivement appliquées dans les ouvrages du corpus excède celles qui sont décrites dans les *Analytiques* pour la connaissance des indémontrables, mais n'entre pas en contradiction avec elles. La relative rareté des véritables démonstrations peut révéler soit que les préoccupations d'Aristote sont davantage celles des essences et des existences des étants au sein du domaine en question (ceci est particulièrement manifeste dans un ouvrage comme la *Physique*), soit que, pour rejoindre la thèse de Barnes, l'enquête qu'il mène au sujet des propriétés se situe à un stade antérieur à leur exposé formellement présenté. Il est cependant excessif de nier toute présence de telles démonstrations [1] ainsi que toute trace, dans les *Analytiques*, d'indications pour la recherche elle-même.

Quant à ma question de départ, à savoir : quel type de science l'ontologie peut-elle et ne peut-elle pas être ?, j'anticipe sur le chapitre V, consacré à l'examen de la *Métaphysique*, pour noter qu'elle est présentée comme une science d'un objet déterminé, dont elle doit, d'une part, définir l'essence, d'autre part démontrer les propriétés par soi. Par son appréhension d'une essence, elle est bien connaissance du général et du nécessaire ; par l'attribution de propriétés propres à un genre et causées par son essence même, elle satisfait aux critères de la démonstration. Il reste à déterminer ce qu'est ce genre, puisque ce ne peut être la diversité irréductible des étants, et ce sera l'étant en tant qu'étant, le réel unifié par le fait d'être.

L'INTELLIGENCE DES PRINCIPES

Le chapitre final des *Analytiques Postérieurs* pose deux questions : comment sont acquis les principes et qu'est-ce que cette possession cognitive (99b 17-18) ? Le paragraphe suivant les reprend dans l'ordre inverse : des principes premiers non médiés, la connaissance (γνῶσις) est-elle une science ou un autre genre, et les possessions (ἕξεις) que nous en avons sont-elles innées ou acquises ? Aristote répond d'abord à celle-ci : si elles sont innées, il est absurde que nous n'en soyons pas conscients alors qu'elles doivent être les plus exactes ; si elles sont acquises, ce ne peut être qu'à partir d'une autre connaissance préexistante ; par conséquent, il est

1. Etudiant dans cette optique le cas particulier du *De Caelo*, P. Moraux (1961) a répertorié non seulement les « questions topiques » récurrentes pour l'investigation de divers objets, mais aussi de nombreux exemples de propriétés ou de causes à démontrer ou démontrées par des déductions logiques. Sur la prépondérance des prémisses logiques par rapport à l'observation, cf. I. Düring (1961).

nécessaire que nous ayons de manière innée une faculté (δύναμις) qui n'est pas encore celle des connaissances exactes; d'ailleurs, tous les animaux l'ont : c'est la sensation (99b 32-35). On connaît la suite : chez certains animaux, les sensations perçues demeurent dans la mémoire, et la répétition fréquente de la même sensation produit l'expérience (100a 5 : ἐμπειρία) ou « l'un à côté des multiples » (a 7 : τὸ ἕν παρὰ τὰ πολλά), ou encore le concept (a 2 : λόγος). Or, c'est le résultat de cette production qu'on appelle le principe de toute science ou technique. Nos possessions ne sont donc pas innées ni ne viennent d'autres plus exactes mais viennent de la sensation (a 10-11) et il est clair que nous connaissons les choses premières par l'induction, c'est-à-dire par la production du général à partir de la sensation (b 3-5). Ensuite, il est répondu à la deuxième question comme suit : puisque toute science s'accompagne de raisonnement (μετὰ λόγου) mais que les principes sont plus connaissables que les démonstrations, ils sont connus non par la science mais par le principe de la science, l'intelligence (b 8-17). On voit que l'induction et l'intelligence ne répondent pas à la même question : la première répond à la question de la méthode ou du comment, tandis que la deuxième répond à celle du type de connaissance ainsi instituée. C'est la raison pour laquelle il est inexact de traduire « νοῦς » par « intuition », comme s'il s'agissait d'une autre méthode d'acquisition, soit complémentaire soit concurrente de l'induction, car le mot désigne la connaissance réalisée, le résultat de l'institution, la possession définitivement inscrite en nous [1]. De cette seule manière aussi les indications du *De Anima* viennent compléter harmonieusement celles-ci, en présentant l'intelligence comme un acte identique à l'intelligé, comme nous allons le voir ci-dessous.

Il reste à déterminer si les principes ainsi constitués sont des propositions ou des concepts simples, car la méthode inductive peut servir dans les deux cas [2]. Les exemples donnés dans le texte sont l'homme et l'animal, ce qui confirme la tripartition que nous avons rencontrée au chapitre I 3 des

1. Sur cette interprétation s'accordent notamment J. Barnes (éd. des *Anal. Post.*, 1975, p. 256), E. Berti (1978, *passim*) et L. Couloubaritsis (1980, p. 447-449). Ce dernier, pour répondre à l'objection que l'empirisme inductif est incapable d'arriver à une certitude (cf. notamment J. Moreau, 1961, p. 33), affirme que le processus d'induction n'est pas seulement une accumulation de données empiriques car il repère l'être même des choses, leur essence et leur intelligibilité (p. 465), de sorte que le νοῦς est un « terme générique qui traduit l'intelligibilité même du réel » (p. 468).

2. Il faut distinguer, en effet, le processus spontané et pour ainsi dire inconscient par lequel se forment depuis l'enfance les toutes premières notions générales, et le processus volontaire de recherche d'une règle générale à partir d'observations ou de conceptions communes (ce sont là les deux significations courantes du mot φαινόμενα, comme l'a montré G.E.L. Owen en 1961).

Analytiques Postérieurs : l'intelligence est la connaissance des concepts simples, et en tant que telle elle est principe de la science plutôt que science elle-même, tandis que la science commence avec la prédication, et se divise en science des indémontrables (notamment les définitions de ces essences simples) et en science démonstrative.

Maintenant, pour en savoir plus sur l'intellection (νόησις) et l'intelligence (νοῦς), il faut nous reporter au troisième livre du *De Anima*. La différence y est faite d'abord avec la sensation, qui est une passion, parce que les organes récepteurs sont affectés par l'extérieur, tandis que l'intellection est quelque chose d'analogue mais de différent, parce que l'intellect n'est réceptacle des formes intelligibles qu'au sens où il est celles-ci en puissance (429a 14-18). Pour ne pas déformer la forme par contact avec sa propre nature, l'intellect ne peut être rien d'autre que cette puissance de forme (a18-22) : il faut se le représenter non comme un organe mais comme une pure potentialité, non localisée, sans support matériel, qui ne se manifeste à nous qu'au moment d'une entéléchie, au moment où une forme surgit comme l'acte unique du pensé et du penser[1]. C'est au terme de ce raisonnement que l'intellect est dit séparé (χωριστός, b 5), parce qu'il est sans mélange avec le corps, et qu'il ne reçoit pas ses objets à la manière d'un organe.

La chose pensée et la chose pensante ne sont donc deux que dans la puissance; dans l'acte elles sont une, et c'est pourquoi on peut dire que l'intellect se pense lui-même (b 9-10), car il n'est lui-même rien d'autre que la chose pensée[2]. Deux difficultés se présentent dans cette théorie, qui sont

1. La théorie de l'acte unique se trouve également dans la *Physique*, à propos des mouvements : il n'y a qu'un seul acte pour ce qui est mû et pour ce qui meut. Ceci est valable tant pour les actes de mouvements imparfaits que pour les entéléchies parfaites, comme la vision. Cette distinction, décrite en profondeur par L. Couloubaritsis (1985) et par P. Engel (1986), est mentionnée dans le *De Anima*, III 7, 431b 6-7. La limite de ces comparaisons est que tout mouvement a un sujet et toute sensation un organe, tandis que l'intellect est une faculté sans aucun correspondant matériel.

2. C'est de la même manière aussi qu'il faut comprendre la formule de *Métaph.* Λ : « νόησις νοήσεως » (1074b 34). Il ne s'agit pas, en effet, d'une pensée qui serait réceptrice ou productrice des autres pensées, ou qui serait une sorte de fondement de la pensée, car il n'y a pas d'acte d'un acte. Mais comme il vient de rappeler longuement que la pensée, le pensé et ce qui pense sont la même chose, et que la pensée divine ne pense qu'elle-même (*id.* 1072b 19-22), Aristote se permet une sorte de jeu de mots, selon lequel la pensée est pensée de la pensée. Ainsi, l'exposé du *De Anima*, portant sur l'intellect en général, où chaque caractère est justifié et entraîné logiquement, explique celui de *Métaph.* Λ, où ayant défini la nature du premier moteur comme acte noétique, Aristote lui accorde simplement les mêmes propriétés qu'il avait déduites de l'intellect en général. Cette interprétation rejoint les conclusions de l'étude de K. Oehler, selon lequel la νόησις νοήσεως est la réflexivité totale de la conscience de soi et de la connaissance de soi, qui procurent le bonheur divin (1984, p. 91-92).

immédiatement résolues. D'abord, si l'intellection reste une sorte d'action et de passion, il faut qu'il y ait quelque chose de commun entre les intelligibles et l'intellect (b23-26) ; la réponse est qu'ils ont en commun le fait d'être en puissance la même chose (b29-31). Ensuite, si l'intellect est lui-même intelligible, on risque, soit que les intelligibles, en vertu de leur nature identique, soient également des intellects, soit que l'intellect soit intelligible en vertu d'un certain mélange en lui (b26-29). Mais de telles éventualités résultent d'une conception dualiste de l'intellection : quand ils sont en acte, il n'y a pas deux réalités en présence mais l'intellect n'est rien d'autre que les intelligibles ; c'est seulement sous forme de puissances que les intelligibles se trouvent dans les réalités matérielles et sont donc distincts de l'intellect.

Il faut examiner à présent la difficile question du passage de la puissance à l'acte. Celui-ci est décrit, à propos de la sensation, comme une action du sensible sur la faculté sensitive (φαίνεται δὲ τὸ μὲν αἰσθητὸν ἐκ δυνάμει ὄντος τοῦ αἰσθητικοῦ ἐνεργείᾳ ποιοῦν, 431a 4-5), mais une action telle que la faculté réceptrice n'en est pas affectée comme par un mouvement, car l'acte simple est autre chose que l'acte d'un inachevé ; en cela, le sentir est semblable au dire et au penser (a 5-8). Maintenant, la différence avec l'acte de penser est que celui-ci se fait en deux étapes, dont la première seulement nécessite la rencontre d'un pensable extérieur, tandis que la deuxième est effectuée par le νοῦς ποιητικός lui-même. En effet, comme l'a montré L. A. Kosman, l'actualisation effectuée par le νοῦς ποιητικός est un passage de l'entéléchie première à l'entéléchie seconde plutôt que de la puissance à l'entéléchie première, quoique la comparaison avec l'action de la lumière sur le visible soit valable pour les deux passages, car elle permet tant la visibilité que la vision. Quant au passage de la puissance à l'entéléchie première, c'est-à-dire la constitution de l'intellect comme une ἕξις possédant en elle-même ses objets à penser, sans plus de contact nécessaire avec l'extérieur, il est réalisé par un processus d'induction et d'apprentissage, non par un acte instantané[1]. Cependant, il faut examiner plus attentivement le texte en question pour comprendre ce qu'est ce νοῦς ποιητικός par rapport à l'intellect en acte et à l'intellect en puissance. Il dit ceci :

> Puisque dans toute la nature il y a d'une part la matière pour chaque genre (c'est cela qui est toutes ces choses en puissance), et d'autre part la cause et le producteur, du fait de les produire toutes, comme se trouve l'art par rapport à la matière, il est nécessaire que dans l'âme aussi existent ces différences. Et l'intellect est tel d'une part par le fait de devenir toutes choses, d'autre part par le fait de les

1. L. A. Kosman, 1992, p. 343-352.

> produire toutes, comme une certaine disposition, par exemple la lumière : car d'une certaine manière la lumière fait des couleurs en puissance des couleurs en acte. Et cet intellect est séparé et inaffecté et sans mélange, étant par essence en acte. Car ce qui produit a toujours plus de valeur que ce qui subit, et le principe plus que la matière. Or, la science en acte est la même chose que son objet, et la science en puissance lui est antérieure chronologiquement dans une personne, tandis qu'en général elle ne l'est pas mais il n'est pas vrai que tantôt il pense tantôt il ne pense pas. Et, séparé, il est seulement cela même qu'il est, et cela seulement est immortel et éternel. Mais nous ne nous souvenons pas, parce que cela est inaffecté, tandis que l'intellect patient est mortel et il ne pense rien sans lui. (*De Anima*, III 5, 430a 10-25).

Depuis les plus anciens commentaires grecs, ce texte a été compris comme une dualisation de l'intellect, dont une partie seulement survit à la mort du corps, soit selon une immortalité personnelle (St Thomas), soit parce qu'il est une entité extérieure aux hommes, identifiée au premier moteur (Alexandre, Averroès)[1]. Mais de plus en plus d'études récentes remettent en question ces deux interprétations, en montrant que l'intellect actif et l'intellect passif ne sont qu'un seul et même, tantôt en acte tantôt en puissance[2]. En effet, le passage établit une analogie entre, d'une part, le

1. L'identification de l'intellect actif avec le premier moteur pose ce problème insoluble qu'il serait identique chez tous les hommes et multiplié en de nombreux exemplaires, comme une espèce, tout en restant au plus haut point une substance (cf. R. Mugnier, 1930, p. 199). Une variante pour ainsi dire hégélienne de cette dépersonnalisation de l'intellect est proposée par J. P. Anton : « Intelligence as an accomplishment, as active *nous*, becomes knowledge distilled, communicable, independent, universal ; it is a good of the rarest kind, in fact it is the good. It is the intelligibility of the universe stated in the medium of human *logos*. Intelligence as a power is individual, distinct, a given capacity in individual human being ; it is mortal. But intelligence fulfilled becomes immortal as a vision of the principles of nature and logic ; it is immortal in its communication of the permanence of nature and the eternality of its structures. » « Aristotle's active *nous* is comparable to science institutionalized, to man's totality of warranted beliefs and clarified ideals that have endured the vicissitudes of history. » (1987, p. 167 et 168).

2. R. Brague : « L'être du *noûs* n'est rien d'autre que, soit devenir, soit produire, « toutes choses » ; il existe dans la mesure où il devient ou fait être » (1988, p. 352) et « La lumière ne « fait » rien, elle ne modifie rien dans ce qu'elle éclaire, mais elle le fait apparaître tout entier et tel quel. Elle « fait » en cet unique sens que ce qui « fait » ne fait que rendre ce qui subit semblable à lui » (*id.*, p. 354). L. A. Kosman : « It is not his claim that *nous poiètikos* is a separate faculty that explains our capacity for active nous. *Theoria* indeed is not located in a separate faculty, any more than perceptual consciousness, as DA 3.2 argues, is located in a separate faculty. *Nous poiètikos*, therefore, does not, stricktly speaking, make consciousness, by action for example upon a pathetic mind incapable of thinking by itself. It is simply *nous* understood in its role of self-actualization in *theoria.* » (1992, p. 355-356). M. De Corte : « Intellect possible est le nom que prend l'intellect lorsqu'il est en face d'un

rapport de l'intellect actif à l'intellect passif, et, d'autre part, le rapport de l'acte à la puissance compris comme une action sur une matière ; or, le *De Anima* conçoit l'acte de l'âme par rapport à la matière comme la même chose considérée dans l'achèvement de sa fin ou dans l'inachèvement de la puissance. Considérer de cette façon aussi l'intellect actif comme l'acte et l'achèvement de l'intellect passif permet d'accorder le présent passage avec l'ensemble de l'œuvre, et surtout de l'accorder avec ce qui le précède et ce qui le suit, où l'intellect est toujours considéré comme un. De la même manière qu'on attribue la vie, la croissance, la sensation, au vivant non pas comme matière seule mais comme acte, de même tout ce qui a été dit de l'intellect (son caractère séparé, inaffecté, immortel) lui appartient en tant qu'acte et non en tant que puissance seule : comme il n'est que ses objets en puissance, s'il était seulement puissance, il ne serait rien. Et de même que l'âme est un acte constant du corps, même quand l'animal n'est pas en train de se nourrir ou de sentir, de même l'intellect pense tout le temps, car pris séparément de la « matière » noétique dont il est l'acte, il n'a pas d'autre essence mais il est cela même qu'est la pensée. Au contraire, considéré en tant que puissance, il est mortel, parce que la capacité est liée à une certaine âme d'une certaine personne qui a eu tel ou tel apprentissage.

Une autre raison pour laquelle on a considéré l'intellect actif comme une chose distincte et même extérieure à l'homme se trouve dans la description de la transmission de l'intellect d'un homme à l'autre par l'intermédiaire de la semence (*De Gener. Animal.*, II 3). En effet, avant de conclure que le νοῦς, tout en étant une faculté divine séparée du corps, est transmis lui aussi comme germe du principe psychique (737a 6-11), Aristote se demande si les facultés en général peuvent préexister au corps et y entrer du dehors (θύραθεν), et il répond que ce n'est possible que pour le νοῦς, parce que lui seul est indépendant de toute matière (736b 15-29). P. Moraux a montré que ce passage constituait, dans l'ensemble du raisonnement, un « bloc erratique », prenant en compte une doctrine platonicienne ou mystique, et répondant qu'elle n'est en tous les cas possible que pour le νοῦς mais pour aucune autre faculté [1]. Effectivement, après cela, Aristote n'approfondit pas cette voie mais tire la conclusion qu'on vient de citer. Cependant, Ch. Lefèvre émet cette réserve vis-à-vis de l'interprétation de Moraux, que le νοῦς qui est toujours en acte ne pourrait se trouver dans le

intelligible en puissance qu'il est apte à devenir en acte : τῷ πάντα γίγνεσθαι, intellect agent est celui qu'il prend, lorsqu'il lève la puissance de l'intelligible pour le transformer en acte : τῷ πάντα ποιεῖν » (1934, p. 47). Selon lui, la distinction réelle de deux intellects « est une invention d'Alexandre » (p. 55). Cependant, cet auteur ne fait pas la distinction des deux étapes, l'une constituant les intelligibles par induction, l'autre pensant actuellement ces intelligibles, mais il les réunit dans l'unité de « l'acte d'aperception » (p. 46, 61).

1. P. Moraux, 1955, en particulier p. 269-275.

sperme en puissance, de sorte que le faire venir en acte du dehors serait une solution [1]. Mais il faut lui répondre, d'une part, que l'hypothèse envisagée par Aristote est seulement qu'il soit arrivé *dans le mâle* du dehors, et non dans l'embryon à former, ce qui implique qu'il se trouve en tous cas dans la semence (et il faut signaler cette bizarrerie que, le mâle ayant été lui-même engendré, le νοῦς a dû lui venir de la même façon par la semence de son père ; cette négligence semble donner raison à Moraux, au sens où Aristote ne cherche pas à vérifier la cohérence de toutes ces hypothèses, comme si elles ne l'intéressaient pas vraiment). D'autre part, la difficulté mentionnée par Lefèvre disparaît si l'on se souvient des deux étapes de l'intellection, car avant de se trouver en acte, l'intellect doit d'abord se constituer comme entéléchie première, et cela n'est réalisable qu'après un certain développement de l'enfant. Par conséquent, rien n'empêche que le même intellect qui se trouve en puissance dans la semence soit plus tard en entéléchie première et seconde. J'ajouterai enfin le témoignage de Théophraste, selon lequel « venu du dehors » ne doit pas être compris comme « surajouté » mais comme « compris dans la première génération » (fr. I a). En outre, contrairement à l'avis de E. Barbotin [2], qui s'appuie davantage sur le contexte des citations que sur les fragments eux-mêmes, plusieurs extraits montrent que Théophraste concevait certainement l'intellect passif et l'intellect actif comme un seul et même, par exemple : « Que sont donc ces deux natures ? Et qu'est-ce que le sujet ou la chose liée au productif ? Car l'intellect est d'une certaine manière un mélange du productif et du passif. Si donc ce qui meut est inné, il faudrait qu'il agisse immédiatement et toujours ; s'il vient plus tard, après quoi et comment se fait sa venue à l'être ? Il semble donc qu'il soit inengendré, s'il est aussi immortel. Mais s'il s'y trouve, pourquoi n'agit-il pas toujours ? Ou pourquoi l'oubli, l'erreur, la fausseté ? Est-ce à cause du mélange ? » (fr. XII). Nous avons pu répondre, d'après le *De Anima*, à ce qui le constituait en acte ; il faut ajouter qu'il ne s'agit pas d'une venue à l'être, mais que, de même que les spécificités sans matière au livre H de la *Métaphysique*, le νοῦς peut se trouver alternativement en acte et en puissance, sans qu'on parle à son propos de naissance et de mort. [3]

1. Ch. Lefèvre, 1955, chapitre V. Sa conclusion est qu'Aristote, ayant résolu le dualisme de l'âme et du corps, éprouve une nouvelle difficulté « à intégrer au psychisme d'un être unitaire la présence active d'une substance spirituelle et éternelle, cause de notre pensée » (p. 281).

2. E. Barbotin, 1954, p. 241-242.

3. Sur cette particularité des spécificités, qui sont également des actes, cf. chapitre V.

Un autre facteur de division au sein de l'intellect pourrait être la distinction entre formes immatérielles et formes des sensibles, d'une part, entre concepts simples et jugements, d'autre part. En ce qui concerne cette dernière distinction, Aristote précise que l'intellection concerne tant les notions simples que celles qui résultent d'une quelconque composition, dont elle réalise précisément l'unité (430a 26-b 6). On s'attendrait à ce qu'une distinction soit faite, comme c'est le cas dans d'autres ouvrages [1], entre la faculté qui saisit les notions simples (le νοῦς) et celle qui les associe en jugements (la διάνοια). Or, ici les deux termes sont régulièrement associés dans la même fonction : « j'appelle intellect ce par quoi l'âme pense discursivement et conçoit » (429a 23) ; et : « à l'âme discursive appartiennent les images en guise de sensations (...), c'est pourquoi l'âme ne pense (νοεῖ) jamais sans image » (431a 14-17) ; « ainsi donc, la faculté noétique pense les formes dans les images » (431b2) [2]. Cependant, si elles sont complémentaires et si certaines propriétés valent pour les deux, il n'y a pas pour autant confusion entre la saisie des concepts simples et la connaissance prédicative, car cette dernière déploie discursivement ce qui par soi constitue une unité ontologique originaire.

Maintenant, le fait de se servir des images est-il contradictoire avec la séparation du νοῦς ? Au contraire, les images opèrent la transition entre les objets sensibles et leurs formes intelligibles : la pensée qui produit les notions (νοήματα) n'a pas un accès direct aux objets sensibles mais les reçoit des organes sensoriels sous forme d'images, dont ensuite elle fait les notions. Quant aux notions d'objets non sensibles, ils ne passent pas par des images. Il y a donc deux sortes de notions, comme l'indique la phrase : « Qu'est-ce qui empêchera les premières notions d'être des images ? Ou bien, même les autres ne sont pas des images, mais ne sont pas sans les images » (432a 12-14). Les notions premières sont les notions de réalités immatérielles, les autres, celles des réalités matérielles [3]. Mais même celles-ci ne s'identifient pas à des images : les images en sont les conditions, et ce n'est pas le rôle de l'intellect de les produire mais bien de s'en servir. Il résulte de tout ceci que ni la dualité entre notions de choses sensibles et de choses intelligibles, ni la dualité entre notions de choses

1. Notamment *Métaph.* E 4 et Θ 10.

2. Cf. aussi 432a 15-19 : « τῷ τε κριτικῷ, ὃ διανοίας ἔργον ἐστὶ καὶ αἰσθήσεως » devient « περὶ μὲν αἰσθήσεως καὶ νοῦ ». Ch. Kahn parvient à la même conclusion, que la νόησις est à la fois saisie de formes simples et principe de synthèse de concepts dans un jugement (1992, p. 372).

3. Ross comprend les notions premières comme celles qui sont les plus proches des images, donc les plus éloignées des réalités purement intelligibles ; mais, dans ce cas, le caractère a fortiori indiqué par « οὔδε τἆλλα » n'a pas de sens. Pour maintenir cette interprétation, Barbotin corrige « τἆλλα » en « ταῦτα », suivant le seul ms. Ha.

simples et notions de choses composées [1], ne justifie la distinction de deux parties au sein de l'intellect. En revanche, le fait de penser des notions simples ou composées distingue l'intellect humain de l'intellect divin, car le premier, lorsqu'il pense des composés, en pense chaque partie indivisible dans un certain instant, tandis qu'il pense la notion la meilleure dans un seul tout, et l'intellect divin ne pense jamais que celle-ci, indivisible dans une durée indivisible [2].

Un dernier point qui mérite un éclaircissement dans l'exposé du *De Anima* est le fait que l'intellect et la sensation sont appelés respectivement « forme des formes » et « forme des sensibles » [3]. L'explication la plus courante est que l'intellect agent doit être lui-même une forme noétique car il doit avoir la même structure que son objet, la même nature que les formes [4]. Or, on a vu que l'intellect devient chacune des formes mais n'est pas lui-même une autre forme (c'était la réponse d'Aristote en 430a2-5). En outre, pourquoi la sensation serait-elle également une forme? Il est probable qu'il faut chercher une autre signification de « εἶδος ». Un passage éclairant pourrait être celui des *Part. Anim.* IV 10, 687a 20-21, qui dit que « la main semble être non pas un instrument mais plusieurs, car elle est en quelque sorte un instrument pour les instruments (πρὸ ὀργάνων) » ; en effet, dans la mesure où la main est capable de prendre et de tenir n'importe quel instrument, on peut dire qu'elle *est* chacun de ces instruments (*id.*, b 3-5) [5]. Mais l'analogie n'est pas exacte, car l'intellect est vraiment chacune des formes actualisées, et non une forme distincte mise à la place des autres. Il reste une issue pour rendre compte à la fois des deux expressions, c'est de se baser sur la permutabilité, dans certains cas, de la forme et de l'acte : une forme actualisée n'est rien d'autre que l'acte lui-même de son actualisation. Ainsi, dans l'expression « εἶδος εἴδων », le premier « εἶδος » désigne la forme actualisée, le second les formes en puissance, et l'intellect est bien la forme actualisée de toute forme en puissance. De la

1. Corollairement à l'existence de notions simples et complexes, il y a deux sortes de vrai : celui qui résulte de la composition et de l'attribution, et dont le contraire est le faux, et celui qui se trouve dans la pensée simple, et dont il n'y a pas de contraire (430b 26-27, cf. 430a27-28). Sur le rapport entre vrai « logique » et vrai « ontologique », cf. chapitre IV, p. 161. Ce parallélisme confirme aussi que les essences sont des réalités absolument unes, dont l'énoncé dans la définition introduit une pluralité purement verbale (cf. l'unité de la définition aux livres Z et H de la *Métaphysique*, chapitre V).

2. *Métaph.* Λ 9, 1075a 5-10.

3. La structure commune de ces deux expressions est rarement prise en compte. Förster (1912) va jusqu'à supprimer « εἶδος αἰσθητῶν ».

4. Cf. Kahn (1981, p. 407-409).

5. Patzig (1960, p. 195) en infère que, comme les outils ne reçoivent leur statut d'outils que par l'activité de la main, de même « the cognitive faculty is both an *eidos* among other *eidè* and in a certain sense the intrinsic content and principle of the other *eidè* ».

même manière, la sensation est l'acte d'actualisation, c'est-à-dire la forme actualisée, de tous les sensibles en puissance.

PRINCIPES DE CONNAISSANCE ET PRINCIPES DU RÉEL

Les principes mis en évidence dans les *Analytiques* étaient les principes de la connaissance, et ils se divisaient en principes de n'importe quelle connaissance, à savoir les termes généraux que nous possédons sous forme d'intelligence, et en principes de la connaissance démonstrative, c'est-à-dire : 1) les éléments premiers, non médiés et indémontrables, des démonstrations ; 2) les règles d'inférence ; 3) les axiomes de tout discours, comme le principe de non-contradiction. Maintenant, quelle correspondance peut-on établir entre ces principes de connaissance et ce qu'Aristote appelle les causes et principes des étants ? Désignent-ils les mêmes choses, décrites d'un côté selon leur place et leur fonction dans le raisonnement, de l'autre côté selon leur effet dans la réalité sur laquelle porte la science ?

Pour répondre à ces questions, il est nécessaire de voir clairement ce qu'Aristote entend par « principe » et par « cause » et jusqu'à quel point les deux termes sont équivalents. En effet, ils sont fréquemment utilisés ensemble, dans la mesure où les mêmes réalités sont souvent à la fois causes et principes[1] ; mais ils se distinguent tant par leur extension, car celle du principe est plus large, que par leur définition. Le domaine d'application de chacun des deux termes est défini au livre Δ de la *Métaphysique*, dont le premier chapitre est consacré à « ἀρχή », le second à « αἴτιον ». Comme tous les termes exposés dans ce livre, ils sont des plurivoques au sens où, se disant de différentes choses, ils ont des définitions différentes, mais pas différentes au point de ne pouvoir se ramener toutes à une définition commune. Les significations du mot « ἀρχή » sont : 1) « l'endroit de la chose d'où on se meut d'abord » (par exemple, le début de la route) ; 2) « ce d'où chaque chose peut se faire le mieux » (par exemple, la première étape d'un apprentissage) ; 3) « la première partie d'où une chose est produite (comme la carène du navire, les fondations de la maison) ; 4) « l'origine extérieure d'où un mouvement commence » (les parents pour

1. Tous les passages où l'on trouve la double expression « ἀρχαὶ καὶ αἴτια » concernent une ou plusieurs parmi les quatre causes des étants. Citons, notamment, *Météor*. I 3, 340b 18 ; I 9, 346b 19 ; II 8, 366a 12 ; *Métaph*. A 2, 982b 9. ; A 3, 983a 29, b 4 ; A5, 986b 33 ; A 8, 989b 23, 990a 2 ; B 3, 999a 18 ; Γ 2, 1003b 18 ; Δ 12, 1019b 5 ; E 1, 1025b 7 ; E 3, 1027a 29 ; Z 17, 1041a 9 ; Λ 4, 1070b 26 ; *Polit.* V 2, 1302a 18, 34 ; *Rhétor*. I 7, 1364a 11. La concentration de la double expression dans la *Métaphysique* s'explique par la volonté d'Aristote de construire, dans cet ouvrage, une science de l'ensemble des premiers principes et causes du réel.

l'enfant, l'injure pour la dispute); 5) ce qui produit un mouvement relevant du choix » (comme les instances commandant les cités, ou les arts); 6) « ce à partir de quoi une chose est connaissable » (comme les hypothèses des démonstrations). Cette polysémie rend compte des multiples traductions du mot « ἀρχή » : non seulement principe, mais aussi commencement et commandement. Cependant, toutes ces significations peuvent se ramener à une : « tous les principes ont en commun le fait d'être l'origine première d'où (τὸ πρῶτον ὅθεν) quelque chose est ou devient ou est connu »[1]. Ensuite, à ces significations non causales viennent s'ajouter les différents types de causes, car « toutes les causes sont des principes »[2], de sorte que sont à la fois principes et causes des étants la nature, l'élément immanent, la pensée discursive, le choix, l'essence, la finalité. La description des quatre causes, au chapitre 2, est familière : ce sont « l'origine immanente d'un devenir »[3], « la spécificité et la définition », « ce d'où vient l'origine première du mouvement », et « la fin »[4]. Or, lorqu'Aristote prône la connaissance par les causes, il s'agit également de celles-là, et ce sont elles qui doivent figurer comme moyens termes des démonstrations. Elles ont donc un rôle principiel tant au niveau logique qu'au niveau ontologique. Le mot « αἴτιον » est présenté ici comme moins polysémique que le mot « ἀρχή », même si l'on ne considère, au sein de la polysémie du principe, que les significations qui ont un intérêt pour la science : d'une part, celles qui correspondent aux quatre causes; d'autre part, celles qui concernent le langage scientifique, c'est-à-dire les prémisses non médiées des démonstrations et les axiomes du discours. Mais dans les *Analytiques*, nous avons vu que les prémisses doivent être causes de la conclusion, de la même manière que les essences sont causes des propriétés par soi.

Les deux termes ne se confondent cependant pas : dans les cas où le principe et la cause s'attribuent aux mêmes réalités, il faut distinguer leur essence respective, comme le montre un passage du livre Γ qui y fait brièvement allusion :

> L'étant et l'un sont la même chose et une seule nature, du fait qu'ils s'accompagnent l'un l'autre comme le principe et la cause, mais pas comme manifestés par un seul énoncé (ὡς ἑνὶ λόγῳ δηλούμενα) (Γ 2, 1003b 22-25),

1. Δ 1, 1012b 34 – 1013a 19.

2. Δ 1, 1013a 17.

3. Le terme « στοιχεῖον » désigne exclusivement cette cause : « à toutes ces définitions est commun le fait que l'élément de chaque chose est ce qui est premier et immanent en chaque chose » (Δ 3, 1014b 14-15).

4. Δ 2, 1013a 24-34. La suite du chapitre reprend les distinctions établies en *Physique* II, de sorte qu'on peut considérer, avec Ross, qu'il s'agit d'un chapitre reconstitué à partir de la *Physique*.

En effet, le caractère principiel, tel qu'il ressort de l'ensemble de ses significations, se définit par la priorité, qu'elle soit chronologique, spatiale, logique ou ontologique, tandis que le caractère causal réside plutôt dans un certain rapport de production entre l'antécédent et le conséquent[1].

Le fait que le principe possède dans son être même la référence à la priorité, explique les passages où il n'est identifié qu'à la première parmi les causes de chaque sorte. Cette idée apparaît dans des propositions telles que « il y a un principe et les causes des étants ne sont pas infinies »[2], « nous cherchons les principes et les causes les plus hautes »[3], « s'il n'y a pas d'autre cause au fait que le triangle est tel, cela est un principe et est cause des choses postérieures »[4]. C'est pourquoi aussi, lorsqu'Aristote entreprend, au premier livre de la *Physique*, l'institution des principes du réel, il les identifie d'abord aux premiers contraires dans chaque genre, car ceux-ci remplissent la double condition de ne venir ni l'un de l'autre ni d'autre chose[5]. L'identification des principes avec les causes ultimes apparaît encore dans un texte très dense de la *Génération des Animaux*, où, après avoir affirmé qu'il y a une cause et une démonstration même des choses éternelles (par exemple, des théorèmes géométriques, dont les causes ultimes sont les essences des figures), Aristote ajoute :

> On dit donc avec raison qu'il ne faut pas chercher un principe de toutes choses, mais à tort qu'il ne faut pas en chercher pour toutes les choses qui sont et deviennent toujours, mais seulement pour celles qui se trouvent être principes des éternelles ; car du principe il y a une autre connaissance (γνῶσις) mais pas de démonstration. Or, le principe dans les immobiles est l'essence (τί ἐστι), et dans les choses en devenir il y en a plusieurs, de manière différente et non tous de la même manière. Parmi eux, est une par le nombre l'origine du mouvement. (II 6, 742b 29-35).

1. Alexandre définit le principe comme « ce à partir de quoi » (τὸ ἐξ οὗ) et la cause comme « ce par quoi » (τὸ δι'ὅ) (*in Met.*, 247, 13-15). De même, G. Colle commente le passage de Γ par « le principe est principe en tant qu'il est premier par rapport à l'effet, il est cause en tant qu'il produit l'effet » (1931, p. 49).

2. *Métaph.* α 2, 994a 1-2.

3. *Métaph.* Γ 1, 1003a 26-27.

4. *Eth. Eud.* II 6, 1222b 39-41.

5. *Phys.* I 5, 188a 27-30 ; cf. aussi I 6, 189a 19-20. Les premiers contraires sont, par exemple, pour les quantités, l'excès et le défaut (I 6, 189b 22-27), pour les affections, la condensation et la raréfaction (VIII 7, 260b 7-10). Ils sont les termes les plus généraux sous lesquels peuvent se ranger les autres contraires, c'est-à-dire toutes les formes et privations comprises dans le genre considéré. Il faut remarquer toutefois qu'en général Aristote refuse d'accorder le statut principiel aux termes les plus généraux (voir notamment, ci-dessous, dans *Métaph.* B) ; et que la réduction des contrariétés à une première est plutôt rapportée comme l'opinion d'autres philosophes (δοκοῦσιν).

Ce texte confirme également que la nécessité de rechercher les quatre causes concerne seulement les étants en devenir, car les choses immobiles n'ont qu'une seule cause, leur essence ou cause formelle. Et ces essences sont principes non parce qu'elles sont éternelles mais parce qu'il n'y en a pas de démonstration, tandis qu'il y a démonstration, à partir d'elles, de leurs propriétés par soi, qui sont également éternelles et immuables.

Une autre différence entre principe et cause semble se manifester dans la *Physique*, dont le premier livre institue trois principes – substrat matériel, forme et privation, tandis qu'à partir du livre II il n'est plus question que de quatre causes – matière, forme, fin et moteur. Mais s'il y a une rupture manifeste dans la rédaction, il n'y en a pas dans le contenu, car la théorie des quatre causes reprend en la complétant celle des trois principes : le principe « ὑποκειμένον » devient la cause matérielle, le principe dédoublé en forme et privation devient la cause formelle, et deux nouvelles causes s'y ajoutent, nécessaires pour rendre compte du devenir[1]. Le manque de continuité formelle entre les deux livres s'explique de plusieurs manières. D'abord, il est généralement admis que le livre I est d'une rédaction nettement plus ancienne. Ensuite, le livre I est principalement critique : Aristote y prend pour point de départ une thèse partagée par l'ensemble de ses prédécesseurs et détermine, par réfutations successives, la meilleure manière de la poser ; en revanche, au livre II, il expose directement sa propre conception, complètement achevée. Les méthodes sont également différentes : l'institution des principes met en œuvre à la fois la méthode de division[2] et l'induction, c'est-à-dire des méthodes qui conviennent à une recherche en train de se faire ; l'exposé des causes au livre II est celui d'une doctrine désormais évidente, comme l'atteste la fréquence des « φαμέν », « φαίνεται », « φανερόν »[3].

L'enseignement à propos des causes comporte ainsi non seulement une étude des causes proprement physiques mais aussi un examen de la notion

1. Les quatre causes sont également désignées par le mot « principe » dans de nombreux passages, notamment de la *Métaphysique* et des traités biologiques ; cf. notamment *Gen. Corr.* II 1, 329a 33 ; *Part. An.* I 1, 640b 5 ; *Mouv. An.* 10, 703a 12 ; *Gen. An.* I 2, 716a 4 ; II 1, 735a 27 ; II 3, 737a 8, 29 ; II 6, 742b 33 ; III 1, 751b 6 ; 11, 762a 25, b 17 ; *Métaph.* A 3, 983b 7, 24 ; A 5, 986a 17, 987a 4 ; Z 8, 1033a 25 ; Z 9, 1034a 31 ; Z 17, 1041a 9.

2. Par exemple, pour déterminer le nombre des principes (I 2, 184b 15-25 ; I 6, 189a 11-191a 7). La seule méthode qui ne convient pas aux principes est la réfutation, car on ne peut réfuter que des démonstrations.

3. Notamment II 1, 192b 8-23 ; 193a 4-7.

même de cause[1]. C'est ainsi qu'est faite la distinction entre celles qui sont antérieures ou postérieures, par soi ou par accident, en puissance ou en acte. Un premier type d'antériorité concerne le rapport entre les espèces et les genres : pour la santé, le médecin est cause avant l'homme de métier, pour le diapason, le double est cause avant le nombre. Une autre antériorité est celle de la technique par rapport à celui qui l'applique : l'homme bâtit parce qu'il est bâtisseur, et il est bâtisseur selon la technique du bâtir, qui se trouve ainsi cause ultime à laquelle on puisse remonter (195b 23-24). Les causes par accident peuvent être le genre de la cause par soi : si l'homme est cause, l'animal est cause par accident; ou le particulier : si le sculpteur est cause, Polyclète est cause par accident. Les causes en acte sont des causes particulières (ce médecin-ci qui soigne, ce bâtisseur-ci qui bâtit).

Une confirmation que les principes (ou les causes) des étants et les principes de la connaissance sont les mêmes se trouve dans cette affirmation de la *Physique :*

> Si les principes sont infinis et en nombre et en espèce, il est impossible de connaître les choses qui en dérivent, car nous estimons connaître le composé lorsque nous connaissons la nature et le nombre de ses composants. (*Phys.* I 4, 187b 10-13).

Les principes ne peuvent être infinis, sinon « l'étant ne sera pas connaissable »[2]; autrement dit, les principes des étants sont aussi les principes de la connaissance des étants. Il s'agit, dans le passage cité, de la cause matérielle (en l'occurrence, les χρήματα d'Anaxagore), mais la règle est valable aussi pour les autres sortes. On peut montrer en outre que deux types au moins de *principia cognoscendi* reposent sur leur statut de *principia realia :* les prémisses indémontrables des démonstrations sont principes de connaissance parce qu'elles expriment les essences et les causes formelles des étants; les axiomes du discours, et en particulier le principe de non-contradition, sont principes parce qu'ils expriment une loi fondamentale de l'être, qui est que les contraires ne peuvent coexister dans une même chose[3]. Enfin, la description de l'acquisition des concepts

1. Les limites de la physique et les renvois à la philosophie première (I 9, 192a 34-b 2; II 2, 194b 14-15) concernent les réalités immobiles qui, comme telles, ne sont pas du ressort de la physique mais doivent néanmoins être étudiées par elle en tant qu'elles sont principes de choses physiques.

2. *Id.*, I 6, 189a 13.

3. C'est aux chapitres 3 et 4 de *Métaphysique* Γ qu'on trouve exposée leur nécessité tant ontologique qu'épistémologique. Leur acquisition n'est pas due, comme le présume Kahn (1981, p. 396), à une extension de l'induction, mais à un procédé relevant de la méthode dialectique, à savoir la réfutation de toute thèse opposée. L'enracinement ontologique de la règle logique est exprimé par la phrase : « S'il n'est pas possible que les contraires existent dans la même chose, et si est contraire à une opinion l'opinion contradictoire, il est

simples fait coïncider en un seul et même acte un type principiel de connaissance, l'intelligence, et un type principiel d'étants, l'essence. Toutes ces correspondances permettent de justifier notre accès à la vérité du réel, non par une nécessité établie *a priori* mais par un renvoi constant du logique à l'ontologique et vice-versa.

manifestement impossible au même homme de soutenir que la même chose est et n'est pas » (*Métaph.* Γ 3, 1005b 26-30).

Chapitre II

LA SCIENCE PREMIÈRE

Après avoir ainsi clarifié les différentes significations du mot « ἐπισήμη », il faut procéder de même pour les mots « φιλοσοφία » et « πρώτη φιλοσοφία » afin de déterminer s'ils désignent des sciences, et, si oui, lesquelles. En effet, les deux expressions se trouvent dans les passages ontologiques de la *Métaphysique*, mais avec des significations controversées. Ensuite, j'examinerai si l'une ou l'autre de ces disciplines coïncide avec la « σοφία » du livre A et avec la « science recherchée » du livre B.

Philosophie et philosophie première

Dans l'introduction aux *Parties des Animaux*, Aristote justifie son intérêt pour ces questions « terrestres » en affirmant qu'on éprouve autant de plaisir à étudier les substances naturelles en devenir que les substances naturelles éternelles et divines. En effet, les avantages et les inconvénients de ces deux études s'équilibrent, car les unes sont nobles et divines mais on ne peut en connaître que très peu [1], les autres sont parfois moins agréables à la sensation mais on peut en connaître de nombreuses propriétés dans chaque genre ; c'est pourquoi elles procurent autant de plaisir à celui qui est capable de saisir les causes. Or, celui-là, c'est le philosophe.

Que signifie le mot « philosophie », s'il est ainsi accordé tant à l'astronomie qu'à la biologie ? Est-il réservé à un certain objet, ou à

1. Aristote signale qu'à propos de celles-là il a déjà exposé son avis, faisant probablement référence à ses études de la *Physique*, du *De Caelo* et du *De Generatione et Corruptione* (cf. *Meteorologica*, 338a 20-27, qui cite ces trois ouvrages comme précédents).

n'importe quelle étude par les causes ? L'examen de ses occurrences montre que le terme « φιλοσοφία » peut désigner n'importe quelle recherche ou connaissance[1] qui satisfasse aux exigences principales de l'ἐπιστήμη en général[2]. Ainsi, par opposition à la dialectique ou à la sophistique, elle est toujours une recherche de la vérité[3]. Un usage particulier en est l'expression « κατὰ φιλοσοφίαν » qui, associée à « ἐπιστῆμαι » ou à « λόγοι », désigne les traités systématiques, y compris les traités pratiques, par opposition aux dialogues ou « ἐξωτερικοὶ λόγοι »[4]. On voit combien le mot est vague et ne désigne aucune discipline précise. En revanche, le mot « φιλόσοφος » est souvent utilisé dans un sens plus précis, et ce de deux manières : soit comme celui qui connaît les causes[5], soit comme celui qui étudie un objet général[6]. Selon l'index de Bonitz, pour cette dernière signification, « φιλόσοφος » serait mis pour « πρῶτος φιλόσοφος », mais en réalité les expressions « philosophe premier » et « philosophie première » ne sont jamais utilisées en ce sens mais toujours en rapport avec un objet particulier priviliégié. Cet objet particulier est le plus souvent la spécificité[7], en tant qu'elle est étudiée pour elle-même et non selon son rôle physique :

> A propos du principe selon la spécificité, s'il est un ou multiple, et quel ou quels il est, c'est la tâche de la philosophie première de le déterminer avec exactitude, aussi remettons-le à cette occasion. Mais à propos des spécificités physiques et périssables, nous parlerons dans nos prochaines descriptions. (*Phys.* I 9, 192a 34-b 2).

1. Cf. *Réf. Soph.* 16, 175a 5 ; *Métaph.* E 1, 1026a 19 ; Λ 8, 1074b 11 ; *Eth. Eud.* I 1, 1214a 13 ; *Polit.* III 12, 1282b 13.

2. Telle qu'on la trouve exprimée en *Top.* VI 6, 145a15 ; VIII 1, 157a 10 ; *De Caelo* III 7, 306a 16 ; *Part. An.* 1, 640a 2 ; *Métaph.* A 2, 982b 11 ; E1, 1025b 19 ; K 7, 1064a 10 ; Λ 9, 1075a 1 ; *Eth. Nic.* I 1, 1094b 4 ; *Eth. Eud.* I 5, 1216b 17.

3. *Anal. Pr.* I 30, 46a 3-10 ; *Top.* I 14, 105b 30 ; *Métaph.* α 1, 993b 20 ; Γ 2, 1004b 26.

4. On la trouve en *Top.* I 2, 101a 27 ; VIII 14, 163b 9 ; *Eth. Eud.* I 8, 1217b 23 ; *Polit.* III 12, 1282b 19.

5. Cf. le passage cité des *Part. An.*, ainsi que *Eth. Eud.* I 6, 1216b 39 : « le philosophe étudie cela (scil. le pourquoi) dans chaque domaine » et *Métaph.* Γ 2, 1003b 19 : « le philosophe devrait posséder les principes et les causes des substances ».

6. Toutes les références en ce sens se trouvent au livre Γ de la *Métaphysique* : 1004a 34, b 16 ; 1005a 21, b 6, b 11 (ainsi que dans les passages correspondants de K).

7. Je traduis « εἶδος » par « spécificité », réservant le mot « forme » pour « μορφή ». En effet, cette traduction exprime mieux une détermination essentielle, soit prise isolément, soit attribuée à une matière. En outre, la racine du mot est commune avec celle de l'espèce, autre signification du mot « εἶδος », et il me semble important de montrer que les deux sont liées, l'espèce étant le classement logique résultant des déterminations essentielles réalisées dans les étants.

Les objets respectifs de la physique et de la philosophie première ne sont pas nécessairement des réalités différentes, mais ce peuvent être les mêmes spécificités considérées d'une manière différente :

> Jusqu'à quel point le physicien doit-il connaître la spécificité et l'essence ? N'est-ce pas comme le médecin doit connaître le nerf et le forgeron le bronze, jusqu'à ce pour quoi chaque chose est ? De même à propos de ce qui est séparé par la spécificité, mais est dans la matière, car l'homme engendre l'homme, et le soleil aussi. Mais comment se comporte le séparable et quel il est, c'est la tâche de la philosophie première de le déterminer. (*Phys.* II 2, 194b 9-15).

Le fait est encore plus clair quand s'ajoute la comparaison avec le mathématicien, qui étudie lui aussi certaines affections des choses naturelles ; or, celles-ci n'existent en réalité pas séparément des corps naturels, mais le mathématicien les considère par abstraction, et le philosophe premier comme séparées :

> Il n'y a personne qui étudie les affections de la matière, qui ne sont pas séparables ni considérées en tant que séparables, mais le physicien étudie toutes les fonctions et affections de tel corps et de telle matière, tandis que toutes celles qui ne sont pas de cette sorte, un autre les étudie : pour certaines, ce sera un technicien, comme un charpentier ou un médecin ; pour celles qui ne sont pas séparables, mais qui sont considérées en tant qu'elles ne sont pas affections de tel corps et par abstraction, ce sera le mathématicien, et en tant que séparées (κεχωρισμένα), le philosophe premier. (*De Anima* I 1, 403b 9-16).

Cependant, outre ces spécificités physiques considérées comme séparées, il existe des spécificités absolument indépendantes de toute matière, et il est clair qu'elles sont également les objets de la philosophie première :

> Car la physique connaît des choses non séparables[1] mais non immobiles, la mathématique des choses immobiles mais probablement non séparables et comme dans la matière, et la première des choses à la fois séparables et immobiles. (*Métaph.* E 1, 1026a 13-16).

Et comme l'indique la suite de ce texte, s'il n'y avait pas de substance non physique, c'est-à-dire immobile, la physique serait la première science ou philosophie théorique, mais, comme il en existe, elle n'est que philo-

1. Schwegler, suivi par Jaeger, avait proposé de corriger le « ἀχώριστα » des manuscrits en « χωριστά », mais, comme l'a fait remarquer P. Aubenque en 1983, cette correction n'est pas fondée. Tel quel, en effet, le texte est conforme aux autres.

sophie seconde[1]. L'objet de la philosophie première ainsi déterminé est clairement les moteurs immobiles des astres : « les causes des divinités apparentes » (1026a 18)[2]; c'est pourquoi elle est aussi appelée « théologique » (1026a 19). D'autres renvois sont encore faits à la philosophie première comme s'occupant du « principe immobile » du mouvement (*De Gen. Corr.*, I 3, 318a 5), et plus explicitement aux « leçons sur la philosophie première » où il a déterminé de quelle manière est mû le premier mû et meut le premier moteur (*De Motu Animal.* 10, 703b 6-9).

En résumé, l'ensemble des occurrences nous présentent la philosophie comme une recherche de la vérité dans un domaine quelconque, plus particulièrement par la connaissance des causes. Il n'est pas encore possible de savoir si ces domaines sont seulement particuliers ou si une philosophie générale est possible; pour le déterminer, il faudra attendre l'analyse approfondie du livre Γ, où sont concentrées toutes les occurrences de « philosophie » au sens de science générale. D'autre part, tous les textes concordent pour faire de la philosophie première une science théorétique particulière qui partage avec la physique et les mathématiques l'étude des spécificités, mais seulement des spécificités en tant que séparées du sensible, et particulièrement du premier moteur comme acte simple[3]. Sur la question de savoir s'il y a néanmoins un rapport entre celle-ci et la philosophie générale de Γ, et en quel sens la philosophie première peut être dite générale, je reviendrai au chapitre V.

Mais si toute recherche philosophique passe par la connaissance des causes et des principes, il en est une privilégiée, celle qui cherche les premières causes et les premiers principes, c'est-à-dire ceux qui s'appliquent le plus généralement à l'ensemble des étants. Ses conditions de possiblité, qui préparent celles de la science de l'étant en tant qu'étant, sont

1. 1026a 27-31. L'expression « δευτέρα φιλοσοφία » se trouve en Z 11, 1037a 15; l'expression « φυσικὴ φιλοσοφία », en *Part. Anim.* I 1, 641a 36 et II 7, 653a 9.

2. Cf. aussi *De Caelo* I 8, 277b 10. Quant aux astres eux-mêmes, ils sont étudiés par l'astronomie qui est à la fois une partie de la physique, car c'est au physicien qu'il revient de connaître leurs essences et leurs accidents par soi, et une partie des mathématiques, car le mathématicien étudie ces accidents en tant qu'abstraits de leur matière et de leur mouvement (*Phys.* II 2, 193b 25-35 et *Métaph.* Λ 8, 1073b 3-8 : l'astrologie mathématique doit statuer notamment sur le nombre des orbites). Cf. 194a 7-12 : les parties les plus physiques des mathématiques sont l'optique, l'harmonique et l'astronomie. Sur la distinction entre leur côté mathématique et leur côté physique, cf. *Anal. Post.* I 13, 78b 39-79a16.

3. C'était déjà la conclusion d'A. Mansion en 1958 : « l'objet de la philosophie première est l'immatériel, sous quelque forme que ce soit. » (p. 177); mais, comme le fait remarquer R. Lefèbvre, « Comme cette équivalence fréquemment n'est *de facto* pas admise par les interprètes, la question doit sans doute être reprise. » (1990, p. 135). Il me semble difficile de la montrer plus clairement.

interrogées aux livres A et B de la *Métaphysique*, que nous allons à présent parcourir.

La science des causes premières dans *Métaphysique A*

La notion de science première, plus importante et plus élevée que toutes les autres, est examinée au premier livre de la *Métaphysique*, où elle est d'emblée identifiée à ce qu'on appelle en langage ordinaire la « sagesse », c'est-à-dire la science des premières causes : « la raison pour laquelle nous entamons cette réflexion, c'est que tous considèrent ce qu'on appelle sagesse comme portant sur les premières causes et les principes » (981b 27-29)[1]. Le fait que la sagesse porte en tous cas sur certaines causes et certains principes n'est pas douteux (982a 1-3), mais il faut cerner plus exactement l'objet qu'on lui attribue traditionnellement. Après avoir renvoyé aux Ethiques pour la distinction entre science, art, etc., Aristote passe en revue les différentes conceptions du sage : il peut être celui qui connaît l'ensemble des choses possibles, quoique pas chacune en particulier, ou bien celui qui connaît les choses les plus difficiles ; il peut être celui qui connaît toute science de manière plus exacte et plus pédagogique ; enfin, la sagesse est considérée comme la science la plus désintéressée et la plus élevée. Toutes ces affirmations sont acceptées par Aristote et rassemblées comme caractéristiques d'une même science :

> Parmi ces conceptions, le fait de connaître toutes choses du fait de posséder au plus haut point la science générale lui appartient nécessairement, car celui-là connaît d'une certaine manière tous les sujets, et probablement aussi le fait de connaître ces choses les plus difficiles pour les hommes, qui sont les plus générales, car elles sont les plus éloignées des sensations ; en outre, les plus exactes

1. Les mêmes caractères distinctifs sont accordés à la sagesse en *Eth. Nic.* VI 7 : une remarque préliminaire indique qu'on ne s'intéressera pas à celle qui consiste en l'excellence dans chacun des arts (selon laquelle Phidias et Polyclète sont dits sages), mais à celle qui ne consiste en rien d'autre qu'en la sagesse. Or, celle-ci est « la plus exacte des sciences » (7, 1141a 16) et est « à la fois science et intelligence des choses les plus éminentes par nature » (1141b 3). Elle comporte science et intelligence car elle doit à la fois partir de principes et atteindre la vérité à propos de ces principes (1141a 18). Une caractéristique importante de cette faculté est qu'elle est désintéressée et ne vise pas à l'utilité pour l'homme. Quel est donc son objet ? Ce sont les choses « beaucoup plus divines que l'homme par leur nature », dont un exemple est « les choses les plus manifestes à partir desquelles est composé l'univers », et c'est pourquoi ceux qui les ont étudiées, comme Thalès et Anaxagore, sont appelés sages (1141b 1-4). Ainsi donc, ici aussi, la sagesse est décrite comme la science des principes premiers de l'étant dans son ensemble.

> des sciences sont celles qui concernent le plus des choses premières, car celles qui partent du plus petit nombre (de principes) sont plus exactes que celles qui sont dites par addition, par exemple l'arithmétique est plus exacte que la géométrie. Maintenant, celle qui étudie les causes est aussi plus apte à enseigner, car ceux qui enseignent sont ceux qui disent les causes de chaque chose; enfin, le fait de savoir et de connaître en vue des choses elles-mêmes appartient principalement à la science du plus connaissable, (...) or les plus connaissables sont les choses premières et les causes, car c'est par elles et à partir d'elles qu'on connaît les autres et non celles-là par leurs sujets. (A 2, 982a 19-b 4).

Le texte mentionne à deux reprises les sujets (τὰ ὑποκειμένα) des causes premières, comme une autre façon de désigner l'ensemble des choses; ils sont aussi les sujets de la science dite « καθόλου », expression qu'il faut donc comprendre au sens littéral de « la science qui s'attribue à toutes choses ». Par conséquent, cette science est immédiatement universelle et immédiatement première, car ses objets, les principes premiers, sont à la fois universels et premiers, universels car ils portent sur l'ensemble de la réalité, premiers car leur connaissance donne accès à la connaissance de tout le reste. On ne pourrait annoncer plus clairement la science de tous les étants par le biais de leurs principes communs. Il est important de remarquer aussi, en ce qui concerne la méthode d'acquisition de cette science, que les principes ne doivent pas être étudiés exclusivement à partir des sensations et à partir de leurs sujets, car leur connaissance est une condition de celle des choses et non l'inverse.

Après cette détermination de l'objet et de la portée de la science la plus haute, qui intègre également parmi ces causes la notion du meilleur pour toute chose, Aristote peut conclure que « à partir de tout ce qui a été dit, le nom recherché s'accorde à la même science: il faut qu'elle étudie les premiers principes et causes » (982b 7-10). L'expression « le nom recherché » ne doit pas nous surprendre, car le nom « sagesse » était provisoire en tant que fourni par la tradition; on retrouvera encore l'expression « la science recherchée » dans les livres introductifs de la *Métaphysique*[1], avant qu'il soit remplacé par la science de l'étant en tant qu'étant ou la philosophie générale. Le nom de « philosophie » y est d'ailleurs déjà associé, car les premiers hommes à avoir cherché le savoir pour lui-même étaient des philosophes (982b 11-21). Or, la tradition mythologique et pré-philosophique voyait le divin dans la liberté d'être pour soi-même, de sorte que la seule science qui n'existe en vue d'aucune autre chose qu'elle-même est la plus digne d'appartenir à un dieu; en outre,

1. A 2, 983a 21; A2, 982a 4 (« nous cherchons cette science »); B 1, 995a 24.

on peut aussi l'appeler divine pour une raison plus proprement scientifique, qui est que « le dieu semble être l'une des causes de toutes choses et un certain principe. » (983a 3-5)[1].

Les chapitres 3 à 6 du livre A reprennent la théorie des quatre causes exposée au livre 1 de la *Physique*, et critiquent les conceptions des philosophes antérieurs. Le chapitre 7 conclut que certains ont parlé de la cause matérielle, d'autres de l'origine du mouvement, que les Idées sont une ébauche – erronée – de la cause essentielle, et qu'enfin la cause finale n'a jamais été clairement liée au bien. Les physiologues subissent le reproche, au chapitre 8, de n'avoir jamais justifié le nombre et la nature de leurs principes et de n'avoir pris en considération que le réel en devenir. Ensuite sont décrites les difficultés posées par les nombres pythagoriciens, puis par les Idées (chap. 9). C'est à cette occasion qu'Aristote affirme l'impossibilité d'une science de tous les étants à cause de la diversité irréductible de leurs principes :

> D'une manière générale, chercher les principes immanents (στοιχεῖα) des étants sans les diviser, alors qu'ils sont dits de plusieurs façons, ne peut aboutir, particulièrement en cherchant, de cette façon, de quels éléments ils sont composés. Car de quoi sont composés l'agir ou le pâtir ou le droit, c'est impossible à saisir,

1. Une double conception du divin se manifeste par la mention, d'une part, d'« un dieu » traditionnel, d'autre part, du dieu qui préfigure le « dieu des philosophes », non plus personnalisé mais appelé tel du fait de son pouvoir explicatif et causal sur le réel. Aristote fait donc référence ici au premier moteur immobile, qui, même dans un texte très conciliant vis-à-vis de la tradition, ne constitue que l'une des causes et des principes de toutes choses (on pourrait d'ailleurs se demander pourquoi les autres principes ultimes, tels les causes formelles, ne sont pas appelés dieux ; la raison est probablement à chercher du côté du sentiment religieux provoqué par l'ordre grandiose de l'univers, tandis que les causes formelles, proches de nous dans les choses sensibles, sont dépourvues de tout mystère). Cependant, le mot « divin » chez Aristote signifie le plus souvent « éternel et immuable », raison pour laquelle il est utilisé à propos des astres : « L'acte du dieu est l'immortalité, c'est-à-dire la vie immortelle, de sorte qu'au dieu doit nécessairement appartenir un mouvement éternel. Et puisque tel est le ciel (car il est un corps divin), c'est la raison pour laquelle il a un corps sphérique, qui par nature est mû circulairement » (*De Caelo*, II 3, 285b 9-12). Quant aux vivants mortels, par les générations successives, « ils participent à l'éternel et au divin dans la mesure où ils le peuvent » (*De An.* II 4, 415a 26-b 3 ; *id. De Gen. Corr.* II 10, 336b 25 *sq.* et *De Gen. Anim.* II 1, 731b 23-732a 3). Il semblerait cependant qu'Aristote ait considéré avec une certaine distance cette divinité astrale, s'il est vrai, comme l'affirme Sextus Empiricus, qu'il « disait que la conception des dieux était venue aux hommes pour deux raisons : à partir des phénomènes psychiques et à partir des corps célestes (...) ; en effet, observant de jour la révolution du soleil et de nuit le mouvement ordonné des autres astres, ils pensaient qu'un dieu était la cause de ce mouvement et de cette ordonnance. » (fr. 10 Rose). Il rapproche même « θεῖον » du participe « θέον » qui caractérise les astres (*Météor.* 339b 26). Sur les emprunts d'Aristote à la religion traditionnelle et philosophique, cf. W.J. Verdenius, 1960.

> mais éventuellement c'est possible seulement pour les substances ; de sorte que chercher ou estimer posséder les éléments de tous les étants n'est pas vrai. Et comment apprendrait-on les éléments de toutes choses ? Car il est clair qu'aucune connaissance ne peut préexister. De même, en effet, que celui qui apprend la géométrie peut connaître d'autres choses au préalable, mais aucune de la science qu'il s'apprête à apprendre, il en va de même pour les autres, de sorte que s'il y a une science de toutes choses, telle que l'affirment certains, aucune connaissance ne peut lui préexister. Or, tout apprentissage se fait à partir de connaissances préalables, qu'il soit par démonstration ou par définition (car il faut connaître d'abord les éléments de la définition) ; et de même pour l'apprentissage par induction. (A 9, 992b 18-33).

Il y a deux étapes dans ce texte, qui constituent la réfutation de la conception d'un réel composé à partir d'une « matière mathématique ». La première étape est une dénonciation de la recherche des mêmes principes pour toutes choses, particulièrement si l'on ne prend pour principes que des éléments matériels immanents, qui n'existent que dans les substances[1]. Deux autres arguments seront encore ajoutés pour montrer l'insuffisance des seuls principes de composition : d'abord, un tout ne se définit pas seulement par l'addition de ses parties, car il forme une chose nouvelle (993a 2-7), ensuite si toutes les choses étaient composées des mêmes éléments, elles devraient toutes être connues par la même sensation (993a 7-10). Cette première série d'arguments ne pose pas de problème pour la science aristotélicienne, qui, d'une part, n'accorde à toutes choses les mêmes principes que par analogie, et d'autre part, conçoit trois autres types de principes à côté des éléments matériels (sensibles ou intelligibles), que toutes les réalités ne doivent pas posséder tous les quatre. En revanche, la deuxième étape semble menacer davantage l'entreprise d'Aristote elle-même, puisqu'elle met en question la possibilité d'une connaissance des principes. En effet, toute connaissance prend pour point de départ soit des essences ou des définitions (méthode déductive), soit des expériences de cas particuliers (méthode inductive), de sorte que toute science partielle du

1. On trouve un écho de cette difficulté dans une partie critique du *De Anima*, où Aristote rejette la conception de la connaissance du semblable par le semblable : « En outre, l'étant se disant de plusieurs façons, car l'un signifie un ceci, l'autre une quantité ou une qualité ou quelque autre des catégories distinguées, est-ce que l'âme sera composée de tous (ἐξ ἁπάντων ἔσται) ou non ? Mais il ne semble pas que les éléments soient communs pour toutes choses. Est-ce que donc elle sera seulement composée de tous ceux des substances ? Comment, dès lors, connaîtra-t-elle chacune des autres choses ? Ou bien diront-ils que de chaque genre il y a des éléments et principes propres, à partir desquels l'âme connaîtra ? elle sera donc quantité et qualité et substance. Mais il est impossible qu'à partir des éléments de la quantité soit composée une substance et non une quantité. » (I 5, 410a 13).

réel s'appuie sur une science antérieure mais ne connaît encore rien de son propre objet. Dès lors, si une science prend pour objet le réel dans son ensemble, comme il n'y a rien d'autre à prendre comme points de départ, elle ne disposera d'aucune connaissance préalable – ce qui est impossible, en vertu de l'affirmation de départ. Quant à la réponse des Platoniciens, qui est la préexistence du savoir dans l'âme et sa redécouverte par la réminiscence, elle est jugée peu crédible par Aristote. Mais en réalité, une science générale ne rencontre une telle impossibilité que si son objet et ses méthodes sont du même type que ceux des sciences particulières, c'est-à-dire si, d'une part, elle reçoit ses principes de l'extérieur mais ne les institue pas elle-même, de sorte qu'elle commence avec les premières démonstrations, et si d'autre part, elle prend pour objets l'ensemble de tous les objets considérés par les sciences partielles, sans tenir compte des différences essentielles qui les rendent irréductibles à une science commune. C'est pourquoi, lorsqu'il décrira sa propre conception de la science générale, au livre Γ, Aristote commencera par la distinguer des sciences partielles, du fait que l'institution de ses propres principes en est une tâche aussi essentielle que la démonstration de leurs conséquences, et du fait qu'elle étudie la totalité de ses différents objets du seul point de vue de ce qu'ils possèdent en commun. C'est faute d'avoir pris ces deux précautions que la dialectique platonicienne échoue à connaître l'ensemble des étants.

La conclusion du livre A (chap. 10) est que les quatre causes devant faire l'objet de la science générale des étants ont été mentionnées déjà par d'autres, mais jamais parfaitement, car « la première philosophie[1] semble balbutiante, du fait qu'elle est jeune et débutante » (993a 15-16). Le rôle introductif au livre Γ est ainsi bien marqué, mais il ne concerne encore qu'un aspect de ce que sera l'ontologie, les autres tâches de celle-ci devant bientôt apparaître sous la pression des apories du livre B.

LA SCIENCE DES PRINCIPES DANS *MÉTAPHYSIQUE B*

Après l'exposé critique des conceptions antérieures de la « science recherchée », Aristote aborde celle-ci de manière plus systématique, en fonction des difficultés qu'elle pose, particulièrement quant à la détermination de ses objets et de ses tâches. Chaque difficulté donne lieu à plusieurs séries d'arguments, soutenant successivement chacune des réponses possibles, afin de préparer la résolution par éviction des thèses les

1. Et non « la philosophie première » comme partie de la philosophie, car l'expression désigne ici la philosophie des premiers philosophes.

plus faibles. Cependant, les conclusions définitives ne sont pas encore affirmées.

Les trois premières apories ont déjà été évoquées dans la « préface » (ἐν τοῖς πεφροιμιασμένοις), c'est-à-dire au livre A, puisqu'elles concernent la science des premiers principes. On se demande à son propos 1) si cette science est unique pour toutes les causes; 2) si elle étudie aussi les principes démonstratifs; 3) si elle étudie à elle seule toutes les substances[1], c'est-à-dire les sensibles et les non-sensibles, si du moins il en existe certaines sortes. Le livre A avait répondu positivement à ces trois questions, sans toutefois en donner de démonstration. La justification de l'universalité de la science sera fournie en Γ seulement. En attendant, le deuxième chapitre de B en expose les arguments pour ou contre. D'un côté, comment une seule science peut-elle étudier des principes qui ne sont pas des contraires? (996a 20-21); en outre, s'ils ne sont pas eux-mêmes démontrables, comment les connaît-on, et s'ils sont démontrables, comment éviter que toutes les choses démontrables se réduisent à un seul genre, puisque ces axiomes s'appliquent à toutes? (997a 2-11). De l'autre côté, s'ils ne sont pas étudiés par la même science que celle des étants, laquelle est la principale et qui d'autre que le philosophe pourra s'en charger? (a 11-15). Enfin, si la science est la même pour toutes les substances, elle serait chargée aussi de démontrer tous les attributs (a 17-25), mais, si elle n'est pas la même, la science de quelle substance est-elle celle que nous cherchons? (a 16-17). On constate qu'un seul argument, commun aux trois apories, est avancé contre la multiplicité des sciences des principes, qui est qu'on ne saurait pas laquelle est la plus éminente et appartient au philosophe. Aristote peut-il baser sa propre conviction sur une exigence aussi faible? Car rien n'empêche d'admettre que plusieurs sciences sont au même niveau et que le philosophe est l'homme de plusieurs sciences. En réalité, cette disproportion en faveur de la thèse adverse semble indiquer que la diaporie n'est pas un exposé impartial mais consiste surtout à réfuter les objections à la thèse qu'on veut défendre.

1. Le mot « οὐσία » pouvant désigner plusieurs choses, je réserve la traduction de « substance » à la désignation des étants qui existent par eux-mêmes et servent de substrat aux autres étants, c'est-à-dire aux étants de la première catégorie. Dans d'autres textes il sera nécessaire de traduire par « essence », quand le mot signifie ce qu'est un étant de n'importe quel type, et dans d'autres, par « réalité », quand il est utilisé comme équivalent à « τὸ ὄν ». Un autre choix possible est de conserver la polyvalence du terme en le traduisant dans tous les cas par un terme plus général que ces trois-là, par exemple, comme le fait L. Couloubaritsis, par « étance », comme substantivation du verbe être. Mais comme de nombreuses confusions dans l'interprétation philosophique ont pour origine la confusion des trois sens principaux du mot, il me semble nécessaire de préciser à chaque fois le sens le plus probable.

Aristote signale d'ailleurs qu'après avoir réfuté ces arguments, il faut encore, soit réfuter la thèse elle-même, soit montrer positivement la nécessité de sa propre thèse. Tout indique qu'il annonce ainsi le livre Γ.

Les apories 4 et 5 prolongent les trois premières : 4) existe-t-il d'autres genres de substances que les sensibles ? et 5) notre étude inclut-elle aussi les attributs par soi des essences et les notions abordées par les dialecticiens ? La diaporie se construit selon l'argumentation suivante : 4) Il n'y a pas de substances non sensibles telles que les Idées ou les objets mathématiques (997b 3-998a 19), mais une science d'objets périssables serait elle-même périssable (997b 32-34) ; 5) une même science ne peut étudier essence et attributs car ceux-ci doivent être l'objet d'une science démonstrative tandis que de celle-là il n'y a pas de démonstration (997a 30-32), mais quelle pourrait être la science des seuls attributs ? (a 32-33). La réfutation des Idées et des objets mathématiques se fera longuement aux livres M et N[1], mais l'argument adverse laisse déjà présager qu'il faudra reconnaître d'autres types de substances non sensibles – ce que l'on trouvera établi aux livres Z, H, et Λ. Les critères pour être des substances sont de ne pas être des attributs, soit comme des propriétés soit comme des termes généraux, mais d'être des τόδε τι (1001b 29-32), ou encore d'être des choses particulières, unes par le nombre (1002b 27-32). De même, lorsqu'il se demande s'il faut considérer l'étant et l'un comme des substances, Aristote exprime cette exigence sous la forme de ne pas être autre chose que l'étant et l'un, c'est-à-dire ne pas être attribués à d'autres sujets (1001a 6-8 ; 27-29), mais d'être attribués seulement à eux-mêmes, c'est-à-dire d'être leur propre essence (1001a 9-12 : « Platon et les Pythagoriciens estiment que ni l'étant ni l'un ne sont autre chose mais que c'est là leur nature, parce que leur essence est l'être même de l'un et de l'étant »). Pourquoi dès lors sont-ils appelés aussi « οὐσίαι τῶν ὄντων » ? La même expression se trouve à propos des limites mathématiques des corps : si celles-ci ne sont pas οὐσία, il nous échappe « τί τὸ ὄν καὶ τίνες αἱ οὐσίαι τῶν ὄντων » (1001b 28-29 ; 1002a 28 : « τίς ἡ οὐσία τῶν ὄντων »). Ce type d'énoncé exprime un rôle principiel par rapport à d'autres réalités, et il est conjoint, non opposé, au fait d'être son propre sujet. Par conséquent, il faut probablement le comprendre au sens où ce qui est le plus subsistant est aussi ce dont les autres dépendent – d'une manière encore indéterminée, parallèlement à une conception non divisée de l'οὐσία qui doit surtout signifier « ce qui est au plus haut point ». A partir de cette constatation, l'οὐσίαι opposée aux attributs démontrables dans la cinquième aporie doit conserver cette même ambivalence de sujet substantiel et de principe essentiel.

1. Selon Ross, il y a une référence probable à ces livres en A 6, 997b 4.

Les apories qui concernent les principes en général sont la sixième : sont-ils les genres ou les réalités immanentes ?, la septième : si ce sont les genres, sont-ce les premiers ou les derniers ?, la huitième : existe-t-il une ou plusieurs causes séparables ?, la neuvième : les principes sont-ils limités par le nombre ou par l'espèce ?, la dixième : sont-ils les mêmes ou différents pour les choses corruptibles et les choses incorruptibles ?, la douzième : sont-ils universels ou particuliers ? et enfin la treizième : sont-ils en puissance ou en acte ? Il semble, pour commencer, que tant les réalités premières immanentes (ἐξ ὧν ἐνυπαρχόντων πρώτων) que les genres sont principes car, d'une part, les principes d'un mot, d'un problème ou d'un corps sont les éléments qui le composent et le constituent (998a 22-b 4), d'autre part, les genres sont principes des définitions donc aussi des choses définies, et ils sont principes des espèces par lesquelles nous connaissons les étants (998b 4-8). Et contre une éventuelle assimilation de ces deux sortes de principes, Aristote affirme immédiatement que les définitions qui résultent de chacun sont différentes, alors que l'énoncé d'une essence doit être un (b 11-13). La résolution de cette aporie est à chercher dans la théorie des quatre causes, qui considère les éléments composants et les essences comme deux des causes premières, et par l'étude de la définition, qui, dans les *Analytiques,* va privilégier l'explication causale par rapport à la méthode de division (laquelle, en fournissant la définition composée du genre et de la différence, est satisfaisante pour les matières dialectiques mais insuffisante pour la science[1]) et, dans *Métaphysique* Z et H, va établir, du point de vue logique, l'unité de la multiplicité des éléments définitionnels. Cependant, toujours par la théorie des quatre causes, et donc dès la *Physique*, on sait que la matière à elle seule est insuffisante pour rendre compte d'une chose, et que toute connaissance passe par *l'eidos*, entendu non comme l'espèce mais comme la spécificité.

Ensuite, à propos de la septième aporie, Aristote réfute la thèse selon laquelle les principes sont les genres premiers, et ce à partir de sa conception de l'étant et de l'un : en effet, si les principes doivent être ce qu'il y a de plus universel, l'étant et l'un sont au plus haut point principes, or cela se heurte à plusieurs impossibilités (998b 17-28)[2]. Cette thèse est donc clairement écartée, mais l'antithèse est-elle pour autant admise ? Le fait que l'espèce dernière soit principe n'est pas discuté ; il est seulement nié qu'elle le soit grâce à son universalité, car le genre est plus universel qu'elle (999a 16-23). Il faut donc justifier d'une autre manière sa principialité, et c'est ce que fera toute la théorie de *l'eidos* aux livres Z et H,

1. Cf. l'article de R. Bolton, 1993.

2. Cf. chapitre IV, p. 168-173.

mais aussi et surtout dans les traités biologiques, dans la *Physique* et dans le *De Anima*. On peut en tous cas déjà avancer, d'après cette diaporie, que ce n'est pas en tant qu'attribut général que *l'eidos* est principe.

Dans le prolongement de cette question, approfondissant la décomposition du réel en ses plus petites unités, la huitième aporie pose le problème de savoir s'il faut considérer comme seules réalités les choses sensibles particulières ou s'il existe autre chose à côté d'elles. La nécessité des termes universels se fait sentir pour la science, car les choses particulières sont infinies et nous les connaissons seulement en tant qu'une seule et même chose, et en tant qu'un universel existe (ᾗ καθόλου τι ὑπάρχει) (999a 26-29) ; ou, d'une autre manière, la science porte sur l'intelligible et non sur le sensible (999b 1-3). Même pour expliquer le devenir, quelque chose d'éternel est nécessaire, car tout ne peut être en devenir mais il faut arrêter l'enchaînement des venues à l'être à partir de réalités elles-mêmes venues à l'être, et il faut que le mouvement ait une limite. Cette remarque peut paraître étrange puisqu'Aristote conçoit l'univers et le mouvement comme ayant toujours existé et devant exister toujours. Mais il ne faut pas comprendre cette limite comme temporelle ni en conclure un commencement du devenir à partir d'un état statique, conception de certains Présocratiques qu'Aristote réfute dans la *Physique*. L'exigence ici exprimée est que l'on remonte jusqu'à un principe explicatif immuable, qui sera, pour toute venue à l'être, la matière en général et l'essence de chaque chose, et pour tout mouvement, le premier mouvant immobile. La suite exprime en effet ces « limites » en termes de conditions de possibilité : si la matière et la substance n'existent pas, aucune chose n'existera. Toute la difficulté de la théorie de *l'eidos* sera d'expliquer son double statut, à la fois immanent au *sunolon* et garant de la stabilité de l'espèce. De quelle manière il sera séparé et éternel, ce n'est donc pas encore clair, mais en tous cas ce ne sera pas comme le disent les Platoniciens. Les objections à leur thèse sont, d'abord, que les genres, premiers ou derniers, ne peuvent être principes (999a 29-32)[1] ; ensuite, la difficulté à reconnaître de quelles choses il y aura un universel (999a 34- b 1), car ce ne peut être de toutes (999b 17-20). Une autre difficulté, que doit résoudre toute théorie de l'essence, est que, si l'essence est une, toutes les choses dont elle est essence seront une aussi, et, si elle est multiple, elle ne répond pas à l'exigence scientifique (999b 20-23). Enfin, comment expliquer que le

1. Selon ce qui a été établi lors des apories 6 et 7. Il y a ici un raccourci dans l'argumentation car, si les genres ne peuvent être principes, rien n'empêche qu'ils existent néanmoins à côté des choses particulières. Mais, comme on va le voir bientôt, Aristote n'a pas encore explicitement remis en question l'adéquation platonicienne entre universalité, principialité et existence séparée.

composé soit à la fois matière et essence (999b 23-24)? Ces dernières questions appartiennent à la problématique de l'un, dont Aristote fait une des tâches principales de l'ontologie, et elles trouveront une réponse dans la plurivocité de l'un et dans l'unité conférée par l'entéléchie. En tous cas, par leur seule formulation, il est manifeste qu'on ne pourra sortir de l'impasse tant qu'on considèrera l'universalité, la principialité et l'existence substantielle séparée comme des caractères nécessairement conjoints, et tant qu'on n'aura pas clarifié les deux rôles de *l'eidos*, comme concept universel d'espèce et comme acte informant toute matière particulière.

Pour en revenir aux principes en général, ont-ils une unité d'espèce ou de nombre ? D'une part, si on ne leur accorde pas d'être uniques en nombre, rien ne le sera, autrement dit rien n'existera comme un exemplaire unique en son genre mais de tout il y aura de multiples cas particuliers, y compris de l'étant et de l'un. Or, la connaissance exige une unité des multiples (999b 25-27). Cet argument révèle une nouvelle fois à quel point les apories du livre B ont dû être destinées à un public académique, car, comme beaucoup d'autres, il n'est contraignant que dans le cadre d'une doctrine réaliste. Pour Aristote, admettre que les genres, et *a fortiori* l'étant et l'un, ne soient pas des réalités unes par le nombre, non seulement ne pose pas de problème mais constitue une nécessité pour éviter les problèmes. En effet, si les genres étaient principes comme une seule substance particulière, ils ne pourraient être principes que d'une seule chose; par exemple, si les lettres, qui sont principes d'un mot au sens d'éléments de composition, n'existaient qu'en un seul exemplaire, elles ne formeraient qu'un seul mot et, une fois utilisées, ne pourraient servir ailleurs. Au contraire, chacune des lettres doit être considérée comme une espèce définissant autant de cas particuliers qu'il y a de mots à former, et il en va de même pour les autres principes généraux. Maintenant, comment assurer que ces termes généraux, s'ils ne sont que des attributs et non des *tode ti*, aient cependant le statut de réalité fondamentale dont dépend non seulement la connaissance mais aussi l'existence et l'essence des choses dont ils sont principes ? La réponse passera à nouveau par la distinction de plusieurs niveaux d'unité, par le nombre pour les principes particuliers, par l'espèce, le genre ou l'analogie pour les principes généraux, le rapport entre les uns et les autres se faisant par l'immanence du général dans le particulier. L'impasse à laquelle mène l'unité des principes généraux selon le nombre servira encore d'argument pour montrer l'inutilité des Idées conçues comme unes par le nombre (B 6, 1002b 12-32); on peut donc considérer comme établi, depuis ce livre moins aporétique qu'il n'y paraît, que tant les choses sensibles que leurs principes, pris en général, possèdent en tous cas une unité d'espèce.

L'aporie suivante a trait également, d'une certaine manière, au nombre des principes, puisqu'il s'agit de savoir si les choses périssables et les choses non périssables ont les mêmes principes. La réponse est clairement négative car, si elles avaient les mêmes principes, rien ne justifierait que les unes soient périssables et les autres non (1000a 7-8; 1000a 20-24; 1000b 20-23). Maintenant, puisqu'ils sont différents, le sont-ils au point que les uns soient périssables et les autres non périssables? D'une part, un principe périssable n'est pas un principe premier car, étant soumis au changement, il requiert un principe de changement antérieur à lui, qui sera cause ultime (1000b 24-28); en outre, si les principes périssent, l'existence des choses qui en dépendent est impossible. Reste donc que tous les principes premiers sont impérissables, mais il faudra longuement argumenter pour expliquer qu'à partir d'eux certaines choses sont périssables, d'autres impérissables (1000b 29-32)[1]. En fait, deux éléments de l'explication seront, d'abord, le rôle direct joué par les principes prochains périssables, ensuite, le caractère essentiel de la mortalité de la plupart des étants matériels; or, ces deux éléments peuvent intervenir parce que la plupart des étants ne sont explicables que moyennant plusieurs principes.

Si les principes doivent être impérissables, la science exige qu'ils soient également universels (1003a 13-17). En effet, ce que la thèse adverse peut avancer en faveur d'un statut de réalité particulière n'est pas contraignant pour Aristote, car le fait que les universels ne soient pas des substances séparées ne les empêche pas *a priori* d'être des principes, comme c'était le cas pour Platon (1003a 7-12). Et l'on rejoint une nouvelle fois l'annonce d'une réflexion sur un rapport de causalité entre l'universel et le particulier, qui ne pose pas les problèmes de la participation platonicienne.

Enfin, la treizième aporie révèle la nécessité que certains principes du moins soient toujours en acte puisque, dans le cas contraire, il serait

1. P. Aubenque a vu dans cette difficulté une preuve qu'il n'y a pas de connaissance possible du corruptible, car les principes sont toujours incorruptibles, or les principes sont différents pour des genres différents et le corruptible et le non-corruptible sont des genres différents (1962, p. 315-322). Aux deux premières prémisses, Aristote répondra au livre Λ par la distinction des principes du particulier et du général et par l'analogie qui permet d'étendre la notion de principe à l'ensemble des étants. Quant à la troisième prémisse, elle se base sur une mauvaise interprétation du livre I, chapitre 10 : étant des contraires, le mortel et l'immortel constituent la plus grande différence d'un même genre, mais, comme ils sont des attributs nécessaires et non accidentels des choses mortelles et immortelles, ils servent aussi de différences pour déterminer des genres au sein d'un genre plus large, comme par exemple, au sein des vivants, le genre immortel des astres et des moteurs immobiles, et le genre mortel des animaux. En outre, la dernière phrase du chapitre montre que ce raisonnement est dirigé contre la théorie des Idées, qui fait de l'immortel et des mortels des choses identiques par l'espèce (1059a 13-14).

possible que rien n'existe (1003a 2-5)[1], tandis que l'antériorité de la puissance par rapport à l'acte, évoquée comme contre-argument (1002b 34-1003a 2), est réfutée au livre Θ.

Au terme de cette longue diaporie, les difficultés qui restent à résoudre se sont nettement dessinées. On peut les regrouper selon deux grands thèmes :

1) En ce qui concerne *la science universelle des principes*, il faudra montrer qu'elle n'obéit pas à la règle des sciences spécialisées, qui progressent par démonstrations, au sein d'un seul genre, à partir de principes donnés. Et puisqu'elle étudie des choses indémontrables, on cherchera par quelle méthode propre elle appréhende ses objets, et pourquoi, malgré sa non-conformité au modèle des sciences déductives, elle mérite au plus haut point le statut de science de la vérité. On aura ainsi répondu aux objections des apories 1, 2, 3 et 5. Nous avons déjà trouvé ces renseignements dans la description des différentes méthodes scientifiques dans les *Analytiques*, le *De Anima*, l'*Ethique à Nicomaque ;* nous les retrouverons dans la justification de la science universelle des étants, aux livres Γ et E de la *Métaphysique*.

2) *La notion même de principe* implique plusieurs exigences :

– pour être objets de science, ils doivent être, d'une manière ou d'une autre, universels et immuables (ceci impliquant immatériels et intelligibles) ;

– pour être principes des substances, il doivent être eux-mêmes substances ;

– pour échapper au problème platonicien de la participation, ils ne peuvent être ni uns par le nombre ni séparés des sensibles, et doivent être particuliers pour rendre compte des réalités particulières.

La plupart des difficultés développées dans les apories 6, 7, 8, 9, 10 et 12 résultent du choix de privilégier l'une de ces exigences au détriment des autres. Une des principales tâches de la *Métaphysique*, s'appuyant d'ailleurs, pour ainsi dire, sur l'ensemble des autres œuvres, sera de

1. Dans la *Physique*, Aristote justifie l'éternité du monde par le fait qu'un commencement devrait toujours être justifié par une cause, de sorte qu'il y a de toute façon quelque chose d'éternel, fût-ce le mouvement d'une série infinie de causes ; or l'éternel est ce qui ne peut être autrement, c'est-à-dire est nécessaire, et ce qui est nécessaire est toujours en acte. Une autre démonstration conclut à l'actualité incessante du premier mouvant immobile.

montrer comment elles sont conciliables et nécessairement conjointes. On trouvera ces développements surtout aux livres Z, H, I et Λ [1].

Certains éléments sont déjà acquis au terme de la diaporie :

– l'étant et l'un ne sont pas des substances mais des attributs universels ;

– la science exige des concepts universels ;

– le lien entre l'universel et le particulier, entre le périssable et l'impérissable, est assuré par *l'eidos*, notion-clé qui demande un examen approfondi ;

– il est nécessaire que certains principes ultimes soient impérissables et toujours en acte.

1. Les livres M et N sont d'une utilité limitée, dans la mesure où leur visée est essentiellement réfutative par rapport aux Idées et aux Nombres, mais dans certains passages Aristote expose, pour ce faire, sa propre conception, de sorte qu'ils peuvent être éclairants sur des points précis.

CHAPITRE III

LES DIFFÉRENTS TYPES DE PLURIVOCITÉ

Puisqu'il n'y a pas de science une de réalités homonymes, il faut, pour qu'une ontologie soit possible, écarter le risque que l'être ou l'étant soit un homonyme. Or, l'étant « se dit de plusieurs façons », mais ces diverses façons sont reliées entre elles selon un procédé particulier, qui est la référence à une seule chose (πρὸς ἕν). Il est temps d'éclaircir toutes ces notions, afin de déterminer si être dit de plusieurs façons équivaut à être homonyme[1], et comment il faut comprendre le procédé de référence unique. Or, avant d'affronter la question des sens de l'être, il est plus simple d'examiner la plurivocité de termes plus anodins. C'est pourquoi, je vais recueillir les informations apportées dans l'ensemble du corpus pour déterminer les critères de chaque type de plurivocité reconnu par Aristote, ainsi que les réalités auxquelles s'applique chacun. Et comme de nombreuses controverses ont surgi dès l'Antiquité et continuent encore à diviser les critiques, j'examinerai les différentes positions et proposerai une thèse qui soit le plus possible en accord avec l'ensemble des renseignements recueillis.

1. Je traduis par « plurivoques » les choses « dites de plusieurs façons » (πολλαχῶς λεγόμενα), sans préjuger encore de la signification exacte de cette expression, qui n'est jamais définie explicitement par Aristote, et qu'il faudra donc préciser à travers ses diverses occurrences.

Les définitions disponibles : homonymie, synonymie et paronymie

Les définitions de l'homonymie, de la synonymie et de la paronymie constituent la première partie du traité des *Catégories*, tandis que dans sa dernière partie figurent de nombreux exemples de termes plurivoques à propos desquels il n'est jamais précisé si cette plurivocité correspond à l'une des trois formes définies. Cette constatation, et aussi le fait qu'après les trois définitions le texte passe abruptement à une autre problématique, a pu faire douter de l'homogénéité du traité et, partant, de l'authenticité des chapitres 1 et 10-14[1]. Cependant, dans toute son œuvre, Aristote utilise toujours ces termes en accord avec les définitions données ici et en reproduit quelquefois des parties (cf. *Topiques*, VI 10, 148 a 23 *sq.*). En outre, la disposition des problématiques ne doit pas nous étonner, car le traité des *Catégories* se veut un inventaire, successivement, des différentes portées sémantiques d'un mot (champ sémantique unique ou multiple), des différents types d'expressions (combinées ou non combinées), des différents statuts ontologiques auxquels renvoient les mots (sujet, attribut, inhérent), des principaux genres des étants (les dix catégories), et enfin de quelques déterminants qui peuvent s'appliquer à des étants de chaque genre (comme « opposé », « antérieur », « ensemble »…). On peut donc considérer les définitions fournies comme une base fiable pour aborder les termes plurivoques dans le corpus.

Il vaut la peine de citer entièrement le premier chapitre :

> Sont dites homonymes les choses dont le nom seul est commun, mais dont l'énoncé de l'essence conforme au nom (ὁ κατὰ τοὔνομα

1. Cf. à ce propos, l'exégèse de Sainati (1968, p. 148-156) : plusieurs auteurs, qui admettent l'authenticité du reste du traité, mettent en doute celle de ces derniers chapitres ; P. Gohlke (1936), et L. M. De Rijk (1951), qui la défendent, s'appuient sur l'évolution génétique de l'analyse quantitative du jugement pour affirmer qu'ils sont antérieurs par rapport aux textes les plus anciens des *Topiques*. Sainati remarque non seulement que la proximité de thèmes avec les *Topiques* ne fait aucun doute, mais aussi que l'exposé montre souvent davantage de clarté et de maturité dans les *Catégories*, de sorte qu'il situe plutôt ces six chapitres entre les parties les plus anciennes des *Topiques* et les chapitres 1-9 des *Catégories*. Il montre en outre que, loin d'être des bribes rassemblées artificiellement, ces chapitres ont un rôle nécessaire à l'éclaircissement de concepts dialectiques : ceux consacrés à l'antérieur et postérieur et au simultané clarifient le rapport entre genre et espèce, que celui consacré au mouvement illustre par un exemple ; quant à la polyvalence sémantique de « ἔχειν », elle serait une première tentative de table des catégories, car elle détermine déjà différents rapports d'inhérence à un sujet. Excepté sur ce dernier point, je m'accorde entièrement avec l'affirmation de l'authenticité de ces chapitres et de leur rôle de clarification de certains concepts qui resteront fondamentaux pour Aristote en tant qu'outils de connaissance de l'ensemble du réel.

> λόγος τῆς οὐσίας)[1] est différent, par exemple sont dits « animal » l'homme et le dessin. De ceux-ci, en effet, le nom seul est commun, mais l'énoncé de l'essence conforme au nom est différent, car si l'on explique ce qu'est pour chacun d'eux le fait d'être animal, on donnera un énoncé propre à chacun.
> Sont dites synonymes les choses dont le nom est commun et dont l'énoncé de l'essence conforme au nom est le même, par exemple sont dits « animal » l'homme et le bœuf. En effet, l'homme et le bœuf sont appelés « animal » par un nom commun et l'énoncé de son essence est le même, car si l'on donne l'énoncé de chacun, c'est-à-dire ce qu'est pour chacun d'eux le fait d'être animal, on donnera le même énoncé.
> Sont dites paronymes toutes les choses qui ont leur appellation (προσηγορίαν) conforme au nom à partir d'une autre, dont elles diffèrent par le suffixe, par exemple le grammairien à partir de la grammaire et le courageux à partir du courage. (1, 1 a 1-15).

On peut tirer deux remarques importantes de ces définitions :

1) Certaines choses, recevant le même attribut, peuvent être les unes homonymes, les autres synonymes, c'est-à-dire les unes « de même nom »,

1. Selon Anton (1968, p. 317 *sq.*), cette définition de l'homonymie ne conviendrait pas à tous les cas mais seulement à ceux qui sont utiles pour contrer la théorie des idées. En effet, se basant sur le fait que l'expression « λόγος τῆς οὐσίας » se trouve chez Platon avec le sens de « définition de l'idée », il affirme qu'ici aussi λόγος doit être compris au sens strict de définition, et que οὐσία désigne nécessairement des substances secondes, prédicables et définissables (ici, le genre ; en *Topiques*, I 15, l'espèce). Je ne pense pas que οὐσία signifie ici le genre, même si les exemples donnés illustrent l'attribution d'un genre, car seuls les genres des οὐσίαι sont οὐσίαι secondes, et, s'il avait voulu désigner ceux-là seulement, Aristote aurait dû être plus explicite, étant donné la plurivocité du mot οὐσία. En outre, selon l'hypothèse de Anton, l'enjeu du passage deviendrait extrêmement limité, puisqu'il s'agirait uniquement de vérifier si un genre est attribué à juste titre ou non à une espèce de substances, alors que tout le contexte concerne les étants ou les choses dites, de la manière la plus générale. Au contraire, rien n'empêche que le présent passage concerne n'importe quelle attribution et que l'on traduise « le nom (de l'attribut) et l'énoncé de l'essence (de l'attribut) conforme à son nom » au lieu de « le nom (du genre) et la définition du genre conforme à son nom ».

En ce qui concerne le mot « λόγος », il faut éviter de le traduire par « définition » lorsqu'il est accompagné de « τῆς οὐσίας », puisque c'est l'expression entière qui constitue une définition (voir en outre, en *Métaphysique* Z, la distinction entre la définition au sens étroit, qui exprime le τὶ ἦν εἶναι et est désignée proprement par le mot ὁρισμός, et la définition au sens large, pour les choses qui ne sont pas identiques à leur τὶ ἦν εἶναι, et qui doit être désignée plutôt par λόγος. Parmi le large éventail des significations de λόγος, celle qui me paraît convenir le mieux ici est traduite en anglais par « account », mais le français n'en possède pas d'équivalent exact ; on pourrait dire « justification » ou « explication », puisqu'elle rend compte du sens contenu dans le nom. Si j'ai choisi « énoncé », c'est pour conserver à la fois cette allusion et l'idée plus générale d'un assemblage de mots signifiant.

les autres « de même nom et de même signification du nom »[1]. L'exemple donné par Aristote est que, recevant le même attribut « animal », l'homme et le dessin sont seulement homonymes, tandis que l'homme et le bœuf sont synonymes. Mais cela ne signifie pas que les choses synonymes ont elles-mêmes la même définition, ce qui serait faux pour l'homme et le bœuf; c'est l'attribut qui a la même définition dans les deux attributions, à savoir, ici, « le vivant possédant le mouvement local ».

2) Dans le cas des choses paronymes, des réalités différentes reçoivent des noms différents, mais les unes et les autres sont proches en ce que l'un des noms est antérieur et a donné naissance à l'autre. La paronymie est une technique de formation de mots (adjectifs ou noms) par addition d'un suffixe (pour les noms, voir par exemple le suffixe -σις). Elle est un phénomène purement lexical, qui n'a pas de conséquence systématique sur le rapport logique ou ontologique des réalités nommées. C'est pourquoi, les réalités nommées par des paronymes peuvent appartenir à des catégories différentes d'étants : la position (θέσις) est un relatif et une qualité, tandis que le verbe qui en est dérivé par paronymie est dans la catégorie « κεῖσθαι » (7, 6b 11-12). En outre, comme la paronymie n'est pas le seul moyen de dériver un adjectif d'un nom[2], un adjectif peut être lié sémantiquement à un nom dont il n'est pas dérivé paronymiquement, soit parce qu'il n'y a pas de nom formé sur la même racine, soit parce que leurs significations ont divergé. Ainsi, sur la racine de « σπουδή », qui signifie le zèle, l'empressement, s'est formé l'adjectif « σπουδαῖος » qui signifie « vertueux » :

> Parfois, même si le nom existe, le qualificatif qui y correspond n'est pas dit par paronymie, par exemple « vertueux » (σπουδαῖος) à partir de la vertu (ἀρετή) : il est dit vertueux du fait d'avoir la vertu, mais n'est pas dérivé de la vertu par paronymie (8, 10b 5-9).

Les classifications controversées

A côté de ces types de plurivocité pour lesquelles nous disposons de définitions, il en est d'autres qu'Aristote ne définit nulle part clairement, et

1. Pour être précis, il faudrait réserver l'appellation « homonyme » et « synonyme » aux choses, et non aux mots, mais Aristote lui-même appelle souvent « homonyme » le mot possédant plusieurs sens, au lieu des réalités recevant le même mot selon plusieurs sens.

2. Cf. 8, 10a 27-29 : « Les qualités sont donc celles qu'on a dites, et les qualificatifs sont ceux qui sont dits selon elles par paronymie ou à partir d'elles d'une quelconque autre manière. »

à propos desquelles, par conséquent, des interprétations divergentes sont apparues dès les premiers commentateurs grecs. Il s'agit principalement de l'analogie (ἀναλογία), de la relation à une même chose (πρὸς ἕν), de la provenance d'une même chose (ἀφ' ἑνός), de la consécution (ἐφεξῆς), et du terme même que l'on traduit par « plurivoque » ou par « dit de plusieurs façons » (πλεοναχῶς λεγέσθαι).

Les points les plus controversés sont 1) tous les termes non synonymes sont-ils homonymes, de sorte qu'il faut distinguer plusieurs sortes d'homonymie, ou tous les autres sont-ils intermédiaires entre les homonymes et les synonymes ? 2) les πρὸς ἕν, les ἀφ' ἑνός et les ἐφεξῆς désignent-ils la même chose, soit tous les trois soit deux d'entre eux ?[1]

Plurivocité et homonymie

La première question peut être formulée en fonction du rapport établi entre la plurivocité et l'homonymie : ceux qui considèrent que la dichotomie entre synonymes et homonymes est exhaustive, ne font pas de différence entre « πλεοναχῶς » et « ὁμωνύμως λεγέσθαι » car tous les termes non synonymes, qu'Aristote appelle généralement « πλεοναχῶς », ils les considèrent comme homonymes ; en revanche, ceux qui estiment qu'il y a plusieurs statuts intermédiaires distinguent, de ce fait, l'homonymie de la plurivocité – généralement en faisant de celle-ci un ensemble incluant celle-là. Et on va voir que la seule manière d'expliquer avec cohérence l'usage de ces deux expressions est d'inclure même la synonymie dans la plurivocité, comme le soutient Porphyre :

> (question) Mais si Aristote dit que les choses dites de façon homonyme sont dites de plusieurs façons, comment dit-il que la qualité est dite de plusieurs façons ?
> (réponse) Je dis que la qualité ne pourrait être parmi les homonymes : aucun des homonymes n'est dans le même genre, de sorte qu'il n'y aurait pas un genre unique de la qualité. Mais être dit de plusieurs façons signifie d'une part être dit de façon homonyme, d'autre part être dit de façon différente (διαφορῶς). Si donc « de plusieurs façons » avait été mis pour « de façon homonyme », la division aurait été celle du mot en significations, mais puisque « de plusieurs façons » est mis pour « de façon

1. Le fait d'appeler « analogie de l'être » ce qu'Aristote appelle une plurivocité πρὸς ἕν a été réfuté dès 1962 par P. Aubenque (p. 199-206), et J.-F. Courtine a étudié l'origine de la confusion, depuis les premiers néoplatoniciens jusqu'aux Temps Modernes (1989) ; on trouve encore le terme sous la plume de certains interprètes, mais il ne s'agit plus que d'une confusion de mots, non de choses, car ils reconnaissent généralement qu'il ne s'agit pas de l'analogie théorisée par Aristote, à savoir l'analogie de proportion.

> différente », la division est celle du genre en espèces. (*in Cat.*, 128, 16-25 Busse).

Cette thèse est reprise par Simplicius pour la même raison :

> L'expression « une espèce de la qualité » montre que la plurivocité de la qualité n'est pas présentée comme une homonymie (*in Cat.*, 228, 6-7 ; *id.* 220, 5-17).
>
> Même si l'opposé était un genre, il serait possible de dire en combien de façons (ποσαχῶς) il se dit, car s'il avait trois ou quatre espèces, il serait vrai de dire qu'il y a opposition de trois ou quatre façons, ce qui revient à dire de combien de façons ; car il montre que le mot dit de plusieurs façons (πολλαχῶς) n'est pas immédiatement homonyme, mais qu'il peut être seulement dit de plusieurs façons et ne pas l'être. (*in Cat.*, 381, 27-31).

Sous la plume de Simplicius apparaît ainsi cette distinction fondamentale, que la division linguistique n'entraîne pas nécessairement la division sémantique : être dit de plusieurs façons signifie seulement être dit de plusieurs réalités, que celles-ci soient des espèces d'un même genre ou pas, sans créer, par ce seul fait, une multiplicité de significations.

A l'heure actuelle, les principaux partisans de l'homonymie de tous les termes non synonymes sont L. Robin[1], P. Aubenque[2], J. Owens[3], E. Berti[4], W. Leszl[5], G.E.L. Owen[6], T.H. Irwin[7] ; l'existence d'intermédiaires entre homonymes et synonymes est défendue par W.D. Ross[8], J. Hintikka[9], L. Couloubaritsis[10]. Remarquons que nombreux sont ceux qui ne se prononcent pas sur cette question. Ceux qui le font invoquent, pour la plupart, à l'appui de leur thèse, l'autorité de tel ou tel commentateur grec ancien, mais je n'ai trouvé nulle part de présentation un tant soit peu

1. L. Robin, 1908, notamment p. 151-152.

2. P. Aubenque, 1962, p. 189 : « L'homonymie de l'être n'est donc pas une homonymie comme les autres, en ce sens qu'elle résiste à tous les efforts du philosophe pour la réduire. » 1985, p. 10.

3. J. Owens, 1978, p. 121.

4. E. Berti, 1981, p. 247 : « Avant de procéder à la construction de cette science, Aristote se débarrasse d'une possible objection à son unité, c'est-à-dire l'homonymie de l'être, par lui-même affirmée ailleurs. Il observe, en effet, que malgré son homonymie, l'être possède également une unité, qui n'est pas l'unité d'un genre, mais est constituée par la relation que toutes ses différentes significations, c'est-à-dire les catégories, entretiennent avec la première d'entre elles, c'est-à-dire avec la substance. »

5. W. Leszl, 1970, p. 445-447 ; 1975, p. 423.

6. G.E.L. Owen, 1960.

7. T.H. Irwin, 1981, p. 526-530.

8. W.D. Ross, 1924, p. 256.

9. J. Hintikka, 1959, *passim*.

10. L. Couloubaritsis, 1986, p. 233-234.

complète de la diversité et de la richesse des opinions de ces commentateurs[1]. Or, à les lire, on comprend que dans l'Antiquité le débat a été plus fécond qu'il ne nous paraît actuellement. C'est pourquoi je propose de passer en revue les distinctions et les explications qui se sont succédé, en commençant par les plus anciennes.

Exposant la difficulté affrontée par Aristote au livre Γ de la *Métaphysique*, à savoir que l'étant semble (δοκεῖ) homonyme, alors que des homonymes il n'y a ni une seule science ni les mêmes principes, Alexandre d'Aphrodisias propose pour la première fois de situer les termes tels que l'étant comme intermédiaires entre les homonymes et les synonymes :

> Il fait cette division parmi les choses rangées sous un nom commun, qu'on a les homonymes et les synonymes et les choses dites par dérivation d'une seule (ἀφ' ἑνός) ou par référence à une seule (πρὸς ἕν). En utilisant cette division, il montrera que l'étant n'est ni un genre des choses auxquelles il s'attribue (car dire cela comporte des apories, comme il le montre en de nombreux endroits), ni un homonyme (car dire cela comporte également des apories), mais est entre (μεταξύ) les homonymes et les synonymes. (*in Met.*, 241, 3-8).

Il reconnaît, comme le font la plupart des interprètes contemporains, qu'Aristote n'a pas toujours fait clairement cette distinction, mais affirme que c'est celle-ci qu'il faut suivre et non les textes où demeure une certaine confusion :

1. Robin (p. 162) présente sous forme de tableau une synthèse sommaire des différentes homonymies, gommant les particularités de chaque auteur :

Homonymie
- due au hasard
- intentionnelle
    - d'après une idée temporelle :
        - par mémoire
        - par espoir
    - d'après une idée non temporelle :
        - par ressemblance
        - par métaphore ou analogie
        - par relation à une même chose
        - à partir d'une même chose.

Leszl propose à son tour un tableau largement inspiré de celui-là, ajoutant l'amphibolie comme homonymie d'expressions composées et ne retenant, parmi les homonymies « intentionnelles » ou « rationnelles », que l'analogie et la « focal meaning » (1970, p. 108).

L'étude la plus approfondie sur le sujet est celle de M. Zingano, qui mentionne l'opinion d'Alexandre, de Plotin et de Proclus, et évoque la dérive idéologique néoplatonicienne sur leur conception de l'unité focale (1997, p. 353-356).

> Cette sorte de nature, à d'autres endroits, il la place, de manière plus commune, sous les homonymes, mais ici, établissant une division plus soignée, il dit qu'elle diffère des homonymes et dit en quoi elle diffère. En effet, les choses de cette sorte et ayant ce rapport l'une envers l'autre n'ont pas seulement le nom en commun, comme celles qui sont dites proprement homonymes, c'est-à-dire celles qui résultent du hasard (τὰ ἀπὸ τύχης), mais ont aussi une certaine raison pour être appelées semblablement les unes aux autres. (*id.*, 241, 21-27).

Dès lors, il sera toujours clair pour lui que les plurivoques comprennent d'une part les homonymes, d'autre part les termes « dérivés d'une même chose et référés à une même chose » (τὰ ἀφ' ἑνός καὶ πρὸς ἕν)[1].

C'est dans le commentaire de Porphyre aux *Catégories* que se trouve systématisée pour la première fois la division des homonymies en « dues au hasard » (ἀπὸ τύχης) et « dues à la pensée » (ἀπὸ διανοίας)[2]. Si cette dichotomie ne se trouve pas telle quelle chez Aristote, l'expression « ἀπὸ διανοίας » figure néanmoins dans la *Physique*, au sein de l'étude consacrée au hasard; elle y qualifie les fins dépendant du choix humain (de la προαίρεσις[3]), par opposition aux fins immanentes aux choses (II 5, 197a 1-3). En effet, le hasard n'existe que dans les actions dépendant du choix, et il cause d'éventuelles conséquences non visées par une action intentionnelle (195a 5-8); ainsi, par exemple, dans le cas où un homme se rend à l'agora pour affaires, le fait d'y rencontrer un débiteur sera dû au hasard (ἀπὸ τύχης)[4], car son intention était autre, tandis que s'il s'y rend pour y récupérer son argent, le même fait sera dû à sa pensée (ἀπὸ διανοίας). Si l'on applique cette distinction aux homonymies, il en résulte que la communauté d'un nom peut avoir été visée par la pensée ou surgir sans avoir été visée, mais se situe de toutes façons dans un domaine régi par le choix. Autrement dit, on se situerait dans une perspective créationniste du langage, où les homonymies non désirées seraient des accidents de son institution. Or, la lecture des commentateurs va nous révéler que de tels « accidents » sont pour ainsi dire inexistants, car ils ne placent parmi les homonymes dus au hasard que les noms propres de personnes. Cependant, si l'exégèse des commentateurs trouve ainsi une cohérence suffisante, on

1. 242, 8-9 ; 243, 21.

2. *In Cat.*, 65, 15-66, 21.

3. L'expression « ἀπὸ διανοίας » est d'ailleurs actuellement traduite par « intentionnelle » autant, ou même davantage, que par « rationnelle ». Philopon est le seul à avoir indiqué la conjonction des deux par « κατὰ προαίρεσιν καὶ διάνοιαν ».

4. En ce qui concerne la traduction de τύχη par « hasard », et non par « fortune » ou « chance », comme le veut la tradition, cf. ma traduction des chapitres II 4-6 de la *Phys.*, consacrés à l'étude du hasard et du mouvement spontané (τὸ αὐτόματον) (1999).

verra bientôt qu'elle ne convient pas au texte aristotélicien, car le critère de différenciation qui y est mis en œuvre n'est pas celui de la justification possible mais celui de la définition [1].

Pour en revenir aux deux sortes principales d'homonymies selon Porphyre, les premières concernent « les choses différant de manière quelconque (ὡς ἔτυχεν) et sans ordre, qui ont reçu par hasard le même nom, comme Alexandre fils de Priam et Alexandre fils de Philippe et roi de Macédoine ». Parmi les homonymes « dus à la pensée », il distingue 1) ceux qui reçoivent le même nom en raison de leur ressemblance, comme l'homme mort et l'homme vivant ou l'homme et la statue ; 2) ceux qui le reçoivent en vertu d'une analogie, par exemple le même nom « ἀρχή » convient à la monade par rapport au nombre, au point par rapport à la ligne, à la source par rapport au fleuve, au cœur par rapport à l'animal ; 3) ceux qui sont « dérivés d'une seule chose et en référence à une seule chose ». Porphyre lui-même donnera une signification différente à chacune de ces deux expressions, comme on le verra plus loin, mais il signale que d'autres interprétations existent :

> Les uns ont fusionné cette dernière sorte avec la dérivation d'une seule chose, appelant le tout « dérivé d'une chose et se référant à une chose », tandis que les autres ne les comptaient même pas parmi les homonymes, pas plus que parmi les synonymes, mais les plaçaient au milieu des homonymes et des synonymes, du fait que différentes choses sont appelées en commun « médicales » par participation à la même définition, et que les choses appelées en commun « saines » le sont par conservation de la même santé. (*in Cat.*, 66, 15-21).

Deux traditions se dessinent donc désormais, qui se poursuivront telles quelles jusqu'à nos jours : ou bien l'on considère que l'homonymie peut être d'une part non justifiée, d'autre part justifiée, ou bien on appelle homonymie seulement l'absence de justification du même nom. Si Porphyre, par son tableau des homonymes, semble favoriser la première thèse, Syrianus revient à la distinction d'Alexandre :

> Si l'étant ne se dit pas de toutes choses de façon synonyme, ce n'est donc pas non plus de façon homonyme, mais il ressemble aux termes dérivés d'une chose et se référant à une chose… (*in Met.*, 54, 22 – 55, 1) ;
> Cependant, il ne dit pas les étants simplement homonymes, mais même si l'étant se dit de plusieurs façons, c'est donc comme référé à

1. Voir ci-dessous, p. 119, pour la signification précise de l'homonymie ἀπὸ τύχης, à propos de la plurivocité de l'amitié dans l'*Ethique à Eudème*.

> une seule chose et à une seule nature de l'étance (ὡς πρὸς ἕν καὶ τὴν τῆς οὐσίας ἀναφερόμενον μίαν φύσιν) (*id.*, 56, 15-16);
> De sorte que le philosophe accompli doit étudier toutes choses, soit que l'un et l'étant se disent de façon synonyme de tous les étants, soit, ce qui est davantage la vérité, qu'ils soient parmi les termes dits de plusieurs façons mais que tout ce qui se trouve sous l'un et le multiple remonte par référence à une seule chose et à une seule nature. Et ainsi nous posons que l'un n'est pas séparé des multiples et nous affirmons qu'il ne s'attribue pas non plus aux choses par homonymie. (*id.*, 64, 3-8).

Après lui, Ammonius, Olympiodore et Philopon, commentant les *Catégories*, reprennent avec de légères variantes le tableau des homonymes de Porphyre[1]. Tous ont en commun le fait de ne donner comme homonymes dus au hasard que des noms propres, exemples qu'Aristote lui-même n'avait jamais fournis. En outre, ils apportent encore cette restriction que, si le nom d'un homme est choisi par tradition familiale ou par référence à celui d'un personnage illustre, l'homonymie devient intentionnelle[2]. Plus important pour la question qui nous occupe, le classement d'Ammonius et d'Olympiodore présente cette particularité de diviser les homonymes « intentionnels » en « réellement homonymes » (Ol. : τῷ ὄντι ὁμώνυμα; Amm. : ἀφ' ὧν ὁμώνυμα) et en « dérivés paronymes » (ἀφ' οὗ παρώνυμα), qui correspondent aux « πρὸς ἕν » et aux « ἀφ' ἑνός ». Il s'agit là clairement d'une tentative d'atténuation du caractère homonymique de ces termes, qui sont, plus nettement que dans les autres classements, séparés des homonymies par ressemblance, par métaphore, par analogie ou par participation.

Quant à Simplicius, il rapporte une synthèse de la tradition porphyrienne sans la faire sienne :

> Arrivés ici, les exégètes ont coutume d'énumérer les sortes d'homonymes et ils disent que, selon les sortes les plus générales, les homonymes se disent de deux façons : les uns le sont par hasard, comme sont « Alexandre » et Pâris et le Macédonien, les autres par pensée, lorsque, ayant réfléchi aux causes, on accorde les mêmes noms pour une certaine raison. (*in Cat.*, 31, 22-25).

1. Ammonius, 21, 16-22, 10; Olympiodore, *in Cat.*, 34, 7-35, 14; Philopon, *in Cat.*, 16, 20-17, 10. De même, du côté latin, Boèce distingue les *aequivoca casu* et *consilio*, et, parmi ceux-ci, ceux par ressemblance, par proportion, par dérivation d'une chose et par référence à une chose (*in Cat.* I, PL 64, 166bc).

2. On obtient ainsi deux classes d'homonymies « κατὰ χρόνον », soit en référence au passé ou « par mémoire », soit en référence à l'avenir ou « par espoir ».

Serrant de près le commentaire de Porphyre, il cite quatre sortes d'homonymes « par la pensée », séparant les « πρὸς ἕν » des « ἀφ' ἑνός », mais signalant, comme son prédécesseur, que certains les confondent en une seule sorte. Et il répète que certains les considèrent comme intermédiaires entre les homonymes et les synonymes, parce que « ce n'est pas seulement le nom qui est commun » (32, 16), mais il ne prend pas davantage position dans la controverse. Néanmoins, son rôle critique par rapport aux exégètes se manifeste encore quand il fait remarquer, à propos des homonymes par ressemblance, que ceux-là du moins Aristote les a explicitement reconnus homonymes, puisqu'il donne comme exemple d'homonymes dans les *Catégories* l'homme animé et la représentation d'un homme (*id.*, 31, 27-32).

La deuxième tradition est encore poursuivie par Asclépius, disciple d'Ammonius, qui reprend, parfois mot à mot, les mêmes explications qu'Alexandre, utilisant systématiquement la disjonction « soit homonymes... soit ἀφ' ἑνός καὶ πρὸς ἕν »[1] et affirmant le statut intermédiaire des termes de ce type[2]. A propos du statut des étants, qu'il compare, suivant Aristote, aux choses médicales et aux choses saines, il explique qu'ils ne peuvent être synonymes « dans la mesure où les synonymes procurent l'être à toutes les espèces avec la même valeur », ni homonymes « car l'homonyme est un simple nom qui n'a rien en commun de conforme à la chose »[3].

Enfin, les commentateurs les plus tardifs abordent la question par d'autres biais, et leur témoignage n'a plus que peu de rapport avec le texte aristotélicien. Elias tente de concilier l'affirmation de Platon, que l'étant est un genre, avec celle d'Aristote, qu'il est un homonyme, en disant qu'il est un intermédiaire entre les deux et que les intermédiaires peuvent recevoir chacun des extrêmes, de sorte que les deux affirmations sont

1. *in Met.*, 71, 13; 82, 28 – 83, 2; 113, 24-25; 119, 11-12; 229, 20-21. Cf. aussi 232, 18-30; 240, 4-14; 303, 19-21; 387, 11-18.

2. *Id.*, 229, 4-7.

3. *Id.*, 226, 25 – 227, 6. Etant donné la fermeté de cette distinction et la fréquence des mêmes affirmations, on pourrait s'étonner de trouver un passage où Asclépius semble confondre plurivocité et homonymie : « L'étant se dit de plusieurs façons à la manière des dérivés d'une chose et référés à une chose, comme l'aliment médical et le remède médical, car ceux-ci se trouvent être homonymes comme les dérivés d'une chose et référés à une chose... Et les étants sont donc homonymes comme tous les dérivés d'une chose et référés à une chose, car ils ont acquis leur nomination et leur provenance à partir de l'étant au sens principal, c'est-à-dire de l'henade. » (223, 27-36). Mais on se situe ici dans l'introduction à la question de l'étant, et la confusion n'est que provisoire, comme le montrent les passages cités des pages suivantes.

possibles[1]. En revanche, on trouve un élément intéressant chez David, qui, dans son classement des types de division, mentionne séparément la division du mot homonyme en ses différentes significations et celle des « ἀφ' ἑνός καὶ πρὸς ἕν », mais exclut cette dernière des véritables divisions parce que, dit-il, pour les termes de cette sorte la division est infinie (autrement dit, ils peuvent s'appliquer à une infinité de choses)[2].

Au terme de ce parcours exégétique, où l'on a vu se poursuivre, sans que l'une ait raison de l'autre, les deux traditions concernant les homonymies et les autres plurivocités, on ne peut ne pas être frappé par cette constatation que tous les commentaires à la *Métaphysique* soutiennent la tradition du statut intermédiaire, tandis que, parmi les commentaires aux *Catégories*, la plupart soutiennent celle des multiples homonymies. Ceci nous montre les limites de la référence aux commentateurs qui, s'adaptant aux exigences du texte qu'ils envisageaient, dépassaient rarement ce cadre pour se référer au traitement de la même question dans d'autres œuvres ; or, pour qui ne tient compte que de la *Métaphysique*, aucun doute n'est possible sur les intentions d'Aristote : c'est de la confrontation avec certains passages de l'*Organon* que surgissent les difficultés. C'est la raison pour laquelle je consacre un long chapitre à l'ensemble de ces passages, afin de chercher une autre cohérence au système des plurivocités. Mais il me faut présenter d'abord certaines études récentes qui ont entrepris le même projet.

L'étude la plus complète sur ce sujet est l'article de J. Hintikka paru en 1959 ; il soutient, contre la conception la plus courante à l'époque, que, dans l'œuvre d'Aristote, l'homonymie, exprimée par la locution « ὁμωνύμως λέγεσθαι », et la « multiplicité d'applications », exprimée par la locution « πολλαχῶς λέγεσθαι », ne sont pas des procédés équivalents, mais que la première est plutôt un cas particulier de la seconde[3]. On peut reconstituer son argumentation selon trois étapes principales : 1) la multiplicité d'applications est une notion plus large que l'homonymie ; 2) il n'y a pas de distinction entre une homonymie « accidentelle » et une homonymie « intentionnelle », mais l'homonymie est toujours accidentelle ; 3) entre cette homonymie et la synonymie se trouvent plusieurs procédés intermédiaires, l'ensemble formant les « πολλαχῶς λεγόμενα ».

1. *in Porph. Isagogen*, 70, 5-71, 23 ; cf. aussi *in Cat.* 140, 19-25 ; 143, 31-144, 2 ; 226, 15-30.

2. *Proleg. Philosophiae*, 65, 11-66, 23.

3. Owens signale la même thèse chez T. Waitz, *Aristotelis Organon Graece* (Leipzig, Hahn, 1926), vol. 2, p. 457, mais il la rejette parce qu'elle ne s'appuie que sur les textes consacrés à l'unité d'une science et ne tient pas compte des *Topiques* où, selon lui, les mots « médical » et « sain » sont dits équivoques (1978, p. 122, note 62). On verra plus loin que cette dernière affirmation n'est pas exacte, car ces mots ne sont pas dits « ὁμώνυμα » mais « πολλαχῶς λεγόμενα ».

A l'appui de la première étape, il cite plusieurs passages où, soit les expressions « ὁμωνύμως » et « πολλαχῶς λέγεται » sont clairement opposées, soit cette dernière est dite inclure la première ainsi que d'autres[1]. On pourrait d'ailleurs citer d'autres passages du même type. Hintikka ajoute qu'il n'y a, à sa connaissance, aucun contre-exemple dans le corpus. D'autres textes illustrent que « πολλαχῶς » (ou « διχῶς » ou « τριχῶς ») peuvent exprimer « n'importe quelle diversité d'applications, qu'elle soit due à une véritable différence de signification, à différentes relations à une seule et même signification de base, ou simplement à une différence de contexte »[2].

Dans la seconde étape, il conteste le fait que l'expression « τὰ ἀπὸ τύχης ὁμώνυμα » (dont il existe trois occurrences, situées uniquement dans les Ethiques : *Eth. Nic.* I 6, 1096b 27 et *Eth. Eud.* VII 2, 1236a 17 et b 25) serve à créer une division au sein des homonymes, et l'explique par l'origine de la terminologie : le mot « homonyme » signifiant seulement « du même nom » dans le langage courant[3], Aristote se devait de préciser que, selon son sens technique, il signifiait en outre « mais sans aucun autre rapport ».

La troisième étape concerne le statut des termes auxquels ne conviennent aucune des deux définitions fournies au début du traité des *Catégories*, ni celle des homonymes, dont les définitions ne possèdent rien en commun, ni celles des synonymes, dont les définitions sont les mêmes. En effet, de nombreux termes sont signalés par Aristote comme possédant des définitions partiellement identiques, qu'elles soient reliées par un point central (ce qu'on appelle généralement l'unité πρὸς ἕν ou la « focal meaning »), dérivées l'une de l'autre par l'addition ou le retrait d'un mot, dérivées d'une première sorte, ou dérivées par paronymie. Or, ces types de termes sont fréquemment cités comme des πολλαχῶς λεγόμενα[4].

Hintikka reconnaît toutefois certaines inconsistances d'Aristote par rapport à ce schéma. Ainsi, des termes dits homonymes, comme un organe vivant ou un organe mort, ou un animal et sa représentation picturale,

1. *Métaph.* Θ 1, 1046a 4-7 ; K 3, 1060b 31 ; *De Gen. Corr.* I 6, 322b 29 *sq.*

2. J. Hintikka, 1959, p. 140. Les références qu'il donne sont : *An. Pr.* I 23, 41a 14 et 26, 42b 36-41 ; *Top.* III 6, 120a 15-25 et IV 3, 124a 3 ; *Phys.* VIII 1, 250b 23 ; *De Caelo* II 4, 287b 22 ; *Met.* IV 3, 380b 4 ; *Eth. Nic.* II 6, 1106b 29.

3. Aristote lui-même l'utilise quelquefois dans ce sens, où il est d'ailleurs, pour les Grecs, synonyme de « synonyme » ; Hintikka cite plusieurs passages, que je signale également ci-dessous, p. 87. On peut ajouter qu'une telle précision du sens technique était d'autant plus nécessaire que le public susceptible de s'intéresser aux *Ethiques* n'était pas forcément versé en logique et en métaphysique.

4. *Métaph.* Γ 2, 1004a 22 et 1005a 7 ; Δ 11, 1019a 5 ; Z 1, 1028a 31 ; K 3, 1061b 13 ; *Phys.* I 7, 190a 31 et V 4, 227b 3 ; *De Part An.* II 2, 648a 36 et 649b 6 ; *Eth. Nic.* V 9, 1136b 29.

devraient plutôt être des plurivoques possédant une partie de leur définition en commun[1]. Une difficulté plus sérieuse est posée par l'étude du mouvement en *Physique*, où il semble qu'un genre puisse être homonyme pour ses espèces; de là, n'importe quel terme serait homonyme pour ses applications dans différentes espèces et, *a fortiori*, dans différentes catégories. Or, cette tendance, si elle existe chez Aristote, se heurte à ses déclarations explicites sur la plurivocité non homonymique de certains mots, en dépit de leur application dans des catégories différentes. La suggestion de Hintikka est que la première tendance est rare et limitée à des ouvrages anciens (*Top.*, *Phys.* VII), de sorte que la conception de maturité d'Aristote est celle de la non-homonymie de tous ces cas. En outre, le fait que dans les *Topiques* l'homonymie et la multiplicité d'applications ne soient pas toujours bien distinguées s'explique par l'intention de l'ouvrage, qui est de les éviter aussi bien l'une que l'autre, pour tendre vers une univocité parfaite du langage.

De cette manière, Hintikka a répondu à ses propres objections et a proposé une explication pour les quelques textes où l'on pourrait voir un usage plus étendu de l'homonymie. Au contraire, c'est sur ces quelques textes que s'appuie la division majoritaire des plurivoques, ainsi que la réfutation de l'article de Hintikka par Leszl.

W. Leszl (1970, p. 367), insistant sur les hésitations de Hintikka, considère que le cas des organes vivants et des organes morts est un cas d'homonymie, quoique leurs définitions possèdent quelque chose en commun. Or, si l'on se réfère à la méthode de définition établie par Aristote, particulièrement en *Métaphysique* Z et H, où sont recommandées les définitions par la spécificité exprimant l'acte, on obtiendra des énoncés dépourvus de toute partie commune. En effet, si le mot « main » s'applique à la main vivante avec comme définition : « organe de l'homme capable de préhension », il ne s'applique à la main morte ni comme organe, ni comme de l'homme, ni comme capable de préhension, mais comme un certain assemblage de matières sans rapport avec la fonction d'une main, de sorte qu'on gagnerait à remplacer le mot « main » par un autre car ses significations n'ont pas plus de rapport entre elles que « Callias » et « morceau de bois ». Mais Leszl suggère que l'homme, attribué au mort, peut être défini par une référence privative au vivant, cherchant à en faire, par ce biais, un cas de « focal meaning ». Suivant cette hypothèse, les deux

1. Hintikka revient deux pages plus loin sur ce sujet (p. 145), pour admettre qu'une justification est possible en termes purement logiques – or, pour toute cette question de la plurivocité, Aristote se situe exclusivement sur le terrain logique, y compris dans le cas des applications dans différentes espèces, où Hintikka voit des raisons non logiques. Je propose une autre explication ci-dessous.

définitions de « homme » seraient donc « animal doué de raison » et « animal doué de raison privé de vie » – mais cette formule est impossible, car elle implique une contradiction dans les termes : l'animal se définit lui-même par la vie, et la raison a également pour condition la vie. On pourrait encore, en s'autorisant des exemples de *Métaphysique* Γ 2 : « substance » et « privation d'une substance », proposer les énoncés « animal doué de raison » et « privation d'un animal doué de raison », mais ici émerge la particularité du mot « étant » : parce qu'il est un terme universel, il convient autant à une affirmation qu'à sa négation, mais, de même que la privation de ce qui procure ou indique la santé ne peut être appelée saine, ainsi la privation d'un animal doué de raison ne peut être appelée homme. En réalité, il faut admettre que les deux définitions seront totalement indépendantes, d'une part, « animal doué de raison », d'autre part, « matières sans vie ressemblant à un homme » ; or, comme Leszl le reconnaît à la suite de Owen, la ressemblance n'est pas une condition suffisante pour la « focal meaning » (p. 370).

La question de la ressemblance se pose également dans un autre cas d'homonymie, proche de celui-ci, et souvent considéré comme identique, qui est l'exemple donné par Aristote dans les *Catégories*, à savoir l'homonymie de l'animal comme vivant et comme dessin. On a vu que Hintikka hésitait à en faire un cas de définitions partiellement identiques ; Leszl franchit le pas, estimant que le second se définit par référence au premier, en tant que sa représentation. Ces définitions seraient donc : « substance animée sensible » et « représentation d'une substance animée sensible »[1]. Or, d'une part, il n'est pas certain que ces énoncés aient un équivalent dans l'énumération des rapports à la substance en Γ 2 ; l'analyse de ce chapitre devrait nous éclairer sur ce point. Mais surtout, même si c'est le cas, l'objection principale à cette interprétation du passage des *Catégories* est que « ζῷον » ne signifie pas seulement, en grec courant, le dessin d'un animal, mais *n'importe quel dessin, y compris de choses inanimées* ; et il est clair que c'est en ce sens qu'Aristote le considère comme homonyme. En conclusion, cet exemple ne révèle pas davantage une « homonymie à référence focale » ni un double sens de l'homonymie.

Quant aux arguments de Leszl pour soutenir sa thèse que les termes « πρὸς ἕν » font partie des homonymes, ils sont les suivants :

1. Ces énoncés sont inspirés de la phrase de Simplicius : « L'homme est un animal comme substance animée sensible, et l'image ou la statue de l'homme est un animal comme ressemblance (ὁμοίωμα) à une substance animée sensible. » (*in Cat.*, 31, 30-32). La plupart des commentateurs anciens situent cet exemple parmi les « homonymies par ressemblance ». Leszl établit une distinction entre « ressemblance » et « représentation », jugeant que cette dernière est une condition suffisante de « focal meaning » parce que, contrairement à la première, elle décrit une relation asymétrique.

1) Les choses dites saines doivent être considérées comme homonymes car elles se trouvent dans des genres différents, de sorte que leurs définitions sont nécessairement différentes, puisqu'elles expriment des essences différentes (p. 365). Cependant, il manifeste ainsi une erreur fréquente, qui consiste à prendre en considération les définitions *des choses* saines (et il est évident que le corps, l'aliment, la couleur, etc., n'ont pas la même définition) au lieu de celles *du sain* attribué à chaque chose[1]. Or, il n'est dit nulle part qu'un attribut change de genre en fonction de ses sujets. Ajoutons que, en ce qui concerne les exemples du sain et du médical, aucune ambiguïté ne se trouve chez Aristote car, dans les *Topiques* comme partout ailleurs, il les dit « πολλαχῶς λεγόμενα » et non « ὁμώνυμα » ; seule l'identification *a priori* de ces deux expressions conduit Leszl à vouloir expliquer leur homonymie.

2) Le mot « bon », qui est dit homonyme dans les *Topiques*, est dit « πρὸς ἕν » dans les *Ethiques* (p. 394-405 et 412-422). En réalité, il n'y est pas dit « πρὸς ἕν », mais Leszl tente de trouver dans les textes d'Aristote une nécessité implicite à le considérer comme tel. J'examinerai cette question dans le prochain chapitre.

3) Certains textes précisent le mot « homonymie » par « totale » ou « absolue », de sorte qu'il faudrait considérer au moins deux types d'homonymie, l'une étant, selon Leszl, l'homonymie pure ou « due au hasard » et l'autre l'homonymie atténuée par une unité telle que le « πρὸς ἕν » (p. 388-390). De là, chaque fois que l'unité πρὸς ἕν est opposée à l'homonymie (notamment à propos de l'étant en *Métaph.* Γ 2), il considère que seule est exclue l'homonymie au sens strict, mais que demeure une homonymie au sens large (p. 423-429).

Ces deux derniers arguments sont les plus fréquemment invoqués par les interprètes qui considèrent comme homonyme tout ce qui n'appartient pas à un seul genre, de sorte qu'ils constituent les principales questions auxquelles devrait répondre mon analyse détaillée de la théorie aristotélicienne des plurivoques.

Mais avant cela, il me faut envisager cette autre matière à controverse, qui concerne non plus le statut mais la signification même de certaines plurivocités.

Distinction ou identification de certaines plurivocités

En ce qui concerne cette deuxième question, il semble que les confusions soient de plus en plus rares depuis une vingtaine d'années. Robin

1. Il commet la même erreur à propos des choses médicales : « only the definition of the primary thing is present in the definitions of the secondary ones » (p. 391).

rassemblait en une seule expression « πρὸς ἕν καὶ ἀφ' ἑνός », « duquel elles procèdent et vers lequel elles tendent » ou « relativement à quoi et à partir de quoi », prétendant que les commentateurs avaient plus tard séparé les deux[1]. Owens estime que les deux expressions désignent la même chose, du fait que « ἀφ' ἑνός » ne semble pas avoir de sens technique propre, et que les commentateurs les citent ensemble[2]. Sur le statut de « τῷ ἐφεξῆς », plusieurs auteurs marquent une évolution : en 1978, Aubenque distingue les unités « de convergence », « de consécution » et « de provenance », alors qu'il confondait les deux premières en 1962[3]. Si Leszl hésite encore en 1970, il distingue clairement, en 1975, le type de série que constituent les nombres, à laquelle convient la plurivocité « τῷ ἐφεξῆς », et la liaison πρὸς ἕν qui se trouve entre les catégories[4]. Berti confond ces deux procédés en 1965 mais plus en 1981 : « L'ordre de succession, pour Aristote, sert à relier les différents genres de substances (terrestres, célestes et immobiles), mais il ne peut pas être appliqué aux catégories, parce que les catégories autres que la substance dépendent toutes directement de celle-ci et ne dépendent pas les unes des autres »[5]. Enfin, si Cassin et Narcy les confondent toujours en 1989, c'est parce qu'ils suivent le premier mouvement de Aubenque : « Pierre Aubenque lit « l'effet de consécution » comme « en quelque sorte la converse de l'unité focale » : « les termes seconds ne sont consécutifs au premier que parce qu'ils se rapportent à lui, alors que celui-ci est indépendant de toute relation ». Ce qui change n'est donc pas le rapport, mais notre lecture du rapport : πρὸς ἕν quand on rapporte le multiple à l'un, τῷ ἐφεξῆς quand on procède de l'un vers le multiple. Cette interprétation permet de comprendre comment le couplage de πρὸς ἕν avec τῷ ἐφεξῆς fait pièce à la séparation de l'idée »[6].

La valeur de ces interprétations doit être éprouvée, d'abord, à la lumière de la tradition des commentateurs dont elles se réclament, ensuite, par la confrontation avec les textes aristotéliciens eux-mêmes. La première enquête comprend deux questions : 1) quelle est l'origine et la motivation du couplage des expressions « πρὸς ἕν » et « ἀφ' ἑνός » ? (car il ne se

1. L. Robin, 1908, p. 168, 170.

2. J. Owens, 1978, p. 118.

3. P. Aubenque, 1978, note 7, p. 5, et 1962, p. 242-248.

4. W. Leszl, 1970, p. 77 et 1975, p. 277. Ce qui fait hésiter Leszl, c'est que la série des catégories lui semble une série comportant de l'antérieur et du postérieur, or les exemples que donne Aristote de ce type de séries, à savoir les figures géométriques, les nombres, et, comme on le verra, les âmes, possèdent une unité de consécution (ἐφεξῆς) ; cependant, il reconnaît que les catégories ne peuvent être rangées systématiquement l'une à la suite de l'autre.

5. E. Berti, 1965, p. 133 et 1981, p. 248.

6. B. Cassin et M. Narcy, 1989, p. 175.

trouve pas chez Aristote, qui les disjoint toujours) et 2) quel rapport a-t-il été établi entre ces expressions et les termes dits « ἐφεξῆς » ?

1) πρὸς ἕν et ἀφ' ἑνός

Les diverses opinions des commentateurs grecs à propos de ces expressions peuvent se rassembler en deux traditions, suivant le degré de complémentarité qu'ils leur attribuent. La tendance majoritaire est de ne pas les attribuer aux mêmes réalités, et, plus particulièrement, de restreindre progressivement la portée du « πρός » au seul rapport de finalité (« πρὸς τέλος »). La tendance minoritaire est de les attribuer toujours conjointement, même si chacune apporte sa propre nuance.

Les deux tendances peuvent trouver leur amorce chez Alexandre. La tendance minoritaire se trouve dans son utilisation répétitive de la double expression « τὰ ἀφ' ἑνός τε καὶ πρὸς ἕν », qui ne se trouve pas chez Aristote. Le caractère systématique et déjà presque stéréotypé[1] de cette conjonction des deux unités peut s'expliquer chez Alexandre par l'importance des réalités auxquelles elle s'applique, à savoir l'étant et l'un. Chacune possède toutefois son rôle propre, précisé par le verbe qui leur est associé :

> Du fait que leur référence (ἀναφοράν) se fait vers (ἐπί) une seule nature, qu'ils se disent à partir d'une chose et qu'ils tendent à une chose (πρὸς ἕν τι συντείνειν), leur science est une, à l'étant et à l'un… (*in Met.*, 263, 10-13).

D'autre part, Alexandre révèle que les deux types de plurivocité peuvent se trouver séparément l'un de l'autre, quand il les donne pour deux moyens différents d'assurer l'unité d'une science : soit que « les énoncés sont dépendants d'une seule chose » (οἱ λόγοι ἀφ' ἑνός τινος ἠρτήμενοι εἶσιν), soit que « ils se réfèrent à une seule chose » (ἐπί τι ἕν ἀναφέρονται) (*id.*, 255, 5-16)[2]. Et surtout, il construit ce qui sera la tendance majoritaire lorsque, pour illustrer chacune des deux unités, il dissocie les deux exemples qu'Aristote citait conjointement à propos du « πρὸς ἕν », réservant l'unité πρὸς ἕν aux choses saines, « car la référence de toutes les choses saines se fait vers l'énoncé de la santé » (*id.*, 16-17), et attribuant aux choses médicales l'unité ἀφ' ἑνός, « car les choses médicales sont issues de l'utilisation du médical » (17-18).

1. Elle est pour ainsi dire déjà figée dans son commentaire à la *Métaph.* : notamment 238, 19 ; 242, 9 ; 243, 18, 33 ; 244, 10, 13 ; 246, 10.

2. Le même type d'unité est décrit par Alexandre tantôt par « πρὸς ἕν », tantôt par « ἐπὶ ἕν », les deux prépositions pouvant suivre « ἀναφορά », comme on le voit dans les passages cités et dans cette phrase, à propos des formes de l'étant et de l'un : « toutes celles-ci ont leur référence à une seule chose (πρὸς ἕν τι τὴν ἀναφοράν)… » (255, 25).

Il est important de noter encore que, selon Alexandre, l'unité πρὸς ἕν est une unité d'abord logique, puisqu'elle se fait au niveau des énoncés définitionnels, tandis que l'unité ἀφ' ἑνός est d'abord expérimentale et résulte du lien pratique existant entre des choses différentes. On trouvera l'explication inverse chez Porphyre et Simplicius, en raison d'une compréhension restrictive de l'exemple des choses saines.

Avec Porphyre émerge un nouveau critère de différenciation des deux unités : il ne s'agit plus, comme chez Alexandre, de la distinction entre la référence logique définitionnelle (exprimée par « πρὸς ἕν ») et la dérivation à partir de la pratique (exprimée par « ἀφ' ἑνός »), mais de la distinction entre la dérivation logique définitionnelle (exprimée par « ἀφ' ἑνός ») et la référence à une finalité (exprimée par « πρὸς ἕν »). Cette distinction nouvelle est clairement exprimée dans le « tableau des homonymes » de Porphyre, où les deux expressions sont citées conjointement comme une seule sorte d'homonymie, mais avec une signification différente : l'unité ἀφ' ἑνός signifie que

> leur nom est commun, mais l'énoncé conforme au nom est différent pour chacune des choses appelées en commun, cependant elles ont été appelées médicales à partir de la seule médecine (*in Cat.*, 66, 8-10);

ensuite, l'unité πρὸς ἕν s'y ajoute

> lorsque des choses différentes tendant vers une seule fin reçoivent de celle-ci leur appellation commune (*id.*, 12-13).

Autrement dit, le nom « médical » est attribué, à partir de la médecine, à toutes les choses qui ont un rapport quelconque avec celle-ci, tandis que le mot « sain » est attribué à l'aliment ou à la promenade à partir de la santé, non en raison d'un rapport quelconque avec celle-ci, mais en tant que la santé est leur but commun; or, chez Aristote, ces deux exemples sont des cas particuliers d'attribution du sain, dont les autres exemples, tels la couleur ou le corps, rejoignent la règle générale exprimée par la dérivation « ἀφ' ἑνός ». Il est donc clair qu'un glissement de sens a eu lieu par rapport à la théorie aristotélicienne, puisque l'unité logique théorisée par lui comme « πρὸς ἕν » est désormais exprimée par « ἀφ' ἑνός », de sorte que les valeurs respectives de chacune des expressions se sont inversées, le « πρὸς ἕν » étant devenu secondaire par rapport au « ἀφ' ἑνός ». Ce qui reste néanmoins aristotélicien, c'est le caractère linguistique et logique de la dépendance à l'égard du terme premier : il s'agit bien de justifier le nom (et non la chose), et de le faire par l'intermédiaire des énoncés définitionnels[1]. Quant à l'origine du sens particulier réservé au « πρὸς ἕν », elle se trouve probablement dans l'étude de la plurivocité du bon dans les *Ethiques*, où, comme on le verra au prochain chapitre, une partie de la justification se fait par la notion de finalité.

La plupart des commentateurs vont suivre, plus ou moins fidèlement, la voie ouverte par Porphyre. Simplicius en fournit l'écho le plus proche :

> La troisième sorte (d'homonymes) intentionnels est le fait qu'une attribution commune à plusieurs choses différentes se fasse à partir d'une certaine chose, comme, à partir de la médecine, le livre est dit médical... et le scalpel... et le remède... La quatrième sorte se trouve lorsque des choses différentes se réfèrent à une seule fin (πρὸς ἕν ἀναφέρεται τέλος), recevant d'elle leur appellation, comme un aliment sain, un remède sain, un exercice, et toutes les autres choses qui sont nommées à partir de la santé comme à partir d'une fin (ἀπὸ τέλους). (*in Cat.* 32, 3-11).

Avec Ammonius et Olympiodore, l'expression du caractère étiologique des termes premiers va se radicaliser, puisqu'ils n'hésiteront pas à diviser les paronymes en « issus d'une cause productrice » (ἀπὸ ποιητικοῦ αἰτίου) et « issus d'une cause finale » (ἀπὸ τελικοῦ)[2]. Philopon donne le même type de justification à l'unité « ἀφ' ἑνός » : « comme lorsque, partant d'une chose, nous appelons par son appellation tout ce qui vient d'elle (ἐξ αὐτοῦ) », et à l'unité « πρὸς ἕν » : « comme lorsque, ayant déterminé qu'elles seront dirigées vers une fin, nous les nommons par référence à celle-là », et il divise en outre les « ἀφ' ἑνός » en « ἀπὸ παραδειγματικοῦ αἰτίου » et en « ἀπὸ ποιητικοῦ » (*in Cat*, 17).

Enfin, Asclépius infléchit la tradition porphyrienne sur un point fondamental. Au premier abord, il est très proche des autres auteurs : tout en citant conjointement les deux expressions, il reprend l'idée d'une causalité productrice pour l'une, finale pour l'autre :

> L'étant se dit de plusieurs façons à la manière des dérivés d'une chose et référés à une chose, comme l'aliment médical et le remède médical, car ceux-ci sont homonymes à la manière des dérivés d'une chose et référés à une chose : ils ont été amenés à partir d'une

1. Comme l'atteste le « λόγου μετοχή τοῦ αὐτοῦ » de la ligne 66, 18, expression attribuée par Porphyre à une partie des commentateurs, mais que manifestement il partage, car elle correspond à ses propres distinctions quelques lignes plus haut.

2. Ammonius, *in Metaph.*, 21 ; Olympiodore, *in Cat.*, 35. Ammonius range les « ἀφ' ἑνός καὶ πρὸς ἕν » sous la seule cause productrice, tandis qu'Olympiodore divise les deux unités, attribuant l'unité « ἀφ' ἑνός » à la cause productrice et l'unité « πρὸς ἕν » à la cause finale – ce qui confère une plus grande cohérence à leur interprétation. Elias et David reprennent la même division qu'Olympiodore.

> seule chose, la médecine, et ils tendent vers (νεύουσιν πρός) une seule chose, la médecine. (...) Les étants sont donc aussi homonymes à la manière des dérivés d'une chose et référés à une chose, car ils ont acquis leur appellation et leur provenance (πρόοδον) à partir de l'étant au sens principal, c'est-à-dire de l'henade. (223, 27-36).

Mais il s'éloigne des autres commentateurs de la même tendance par la manière dont il attribue à la même réalité le rôle de double causalité. En effet, si la dérivation (et peut-être aussi la référence à un terme) conserve son aspect logique et linguistique, comme l'attestent les mots « ont acquis leur appellation », ce niveau traditionnel se charge en outre d'un mouvement ontologique rappelant la procession et la conversion théorisées par le néoplatonisme : les choses saines émanent de la médecine et tendent vers elle, et de même les étants émanent de l'henade et tendent vers elle. La valeur du « πρός » surtout a changé, car il n'exprime plus une simple fin pratique mais un rapport ontologique de tension vers la réalité principielle.

Il ne reste comme représentant de la tendance minoritaire que le seul Syrianus, qui associe systématiquement les deux expressions pour exprimer un rapport logique quelconque avec un terme premier :

> De même que le sain ne se dit pas de façon synonyme de l'exercice et de l'aliment et de la couleur et du corps, mais en référence à une chose et à partir d'une chose (πρὸς ἕν δὲ καὶ ἀφ' ἑνός), qui est la santé (car l'un est dit sain comme la conservant, l'autre comme la produisant, l'autre comme un symptôme, et le corps comme la recevant), que, d'autre part, l'enfant est dit médical soit parce qu'il a appris et possède la médecine, soit parce qu'il est doué pour son apprentissage, et que dès lors est appelé médical ce qui est accompli à partir de la médecine (ἀπο τῆς ἰατρικῆς), le médical ne leur étant attribué ni de façon synonyme ni de façon homoyme, mais en référence à une chose et à partir d'une chose (...), tous les étants se réfèrent à la substance (πρὸς τὴν οὐσίαν ἀναφέρεται) et sont dits étants à cause d'elle (ταυτῆς ἕνεκα) ; car la substance est principalement et premièrement et au plus haut point étant, et dès lors nous appelons aussi étants ses affections, par exemple chaleurs, fraîcheurs, humidités, et tout ce genre de choses. (*in Met.*, 56, 17-31).

Si donc chacune des deux expressions possède sa propre signification, leur conjonction est estimée nécessaire par Syrianus dans tous les cas, en raison de leur complémentarité, car il s'agit d'exprimer d'où vient un adjectif (ἀπό τινος), et ce par le moyen d'une référence à un substantif (πρός τι). La spécialisation du « πρός » en « πρὸς τέλος » est évitée par la prise en compte de tous les sujets possibles de l'attribut « sain » et non seulement de ceux qui sont dans un rapport final avec la santé. Je pense pouvoir montrer bientôt que cette interprétation est la plus fidèle au texte d'Aristote.

2) Τὰ ἐφεξῆς

Seuls les commentaires à la *Métaphysique* font mention de l'unité « τῷ ἐφεξῆς », qui n'est pas présente dans les *Catégories*. Nulle part elle n'est confondue avec une autre unité ni considérée comme applicable aux mêmes choses. La distinction est faite très clairement par Alexandre :

> Les consécutifs (τὰ ἐφεξῆς) diffèrent des référés à une chose (τὰ πρὸς ἕν), tous deux étant des plurivoques (πολλαχῶς λεγόμενα), parce que les référés à une chose sont ainsi appelés du fait d'être quelque chose de cette chose une, tandis que les consécutifs sont seulement plurivoques en ce sens que l'un d'entre eux est premier et l'autre deuxième ; car ce n'est pas du fait d'appartenir à la dyade ou de contribuer (συντελεῖν) à la dyade que le trois, le quatre et les suivants sont des nombres : au contraire, c'est le premier qui contribue à ceux qui le suivent. C'est pourquoi, pour les plurivoques de ce type les postérieurs sont les plus achevés, tandis que pour les référés à une chose, c'est l'un auquel les autres se réfèrent. (*in Met.*, 263, 25-33).

De même, Syrianus s'en tient strictement aux exemples de consécutifs fournis par Aristote :

> Les uns sont dits en référence à une chose, les autres par consécution, comme les nombres et les figures… (*in Met.*, 64, 10-11).

D'où vient, dès lors, la confusion chez certains interprètes contemporains ? Probablement d'une extension du domaine des consécutifs à l'ensemble des choses possédant de l'antérieur et du postérieur. Or, comme on le verra, la consécution n'est pas un rapport d'antéro-postériorité quelconque mais une véritable composition des suivants par les précédents, de telle sorte que les suivants possèdent les précédents en puissance. Une autre cause de confusion est que Alexandre, pour qui les étants sont à la fois πρὸς ἕν et ἀφ' ἑνός, ajoute que la dérivation ainsi exprimée pourrait être la même que celle exprimée par « τὰ ἐφεξῆς » :

> Il est possible que « les autres par consécution » désigne la dérivation à partir d'une chose, car il a divisé les plurivoques de ce type en dérivés d'une chose et référés à une chose. Et, puisqu'il a dit que les objets d'étude du philosophe font partie des choses dites à partir d'une et en référence à une, et des choses qui possèdent l'antérieur et postérieur (c'est-à-dire les consécutifs), du fait que les autres choses qu'étudie le philosophe possèdent une référence au premier et proprement dit, c'est pourquoi il dit que n'appartient pas au géomètre de les étudier (car le premier d'entre

> eux est la substance) ni à personne d'autre qu'au philosophe, car chacune des autres sciences s'occupe d'une certaine partie de l'étant. (*in Met.*, 263, 34- 264, 5).

Alexandre semble considérer que la division des plurivoques non homonymes en « ἀφ' ἑνός » et « πρὸς ἕν » est exhaustive, de sorte que, si un autre passage formule la dichotomie par une autre expression, c'est peut-être que les deux sont équivalentes. Il peut s'autoriser aussi de l'utilisation de « ἀπό » pour signifier la dépendance des membres postérieurs d'une série par rapport à leur antérieur respectif, car on trouve une occurrence de cet usage chez Aristote :

> De même que chacun des autres noms est dit de plusieurs façons, soit par homonymie, soit les uns à partir des autres et des antérieurs (τὰ δὲ θάτερα ἀπὸ τῶν ἑτέρων καὶ τῶν προτέρων), il en va de même pour le contact. (*De Gen. Corr.* I 6, 322b29-32).

En outre, l'expression « ἀφ' ἑνός » est utilisée pour décrire l'apparition des nombres à partir de l'un, du fait que le deux est « dédoublé à partir de l'un »[1]. Mais comme tous les nombres sont ensuite formés « ἐκ τοῦ ἑνὸς καὶ τῆς δυάδος »[2], la préposition « ἐκ » exprime davantage la composition de la série à partir des antérieurs. Et dans les rares passages où une expression en « ἀπό » vient confirmer l'unité « πρὸς ἕν », dans le cadre de l'étude sur l'amitié, elle exprime une dépendance des cas seconds par rapport au cas premier mais ne caractérise pas une véritable série[3]. Cependant, l'erreur d'Alexandre est de considérer que les trois expressions peuvent être utilisées pour décrire le rapport des autres étants à la substance, car ils ne dérivent pas d'elle et elle n'est pas le premier terme d'une série en croissance continue – or, nous verrons que le terme technique exige cette précision.

1. « ἀφ' ἑνός διπλασιαζόμενος » : *Métaph.* M 8, 1084a 6 ; N 3, 1091a 12.

2. *Métaph.* M 7, 1081a 14, 21, b 18 ; cf. aussi A 5, 986a 20 ; B 4, 1001b 20 ; K 2, 1060b 7 ; M 9, 1085b 5, 7.

3. *Eth. Eud.* VII 2, 1236b 21 ; *Magna Mor.* II 11, 1209a 16 (cf. chapitre suivant, section 3). Rappelons que dans *Eth. Nic.* I 4, 1096b 27, « ἀφ' ἑνός » et « πρὸς ἕν » sont cités sous forme de disjonction.

Analyse des différents types de plurivoques

Les homonymes

Nous verrons au 4ᵉ chapitre, à propos de la théorie aristotélicienne de la signification, que l'une des conditions fondamentales du langage est qu'un mot signifie une chose, ou, s'il en signifie plusieurs, qu'on précise à chaque fois en quel sens on l'utilise. Cette règle est valable aussi bien pour la science que pour la discussion dialectique, et c'est pourquoi Aristote enseigne, tant dans les *Analytiques* que dans les *Topiques*, la méfiance vis-à-vis des homonymes. Dans les *Analytiques Postérieurs*, où Aristote pose les fondements de la science démonstrative, le but des démonstrations est toujours d'attribuer des propriétés essentielles à un objet de science. Or, toutes ces attributions doivent se faire de manière synonymique, c'est-à-dire que ce qui est attribué à un ensemble de choses (καθόλου) doit avoir la même signification, exprimée par le même énoncé, pour chacune de ces choses. Et, comme la connaissance est d'autant meilleure qu'elle est plus καθόλου (cf. *An. Post.* I 24, 85 b 4- 86 a 21), il faut maintenir l'équilibre entre la recherche du plus vaste ensemble d'attribution possible et la méfiance vis-à-vis des homonymies, qui « se cachent davantage dans les termes généraux que dans les non différenciés » (*An. Post.* II 13, 97 b 30-31). C'est pourquoi,

> il faut définir séparément dans chaque genre, par exemple le semblable non en général (μὴ πᾶν) mais celui qui se trouve dans les couleurs et dans les formes, de même que l'aigu qui se trouve dans le son, et ainsi avancer jusqu'à ce qui est commun, en prenant garde de ne pas rencontrer d'homonymie (*An. Post.* II 13, 97b 33-37).

Un autre passage revient sur l'exemple du semblable, qui est homonyme selon qu'il s'applique aux figures ou aux couleurs, toutes deux genres de la qualité :

> Le même attribut n'a pas la même cause dans tous les domaines. Si les attributs sont homonymes, le moyen terme, qui exprime la cause, l'est aussi ; s'ils sont comme dans un genre, le moyen terme sera semblable. Par exemple, l'inversement proportionnel a une autre cause dans les lignes et dans les nombres, pris comme lignes et comme nombres, mais en tant qu'ils ont un tel accroissement, la cause est la même. Par contre, le fait d'être semblable pour une couleur par rapport à une couleur et pour une figure par rapport à une figure a une autre cause, car le semblable est pour eux homonyme (ὁμώνυμον γὰρ τὸ ὅμοιον ἐπὶ τούτων) : là il signifie avoir les côtés proportionnels et les angles égaux, et pour les couleurs

être la même sensation ou autre chose de cette sorte. Enfin, les attributs les mêmes par analogie auront aussi un même moyen terme par analogie. (*An. Post.* II 17, 99a 1-16).

L'inversement proportionnel qui se trouve dans les lignes et celui qui se trouve dans les nombres ne sont pas homonymes car, s'ils ont des énoncés différents dans les deux cas, ils ont aussi un énoncé commun applicable aux deux quantités. En revanche, le semblable des couleurs et celui des figures est homonyme car il n'a aucun énoncé commun applicable aux deux qualités [1]. La différence de statut entre ces deux attributs n'est pas due à une différence entre deux catégories, celle de quantité et celle de qualité, mais à la propriété même qu'ils expriment.

Une homonymie très fréquemment affirmée par Aristote est celle du mort (tout ou partie) par rapport au vivant [2]. La justification en est que le corps ou l'organe mort n'est plus capable d'accomplir sa fonction, donc ne possède plus la même définition conforme à la raison d'être. C'est pourquoi, une chose dont l'âme a été séparée du corps n'est plus elle-même que par homonymie (*De Anima*, II 1, 412b 9-17), puisque l'âme est principe de vie pour le vivant. Certes, le corps mort et le corps vivant ont encore quelque chose en commun, outre leur nom, comme une certaine matière, une certaine configuration (du moins provisoirement), de même que l'homme vivant et l'homme dessiné présentent certaines ressemblances, mais la matière et la ressemblance extérieure n'empêchent pas l'homonymie car l'essentiel, qu'exprime la définition, n'est pas le même. En outre, si Aristote accorde à certains mots qui ont plusieurs définitions d'échapper à l'homonymie grâce à un certain rapport entre ces définitions, ce n'est pas le cas pour le vivant et le mort, car ils ne s'inscrivent pas dans une série d'antérieurs et postérieurs, ne possèdent pas la référence à une même chose, ne dépendent pas d'une même chose, ni ne possèdent aucun autre rapport logique ou ontologique entre eux. Un cas proche de celui-là est l'homonymie des parties détachées du tout : dans la *Politique*, Aristote affirme que le tout est antérieur à la partie car, si le tout est détruit, les parties ne recevront plus leur nom que par homonymie ; ceci est valable autant pour le citoyen sans la cité que pour la main ou le pied sans le corps. La raison en est que toutes choses doivent être définies par leur activité et leur fonction, de sorte que si elles ne sont plus aptes à les réaliser, elles

1. Il faut annoncer cependant que les termes tels que « semblable » ou « égal », qui sont dits homonymes ici, recevront un autre statut dans la *Métaphysique*, au sens où toutes leurs occurrences peuvent se ramener à l'expression de l'un dans les qualités ou dans les quantités. Cf. chapitre V.

2. Voir notamment *Météor.* IV 12, 389b 31, 390a 12 ; *Gen. Anim.* I 19, 726b 24 ; II 1, 734b 25, 735a 8 ; *Mouv. Anim.* I 1, 640b 36 ; *Métaph.* Z 10, 1035b 25 ; *Polit.* I 2, 1253a 21, 24.

n'ont plus la même essence, donc plus la même définition même si on leur donne le même nom (I 2, 1253a 20-25) – car la définition prise en considération n'est pas celle par la matière mais celle par la finalité de l'*eidos* (cf. *Métaph.* Z).

Certaines homonymies se manifestent plus directement, comme celle de « ce qu'il faut » (τὸ δέον), qui signifie d'une part le nécessaire (donc aussi le mauvais), d'autre part le bon (*Réf. Soph.* 4, 165 b30-38). Utiliser ainsi un même mot pour exprimer des choses contraires constitue, si l'on ose dire, le comble de l'homonymie ; par tous ces exemples, on comprend pourquoi Aristote parle d'homonymies plus ou moins proches ou plus ou moins repérables. Mais dans tous les cas il s'agit de véritables homonymies, c'est-à-dire de significations essentiellement différentes, et non tantôt d'homonymies tantôt de plurivocités non homonymiques.

L'analyse des termes « générable » et « non générable », « périssable » et « non périssable » révèle également une homonymie extrême, qui ne se détecte pourtant pas immédiatement. En effet, « ἀγένητον » se dit de quatre façons : (1) si quelque chose est maintenant et n'était pas auparavant, sans génération ni changement ; (2) si quelque chose peut être généré mais ne l'est pas ; (3) si quelque chose ne peut pas du tout être généré, ou (4) pas facilement. « Ἄφθαρτον » reçoit des significations équivalentes, dont la principale (τὸ μάλιστα κυρίως) est « ce qui est et ne peut périr de façon à être maintenant mais plus tard ne plus être ou pouvoir ne plus être (3), ou encore ce qui n'a pas encore péri, et est, mais peut ne plus être plus tard (2) » (*De Cælo*, I 11, 280b 1-34). Il reste donc, comme sens non principaux, l'impérissable comme ce qui tantôt est tantôt n'est pas, mais sans subir le processus de périssement (1), et l'impérissable comme ce qui ne peut facilement périr (4). Parmi les deux sens principaux, qui reflètent l'ambivalence de la forme grecque en *-ton*, servant à la fois pour le participe passé et pour l'adjectif verbal de possibilité [1], le sens du participe passé est à son tour mis sur le côté et le principal (τὸ κυριώτατα λεγόμενον) demeure « ce qui ne pourrait d'abord être puis ne pas être » (281a 3-4). L'un des autres cas est un usage impropre, car ce qui peut périr difficilement peut périr et n'est pas impérissable. Il reste finalement, à côté du sens principal, un sens secondaire qui est « ce qui ne peut subir le processus de destruction, mais peut tantôt être tantôt ne pas être ». Ces deux sens sont irréductibles l'un à l'autre puisqu'ils expriment deux choses contradictoires.

Il faut encore signaler les cas où « homonyme » a la signification courante de « du même nom », sans que cela implique la précision

1. La même ambivalence apparaît dans la forme χωριστόν, qui signifie à la fois « séparé » et « séparable », mais Aristote tente de la lever en remplaçant fréquemment l'adjectif par le participe parfait « κεχωρισμένον ».

technique de « d'énoncé différent ». Par exemple, la génération naturelle est dite se faire à partir d'un homonyme, car un homme engendre un homme[1]. Selon le sens technique, on devrait trouver plutôt ici un synonyme, puisqu'il y a identité et de nom et de définition entre deux hommes, et c'est d'ailleurs ce terme qui est employé dans les passages parallèles de *Métaph.* Λ 3, 1070a 5 et *Gen. Anim.* II 1, 735a 20. De la même façon, l'universel et le particulier sont appelés homonymes, au sens de « portant le même nom », car dans la plupart des cas le particulier n'a pas de nom propre[2]. Mais il est clair qu'ils sont aussi synonymes au sens technique aristotélicien, car tout ce qui se dit de l'espèce se dit aussi du particulier. En revanche, si on substantialise les termes généraux comme le font les Platoniciens, on doit soit les réunir sous un nouveau terme général, de sorte qu'on se heurte à l'argument du troisième homme, soit leur reconnaître des essences différentes, de sorte qu'on en fait des homonymes :

> Si l'espèce est la même pour les idées et les choses qui y participent, il y aura quelque chose de commun (...) ; si l'espèce n'est pas la même, elles seront homonymes, et de même que si on appelait « homme » Callias et le bâton, sans y voir aucune communauté (κοινωνίαν). (*Métaph.* M 4, 1079a 33 – b 3)[3]

Aristote ne prône cependant pas le remplacement des termes homonymes par une pluralité de termes univoques, car on peut toujours désigner précisément l'une des significations. C'est ce qu'il dit à propos des quatre procédés (τόποι) de la définition (*Top.* VI 2, 139b19 – 140a17). L'un d'eux seulement est correct (κυρίως), et, parmi les trois autres, qui sont ἀσαφῶς, le premier est d'utiliser un homonyme sans préciser en quel sens on le prend (par exemple, « ἀγωγή » et « συμμετρία »), le second est de recourir à la métaphore (c'est-à-dire déplacer un mot de son seul domaine légitime, à cause d'une ressemblance), et le troisième, le pire, est d'affirmer un mensonge. Et même quand l'interlocuteur répond à cette injonction de définir un homonyme, la vigilance reste de mise :

> Souvent il nous échappe que l'homonymie est une conséquence des définitions (λόγοις) elles-mêmes ; c'est pourquoi il faut l'examiner aussi à propos des définitions. Par exemple, si quelqu'un dit que ce qui est en accord avec la santé est ce qui signale et produit la santé, il ne faut pas abandonner mais examiner ce qu'il a dit que signifie « en accord » dans les deux cas, par exemple si pour l'un c'est « être tel qu'il produise la santé », pour

1. Z 4, 1030a 32-b 3 ; Z 9, 1034a 22, b1.
2. Z 10, 1035b 1.
3. Cf. aussi *Métaph.* A 9, 990b 6, 991a 6 ; I 10, 1059a 14 ; M 4, 1079a 2.

l'autre « être tel qu'il signale quelle sorte de possession elle est ». (*Top*. I 15, 107 b 6-12)

Le mot « συμμετρῶς » est homonyme, de sorte qu'il ne suffit pas, pour le définir, de réunir dans un même énoncé deux significations différentes, mais il faut en donner deux énoncés indépendants. La présence du mot « santé » dans les deux énoncés n'est pas ici une référence unique mais fait partie de la chose même à définir, à savoir non pas n'importe quel accord mais l'accord avec la santé.

Les synonymes

Aristote mentionne rarement des termes synonymes, sauf quand ce statut n'est pas évident : je n'ai dénombré, dans l'ensemble du corpus, que quatre termes dont la synonymie soit mise à l'épreuve.

« Juste » et « Justice »

Un premier cas est celui des mots « juste » et « justice » dans les Ethiques. Le livre IV de l'*Ethique à Eudème*, consacré à la justice, étant le même que le livre V de l'*Ethique à Nicomaque*, c'est à celui-ci que l'on se réfèrera d'abord, ensuite au livre I, chapitre 34, des *Magna Moralia*.

Au chapitre 2 du livre V, Aristote commence son enquête en rapportant les impressions et approximations de l'opinion générale :

> Il semble que la justice et l'injustice se disent de plusieurs façons, mais du fait que leur homonymie est très proche, elle se dissimule et n'est pas évidente comme celle des choses plus éloignées ; car la grande différence est celle selon l'idée[1], par exemple le fait que l'on appelle « clé » homonymiquement celle qui se trouve sous le cou des animaux et celle avec laquelle on ouvre les portes. Considérons donc en combien de façons se dit l'injuste. Semble être injuste celui qui enfreint la loi[2] celui qui cherche à avoir plus que les autres, et l'inégal, aussi il est clair que le juste sera le respectueux des lois et l'égal. (V 2, 1129a 25-34).

Le « δοκεῖ » de la l. 32 est clairement utilisé comme « l'opinion générale est que », car, aussitôt après avoir énoncé ces trois sens de « ἄδικος », Aristote élimine le deuxième en l'intégrant dans le troisième, et construit ensuite son raisonnement en divisant les deux sens retenus.

1. Le texte a une résonance étonnamment platonicienne, non seulement à cause du mot « ἰδέα » qu'Aristote réserve généralement aux conceptions des platoniciens, mais aussi par l'emploi exceptionnel de certaines expressions comme « ἔοικε » ou, comme on le verra plus loin, par l'utilisation d'exemples dont il dira dans les *Magna Moralia* qu'ils sont empruntés aux Platoniciens.

2. « ὅ παράνομος ».

Le premier sens, étudié au chapitre 3, trouve une multitude d'applications dans tous les domaines (social, militaire, moral, ...) où une règle édicte la conduite à suivre. En ce sens, la justice s'identifie à la vertu globale (ὅλη), dont elle rend possible l'exercice non seulement en soi-même mais aussi envers les autres (1129b 32-33) ; elle est la même que la vertu mais « leur être n'est pas le même : en tant qu'elle est dirigée vers autrui, elle est justice, en tant qu'elle est telle disposition, elle est simplement vertu » (1130a 12-13). On distingue un cas particulier de l'injustice globale (παρὰ τὴν ὅλην ἄλλη ἐν μέρει) quand elle est commise pour acquérir un gain, en honneur ou en richesses. Cependant, cette injustice partielle est synonyme de l'injustice totale « parce que sa définition se trouve dans le même genre, car toutes deux ont leur puissance dans la relation à l'autre » (4, 1130a 33-b 2). Le critère de synonymie est bien conforme à la définition donnée dans les *Catégories* : les deux définitions doivent se servir du même genre prochain.

Or, quelle est cette justice partielle ? C'est précisément la justice selon l'égalité :

> Que donc il y a plusieurs justices, et qu'il y en a une différente à côté de la vertu globale, c'est clair ; ce qu'elle est et de quelle sorte elle est, il faut le saisir. On a divisé l'injuste en illégal et en inégal, et le juste en légal et en égal. L'injustice dont on vient de parler est celle selon l'illégal. D'autre part, puisque l'inégal et l'excès ne sont pas la même chose mais différents comme la partie par rapport au tout (car tout excès est inégal, mais tout inégal n'est pas excès), de même l'injuste et l'injustice [leur correspondant] ne sont pas les mêmes mais différents de ceux-là, les uns comme parties, les autres comme touts. Car cette injustice est une partie de l'injustice globale, et de même la justice de la justice globale. (5, 1130b 6-16).

La justice partielle ainsi définie comme règlant les quantités d'honneurs et de richesses se divise elle-même en deux espèces, selon qu'elle s'exerce dans un partage (1130b 31 : ἕν μέν ἐστι εἶδος τὸ ἐν ταῖς διανομαῖς) ou dans une convention volontaire ou involontaire (1131b 25-26 : ἐν τοῖς συναλλάγμασι καὶ τοῖς ἑκουσίοις καὶ τοῖς ἀκουσίοις). Dans un partage, la justice est une égalité de rapports (1131a 29 : ἀνάλογόν τι) entre quatre termes, qui sont 1) la position d'une personne et 2) ce qui lui revient, 3) la position d'une autre personne et 4) ce qui lui revient. Or, ce qui revient à chacun varie selon les régimes politiques : en démocratie, le critère de valeur (1131a 26 : κατ'ἀξίαν τινά) est la liberté, en oligarchie la richesse, pour certains la naissance, en aristocratie la vertu. La justice distributive n'accorde donc pas l'égalité absolue à tous mais l'égalité relative à leur valeur. En revanche, la justice corrective (διορθωτική) applique la même règle à tous, qui consiste à restaurer une égalité mise à mal par un dommage causé par l'un et subi par l'autre. C'est la justice judiciaire, qui forme donc, avec la justice politique, les deux espèces de la justice selon l'égalité.

En quel sens faut-il entendre ici le mot « espèce », et en quoi se distingue-t-il de la partie par rapport au tout ? Dans le cas des justices globale et partielle, l'une ne s'attribue pas à l'autre comme son genre, mais elles sont définies par le même genre. En revanche, la justice comme égalité de quantité peut être attribuée comme genre à la justice politique et à la justice judiciaire, leur différence résidant dans le caractère proportionnel ou absolu de l'égalité.

Ainsi donc, dans tous les usages qu'on vient de voir, le mot justice est synonyme. Cependant, une autre justice est distinguée de ces deux dernières espèces, c'est la justice domestique, qui caractérise les relations entre l'homme et la femme, les parents et les enfants, les maîtres et les esclaves. Elle n'intervient donc pas entre des personnes égales (qu'elles soient égales arithmétiquement, dans le système judiciaire, ou analogiquement, dans les régimes politiques) mais entre des personnes inégales. Elle est appelée « une certaine justice et par ressemblance » (1134a 29-30 : καθ' ὁμοιότητα), ou, plus loin, « Par métaphore et ressemblance existe une justice non vis-à-vis de soi-même mais vis-à-vis de certains des siens, qui n'est pas toute la justice mais celle du maître et du chef de famille » (15, 1138b 5-8). Cette dernière n'a donc pas le même statut que, d'une part, la justice globale accompagnant les vertus, ni, d'autre part, les deux espèces de justice partielle entre égaux, mais elle n'a qu'une appellation dérivée. La ressemblance n'est pas toujours assimilée à la métaphore, mais quand c'est le cas, comme ici, elle indique le passage à un domaine où l'appellation ne s'impose plus par un caractère essentiel mais pourrait être remplacée par une autre.

Au terme de son raisonnement, Aristote ne revient pas sur la question de l'homonymie des deux significations les plus larges du juste, comme légal et comme égal, homonymie qui au cours du raisonnement a été remplacée, on l'a vu, par une synonymie. On peut néanmoins expliquer l'emploi de l'homonymie en début de texte par le fait qu'elle reflétait seulement l'opinion générale, à laquelle il pouvait éventuellement se rallier provisoirement.

Les *Magna Moralia* établissent le même double sens du juste, qui signifie d'une part le légal, c'est-à-dire ce que la loi ordonne en toutes choses, et qui se trouve associé à toutes les vertus, d'autre part l'égal, qu'il soit arithmétique (entre deux termes) ou proportionnel (entre quatre termes). Le texte ne mentionne ni la relation de tout à partie ni la synonymie qui existe entre ces deux justices, mais différencie la seconde par le fait qu'on l'exerce toujours en rapport avec autrui et jamais uniquement en soi-même (I 34, 1193b 15-20). D'autre part, ce traité ne mentionne plus la justice corrective mais évoque seulement la justice politique dont le rôle est de régler la répartition et les échanges de biens entre citoyens. Cette diminution de l'intérêt pour la classification rigoureuse des significations va de pair, dans tout le traité, avec un intérêt accrû pour l'anecdotique, le descriptif, l'exposé de situations concrètes.

Enfin, de cette justice entre citoyens égaux se distingue la justice entre maître et esclave ou entre père et fils, qui « semblerait être dite homonymiquement » (1194b 6). La raison pour laquelle il ne s'agit pas à proprement parler d'une justice est qu'elle s'établit entre une personne et une possession de cette personne. Par rapport à l'*Ethique à Nicomaque*, une différence notable est le remplacement de la métaphore par l'homonymie. Les deux figures sont motivées par la ressemblance, mais la métaphore insiste davantage sur la parenté entre les deux usages, au sens où l'une des appellations dérive nécessairement de l'autre, tandis que l'homonymie insiste sur l'absence de parenté réelle capable de justifier la même appellation. C'est pourquoi, il me semble que l'emploi de la métaphore est plus judicieux ici que celui de l'homonymie [1].

Il faut noter encore que la relation entre l'homme et la femme n'est plus tout à fait assimilée aux relations entre inégaux mais est « proche de la communauté politique » car ils partagent « d'une certaine manière une égalité » (1194b 23-28). Cette nuance, outre son intérêt sociologique, est importante pour l'enquête sur les plurivocités, puisqu'elle mentionne une fois de plus l'existence d'intermédiaires entre homonymie et synonymie : le juste entre homme et femme ne remplit tout à fait ni les critères du juste politique ni les critères du juste domestique, il est trop proche pour être homonyme, trop éloigné pour être synonyme.

Les catégories

Il arrive fréquemment qu'Aristote énonce les différentes applications d'un terme sans préciser si ces emplois sont synonymes, alors que l'application de la règle de reconnaissance qu'il a fournie les désigne comme tels. C'est le cas pour certains des termes qui sont présentés comme plurivoques dans les *Catégories* : « quantité » (chap. 6), « qualité » (chap. 8), « opposés » (chap. 10), « antérieur » (chap. 12), « ensemble »

1. De nombreux éléments inhabituels, tant dans la forme que dans le fond, ont fait jeter le doute sur l'authenticité des *Magna Moralia*. Si je cite néanmoins les passages de cet ouvrage correspondant aux deux autres traités, c'est parce que, dans certains cas, une autre présentation peut se révéler éclairante ; mais en aucun cas cet ouvrage ne peut être privilégié pour trancher un débat.

(chap. 13), « mouvement » (chap. 14), et « avoir » (chap. 15). Leur plurivocité est exprimée soit par « πολλαχῶς λεγόμενον », soit par la distinction d'espèces ou de sortes, soit par une simple disjonction. Or, ceux d'entre eux qui désignent des genres de l'étant sont manifestement des synonymes[1] :

> De la quantité, l'une est discrète, l'autre continue, et l'une est composée de parties possédant une position l'une par rapport à l'autre, l'autre ne possédant pas de position. (6, 4b 20-22)
> La qualité fait partie des mots dits de plusieurs façons (τῶν πλεοναχῶς λεγομένων). Ainsi donc, une des espèces de qualité doit être la possession et la disposition. » (8, 8b 26-27) « Un autre genre de qualité est ce selon quoi nous disons les gens bons lutteurs ou bons coureurs ou sains ou malades, et, en général, tout ce qui est dit suivant la capacité ou l'incapacité physique. » (8, 9 a14-16) « Un troisième genre de qualité est les qualités sensibles et les propriétés des choses. » (8, 9 a28-29) « Un quatrième genre de qualité est la figure et la forme entourant chaque chose, et en outre la droiture et la courbure et ce qui peut exister de semblable. » (8, 10a 11-13) Peut-être semblerait-il encore y avoir une autre sorte (τρόπος) de qualité, mais en tous cas celles qui sont dites principalement (μάλιστα) sont celles-là. (8, 10a 25-26)[2].

Une question préliminaire est de savoir si « genre » et « espèce » doivent être compris au sens technique ou traduits par « sortes », ou « types », sans détermination précise du rapport d'inclusion dans le terme général. En ce qui concerne la lettre du texte, le fait que les divisions soient appelées aussi bien genre que espèce ne pose pas de problème car, dans les classements des animaux aussi, les intermédiaires entre le genre le plus large et les espèces dernières sont à la fois genres (par rapport à leurs divisions) et espèces (par rapport au genre plus large)[3]. Quant au fait qu'elles soient aussi appelées τρόποι (10a 25), il s'explique par un passage au niveau du dire (τρόπος est toujours lié à λέγεται), tandis que le genre et

1. Pour les autres, qui sont des termes pouvant s'appliquer aux réalités de n'importe quelle catégorie de l'étant, voir *infra*.

2. L'étude de la qualité au livre Δ de la *Métaph.* ajoute à cette division en espèces une distinction selon le rapport, essentiel ou non, existant entre une qualité et son sujet : « On pourrait donc dire la qualité à peu près de deux manières (τρόπους), dont l'une est la principale, car la première qualité est la différence de l'essence (et de celle-ci la qualité dans les nombres est une partie, car elle est une différence des essences, mais ou bien non mues ou bien pas en tant que mues), et les autres sont les affections des choses mues en tant que mues et les différences des mouvements, et la vertu et le vice sont une partie des affections. » (Δ 14, 1020b 13-19). Mais il est clair que cette distinction n'introduit pas de nouvelles qualités par rapport aux sortes synonymes citées.

3. Ce double statut est affirmé notamment en *Phys.* V 4, 227b 12-14.

l'espèce se situent au niveau de la chose dite. Or, comme l'a clairement montré P. Pellegrin, il n'y a pas un sens technique rigide de la division en genres et espèces : « Le concept de *génos* est classificatoire mais non taxinomique : comme le terme ne désigne pas un niveau classificatoire fixe, dire d'une collection d'objets qu'elle constitue un *génos*, ce n'est, d'un point de vue classificatoire, rien dire de plus que le fait qu'elle se subdivise en *eidè*. De même, dire d'une réalité qu'elle est un *eidos*, ce n'est rien dire de plus qu'elle a été découpée dans un *génos* par le jeu de la différence spécifique, et ce n'est rien dire du tout sur son degré absolu de généralité. Le couple *génos-eidos* constitue donc un instrument diérétique qui fonctionne à n'importe quel niveau de généralité. »[1] Selon lui, le principal critère de reconnaissance d'un genre est qu'il doit être divisible en espèces contraires, car il ne peut s'étendre ni au-delà de la différence la plus grande, ni en-deçà, sinon il ne « réalise pas toutes ses virtualités »[2]. Un exemple de cette division selon le critère logique de contrariété est la définition des vertus et des vices dans les Ethiques, où chaque genre est divisé en une double contrariété vis-à-vis du terme de référence de la mesure, comme l'insensibilité, la tempérance et l'intempérance sont les trois *eidè* du genre « attitude face aux plaisirs »[3]. En biologie aussi, ce même critère est mis en œuvre, malgré les apparences, car fondamentalement le couple *genos-eidos* s'applique aux parties des animaux et non aux familles ; or, les différences spécifiques qui définissent ces parties sont articulées par contrariétés[4].

Cependant, si on reconnaît, d'après ces déterminations, les catégories comme les genres les plus larges, il faudra considérer que « dit de plusieurs façons » ne signifie pas « dit selon plusieurs significations » mais seulement « dit de plusieurs choses », et que donc la synonymie est un type de plurivocité où les applications du mot à des choses différentes n'implique pas une multiplicité de significations du mot. Le fait que l'expression soit parfois remplacée par « πλείω (πολλὰ) σημαίνειν » ne supprime pas son ambivalence car « signifier plusieurs choses » doit être compris tantôt comme « désigner plusieurs réalités », tantôt comme « être défini par plusieurs énoncés »[5]. Dans quel sens faut-il l'entendre pour la

1. P. Pellegrin, 1982, p. 98-99.

2. *Id.*, p. 87.

3. *Id.*, p. 93. Ceci montre qu'il ne s'agit pas d'une dichotomie, car la contrariété peut « se déployer dans une multiplicité de directions » (p. 95).

4. *Id.*, p. 130-131 et 188. Cf. les règles de la contrariété appliquées au genre et à l'espèce en *Top.* IV 3, 123b 1-124a 9 et *Métaph.* I. 4.

5. Ce dernier sens se trouve notamment en *Top.* V 2, 129b 33-34 et 130a 19-21, où « sentir » et « savoir » sont dits signifier plusieurs choses parce qu'ils ont chacun deux définitions partiellement identiques, comme entéléchies première et seconde.

prédication des catégories ? Le critère de décision doit être celui qu'a fourni Aristote lui-même, à savoir : l'énoncé de l'essence de ces prédicats est-il le même pour tous les types de choses dont il est dit ? Or, il semble que le fait d'être une qualité soit la même chose pour une possession, une capacité physique, une propriété sensible ou une forme, en tous cas autant que le fait d'être un animal était la même chose pour un homme et un bœuf. L'énoncé de chacune des divisions sera composé de la qualité comme genre et d'une différence spécifique. De la même manière, il n'y a pas de raison de refuser que le nombre, quantité discrète, et la ligne, quantité continue, reçoivent l'appellation quantité avec la même définition. Par conséquent, on peut conclure de ces deux exemples que les dix prédicats les plus généraux sont des mots plurivoques, c'est-à-dire qui s'attribuent à des réalités spécifiquement différentes, mais avec toujours la même définition, de sorte qu'elles sont bien des genres et que les espèces auxquelles elles s'attribuent sont synonymes. Ceci entraîne une conséquence très importante, qui est que tous les genres sont des plurivoques, en tant qu'ils s'attribuent à des choses de natures différentes, tandis que seules les espèces dernières sont univoques car elles ne s'attribuent qu'à une seule sorte de choses [1]. Le terme « μοναχῶς », exprimant cette attribution unique, existe, mais il est rare. On le trouve, opposé à « πλεοναχῶς », dans l'introduction du chapitre I 15 des *Topiques*, mais il n'en est donné aucun exemple. Il est utilisé une fois aussi à propos de l'étant, pour réfuter ceux qui, comme Lycophron, n'osent pas utiliser le verbe être dans les phrases prédicatives, de crainte de faire d'un seul mot une multiplicité; or, les étants sont multiples et non « μοναχῶς » (*Physique* I 2, 185b 27-34). Enfin, la question est posée au livre B de la *Métaphysique*, de savoir si les substances sont dites « μοναχῶς » ou s'il y en a plusieurs genres, comme les idées, les mathématiques et les sensibles (1, 995b 13-18 et 2, 997a 34-b 3). Dans ces exemples, la question n'est pas de savoir si le mot a plusieurs définitions, mais s'il est attribué à plusieurs choses (les substances sensibles sont considérées comme un ensemble homogène, leur division en genres et espèces n'étant pas du même ordre que celle qui les oppose aux idées et aux substances intermédiaires).

« Mouvement »

Puisque les catégories sont des genres et sont synonymes, le même raisonnement vaut pour la plurivocité du mouvement, qui est un genre des

1. Quand elles sont homonymes, c'est qu'elles ne sont plus espèces du même genre, auquel cas on pourrait, pour clarifier le langage, remplacer le nom unique par deux noms appropriés, et chacun s'attribuerait univoquement à tous les individus qu'il définit.

catégories « agir » et « pâtir », de sorte que rien ne devrait mettre en doute sa synonymie vis-à-vis de ses espèces :

> Du mouvement il y a six espèces : génération, périssement, croissance, décroissance, altération, changement selon le lieu. (*Catég.* 14, 15 a13-14)

Si le texte des *Catégories* ne fournit aucune indication sur la question, en revanche le livre VII de la *Physique* la met à l'épreuve, de manière très hésitante et très complexe. Un certain nombre de passages, en effet, y présentent le mouvement et le changement comme des genres divisés en espèces, tandis que d'autres mettent en question la comparabilité (donc la synonymie ?) des différents mouvements.

Commençons par la présentation des espèces du mouvement et du changement.

> Il n'y a pas un mouvement en dehors des choses, car ce qui change change toujours ou selon la substance ou selon la quantité ou selon la qualité ou selon le lieu. Or, il n'y a rien de commun à leur attribuer, comme nous le disons, qui ne soit ni ceci ni quantité ni qualité ni aucun des autres prédicats. De sorte qu'il n'y aura ni mouvement ni changement de rien en dehors des choses citées, car rien n'existe en dehors des choses citées. Et chaque prédicat appartient à toutes choses de deux façons, par exemple le ceci, car l'un est la forme, l'autre la privation ; et selon la qualité, l'un est blanc l'autre noir ; selon la quantité, l'un est achevé l'autre inachevé ; et de même selon le lieu, l'un est vers le haut l'autre vers le bas, ou l'un léger l'autre lourd. Par conséquent, les espèces du mouvement et du changement sont aussi nombreuses que celles de l'étant. (III 1, 200b 32 – 201a 9).
>
> On a donc dit ce qu'est le mouvement, et en général et selon ses parties, car on voit clairement comment seront définies chacune de ses espèces : l'altération est l'entéléchie de l'altéré en tant qu'altéré, et, plus exactement encore, l'entéléchie du passif et de l'actif en puissance, en tant que tel, en général et selon chacun, qu'il soit construction ou guérison. Et on parlera de la même façon de chacun des autres mouvements. (III 3, 202b 23 – 29).

La phrase « les espèces du mouvement et du changement sont aussi nombreuses que celles de l'étant » peut difficilement faire allusion aux dix catégories car 1) celles-ci ne sont pas les espèces de l'étant, qui n'est pas un genre, et 2) il n'y a de mouvement ou de changement que selon quatre des catégories, qui sont énumérées au début du passage. Il est plus probable que les espèces dont il s'agit ici sont constituées par les contraires au sein de chaque genre d'étants, de sorte que, dans les quatre attributions concernées, il y aura autant de mouvements qu'il y a d'étants contraires. Ceci est confirmé au premier chapitre du livre V, lorsqu'Aristote établit la distinction entre mouvement et changement, employés indifféremment jusque là (voir par exemple III 1, 201a 11-15). Il répète d'abord selon quelles catégories les mouvements existent :

> Puisque tout mouvement est un changement, que les changements sont les trois cités [1] et que parmi eux ceux selon la génération et le périssement ne sont pas des mouvements, mais bien ceux selon la contradiction, nécessairement seul le changement d'un sujet vers un sujet est un mouvement. (...) Si donc les catégories sont divisées en substance et qualité et lieu et temps et relation et quantité et agir ou pâtir, il y a nécessairement trois mouvements, celui de la qualité et celui de la quantité et celui selon le lieu. (*Phys.* V 1, 225a 34 – b 9).

Ensuite, il en distingue les genres et les espèces :

> Un mouvement un se dit de plusieurs façons, car nous disons l'un de plusieurs façons. Il est donc un par le genre selon les figures de l'attribution, car un transport est un par le genre avec tout transport mais une altération est autre par le genre avec un transport. Il est un par l'espèce lorsque, étant un par le genre, il est aussi dans la même espèce indivisible ; par exemple, il y a des différences de la couleur, aussi le blanchissement et le noircissement sont autres par l'espèce, donc tout blanchissement sera le même par l'espèce que tout blanchissement et tout noircissement que tout noircissement. Mais il n'y a plus de différences de la blancheur, c'est pourquoi un blanchissement sera un par l'espèce avec tout blanchissement. Et s'il y a des choses qui sont à la fois genres et espèces, il est clair que le mouvement sera un par l'espèce, mais pas absolument, comme l'apprentissage, si la science est une espèce de la conception et le genre des sciences. (*Phys.* V 4, 227b 3-14).

La division va plus loin encore au chapitre VII 2, où les quatre espèces du transport causé par autre chose sont distinguées du transport causé par soi, puis elles-mêmes divisées en espèces (243a 11-b 9). L'expression « ἅπασαι ἀνάγονται εἰς ταύτας » (a 18) est utilisée pour décrire l'inscription des espèces plus restreintes dans les espèces plus larges, de la

1. C'est-à-dire : d'un sujet vers un sujet, d'un sujet vers un non-sujet, d'un non-sujet vers un sujet.

même manière que les expressions « ἅπασαι διανέμονται εἴς τινας » (b 11) et « ἅπασαι πίπτουσιν εἰς τέσσαρας ταύτας » (b 16)[1].

Une conséquence de cette division est que deux mouvements d'espèces différentes ne peuvent être continus, c'est-à-dire avoir une extrémité commune :

> Certaines choses n'ont pas d'extrémités, d'autres en ont des différentes par l'espèce et homonymes, car comment pourraient être en contact et devenir une l'extrémité d'une ligne et celle d'une marche ? (*Phys.* V 4, 228a 24-26).

Au premier abord, on ne voit pas pourquoi l'extrémité serait homonyme et non synonyme, puisque la même définition lui convient (comme début et fin) à propos de toutes choses. A moins que début et fin soient eux-mêmes homonymes ? En réalité, les termes tels que « début », « fin », « tout », « partie », etc., sont particuliers en ce qu'ils ne désignent pas toujours la même réalité (comme c'est le cas pour « homme », « blanc », « être assis », ou n'importe quel terme intra-catégorial) mais peuvent s'appliquer à des réalités de n'importe quelle sorte. Par conséquent, si ce qui s'étend au-delà d'une même catégorie est homonyme, ils sont par définition homonymes. En attendant la clarification du statut de ces termes, il faut remarquer qu'ici l'homonymie ne porte pas sur la signification du mot « extrémité » mais sur les réalités qui sont dites extrémités : l'une est une partie de ligne, l'autre une partie de marche, de sorte que, si on leur donne le même nom « extrémité », ce ne peut être que par homonymie. Mais si on les considère indépendamment de leur nature respective, d'après leur position par rapport au tout, elles reçoivent l'appellation « extrémité » avec la même définition. Ce n'est pas l'homonymie éventuelle du mot « extrémité » qui met en question la continuité des mouvements, mais leur nature même et celle des choses mues. En effet, deux mouvements sont continus, c'est-à-dire un au sens absolu, s'ils sont non seulement de la même espèce mais aussi d'une seule chose et dans un temps un (228b 1-3) ; sinon, ils peuvent être contigus, c'est-à-dire n'être séparés par rien d'autre du même genre :

> Les mouvements qui ne sont les mêmes ni par l'espèce ni par le genre peuvent donc être contigus, car après avoir couru on peut immédiatement s'enfièvrer, et le flambeau qui passe de main en main est un transport contigu mais pas continu, car il est établi que le continu est ce dont les extrémités sont une. (V 4, 228a 26-30).

1. On verra que la même signification doit être accordée à « ἀνάγειν », au livre Γ de la *Métaphysique*, à propos du genre unique de tous les contraires, grâce auquel une science de tous les étants est possible.

Mais une autre conséquence de la division en espèces pourrait être l'incomparabilité de la vitesse des mouvements :

> On pourrait se demander si tout mouvement est comparable à tout mouvement ou non. Si donc tout mouvement est comparable et que soit de même vitesse celui d'un mû égal en un temps égal, alors une ligne courbe sera égale à une droite, et plus grande et plus petite. En outre, une altération sera égale à un transport, lorsque dans un temps égal l'un aura été altéré et l'autre transporté. L'affection sera donc égale à la grandeur. Mais c'est impossible. (VII 4, 248a 10-15).

Le raisonnement d'Aristote est que, la vitesse étant le rapport de la distance parcourue au temps mis à la parcourir, des vitesses égales ont pour condition deux distances égales et deux temps égaux. Le temps ne pose pas de problème, car il est le même pour toutes choses et n'est pas divisible en espèces. Mais les distances peuvent être différentes de deux façons : d'abord, parce qu'une altération et un transport ne parcourent pas le même genre de chose, l'altération passant d'une qualité à une autre, le transport d'un lieu à un autre ; ensuite, parce que, même pour deux transports, le trajet peut être droit pour l'un, courbe pour l'autre. Si donc les distances sont différentes d'une de ces façons, les vitesses sont également différentes et non comparables. Il semble qu'Aristote commette une confusion entre l'essence, ou la qualité de la chose parcourue, et sa mesure quantitative, qui seule intervient dans le calcul de la vitesse. Or, une telle confusion est d'autant plus surprenante de sa part, qu'il s'érige généralement en contrôleur de la distinction entre les catégories, et qu'il réserve systématiquement le mot « égal » aux rapports quantitatifs.

Le raisonnement se poursuit néanmoins sur les mêmes bases : une affection n'est pas égale à une grandeur, de sorte qu'une altération n'est pas égale à un transport, et que tout mouvement n'est pas comparable (248a 16-19). Or, cela se heurte à l'affirmation que « tout ce qui n'est pas homonyme, est comparable » (248b 6-7) [1]. Pour les homonymes, en effet, le fait est clair : il est impossible de juger si un stylet est plus aigu qu'un vin ou qu'une note (b 7-10), ou si une eau est plus blanche qu'un son – mais il est possible de dire si un cheval est plus blanc qu'un chien, car le blanc signifie la même chose pour les deux (248b 22-24). L'exemple du blanc montre que la cause de l'homonymie n'est pas le mot lui-même, car il est homonyme pour certaines choses et non pour d'autres ; elle ne pouvait être non plus,

1. Les manuscrits présentent plusieurs variantes de cette proposition, mais la seule qui soit cohérente (« tout ce qui n'est pas synonyme est incomparable ») est compatible avec le présent raisonnement. Voir aussi *Top.* (I 15, 107b 13-18) : « Si deux choses ne sont pas comparables selon le plus ou le semblable… car tout ce qui est synonyme est comparable. »

nous venons de le voir, les choses auxquelles le mot est attribué, sinon tout serait homonyme en fonction des sujets, y compris « beaucoup », « un », « deux », etc. (248b 16-21). Maintenant, la comparabilité de certains termes réside dans la partie première à laquelle ils appartiennent (comme la surface pour le blanc), mais pas dans n'importe quelle partie ou aspect, sinon il serait possible de tout attribuer à toute chose, mais dans une partie différente (248b 25-249a 3).

Après cet enchaînement d'arguments et de contre-arguments, Aristote confirme que, pour être comparable, il faut ne pas être homonyme (249a 4), et il répond enfin à la question que nous nous posons depuis le début : cela signifie-t-il que, inversement, tout ce qui n'est pas homonyme est comparable, de sorte que le mouvement serait homonyme ? La réponse est qu'il y a une deuxième condition à la comparabilité : celle de ne pas avoir de différence (249a 4-5), c'est-à-dire de ne pas appartenir à une autre espèce au sein d'un même genre ; par exemple, de deux objets de couleur différente, on ne peut dire lequel est le plus coloré en général, mais seulement quant à telle ou telle couleur (249a 3-7)[1]. De même, deux objets en mouvement sont comparables seulement selon la même espèce de mouvement, or celle-ci varie selon le type d'objet en mouvement : par exemple, la génération et le périssement ne sont de même vitesse que pour deux animaux de la même espèce (249b 20-21)[2]. Ce qui ressort de cette problématique n'est donc pas la mise en question du caractère générique du mouvement, ni de la synonymie du genre, mais celle de la garantie de comparabilité des propriétés par soi d'un genre. C'est pourquoi, Aristote conclut que :

> le genre n'est pas un mais cache une multiplicité, et certaines homonymies sont très éloignées, certaines possèdent une

1. Ce n'est pas le genre lui-même qui peut varier selon le plus et le moins, car en aucun cas une espèce d'un genre ne reçoit davantage ce genre que les autres : l'âne est autant un animal que le dieu, le bleu est autant une couleur que le rouge ; mais ce sont les propriétés par soi du genre qui varient d'une espèce à l'autre, comme la vitesse pour le mouvement ou l'intensité pour la couleur.

2. Il semble à première vue paradoxal que la gestation d'un animal soit plus rapide d'une espèce à l'autre tout en étant dans un temps égal. La variante « en un temps inégal » existe, mais elle ne satisfait plus le sens car la cause par la différence d'espèce disparaît. Ross propose comme explication que le même temps est plus lent à l'échelle de certaines espèces, mais que cette différence parmi les substances n'a pas de mot propre. Pour le dire plus clairement encore, la durée normale de gestation étant différente pour chaque espèce, la mesure d'une différence par rapport à la moyenne doit se faire au sein de l'espèce. Il faut remarquer que, dans toute cette problématique, Aristote aurait gagné à se servir de sa théorie de l'analogie de la mesure dans chaque genre ; son absence doit manifestement être expliquée par l'antériorité du livre VII de la *Physique* par rapport au développement de cette théorie (exposée principalement au livre I de la *Métaphysique*).

> ressemblance, certaines sont proches par le genre ou par analogie (249a 22-25).

Ce passage est fréquemment utilisé pour appuyer la thèse qu'il n'y a pas d'autres sortes de mots entre les homonymes et les synonymes mais que les homonymes ont des significations plus ou moins éloignées ; on le rapproche du texte de l'*Ethique à Nicomaque* où est mentionnée une homonymie « due au hasard » et on en déduit qu'il existe, par contraste, des homonymies « intentionnelles »[1], qui admettent un certain lien entre les significations. Mais, s'il s'agissait d'établir des degrés entre les homonymies, que signifierait, pour elles, une proximité « par le genre » ou « par analogie » ? Ces expressions n'ont de sens que rapportées à des types d'étants, de sorte qu'il faut comprendre la deuxième partie de la phrase comme : « certaines homonymies existent entre des réalités très éloignées, ou proches par ressemblance, par genre, par analogie ». Du même coup s'éclaire le premier membre de la phrase, qui signifie que toutes les réalités se trouvant au sein d'un même genre ne peuvent être décrites d'une manière unique sous tous les rapports. En effet, il y a des homonymes au sein d'un même genre (c'est même fréquemment le cas : même la clé et la clavicule se trouvent dans le genre des substances[2]), mais le genre lui-même n'est pas homonyme. D'autre part, le fait qu'il existe des degrés de proximité entre des réalités homonymes n'implique pas que ces degrés couvrent ainsi toutes les réalités non synonymes.

Il faut donc conclure de ces extraits de la *Physique* que l'incomparabilité des mouvements ne résulte pas d'une éventuelle homonymie du mot « mouvement » (auquel cas, celui-ci ne pourrait être un genre divisé en espèces), mais des différences spécifiques elles-mêmes. Ceci est d'ailleurs conforme à un des principes fondamentaux des *Analytiques*, que les propriétés d'un genre ne sont pas transférables à un autre genre : cette règle s'étend ici jusqu'aux classes indivisibles. Mais l'incomparabilité de certaines propriétés entre ses espèces n'empêche pas la synonymie du genre.

« Cuisson »

Une autre division qui ne remet pas en question la synonymie d'un terme est la distinction d'un domaine d'application plus large ou plus étroit. Par exemple, la définition de la cuisson, qui est une solidification sous l'effet de la chaleur, est la même pour les cuissons internes au corps ou pour toute cuisson en général, de même que sa privation, la crudité :

> La crudité, comme la coction, est dite de plusieurs façons, c'est pourquoi les urines et les selles et la morve sont dites crues pour la

1. Cf. *supra*, p. 68.
2. *Eth. Nic.* V 2, 1129a 25.

> même raison (διὰ τὸ αὐτὸ αἴτιον), car toutes sont appelées crues du fait de n'avoir pas été assimilées et solidifiées par la chaleur. En allant plus loin, l'argile est dite crue et le lait cru, ainsi que de nombreuses autres choses, si, capables de changer et de se solidifier sous l'effet de la chaleur, elles restent inaltérées. C'est pourquoi l'eau est dite bouillie, mais pas crue, parce qu'elle ne s'épaissit pas. (*Mét.* IV 3, 380b 3-10).

Ceci est valable même quand l'un des deux domaines est plus fréquemment désigné; ainsi, l'ébullition a la même signification quelle que soit l'humidité qui la subit, même si elle est plus couramment réservée aux liquides :

> L'ébullition est, en général (τὸ μὲν ὅλον), la cuisson de l'humidité par la chaleur, sans préciser ce qu'on comprend dans l'humide (τοῦ ἐνυπάρχοντος ἀορίστου ἐν τῷ ὑγρῷ), mais ordinairement (κυρίως)[1] le nom est appliqué seulement aux choses bouillies, c'est-à-dire, comme on l'a dit, les choses de nature vaporeuse ou aqueuse. (*id.*, 380b 13-16).

En revanche, à ces deux usages synonymes s'opposent les usages métaphoriques, qui s'expliquent par l'absence d'un mot propre pour désigner un phénomène comparable dans les solides :

> L'or aussi est dit être bouilli, ainsi que le bois et beaucoup d'autres choses, non selon la même idée (κατὰ τὴν ἰδέαν τὴν αὐτήν) mais par métaphore, car il n'existe pas de noms pour les différences. (*id.*, 380b 28-31)[2].

On voit clairement grâce à ces exemples l'opposition entre la synonymie d'un genre divisé en espèces et la non-synonymie du même terme déplacé vers un autre genre. Bientôt nous définirons plus précisément la différence entre métaphore et homonymie.

1. Comme le signale M.-Th. Larkin (p. 65), « κύριον » est utilisé aussi pour désigner le mot ordinaire, par opposition au mot étranger ou archaïque, de sorte qu'en poésie et en rhétorique il faut ajouter à ceux-ci des mots rares ou des métaphores pour éviter la platitude (*Rhét.* III 2, 1404b 5, b 26 ; *Poét.* 22, 1458a 22).

2. Le fait qu'Aristote évite de créer des néologismes quand un mot fait défaut a déjà été remarqué par P. Louis (1956, p. 145-146). G. Romeyer Dherbey cite de nombreux cas d'anonymes dans tous les domaines, qui révèlent « du côté des choses, comme un surplus vis-à-vis du langage » et confirment, selon lui, la revalorisation du réel extralinguistique par Aristote, contre les sophistes (1983, p. 133-134).

Les autres plurivoques

Une des principales difficultés des *Topiques*, pour la question qui nous occupe, est qu'Aristote semble parfois y utiliser indistinctement « dit de plusieurs façons » et « homonyme »[1]. Or, plusieurs textes, tant dans les *Topiques* que dans d'autres œuvres, parlent de plurivoques non homonymes.

C'est à partir du chapitre 15 du premier livre que l'on peut au mieux étudier le rapport entre plurivocité et homonymie, puisqu'y figure la plus longue énumération de termes plurivoques, dont certains sont également dits homonymes, mais pas tous. Sont plurivoques (πολλαχῶς λεγόμενα) :

– l'aigu (τὸ ὀξύ) dans le son et l'aigu dans le poids;

– le grave (τὸ βαρύ) dans le son et le grave dans le poids;

– le plaisir (ἡ ἡδονή) issu de la boisson et le plaisir issu de l'étude;

– (ne pas) voir (τὸ βλέπειν) comme (ne pas) avoir la vue ou comme (ne pas) exercer la vue[2];

– sentir (τὸ αἰσθάνεσθαι) dans l'âme et sentir dans le corps;

– le juste (τὸ δίκαιον, τὸ δικαίως) selon son propre jugement et le juste comme il faut;

– le sain (τὸ ὑγιεινόν) comme ce qui produit la santé ou ce qui conserve la santé ou ce qui signale la santé.

Sont dits homonymes :

– le beau (τὸ καλόν) à propos de l'animal et à propos de la maison;

– aimer (φιλεῖν) dans la pensée et aimer dans l'acte physique;

– le bon (τὸ ἀγαθόν) dans les nourritures, dans la médecine, à propos de l'âme, dans le moment propice, comme modéré;

– la couleur (τὸ χρῶμα) à propos des corps et dans les chants;

– le blanc et le noir dans le son et dans la couleur.

1. Pour la plupart des interprètes, Aristote n'a pas encore inventé, à cette époque, l'unité référentielle des significations ou « focal meaning ». Cf. notamment G.E.L. Owen (1960, en particulier p. 174), E. de Strycker (1968, p. 617). L'opinion contraire est défendue par W. Leszl (1970, p. 345-360).

2. De la même manière sont dits de plusieurs façons « sentir » (τὸ αἰσθάνεσθαι) et « connaître » (τὸ ἐπίστασθαι), d'une part comme possession de la faculté, d'autre part comme son utilisation, soit comme entéléchie première ou seconde (*Top.* V 2, 129b 33-34 et 130a 19-21). Un exemple proche de ceux-ci est « apprendre » (τὸ μανθάνειν), homonyme car il signifie soit « comprendre en utilisant la science » soit « acquérir la science » (*Réf. Soph.* 4, 165b 30-34). Néanmoins, on pourrait contester qu'il s'agisse là d'une véritable homonymie car les deux définitions peuvent se rejoindre en une, à savoir « acquérir des connaissances », le fait de partir ou non de connaissances antérieures étant une précision ajoutée à la définition; d'autre part, le sophisme dans la phrase « ceux qui apprennent sont ceux qui savent » consiste non pas à confondre deux sens d'apprendre, mais à confondre les connaissances qui sont apprises et celles qui sont déjà connues.

On peut encore y ajouter les expressions « οὐχ ὁμοίως » pour le blanc et le noir dans le son et dans la couleur ; et « une autre définition conforme au nom » (ἕτερος ὁ κατὰ τοὔνομα λόγος) pour « ὄνος » : l'âne et « ὄνος » : le pot.

L'ordre dans lequel je cite ces termes est reconstitué en fonction du type de plurivocité qui leur est accordé, mais Aristote fait appel à eux selon leur capacité à illustrer les différents procédés de détection de la plurivocité, de telle sorte que, dans le même paragraphe et selon le même critère, un exemple est dit plurivoque et un autre homonyme (voir par exemple 106 a36-b4). Faut-il en conclure qu'il n'a pas encore, à ce stade, établi de distinction bien nette entre les deux ? Cette hypothèse peut s'appuyer sur une analyse génétique du traité, d'après laquelle les passages faisant état de plurivoques non homonymes seraient postérieurs [1]. Mais avant d'en arriver à une telle découpe chronologique, pour laquelle les indices sont toujours insuffisants, il faudrait peut-être se demander s'il y a de réelles incompatibilités avec la théorie exposée ailleurs. Or, parmi les termes déclarés ici plurivoques, certains sont homonymes : l'aigu et le grave ; le sain se réfère à un terme unique ; le juste est synonyme pour les deux cas cités (car si un jugement subjectif ne correspond pas à la vérité, le terme est attribué à tort mais n'acquiert pas une autre signification) : cette diversité de statuts confirme le caractère général de la plurivocité. Parmi les homonymes, sont sans conteste dépourvus de tous rapports entre elles les deux significations des couleurs et les deux significations du verbe aimer. L'homonymie du mot « beau » se justifie par son utilisation particulière dans le cas de la maison, où, opposé à « μοχθηρόν », il signifie « de bonne qualité » et ne possède donc aucune nuance esthétique (mais cela n'implique pas que tous les emplois de « beau » soient homonymes). Enfin, l'homonymie du mot « bon » est due au fait que, si « les genres des prédications conformes au nom » ne sont pas les mêmes, le mot est homonyme (107a 3-5). La cause de l'homonymie du bon n'est donc pas qu'il s'applique à des étants de différentes catégories, comme les aliments, la santé, la vertu, etc., mais que l'énoncé de sa signification dans chaque cas utilise une catégorie différente, par exemple celle de l'agir pour « ce qui produit le plaisir ou la santé », celle de la qualité pour « de quelle qualité est l'âme », celle du temps pour « ce qui arrive au moment propice ». Comprise ainsi, l'homonymie du bon correspond à la définition donnée dans les *Catégories*, mais la réflexion d'Aristote ne s'arrêtera pas là car l'évidente communauté de sens qui se manifeste en dépit des différences le fera revoir longuement ce statut dans les Ethiques.

1. Cf. *Top.*, II 3, 110b 16.

Au chapitre I 15 des *Topiques*, apparaît déjà l'idée que la plurivocité d'un terme n'est pas arbitraire mais peut être justifiée :

> A propos de la plurivocité (τὸ ποσαχῶς), il faut non seulement étudier tous les mots dits d'une façon différente, mais aussi essayer de rendre compte de leurs raisons (ἀποδίδοναι τοὺς λόγους αὐτῶν), par exemple, non seulement que la justice et le courage sont dits « bon » d'une façon différente, et « vigoureux » et « sain » d'une façon différente, mais aussi que les uns le sont du fait d'être eux-mêmes certaines choses, les autres du fait d'être producteurs de quelque chose et non du fait d'être eux-mêmes certaines choses (τὰ μὲν τοῦ αὐτὰ ποιά τινα εἶναι, τὰ δὲ τῷ ποιητικά τινος καὶ οὐ τῷ ποιὰ αὐτά τινα εἶναι) (*Top.*, I 15, 106 a 1-8).

Je traduis « λόγος » par « raison », d'une part parce que c'est le sens le plus fréquent avec le verbe « δίδοναι », d'autre part parce qu'il s'agit d'indiquer la cause pour laquelle tel attribut est dit de tel sujet, et non seulement la signification de l'attribut (même si celle-ci est la cause de celle-là). Cependant, la différence n'est pas encore faite entre les types de plurivocité qu'illustrent les exemples du bon ou du sain.

En un seul endroit des *Topiques*, Aristote mentionne l'existence des plurivoques non homonymes, dont un exemple est l'expression « la science une de plusieurs choses » (πάλιν ὅσα μὴ καθ' ὁμωνυμίαν λέγεται πολλαχῶς, ἀλλὰ κατ'ἄλλον τρόπον, οἷον ἐπιστήμη μία πλειονῶν). Cette expression convient à trois types de science : la science de la fin et du moyen (par exemple, la médecine) ; la science des deux extrêmes (par exemple celle des contraires) ; la science du par soi et du par accident (par exemple, la géométrie). Si donc une science n'est la même d'aucune de ces trois façons, elle ne l'est pas du tout ; et, pour être la même, il suffit qu'elle le soit au moins d'une de ces façons (*Top.* II 3, 110 b 16-28). Pourquoi une telle plurivocité n'est-elle pas une homonymie, ce n'est pas précisé, pas plus que le type de lien qui existe entre ses trois applications. Selon Irwin [1], ce n'est pas toute l'expression qui est plurivoque, mais seulement le « πλειονῶν ». Je pense qu'il se trompe parce que le propos d'Aristote n'est pas ici d'inventorier tous les usages du mot « plusieurs » (les exemples devraient, dans ce cas, comporter au moins la distinction de la pluralité de genre, d'espèce, de nombre, etc. – c'est une question qu'il traite abondamment ailleurs) mais bien de déterminer dans quels cas la science est néanmoins une ; c'est donc bien toute l'expression qui doit être appliquée à chacun des trois cas : « la science des contraires est une science une de plusieurs choses », etc. Il est vrai que ce qui varie dans les trois cas, c'est ce

1. T. H. Irwin, 1981, p. 530.

que désigne l'expression « plusieurs choses », mais comme elle n'est pas valable pour n'importe quelle pluralité mais seulement pour certaines bien définies, il faut dire que la plurivocité de l'expression s'appuie sur la plurivocité du mot « plusieurs » mais ne s'y réduit pas. Si maintenant on veut expliciter ce qu'on entend par « science une de plusieurs choses » dans les trois cas, on fournira la même justification, qui est qu'elle porte sur la même réalité, dont la connaissance implique nécessairement celle de plusieurs choses, y compris de genres différents. C'est pourquoi, l'expression peut être appelée synonyme, chacun des trois cas constituant en quelque sorte une espèce à laquelle convient la caractéristique générique d'être « science une de plusieurs choses », et pour la même raison[1]. Par conséquent, « plurivoque » signifie ici « qui s'attribue à des choses différentes » et non « qui possède des significations différentes ».

Nous allons voir maintenant quels sont les procédés décrits par Aristote, selon lesquels certains plurivoques ne sont pas homonymes.

Les uni-référentiels

« Puissance » et « Possible »

D'après *Métaphysique* Δ 12 et Θ 1, la puissance (δύναμις), le possible (δυνατόν) et le pouvoir (δύνασθαι) sont des plurivoques, mais dont les différents sens sont tous dits par référence à un premier, excepté l'usage qui en est fait en géométrie, où ces mots sont dits par homonymie (Θ 1) ou par métaphore (Δ 12).

Au livre Δ, la première puissance est dite être le principe de changement dans autre chose ou en tant qu'autre, c'est-à-dire la cause du changement extérieure à la chose changée ou intérieure, mais pas en tant que changée. Une autre sorte est la capacité de subir un changement sous l'effet d'autre chose ou sous l'effet de la même chose considérée comme autre. Ensuite, ces deux capacités peuvent être de produire ou de subir non pas n'importe comment mais bien ou selon une préférence. Sont en outre appelées puissances toutes les dispositons (ἕξεις) selon lesquelles une chose ne peut

1. Un même type de plurivocité est celle du mot « désir », dans les deux cas suivants : le désir de la fin et du moyen et le désir de la chose par soi et de la chose par accident, est un seul et même désir : « le désir est de telle chose soit comme fin, par exemple la santé, soit comme ce qui mène à la fin, par exemple les médicaments, soit comme un accident, comme, à propos du vin, l'homme aimant le sucré le désire non parce qu'il est vin mais parce qu'il est sucré. » (*Top.*, II 3, 111 a 1-4). Le désir du médicament implique celui de la santé, le désir du sucré implique celui du vin, c'est pourquoi un même désir peut être dit de plusieurs choses. Et les expressions « désir d'une chose comme fin ou comme moyen » ou « désir d'une chose par elle-même ou par accident » sont comme deux divisions de « désir unique de plusieurs choses », obtenues en isolant deux cas particuliers de « plusieurs choses ».

être altérée ni changée ni modifiée vers le moins bon. Ces cinq significations sont les mêmes pour le possible.

Il existe deux versions sensiblement différentes des lignes 1019b 8-10, au sein du paragraphe qui mentionne la disposition d'une chose à être détruite et la privation de cette disposition. La leçon des mss EJT est la suivante : « Or, l'étant se dit de façon homonyme, de sorte qu'il y a un possible du fait de posséder une disposition et un principe et du fait de posséder sa privation, s'il est possible de posséder une privation » ; celle de Ab : « si ce n'est pas du fait de posséder une disposition et un principe, le possible est dit de façon homonyme, de sorte que c'est du fait de posséder sa privation, s'il est possible de posséder une privation ». Il est hautement improbable que l'allusion à l'étant soit autre chose qu'une intrusion, car 1) ce serait le seul endroit de tout le corpus où l'étant serait dit homonyme ; 2) l'homonymie ou la plurivocité de l'étant ne joue aucun rôle dans l'argumentation ; 3) cette phrase se rattache mal à la précédente, qui dit que « si la privation est d'une certaine façon une possession, tout viendrait du fait de posséder ». D'autre part, la version de Ab semblerait également inacceptable dans la mesure où, sans mentionner l'hypothèse que la privation ne soit pas une disposition, elle affirme néanmoins une homonymie entre le possible comme possession d'une possession et le possible comme possession d'une privation. Cependant, il ne faut pas négliger le fait que dans le ms Ab le mot « ἕξις » de la l. 7 ne figure pas, de sorte qu'il fournit une phrase différente mais cohérente : « Si la privation existe d'une certaine façon, tout serait possible du fait de posséder quelque chose, et si ce n'est pas du fait de posséder une disposition et un principe, le possible est de façon homonyme, de sorte qu'il est du fait d'en posséder la privation, s'il est possible de posséder une privation. »

Christ, Ross et Jaeger estiment les deux versions inintelligibles et corrompues. S'inspirant du commentaire d'Alexandre, ils proposent : « sinon [i.e. si la privation n'est pas d'une certaine façon une disposition], c'est de façon homonyme, de sorte qu'il y a un possible du fait de posséder une possession et un principe et du fait de posséder sa privation, s'il est possible de posséder une privation » (Christ et Jaeger [1]) ou « de sorte qu'il y a un possible du fait… ; sinon, c'est de façon homonyme » (Ross)[2]. Selon ces corrections, si la privation n'est pas une disposition, le possible

1. Jaeger propose d'expliquer la leçon de Ab par le déplacement d'un membre de phrase et celle des mss EJT par l'intrusion d'une note marginale qui aurait été déformée à cause de ses abréviations : ὁμώνυμον λεγομέν<ων> τὸ ὄν<ομα μόνον κοινόν>.

2. La version de Ross pourrait sembler préférable car l'expression « s'il est possible de posséder une privation » doit précéder l'hypothèse contraire « sinon, c'est de façon homonyme ». Mais on peut envisager que la dernière restriction porte sur l'utilisation du verbe « ἔχειν » et non plus sur l'attribution du genre « ἕξις » à la privation.

comme possession d'une disposition et le possible comme possession d'une privation sont homonymes. Selon la version non corrigée de Ab, la conclusion est la même mais elle est moins bien justifiée puisqu'elle ne précise pas qu'elle n'est valable que si la privation n'est pas une disposition. Si l'on essaie de comprendre maintenant pourquoi il y a homonymie entre ces deux significations, il faut voir que le terme sur lequel porte réellement l'homonymie est le verbe « ἔχειν », en ce sens qu'il y a une contradiction dans les termes lorsqu'on parle de posséder une absence de possession.

A côté de cet ensemble de significations, il faut encore ajouter trois sens de « possible », qui n'appartiennent plus à la problématique du changement mais à la logique des propositions : le possible signifie 1) ce qui n'est pas nécessairement faux ; 2) ce qui est vrai ; 3) ce qui peut être vrai. Mais ces possibles ne sont plus selon la puissance (κατὰ δύναμιν, 1019b 34-35) ; autrement dit, « δυνατόν » a plus d'extension que « δύναμις », qui n'intervient pas dans le domaine du vrai et du faux. Deux de ces significations, exprimées selon la dualité entre ce qui est réalisé et ce qui peut être réalisé, sont dites homonymes dans le *De Interpretatione* :

> Certaines puissances sont homonymes. En effet, « possible » ne se dit pas simplement (ἁπλῶς), mais d'une part parce que c'est vrai, étant en acte, par exemple qu'il soit possible de marcher parce qu'on marche, et en général qu'il soit possible parce qu'est déjà en acte ce qui est dit possible ; d'autre part parce que ça pourrait être en acte, par exemple qu'il soit possible de marcher parce qu'on pourrait marcher. Et cette puissance-ci se trouve seulement chez les mobiles, tandis que l'autre se trouve aussi chez les immobiles. Mais il est vrai de dire que tous deux ne sont pas incapables de marcher ou d'être, ce qui marche déjà et est en acte, et ce qui peut marcher. Il n'est donc pas vrai d'attribuer le possible de cette façon à ce qui est absolument nécessaire, mais l'autre possible oui (*De Interpr.* 13, 23 a 6-16).

La théorie de la puissance et de l'acte est déjà, dans cette œuvre, identique dans les grandes lignes avec ce qu'elle sera au livre Θ de la *Métaphysique* : tout ce qui est en acte n'est pas nécessairement en puissance ; tout ce qui est en puissance peut aussi être en acte ; pour les choses qui peuvent être et en acte et en puissance, l'acte est postérieur chronologiquement mais antérieur ontologiquement, car la puissance dépend de lui. Le texte ne mentionne pas les autres significations du possible, car celles-ci suffisent pour la question traitée, qui est celle du rapport entre possibilité et nécessité. Il y a donc quelque chose de commun entre les deux significations de « possible », comme réalisé et comme réalisable, qui leur permet de s'opposer au même contraire; mais la différence est que l'un est aussi nécessaire, l'autre pas. Or, cette différence suffit ici pour en faire un homonyme. Ce n'est plus le cas dans les *Analytiques Premiers*, où Aristote distingue le syllogisme du nécessaire et celui du contingent (ἐνδεχόμενον). Il précise que si le contingent est appelé nécessaire, c'est par homonymie, mais qu'il existe deux sortes de contingent, d'une part ce dont l'hypothèse d'existence n'entraîne aucune impossibilité, d'autre part ce qui est réalisé. Ces deux sortes ne sont pas homonymes, puisqu'elles sont distinguées de la signification par homonymie. Irwin (1981, p. 530) y voit un exemple de synonymie; mais elles ne peuvent être non plus tout à fait synonymes car les deux énoncés mentionnent un rapport différent à l'acte.[1]

Quant aux autres significations du possible, celles qui correspondent à la puissance, elles ont une plurivocité uni-référentielle, c'est-à-dire possèdent toutes dans leur définition la référence à la première :

> Ceux qui sont dits selon la puissance sont tous dits par référence à la première, et celle-ci est le principe du changement dans autre chose ou en tant qu'autre. En effet, les autres sont dits possibles du fait qu'autre chose qu'eux possède une telle puissance, ou ne la possède pas ou la possède d'une certaine façon. Et semblablement pour les impossibles. Par conséquent, la définition principale de la première puissance serait « principe producteur de changement dans autre chose ou en tant qu'autre ». (*Métaph.*, Δ 12, 1019b 35-1020a 6).

Cette référence commune est décrite de manière plus claire encore au livre Θ où, de surcroît, l'application de la puissance s'étend à l'ensemble des étants[2] :

> Puisque l'étant se dit, d'une part, par le quelque chose ou le quel ou le combien, d'autre part, selon la puissance et l'entéléchie et selon l'activité (ἔργον), déterminons aussi à propos de la puissance et de l'entéléchie, et d'abord à propos de la puissance qui est dite surtout

1. De la même manière, ne seront ni homonymes ni synonymes les significations du nécessaire, mais toutes rapportées à une première : « En outre, nous disons qu'est nécessairement ainsi ce qui ne peut être autrement, et d'après ce nécessairement-là (κατὰ τοῦτο) tous les autres sont dits d'une certaine manière nécessaires; en effet, le contraint est dit produire ou subir nécessairement lorsqu'il ne peut suivre son élan à cause de ce qui contraint, parce que cette nécessité est celle à cause de laquelle il n'est pas possible de faire autrement. » et « Par conséquent, le nécessaire premier et principal est le simple, car celui-là ne peut être de plusieurs façons, de sorte qu'il ne peut être toujours différemment. » (*Métaph.* Δ 5, 1015a 33-b 3 et 1015b 11-13).

2. Sur le statut de la puissance et de l'entéléchie telles qu'elles s'appliquent à tous les étants, voir chapitre V.

principalement, qui certes n'est pas la plus utile pour ce que nous voulons à présent, car la puissance et l'acte s'étendent au-delà de celles dites seulement dans le mouvement. (Θ 1, 1045b 32-1046a 2).

Après avoir écarté les puissances dites par homonymie (par exemple, celles de la géométrie[1], Aristote distingue les cinq significations décrites en Δ 12, en les reliant de la manière suivante :

> Toutes celles qui se réfèrent à la même sorte (πρὸς τὸ αὐτὸ εἶδος) sont toutes des principes, et sont dites par référence à une première, qui est le principe du changement dans autre chose ou en tant qu'autre. En effet, l'une est la puissance de subir, qui est, dans la chose subissant, le principe du changement passif sous l'effet d'autre chose ou en tant qu'autre ; l'autre est la faculté de ne pas être affecté vers le pire et le périssement, causé par autre chose ou en tant qu'autre par un principe de changement. Dans toutes ces définitions (ὅροις) se trouve l'énoncé (λόγος) de la première puissance. Ensuite, celles-ci sont appelées puissances soit seulement de produire ou de subir soit de le faire d'une bonne façon, de sorte que dans les énoncés de celles-là aussi se trouvent d'une certaine manière les énoncés des puissances antérieures. (Θ 1, 1046a 9-19).

Autrement dit, la première signification est celle qui sert de base à toutes les autres, qui y ajoutent une détermination, restreignant par là la portée de la signification commune. C'est donc en tant que signification générale que la première sorte de puissances se trouve dans l'énoncé des suivantes, qui n'expriment qu'une partie de ses applications.

« Substance »

De la même manière, le nom d'une substance signifie soit sa forme seule, soit sa forme et sa matière, mais l'une des deux significations dépend logiquement de l'autre :

> Il ne faut pas ignorer que parfois il nous échappe si le nom signifie la substance composée (σύνθετον) ou l'acte et la forme, par exemple si la maison est signe du commun parce qu'elle est un abri fait de tuiles et de pierres posées de telle façon, ou de l'acte et de la spécificité, parce qu'elle est un abri, et si la ligne est la dyade dans la longueur ou la dyade, et si l'animal est l'âme dans le corps ou l'âme, car celle-ci est substance et acte d'un corps. L'animal peut s'appliquer à chacun des deux, non comme dit par un seul énoncé

1. A propos de ce qu'on appelle puissance en géométrie et en arithmétique, voir Ross p. 322. L'utilisation du mot en dépit de l'homonymie est justifiée par la ressemblance (ὁμοιότητί τινι).

(ἑνὶ λόγῳ) mais comme en référence à une seule chose. (H 3, 1043a 29-37).

L'existence de deux définitions différentes et de deux entités distinguées par elles[1] empêche que le mot soit synonyme (c'est ce que signifie ἑνὶ λόγῳ), mais il n'est pas question non plus d'homonymie car l'animal ne s'applique pas à l'âme et au composé d'une façon arbitraire et sans raison logique. Il y a un élément commun aux deux définitions, en l'occurrence la spécificité. On voit bien par cet exemple comment fonctionne la référence à un terme unique et pourquoi elle est parfois dite référence à la première signification ; ici encore, la spécificité est à la fois l'élément commun aux deux définitions et l'une d'elles, qu'on pourra dire logiquement première car elle est utilisée pour définir l'autre, et non l'inverse. Elle indique également un lien ontologique entre les réalités définies, lien qui, dans ce cas-ci, reflète exactement le lien logique puisque, comme la deuxième définition est composée de la première et d'un élément supplémentaire, de même la deuxième réalité est composée de la spécificité et d'un élément supplémentaire.

« Amitié »

Un autre cas célèbre de plurivocité référentielle est celui de l'amitié, quoique la réflexion longue et parfois embarrassée d'Aristote ait suscité certaines divergences de vue chez les interprètes contemporains.

Je l'étudie d'abord dans l'*Ethique à Nicomaque*, car l'exposé y est moins technique que dans l'*Ethique à Eudème*. Après un premier chapitre d'introduction, où Aristote décrit en quoi l'amitié est importante pour la vie et signale un désaccord quant à savoir si elle naît de la ressemblance ou de l'opposition, il en vient à son examen principal, qui est : y a -t-il une seule sorte d'amitié ou plusieurs ? Le chapitre 2 établit qu'il n'y a d'amitié que dans les conditions suivantes : 1) les amis doivent se vouloir mutuellement du bien ; 2) ils doivent être conscients de l'amitié de l'autre ; 3) ils sont motivés par l'une des trois sortes d'objets aimables : le bon, l'agréable ou l'utile (VIII 2, 1156a 3-5). Il est important de noter d'emblée que les trois sortes d'amitié, définies par ces trois motivations, ont en commun la bienveillance (βούλησις ἀγαθοῦ, εὔνοια), la réciprocité (ἀντιφίλησις) et la conscience (μὴ λανθάνοντας), avant de développer en détail leur différence :

1. Il faut prendre garde au fait qu'il ne s'agit pas ici d'opposer le particulier matériel à la forme universelle ; les deux définitions sont celles de la notion générale de maison, de ligne ou d'animal, et la matière mentionnée ne désigne pas les matières particulières mais la notion générale de brique, de longueur ou de corps.

> Il y a donc trois sortes (εἴδη) de l'amitié, en nombre égal aux choses aimables.(...) Ceux donc qui aiment à cause de l'utile ne s'aiment pas mutuellement en eux-mêmes (καθ'αὑτούς), mais dans la mesure où leur vient un certain bien l'un par l'autre. Même chose pour ceux qui s'aiment pour le plaisir, car ils n'aiment pas leurs compagnons d'amusements pour ce qu'ils sont (τῷ ποιούς τινας εἶναι) mais parce qu'ils leur sont plaisants. Aussi, ceux qui aiment pour l'utile chérissent à cause de ce qui est bon pour eux-mêmes, et ceux qui aiment pour le plaisir le font à cause de ce qui est plaisant pour eux-mêmes, et non en tant que ce qu'est l'être aimé, mais en tant qu'il est utile ou plaisant. Ces amitiés sont donc par accident, car l'aimé n'est pas aimé en tant que celui qu'il est vraiment (ᾗ ἔστιν ὅσπερ ἔστιν) mais dans la mesure où il procure un bien ou un plaisir. (VIII 3, 1156a 7-19).

Après avoir montré que ces amitiés ne peuvent durer, Aristote présente la vraie amitié :

> Est parfaite l'amitié des bons et des égaux en vertu, car ceux-là se veulent mutuellement des biens égaux, en tant qu'ils sont bons, or ils sont bons par eux-mêmes (καθ'αὑτούς). Et ceux qui veulent des biens à leurs amis pour ces raisons sont au plus haut point (μάλιστα) amis, car ils sont ainsi à cause d'eux-mêmes (δι'αὑτούς) et non par accident; l'amitié de ceux-là demeure donc tant qu'ils sont bons, et elle seulement est vertu (ἀρετή). Et chacun des deux est bon en général (ἁπλῶς) et pour son ami, car les bons sont bons en général et aussi utiles entre eux. Et ils sont également plaisants, car les bons en général sont aussi plaisants l'un pour l'autre. (...) Cette sorte d'amitié est la seule bien nommée (εὐλόγως), car en elle se rejoignent toutes les choses qui doivent appartenir aux amis. En effet, toute amitié est pour un bien ou pour un plaisir, soit en général soit pour celui qui aime, et est amitié selon une certaine ressemblance ; mais à celle-là appartient tout ce qu'on vient de dire, selon les amis eux-mêmes. (VIII 4, 1156b7-21).

Avant de tirer les conclusions de ces textes, citons encore celui-ci :

> Puisque les hommes appellent aussi amis ceux qui le sont pour l'utile, de même que les cités (car il semble que les alliances se font entre cités pour l'utilité), et ceux qui se chérissent pour le plaisir, comme les enfants, peut-être faut-il que nous aussi les appelions amis, mais en disant qu'il y a plusieurs sortes (εἴδη) de l'amitié, que l'est premièrement et principalement (πρώτως καὶ κυρίως) celle des bons en tant que bons, et que les autres le sont par ressemblance (καθ' ὁμοιότητα). Car, dans la mesure où il y a quelque chose de bon et de semblable, dans cette mesure ils sont amis, car le plaisant est bon pour ceux qui aiment le plaisir. (VIII 5, 1157a25-33).

Une première constatation est qu'on ne peut comprendre l'amitié comme un genre, car il n'y a pas, parmi les espèces d'un genre, certaines qui sont plus proprement ce genre que d'autres. Il faut donc traduire *eidos*, comme souvent chez Aristote, non par « espèce » mais par « sorte », c'est-à-dire comme une division encore indéterminée. Maintenant, les amitiés non véritables sont appelées amitiés par accident, par ressemblance et dans une certaine mesure. Ces trois procédés sont-ils équivalents entre eux et s'identifient-ils à l'homonymie ? Le fait qu'elles soient appelées amitiés « par accident » est expliqué par le statut accidentel de ce qui les cause : elles sont motivées non par l'essentiel de la personne mais par un accident tel que la faculté d'être utile ou plaisant. L'expression « dans une certaine mesure » est équivalente, car elle signifie aussi le caractère partiel de la motivation. Quant à la ressemblance, elle se manifeste par les comportements des amis l'un envers l'autre (la bienveillance, etc.). D'une part donc, la ressemblance rapproche les trois sortes d'amitié, d'autre part le caractère accidentel et partiel des deux secondes les empêche de s'identifier à la première. Par conséquent, si la définition de l'amitié doit comprendre à la fois l'expression de la relation interpersonnelle et sa motivation, elle sera en partie commune et en partie différente pour les trois. Ou plutôt, les secondes reprendront l'énoncé de la première mais en y ajoutant, comme une restriction, le seul aspect qui les motive. De cette manière, elles seront référées à la première.

Avant d'aller plus loin, je voudrais citer deux tentatives récentes de définition du rapport entre les trois amitiés. Fortenbaugh[1] estime qu'Aristote retient deux possibilités, soit l'analogie soit une forme de ressemblance non analogique car entre deux termes seulement. La première repose sur le fait que les amitiés sont définies essentiellement par leurs fonctions, ainsi que sur l'énoncé « dans la mesure où il y a quelque chose de bon et de semblable, dans cette mesure ils sont amis » (1157a 32) ; il y aurait donc une égalité proportionnelle entre chaque amitié et le bien propre qui la motive. Mais si le rapport est le même et que l'attribution du nom soit justifiée par le rapport, pourquoi deux d'entre elles le reçoivent-elles moins légitimement ? On dira que c'est à cause de la valeur inférieure du plaisant et de l'utile par rapport au vertueux ; mais alors on reconnaît que le nom « amitié » implique une relation privilégiée avec la vertu, de sorte que l'analogie ne suffit pas à expliquer le rapport entre les amitiés. La deuxième thèse rend compte de ce rapport asymétrique, car l'amitié des hommes moralement bons serait une sorte de médiation entre les deux autres, qui toutes deux lui ressemblent mais ne se ressemblent pas entre elles. Cependant, une simple ressemblance ne suffit pas à justifier une

1. W. W. Fortenbaugh, 1975.

appellation commune (on pourrait aussi bien parler de métaphore). Pour combler cette lacune, Walker[1], se basant sur l'opposition entre les amis ἁπλῶς et les amis ᾗ, a proposé d'ajouter à la ressemblance le fait que seul le premier cas satisfait entièrement la définition, les autres avec une restriction. Il établit un parallèle entre le cas de l'amitié et celui du manque de maîtrise de soi (ἀκρασία), dont certaines sortes sont ainsi appelées par ressemblance (καθ' ὁμοιότητα, 1147b 34) et « with a qualification » (κατὰ πρόσθεσιν, 1148a 10), c'est-à-dire en ajoutant le domaine particulier dans lequel elles se trouvent, tandis que celle ἁπλῶς se trouve en tout. Ses constatations sont exactes, mais elle ne rendent pas encore compte, d'une part, de l'opposition entre le par soi et le par accident, et, d'autre part, du renvoi à la plurivocité du bon. Il ne faut pas s'arrêter après avoir dit qu'une seule amitié satisfait entièrement à la définition, car Aristote lui-même va plus loin en cherchant à cerner en quoi les autres ne la satisfont pas.

En effet, si Aristote ne donne aucune définition, ni propre ni commune, de l'amitié, il justifie néanmoins leur nom commun par 1) leurs manifestations communes : bienveillance, réciprocité et conscience, ainsi que le fait de vivre et d'agir ensemble (1157b 17-19, 1158a 8-10, 1167a 1-2, 8-10, 1171a 2) ; 2) par la cause qui les fait naître, qui dans les trois cas est un bien. La gradation qui intervient entre elles et va jusqu'à faire douter de leur appellation commune repose entièrement sur la nature de ce bien dans chacun des cas. La première est doublement principale, d'une part parce que le bien qui la cause a davantage de valeur (et ce, à son tour, de deux manières : parce qu'il est vertu, et parce qu'il appartient aux amis par eux-mêmes), d'autre part parce qu'elle possède en outre les biens des deux autres (1156b 14-15). En dernier ressort donc, la plurivocité de l'amitié repose sur la plurivocité du bon, et l'énoncé de chacune des trois sortes d'amitié est le même, sauf pour la mention de la sorte de bon qui les cause respectivement. Faut-il en conclure que la plurivocité de l'amitié est du même type que celle du bon ? Non, car les deux ne se recouvrent pas : la plurivocité du bon s'étend au-delà de ces trois sortes, dans des domaines où l'amitié n'est pas concernée. Par conséquent, ce n'est pas la plurivocité du bon en général qui détermine celle de l'amitié, mais celle de ces trois sortes seulement, le rapport existant entre vertu, plaisir et utilité devant déterminer le rapport entre les amitiés qui les accompagnent. Or, c'est précisément ce rapport qui est approfondi dans l'*Ethique à Eudème*.

Avec l'*Ethique à Eudème*, le type de plurivocité de l'amitié devient explicite, puisqu'elle est rangée parmi les noms dont les définitions multiples recourent à une référence unique (πρὸς ἕν). De même que dans l'*Ethique à Nicomaque*, un premier chapitre est consacré à justifier en quoi

1. A. D. Walker, 1979.

l'amitié est importante, et à présenter les opinions à son propos, dont les deux principales s'opposent l'une à l'autre en soutenant que l'amitié naît de la similitude ou de la contrariété. Le deuxième chapitre commence par résoudre la question de savoir si ce qu'on aime est le bon ou le plaisant, en identifiant d'une certaine manière les deux, dans la mesure où le plaisant est ce qui apparaît comme bon à l'imagination (1235b 18-30). En outre, le bon et le plaisant peuvent chacun être tel en général (ἁπλῶς) ou dans un certain cas (τινί), et, pris en général, ils qualifient les mêmes choses[1]. D'après les exemples donnés, ἁπλῶς ne signifie pas ici « dans tous les cas, absolument », mais « dans les cas conformes à la norme, à *l'eidos* de la chose ». Et c'est probablement à partir de là qu'il faut comprendre la phrase « les mêmes choses sont bonnes en général et plaisantes en général » (b 32-33), au sens où, à l'homme adulte, sain de corps et d'esprit, ce qui est plaisant est aussi bon, et dans le cas du corps c'est aussi ce qui lui est utile (b 33-34 : « nous disons que les choses utiles au corps en bonne santé sont bonnes en général pour le corps »). Nous retrouvons donc étroitement liées les trois caractéristiques qui motivent l'amitié. Elles ne se dissocient que quand il y a une défection par rapport à la finalité de la chose; par exemple, l'homme intempérant désire des plaisirs qui ne sont pas bons pour l'homme équilibré, mais qui sont bons pour lui, au sens où ils lui paraissent bons à cause de ses dispositions (cf. 1236a 6 : κατὰ τὰς ἕξεις). Ce qui donc n'est plaisant que pour un cas particulier ne s'identifie pas au bon, si ce n'est au bon apparent (φαινόμενον ἀγαθόν, 1236a 9-10). Aussi, l'amitié des hommes bons inclut les deux autres amitiés, et l'absence de lutte entre les trois motivations illustre l'accomplissement de la finalité humaine[2].

La division des trois amitiés résulte donc bien de la division tripartite des choses bonnes, selon qu'elles sont dites bonnes à cause de leur qualité (τῷ τοιόνδ'εἶναι), de leur utilité ou du plaisir qu'elles procurent (1236a 7-9). Si l'opposition entre l'amitié vertueuse, d'une part, et les deux autres types d'amitié, d'autre part, n'est pas qualifiée, comme dans l'*Ethique à*

1. Aristote reprend cette affirmation deux pages plus loin, et établit en outre le même rapport entre ce qui est bon pour quelqu'un et plaisant pour quelqu'un : « Par nature donc, le bon en général est plaisant en général, et ce qui est bon pour certains est plaisant pour eux. » (1237a 26-27). Même expression encore en 1236b 26-27 et conclusion à la ligne 31 : ὁ δ' ἀληθινὸς φίλος καὶ ἡδύς ἐστιν ἁπλῶς.

2. Cf. 1237a 7-9 : « Lorsqu'il y a désaccord, on n'est pas encore parfaitement vertueux, car il peut arriver un manque de maîtrise de soi (ἀκρασία) : le fait que le bon soit en désaccord avec le plaisant, dans le domaine des passions, est un manque de maîtrise de soi. » Et de même pour l'utilité : « Il y a une division entre le bon pour telle personne et le bon en général. Et de même que pour l'utile, pour les dispositions aussi, car l'utile en général, et le beau (en général), sont autre chose, par exemple faire de l'exercice par rapport à prendre des remèdes. » (1237a 12-15).

Nicomaque, comme opposition entre le par soi et le par accident, on retrouve néanmoins l'esprit de cette distinction dans le « τοιόνδε » qui décrit le premier objet d'amitié. En effet, c'est parce qu'il est tel, autrement dit pour ce qu'il est en lui-même, qu'on aime véritablement un ami, et non parce qu'il procure utilité ou plaisir, ce qui n'est pas un caractère essentiel et valable pour tous mais accidentel et dirigé vers certaines personnes seulement. En conclusion donc, « l'ami véritable et absolument est le premier, et il est tel qu'il est choisi pour lui-même (δι' αὐτόν) » (1236b 28-29). « Le premier » signifie celui de la première amitié, et « absolument » signifie « simplement, sans restriction », c'est-à-dire ce qui exprime la norme par opposition au cas imparfait. Dans tous les cas, on retrouve les exigences de réciprocité et de conscience (1236a 14-15).

Cependant, les rapports ainsi clarifiés entre les trois biens caractérisant les trois amitiés ne sont pas transposables tels quels à ces amitiés elles-mêmes et ne suffisent pas à les situer l'une vis-à-vis de l'autre. En dernier ressort, Aristote fonde le rapport entre les amitiés sur des distinctions techniques absentes de l'*Ethique à Nicomaque :*

> Il y a donc nécessairement trois sortes d'amitié, et elles ne sont toutes dites ni selon une chose, ni comme les espèces d'un genre, ni tout à fait par homonymie. En effet, elles sont dites par référence à une seule et première, comme le médical : nous disons une âme médicale et un corps et un instrument et un acte, mais principalement le premier. Or, le premier est ce dont la notion [1] se trouve en nous. Par exemple, est médical l'instrument que le médecin utilise ; mais dans la notion du médecin ne se trouve pas celle de l'instrument. On cherche donc partout le premier. Mais, du fait que le

1. « Λόγος » ne peut se traduire ici par « définition » car ce n'est pas la définition du médecin qui se trouve dans celle du médical, mais seulement le nom. Le terme « énoncé » convient déjà mieux, en ce qu'il peut désigner aussi bien un seul mot qu'une expression explicative. « Notion » ou « concept » conviennent également pour la même raison, et ils introduisent en outre une dimension psychologique qui a peut-être un rôle à jouer dans le texte. En effet, éviter le mot « définition » permet aussi de ne pas devoir corriger la leçon des manuscrits à la l. 20 : « ἐν πᾶσιν » est une *lectio facilior* qui, certes, n'est pas fausse (et on a raison de signaler qu'elle se trouve en *Métaph.* Z1, 1028a 35), mais « ἐν ἡμῖν » fournit un renseignement moins évident et plus profond. Le fait que la notion de la chose qui reçoit en premier lieu l'adjectif est en nous, signifie qu'elle est en nous ultimement ou en dernier recours, qu'elle n'est plus dérivable d'un autre mot mais constitue un principe. C'est, dans le *De Anima*, le statut des spécificités générales, qui, en tant que principes, sont constituées non par déduction mais par induction. Cela me semble être le cas pour des mots comme santé et médecine, mais pas pour sain et médical. Si l'on veut garder le mot « définition » à la ligne 20, il faut ajouter, comme le fait Larkin (p. 68), « se trouve implicitement » – ce qui rend, par ailleurs, le « ἐν ἡμῖν » irrécupérable.

En revanche, à la l. 26, « λόγος » désigne la définition telle que l'entendent les Platoniciens.

> général (τὸ καθόλου) est premier, ils considèrent aussi que le premier est général, ce qui est faux. C'est pourquoi, à propos de l'amitié aussi, il ne peuvent rendre compte de tout ce qui se manifeste. En effet, si une seule définition ne convient pas, il estiment que les autres ne sont pas des amitiés ; or elles le sont, mais pas de la même manière. Quant à eux, lorsque la première ne convient pas, sous prétexte qu'elle doit être générale si elle est première, ils prétendent que les autres ne sont pas des amitiés ; or, il y a plusieurs sortes d'amitié. (1236a 15-30).

Après avoir différencié la première amitié, par le fait d'être stable et de ne se trouver que chez les hommes bons, Aristote revient aux formes d'unité en concluant :

> Cette dernière est bien, comme on l'a dit, une amitié, non pas celle-là cependant, mais à partir de celle-là (ἀπ' ἐκείνης). Le fait donc de dire l'ami de cette façon-là seulement, c'est faire violence aux phénomènes et dire nécessairement des paradoxes, mais il est possible de les dire toutes pour une seule raison (καθ' ἕνα δὲ λόγον πάσας δυνατόν)[1]. Il reste donc à dire que d'une certaine façon seule la première est amitié, d'une autre façon toutes, ni comme homonymes et comme reliées entre elles par hasard, ni conformément à une seule forme, mais plutôt en référence à une chose une. (1236b 20-26).

L'accumulation d'expressions différentes rend ces deux passages un peu confus, mais si on récapitule les affirmations et les négations, l'ensemble se révèle cohérent. Les types d'unité refusés entre les trois significations sont : l'unité de spécificité ou d'espèce (καθ' ἕν; καθ' ἕν εἶδος), l'unité générique (ὡς εἴδη ἑνὸς γένους) et l'homonymie ou absence de toute unité. Jusque là, l'accord est total avec l'*Ethique à Nicomaque*. L'unité affirmée est l'unité référentielle (πρὸς μίαν τινὰ καὶ πρώτην; πρὸς ἕν) qui ne figurait pas explicitement dans cette œuvre.

L'amitié n'est pas un genre, même si le mot s'applique à juste titre à toutes les trois ; autrement dit, si l'on veut définir le lien existant entre deux personnes se fréquentant par plaisir, on ne peut donner « amitié » comme genre et « selon le plaisir » comme différence. L'amitié est donc un nom spécifique qui doit être, comme tel, réservé à une réalité non divisée. Cependant, d'une autre manière, le nom « amitié » convient aussi à d'autres manifestations, dont il n'exprime plus l'essence mais une certaine propriété phénoménologique, une certaine ressemblance. Toute la dif-

1. Tous les mss possèdent « δυνατόν », mais la correction de Bonitz en « ἀδύνατον » est reproduite sans justification par Susemihl (Teubner), Rackham (Loeb), Décarie (Vrin). Voir ci-dessous la justification de la traduction.

ficulté est de savoir comment concilier ces deux usages antagonistes. La réponse est qu'il existe un sens du mot auquel on peut se référer pour définir les autres.

Le parallèle avec les modèles habituels d'Aristote, « sain » et « médical », n'est pas parfait car, lorsque le mot plurivoque est un adjectif, le terme de référence est le nom dont il est dérivé par paronymie : « médical » est formé à partir de « médecin » ou de « médecine », et « sain » à partir de « santé » ; c'est pourquoi « médecine » et « santé » sont principes de la compréhension des mots « médical » et « sain » et de la désignation par ces mots de certaines propriétés de divers objets, propriétés qui seraient appelées autrement si la médecine et la santé n'existaient pas. Par conséquent, les attributs « médical » et « sain » ne peuvent en retour être attribués à la médecine et à la santé, qui ne sont pas les premières réalités recevant l'attribut. En effet, ce procédé est en filiation directe avec la conception platonicienne exprimée dans des phrases du type « les choses belles sont belles par la beauté ». Dire que la beauté est belle n'a aucun sens, comme dire que le courage est courageux ou la santé saine, mais il faut dire que telles choses sont belles, courageuses, saines, parce qu'elles manifestent ce qu'on appelle beauté, courage, santé[1]. Ce qu'Aristote abandonne dans cette conception, c'est le rapport ontologique de participation, qu'il remplace par le rapport sémantique de dérivation du nom. Ensuite, pour certains attributs, un seul énoncé suffit pour rendre compte de toutes les occurrences – par exemple, « courageux » signifie toujours « qui fait preuve de courage », tandis que, pour d'autres, plusieurs énoncés sont nécessaires pour rendre compte de toutes les occurrences – c'est le cas de « sain » et de « médical », et c'est là que réside leur plurivocité. Lorsque le mot plurivoque est un substantif, il faut d'abord désigner une réalité qu'il nomme essentiellement et qui serve de référence pour définir les autres réalités. Il en résulte que, pour l'amitié par exemple, la division sémantique principale n'est pas celle qui distingue les trois amitiés, mais celle qui distingue le sens de référence du sens indifférencié, ou encore le mot servant à la définition du mot devant être défini. Ce qu'il faut définir, et qui est plurivoque, c'est l'amitié au sens large, celle qui nomme trois réalités différentes. Ce par quoi on la définit, c'est l'amitié au sens étroit,

1. On pourrait objecter que le texte mentionne un cas premier d'application de l'adjectif, en l'occurrence le médecin. Mais le médecin n'est pas le terme de référence de toutes les définitions du médical, si ce n'est de façon secondaire, parce que son nom est déjà dérivé de la médecine : le médecin est l'homme qui pratique la médecine, plutôt que la médecine est la science dont s'occupe le médecin : la science est première dans l'ordre définitionnel. Une fois le terme ultime de référence déterminé, rien n'empêche de distinguer des applications plus ou moins directes de l'adjectif dérivé, dues au fait que le rapport au terme de référence est une propriété essentielle ou non de l'objet.

celle qui ne nomme qu'une seule réalité et est donc univoque. On révèle ainsi deux niveaux de plurivocité, d'abord entre le sens étroit et le sens large, ensuite au sein du sens large. Ce n'était pas le cas des adjectifs plurivoques où, à la place du premier niveau de plurivocité, se trouvait le doublet substantif – adjectif dérivé [1].

Il reste à Aristote à anticiper une objection possible : le fait qu'une définition soit première ne doit pas faire conclure qu'elle est aussi générale (la mise en garde est probablement adressée aux Platoniciens). Car, si l'on veut que la définition de la première amitié soit générale, on doit refuser aux autres le nom d'amitié, puisque cette définition-là ne leur convient pas. Or, Aristote vient de légitimer l'appellation commune, de sorte que, ce qu'il refuse aux deux autres amitiés, c'est seulement la définition de la première. Cette dissociation du premier et du général est l'un des changements les plus riches de conséquences qu'opère Aristote par rapport à Platon. Cependant, le refus d'une définition générale pose un problème pour la compréhension de la ligne 1236b 23, du moins si l'on veut éviter la correction de « δυνατόν » en « ἀδύνατον ». En effet, si l'on traduit l'expression « καθ'ἑνὰ λόγον » par « selon une seule définition », on contredit l'ensemble du raisonnement. Mais, plutôt que de corriger le texte, il est possible de traduire cette expression selon sa signification courante de « pour une seule raison » [2], de sorte qu'elle annonce l'unité de référence affirmée à la phrase suivante.

Les expressions désignant l'homonymie sont intéressantes à observer car elles peuvent peut-être éclairer la question de savoir si la plurivocité à référence unique est une division dans l'homonymie ou est à classer à côté de celle-ci. Or, la première expression : « πάμπαν λέγεσθαι ὁμώνυμως » fait pencher en faveur de la première hypothèse, en laissant soupçonner l'existence d'une homonymie atténuée, tandis que « ὡς ὁμώνυμοι καὶ ὡς ἔτυχον ἐχοῦσαι πρὸς ἑαυτάς » penche plutôt vers la deuxième hypothèse, en accordant aux homonymes une inter-relation purement fortuite. Leszl [3] voit dans les deux expressions une confirmation de sa thèse que la « focal meaning » est une sorte d'homonymie, opposée à l'homonymie fortuite,

1. Fortenbaugh, dans son article de 1975, s'attache à montrer que la véritable opinion d'Aristote sur l'amitié se trouve dans l'*Eth. Nic.* et que celle de l'*Eth. Eud.* est inauthentique ou abandonnée, car il n'y a pas de dépendance conceptuelle et définitionnelle des autres amitiés vis-à-vis de la première, qui peuvent être comprises sans elle. Il me semble que cette opinion se base sur une mauvaise compréhension de la référence πρὸς ἕν, qui n'implique pas nécessairement que la définition de la première sorte se trouve dans celle des autres, mais seulement qu'une référence à elle s'y trouve ; or, c'est le cas pour les autres amitiés, qui recevraient un nom propre si l'amitié première n'existait pas.

2. Cf. Platon, *République*, 366b : « κατὰ τίνα λόγον; ».

3. W. Leszl, 1970, p. 389-390.

parce qu'il comprend la deuxième comme « homonymes, au sens de ceux dus au hasard », dont l'expression « ὁμώνυμοι ἀπὸ τύχης » de *Eth. Nic.* I4, 1096b 26-27 serait une version abrégée. Mais il me semble que ce raccourci se heurte, du point de vue grammatical, à la répétition du ὡς, et surtout, du point de vue du contenu, au sens même des mots utilisés dans la deuxième partie : ce n'est pas le type d'homonymie qui est dit ne pas être dû au hasard, mais ce sont les amitiés qui sont dites ne pas *se situer n'importe comment l'une par rapport à l'autre.* Aussi, il est peu probable que « comme homonymes » et « comme se situant n'importe comment l'une par rapport à l'autre » forment ensemble une seule expression désignant un cas particulier parmi les homonymes, mais il faut plutôt comprendre que la deuxième partie exprime la conséquence de la première : si elles sont homonymes, elles n'ont entre elles d'autre rapport que celui du hasard. En ce qui concerne l'expression de l'*Ethique à Nicomaque*, le fait de dire certaines choses « homonymes par hasard » n'entraîne pas que d'autres soient homonymes d'une autre façon, mais l'expression signifie « ayant par hasard le même nom ». De la même manière, « ne pas se dire tout à fait de façon homonyme » signifie « ne pas se dire selon des définitions tout à fait différentes » plutôt que « ne pas se dire selon une homonymie totale ».

Enfin, l'expression « ἀπ'ἐκείνης » (1236b 21) peut être expliquée à partir de deux autres passages : « les autres sont à cause d'elle reconnues et contestées » (1237b 8-9), et « l'amitié première, et à cause de laquelle les autres sont dites, est l'amitié selon la vertu » (1238a 30-31). Certes, dans ces deux énoncés, la préposition est « διά » et non « ἀπό » mais le sens est le même : puisque la première s'appelle amitié, les deux autres, en tant qu'elles lui ressemblent, sont appelées de même, mais en tant qu'elles s'en différencient, sont parfois contestées. La dépendance à l'égard de la première concerne bien entendu le nom et non la chose, car, à supposer même que l'amitié vertueuse n'existe pas, cela n'empêcherait pas les deux autres relations d'exister sous un nom propre. L'indication de la dépendance par « ἀπό » ou « διά » vient renforcer l'indication de la référence unique (πρὸς ἕν) : les deux secondes viennent de la première ou sont causées par la première en ce sens qu'elles sont appelées telles par référence à ce qui est premièrement appelé tel.

Le texte des *Magna Moralia* est assez proche de celui de l'*Ethique à Eudème :*

> Ces amitiés-là existent aussi, à partir de l'amitié parfaite (παντελοῦς), celle qui se trouve chez les vertueux, l'amitié selon le plaisant et celle selon l'utile. Celui donc qui aime selon le plaisant n'aime pas de l'amitié selon le bon, ni celui qui aime selon l'utile.

> Mais ces amitiés-là existent aussi, celle selon le bon et celle selon le plaisant et celle selon l'utile, sans être les mêmes ni tout à fait étrangères l'une à l'autre, mais rattachées (ἠρτημέναι) d'une certaine manière à la même chose (ἀπὸ ταὐτοῦ). Nous disons, par exemple, le couteau médical, l'homme médical et la science médicale, et ils ne sont pas dits de la même façon, mais le couteau est dit médical du fait d'être utile à la médecine, l'homme du fait d'être producteur de la santé, et la science du fait d'être cause et principe. Ainsi, les amitiés ne sont pas dites de la même manière, celle des vertueux causée par le bon, et celle selon le plaisant et celle selon l'utile. Certes, elles ne sont pas non plus dites homonymiquement, cependant elles ne sont pas les mêmes mais sont d'une certaine manière autour (περί) des mêmes choses et à partir (ἐκ) des mêmes choses. (II 11, 1209a 16-31).

La suite du texte conclut qu'il faut donc préciser, lorqu'on dit de quelqu'un qu'il est ami, de quelle amitié on parle, et ajoute que l'amitié des vertueux rassemble les critères des trois, car elle résulte à la fois du bon, du plaisant et de l'utile.

Le rapport des secondes à la première est exprimé par la préposition « ἀπό », que nous avons déjà rencontrée dans le contexte de l'unité référentielle. L'expression « πρὸς ἕν » ne figure pas dans le passage, et l'exemple du médical est introduit pour illustrer que les trois amitiés sont « ἀπὸ ταὐτοῦ ἠρτημέναι ». Les dernières expressions, « περὶ ταὐτά » et « ἐκ τῶν αὐτῶν », concernent non plus le rapport des deux autres à la première mais celui des trois amitiés à une ou à plusieurs choses identiques ; il s'agit de l'ensemble des critères, plus ou moins essentiels, servant à la reconnaissance du même : les actions concernées, le domaine ou le type de problématique dans lequel on risque de rencontrer le mot, les signes par lesquels les différents cas se manifestent, ou d'autres indications encore, selon les cas. Une autre particularité de ce texte est que les justifications de l'adjectif médical attribué au couteau, à l'homme et à la science *ne présentent aucun terme de référence commun*. Etant donnée toute notre analyse de l'unité référentielle, il faudrait soit appeler cela une anomalie et mettre en doute l'authenticité du texte, soit en conclure qu'il ne s'agit pas exactement ici de l'unité référentielle mais que l'exemple du médical est utilisé pour illustrer une liaison légèrement différente, ou bien encore admettre que l'usage de l'unité référentielle est moins rigoureux ou moins délimité qu'il ne nous a paru. Quoique les trois hypothèses puissent se justifier, il me semble que l'accumulation d'expressions qui ne se retrouvent pas telles quelles dans les passages équivalents, et qui donnent l'impression de tourner autour du problème sans l'affronter techniquement, dénotent une maladresse, une hésitation, dont l'attribution à Aristote n'est pas nécessairement exclue, mais qui nous empêche de prendre ce texte comme base de réflexion. Il n'est pas nécessaire non plus de l'écarter, car, s'il ne dit pas clairement la même chose que les autres, il ne les contredit pas non plus.

On peut conclure à propos de la plurivocité de l'amitié dans les Ethiques, que les mêmes rapports entre les significations du nom sont refusés, à savoir l'homonymie, l'unité de forme et l'unité générique, tandis que la même unité est affirmée, celle de la référence commune dans les définitions – quoique dans l'*Ethique à Nicomaque* le terme technique ne se trouve pas encore [1].

Les séries d'antérieurs et postérieurs

On a vu que les genres sont synonymes parce qu'ils ont une définition unique et commune attribuable à toutes leurs espèces. Or, Aristote s'interroge sur l'applicabilité de cette règle dans le cas des espèces qui sont rangées en un ordre successif d'antérieures et de postérieures. D'après la majorité des interprètes, sa conclusion serait qu'il n'y a pas de genre pour de telles séries, donc pas de définition commune, et que le terme qui leur est néanmoins attribué en commun échappe de justesse à l'homonymie, en vertu de ce rapport particulier que les espèces entretiennent entre elles. En effet, parmi les plurivocités opposées à l'homonymie en *Métaphysique* Γ, se trouve, d'une part, la relation à un terme unique, d'autre part la consécution (τῷ ἐφεξῆς).

Le fait qu'il n'y a pas de genre pour de telles séries est affirmé principalement à partir de *Métaphysique* B :

> Dans les choses où se trouve l'antérieur et postérieur, ce qui leur est attribué ne peut être quelque chose à côté d'elles, par exemple, si la dyade est le premier des nombres, il n'y aura pas un nombre à côté des espèces des nombres, et de même pas de figure à côté des espèces des figures; si donc les genres de ces choses-là ne sont pas à côté des espèces, c'est en vain qu'on cherche à y trouver les genres des autres choses, car c'est surtout de celles-là qu'il semble y avoir des genres. En revanche, dans les insécables ne se trouve pas l'antérieur et postérieur. En outre, là où l'un est meilleur et l'autre pire, le meilleur est toujours antérieur, de sorte qu'il n'y aurait pas non plus de genre de ces choses-là. D'après cela, il apparaît que les

1. Sur la chronologie relative de l'*Eth. Nic.* et de l'*Eth. Eud.*, voir l'état de la question dans l'édition de V. Décarie (1991 [3]), qui penche pour la postériorité de l'*Eth. Eud.*, notamment d'après l'étude stylométrique de A. Kenny (1975), selon lequel, dans cet ouvrage, le style est elliptique et peu soigné, mais la systématisation plus poussée et la précision plus grande.

prédicats des insécables sont davantage principes que les genres. (3, 999a 6-16).

Ce passage constitue une réfutation de ceux qui, dans la discussion visant à établir si ce sont les espèces ou les genres qui sont davantage principes, soutiennent que ce sont plutôt les genres. En effet, dans le cas des nombres et des figures, le principe est la première espèce : la dyade pour le nombre et le triangle pour les figures, de sorte que le genre ne pourrait plus avoir le statut principiel. On trouve cette explication dans l'*Ethique à Eudème* :

> En outre, dans toutes les choses où se trouve l'antérieur et postérieur, il n'y a pas un terme commun à côté d'elles, et qui soit séparé, car il y aurait quelque chose d'antérieur à l'antérieur; en effet, le commun et le séparé sont antérieurs du fait que, si l'on supprime le commun, on supprime le premier, par exemple si le double est le premier des multiples, le multiple attribué en commun ne peut être séparé, car il serait antérieur au double, si le commun était l'idée, par exemple si on posait le commun comme séparé. (*Eth. Eud*. I 8, 1218a 1-9).

Il est clair d'après ce passage que le terme commun ne pose un problème que quand il est érigé comme principe à la manière platonicienne, c'est-à-dire comme une réalité première subsistante : dans ce cas, on ne voit plus lequel des deux principes est antérieur, le commun ou le premier de la série. Dans le texte correspondant de l'*Ethique à Nicomaque*, la difficulté est également présentée comme interne à la théorie des Idées, car elle est utilisée pour montrer l'impossibilité d'une idée du bon commune à tous les étants, du fait que les par soi sont antérieurs aux relatifs [1].

Certains interprètes admettent que la pertinence de ce raisonnement ne s'étend pas au-delà du cadre de la doctrine platonicienne. C'est pourquoi, pour montrer qu'il n'y a pas de genre de telles séries, même pour Aristote, ils s'appuient sur l'affirmation qu'il n'y a pas une définition commune pour toutes leurs espèces (qui sont d'ailleurs, de ce fait, improprement appelées espèces). Cette question est discutée, à propos des âmes, dans le *De Anima*, et à propos des citoyens, dans la *Politique*. Examinons donc ces deux textes.

1. *Eth. Nic.* I 4, 1096a 19-23. Il s'agit de la distinction platonicienne entre καθ'αὑτό et πρός τι, et non des catégories aristotéliciennes.

Les âmes

La plurivocité de l'âme est introduite à partir de la plurivocité de sa marque distinctive, qui est la vie :

> Vivre se disant de plusieurs façons, nous disons que la chose vit, même si l'une d'entre elles seulement s'y trouve, par exemple l'intellect, la sensation, le mouvement et le repos selon le lieu, ou encore le mouvement selon la nourriture et la croissance et la décroissance. (*De An.* II 2, 413a 22-25).

De quel type est cette plurivocité ? Est-ce une multiplicité d'applications du même mot avec la même définition ou une multiplicité de significations ? Dans les *Topiques*, Aristote affirmait que la vie que possèdent les plantes et la vie que possèdent les animaux ont des définitions différentes et sont homonymes :

> En outre, (il faut examiner) si l'adversaire a donné une seule définition commune pour des choses dites par homonymie. Car sont synonymes les choses dont l'énoncé conforme au nom est un, de sorte que la définition fournie n'est définition d'aucune des applications du nom, si elle convient aussi bien pour tout l'homonyme (οὐδενὸς τῶν ὑπὸ τοὔνομα ὁ ἀποδόθεις ὅρος, εἰ δὴ ὁμοίως ἐπὶ πᾶν τὸ ὁμώνυμον ἐφαρμόττει). C'est ce dont pâtit la définition de la vie par Dionysios, à savoir « le mouvement accompagnant naturellement le genre qui se nourrit », car cela n'appartient pas davantage aux animaux qu'aux plantes. Or, la vie ne semble pas être dite selon une seule espèce (καθ'ἕν εἶδος), mais être autre chez les animaux et autre chez les plantes. Il est donc possible de fournir ainsi volontairement la définition, comme si toute vie était dite synonyme et selon une seule espèce, mais rien n'empêche celui qui a vu l'homonymie et veut fournir la définition d'un des deux emplois, de donner à son insu une définition non propre mais commune aux deux. Néanmoins, que ce soit de l'une ou de l'autre façon, il aura commis une faute. (*Top.* VI 10, 148 a23-37)

D'après ce texte, dans le cas où un mot possède plusieurs définitions, c'est-à-dire signifie autre chose pour des sujets autres, c'est une erreur de n'en donner qu'une définition commune, susceptible de s'appliquer à tous les cas. La raison en est que cet énoncé, sans être faux, ne constitue pas une véritable définition, car une définition doit être attribuée exclusivement à un seul sujet. Pour la première fois, on trouve l'expression « καθ'ἕν εἶδος » pour désigner un mot qui a toujours la même définition ; elle sera souvent, par la suite, abrégée en « καθ'ἕν », à ne pas confondre avec « καθ'ἑνός » qui signifie « attribué à une seule chose ». En effet, ce qu'il faudrait pour que le mot « vie » soit synonyme, ce n'est pas qu'il soit attribué à une seule espèce, mais qu'il soit attribué avec une seule définition.

Mais la suite du *De Anima* précise la relation qui se trouve entre les diverses sortes de vie : elles forment une série d'antérieurs et postérieurs, chacune prenant en quelque sorte appui sur la précédente, depuis la plus répandue sans laquelle les autres ne peuvent exister, jusqu'à la plus rare :

> L'âme nutritive appartient aussi aux autres, et elle est la faculté de l'âme la première et la plus commune, selon laquelle la vie appartient à tous » (II 4, 415a 23-25)[1].
> "Car sans la faculté nutritive, la faculté sensitive n'existe pas, mais la nutritive est séparable de la sensitive dans les plantes. (II 3, 415a 1-3).

Les âmes correspondant à ces facultés interdépendantes forment une série comparable à celle des figures géométriques :

> Il en va tout à fait de même en ce qui concerne l'âme qu'en ce qui concerne les figures, car toujours dans la suivante se trouve en puissance la précédente, et pour les figures et pour les êtres animés, par exemple le triangle dans le quadrilatère et la nutritive dans la sensitive. Par conséquent, il faut chercher pour chacun quelle est son âme, par exemple quelle est celle de la plante et celle de l'homme ou de la bête. (II 3, 414b 28-33).

La précision de cette inclusion en puissance est très importante pour distinguer les véritables séries d'antérieurs et postérieurs, dont les exemples sont peu nombreux, des domaines quelconques où se trouve également l'antérieur et le postérieur, au sens du meilleur et du pire ou d'une autre échelle de valeur. Ceci montre également qu'il n'est pas légitime d'attribuer aux catégories l'unité τῷ ἐφεξῆς, qui caractérise ces séries, parce que ce n'est pas du fait de se trouver en elles en puissance que la substance est condition des autres sortes d'étants.

Cependant, il y a une difficulté à savoir si existe ou non une définition de l'âme en général. D'une part, en effet, Aristote semble se moquer de la recherche d'une telle définition, d'autre part il consacre plusieurs pages à en établir une lui-même. Le refus d'une définition commune de l'âme se base principalement sur ce passage :

> Il est donc clair que sera une de la même façon la définition de l'âme et celle de la figure, car ni là il n'y a de figure à côté du triangle et des suivantes, ni ici d'âme à côté de celles qu'on a dites. Et il pourrait y avoir une définition commune aux figures, qui

1. Une exception sera faite pour le premier moteur, qui est vivant comme νοῦς, mais ne possède pas les trois autres facultés.

> conviendra à toutes mais ne sera propre à aucune, et de même pour les âmes citées. C'est pourquoi il est ridicule de chercher la définition commune et de celles-là et des autres, qui ne sera la définition propre d'aucun des étants et ne sera pas conforme à l'espèce particulière et indivisible, alors qu'on néglige celle de cette sorte. (II 3, 414b 19-28)

Or, si l'on y regarde bien, Aristote ne dit pas qu'une définition commune n'existe pas, mais bien qu'elle est inutile pour la connaissance et qu'il faut chercher ce qui convient à un ensemble indivisible[1], remarque tout à fait en accord avec sa conception habituelle que les espèces dernières sont les objets de la science. Son enquête s'ouvre néanmoins sur cette recherche générale, et il fournit quatre versions successives de la définition de l'âme, qui sont : « la spécificité d'un corps naturel ayant la vie en puissance » (412a 20-21), « l'entéléchie première d'un corps naturel ayant la vie en puissance » (412a 27-28), « l'entéléchie première d'un corps naturel organisé » (412b 5-6) et « la quiddité et la raison d'être d'un corps naturel ayant le principe de mouvement et de repos en lui-même » (412b 15-17). On progresse de la première à la deuxième par la précision que la spécificité, ou l'essence, ou l'entéléchie, est à comprendre comme possession et non comme exercice; de la deuxième à la troisième par l'équivalence entre « possédant la vie en puissance » et « organisé », au sens où l'organe est ce qui exerce la fonction vitale; enfin de la troisième à la quatrième par la précision du rôle que joue l'entéléchie par rapport au corps et par la définition du naturel en termes de mouvement.

Ne voyant pas ce cheminement progressif d'une définition à l'autre, R. Bolton[2] a émis l'hypothèse qu'elles ne concernaient pas toutes les mêmes choses mais indiquaient différentes conditions suffisantes pour constituer un exemple familier d'âme, à la suite de quoi il suffirait qu'une

1. C'est déjà l'explication de Simplicius : il n'est pas ridicule de chercher la définition commune mais de le faire en négligeant l'espèce propre (*in De An.*, 107, 29-108, 1 Burns). A propos de l'absence de figure à côté du triangle, il donne cette explication subtile : ce n'est pas seulement qu'elle n'est pas sérapable, mais il n'y a pas une nature tout-à-fait semblable dans toutes : chaque âme n'est pas entéléchie de la même façon et n'est pas séparable de la même façon. Mais quelle différence y a-t-il entre ces cas et le genre animal, par exemple, qui est synonyme ? En fait, les différences de l'âme sont synonymes quand elles servent à diviser le genre, mais pas quand elles sont constitutives (συστατικαί) de l'âme elle-même et diérétiques pour la substance incorporelle en général. Par exemple, le fait d'utiliser le corps comme un outil, précisé d'une certaine façon, est synonyme pour toutes ses applications à des âmes d'une même sorte, mais, pris en général, caractérise n'importe quelle âme. Cependant, les âmes ne sont pas homonymes mais la définition qui leur convient à toutes n'est propre à aucune (*id.*, 107, 15-35). Par cette explication, Simplicius rend compte de l'origine de la difficulté mais ne remet pas en cause le statut générique de l'âme.

2. R. Bolton, 1978, p. 272.

chose possède la même « essence générique » que ces corps familiers pour être elle-même animée. Par conséquent, ces quatre définitions seraient seulement « τύπῳ », au sens d'imparfaites, et une nouvelle définition serait nécessaire, d'où elles puissent toutes les quatre dériver, à savoir, en 413b 11-12, « soul is the source (ἀρχή) of and is delimited by the life functions, such as nutrition, sensation, thought and motion ». Mais les difficultés qu'avance Bolton contre l'application de chacune des quatre versions à tous les vivants et à eux seuls, sont assez artificielles. Selon lui, la quatrième définition pourrait convenir aussi aux pierres, en tant qu'objets lourds qui possèdent en eux-mêmes le mouvement vers le bas ; mais il faut répondre que cette quatrième définition est précisément introduite pour écarter des objets comme « la hache » (car le mouvement naturel n'est en eux qu'indirectement, à cause de leur composé majoritaire lourd[1]). Il dit aussi que les astres sont des vivants, mais que ne peut leur convenir le fait d'avoir un corps organisé ; en outre, selon la doctrine du *De Caelo*, leur mouvement ne serait pas dû à eux-mêmes mais à l'éther qui les compose ou qui compose leur orbe. Or, sur cette question, la pensée d'Aristote n'est pas constante, car on trouve dans le *De Caelo* autant de textes affirmant qu'ils sont mus chacun par leur âme propre, et en *Métaphysique* Λ 8, qu'ils ont chacun leur propre moteur immobile. En outre, un corps organisé ne doit pas nécessairement comporter des parties. Enfin, le troisième type de chose que Bolton estime ne pouvoir recevoir les quatre définitions est le *noûs ;* mais l'éventuelle exception du *noûs* est reconnue par Aristote (413a 5-7) comme une des questions qui ne sont pas résolues, de même que la question de savoir si l'âme est l'entéléchie du corps comme le navigateur du navire[2]. C'est d'ailleurs ce qui fait conclure à Aristote que la détermination de l'âme est encore τύπῳ, et qu'il faut reprendre l'examen d'une manière plus scientifique, par l'intervention de la notion de cause. Je rejoins donc la conclusion de Bolton, sans l'avoir suivi dans sa mise en question des quatre définitions de l'âme, qui, selon moi, constituent quatre versions de la même, générale et correcte, mais insuffisante comme toute étude seulement λογικῶς.

Ainsi donc, rejoignant ses recommandations des *Analytiques* et des *Topiques*, Aristote accepte une définition commune de l'âme, à condition qu'on n'arrête pas l'enquête scientifique à ce stade de généralité.

1. Le fait que les inanimés n'ont pas le mouvement par soi est expliqué en *Phys.* VIII, 4.

2. La comparaison de l'âme avec le navigateur est un bel exemple d'analogie : l'âme est au corps ce que le navigateur est au navire. Il est bien clair que le navigateur n'est pas l'âme du navire et que l'âme ne dirige pas le corps comme un pilote; l'analogie est basée sur l'identité de fonction de l'âme et du navigateur, non d'un point de vue instrumental mais d'un point de vue cinétique : le bateau a, comme le corps, l'aptitude au mouvement, mais sans le pilote il n'actualisera pas cette puissance.

Il reste à se demander quel est le statut du terme général par rapport aux termes particuliers « âme végétative », « âme sensitive » et « âme intelligente » : est-il un genre dont celles-ci sont les espèces? De même, en effet, qu'il n'y a pas d'animal qui soit animal sans être une des espèces d'animaux, de même qu'il n'y a pas de nombre qui soit nombre sans être une des espèces de nombres, ainsi aucun vivant ne possède une âme qui ne soit de l'une des trois espèces. Une difficulté pourrait naître du fait que les espèces d'un genre s'excluent l'une l'autre et ne s'accompagnent pas, tandis que plusieurs facultés coexistent en une seule âme. Mais là réside précisément la particularité des séries d'antérieurs et postérieurs : de même que le quatre n'exclut pas le trois et le deux mais les contient en lui, de même l'âme intellective n'exclut pas la sensitive et la nutritive mais les englobe. Et le fait que l'espèce postérieure n'est pas une simple addition d'espèces antérieures, mais une nature différente, est garanti par la présence seulement en puissance des autres en elle. C'est pourquoi, l'âme intellective n'est pas composée de trois âmes mais de trois facultés[1]. Il ne faut donc pas confondre les divisions logiques du genre en espèces et les divisions réelles de l'âme en facultés. A partir du moment où une espèce d'âme est définie par plusieurs facultés, celles-ci peuvent être appelées parties de cette âme (μέρη, 413a 4, ou μόρια, 413b 13, 27; III 4, 429a 10), même si, n'étant pas matérielles, elles n'occupent pas d'espace. On trouve également le mot γένος pour désigner le *noûs* (II 2, 413b 25), mais il faut le comprendre probablement au sens courant de « ce genre de choses ».

L'ensemble de ces indications me semble suffisant pour refuser la thèse de A.C. Lloyd (1962), que l'universel d'une série comportant l'antérieur et postérieur non seulement ne peut pas être séparé à la manière platonicienne, mais en outre ne peut être un genre prédiqué univoquement des espèces. Cette thèse est fondée principalement sur le paragraphe 414b 19-28, où, selon Lloyd, comprendre que « la définition ne s'appliquerait spécialement à aucune espèce » est un truisme. Or, c'est clairement la conclusion à laquelle parvient Aristote quand il dit, aux lignes 415a 12-13, « Il est donc clair que ceci est la définition la plus appropriée (οἰκειότατος) à propos de chaque faculté et de chaque âme »[2]. W. Leszl, qui partage la thèse selon laquelle Aristote refuse l'existence d'un genre pour de telles séries, reconnaît que la motivation exprimée ici n'est pas convainquante, car c'est

1. Ceci répond également à la remarque de M. de Corte (1939, p. 460-508), que nier une définition générique, c'est accorder trois âmes à l'homme. En effet, que l'âme soit un genre ou non, une seule espèce en tous cas est attribuée à l'homme.

2. A partir de cette phrase, R. Bolton accepte implicitement la division de l'âme en espèces, en signalant que la recherche d'un λόγος οἰκειότατος annonce l'affirmation de *Métaphysique* 1030a 6, que seules les espèces dernières ont une définition qui exprime l'essence (1978, p. 272).

le fait de toute définition générique de ne pas décrire précisément chaque espèce, et que, d'autre part, on trouve clairement des propriétés communes à toutes les âmes, qui les distinguent des autres entités (1970, p. 67-70). Le seul argument qu'il estime suffisant est celui fourni dans l'*Ethique à Eudème* (I 8, 1218a 1 *sq.*), selon lequel le genre séparé serait en conflit, en tant que principe, avec le premier terme, mais nous avons vu que cet argument n'a de sens que dans le cadre de la doctrine platonicienne. On peut donc conclure qu'Aristote ne refuse pas l'existence d'un genre pour les séries d'antérieurs et postérieurs mais tient à mettre en garde contre la tentation d'étudier ce type de genres en général, sous prétexte qu'ils ne sont pas réellement divisés en espèces, parce que celles-ci sont liées par un rapport qui ne se trouve pas d'ordinaire entre des espèces. Dans ce contexte-ci, en tous cas, son intention est clairement de rappeler que l'âme, malgré cette particularité, reste un genre comme un autre et donc doit être étudiée non en général mais selon chacune de ses espèces.

Les citoyens

La même question de la possibilité d'une définition commune d'un mot attribué à des cas différents, et dont il n'est pas certain qu'il soit un genre attribué à des espèces, se pose à propos du terme « citoyen », au troisième livre de la *Politique*. Aristote commence par indiquer comment définir tout citoyen dans n'importe quelle sorte de cité, d'après sa participation au pouvoir législatif et au pouvoir judiciaire (1275a 30-34), avant d'introduire une difficulté quant au statut qu'on peut accorder à ce terme général, alors que les cités se trouvent entre elles dans un rapport d'antéro-postériorité :

> Il ne faut pas oublier que, des choses dans lesquelles les sujets diffèrent par l'espèce, et l'un est premier, l'autre deuxième, l'autre suivant, le terme commun, en tant qu'ils sont tels, ou bien n'est rien du tout ou bien difficilement. Or, nous voyons que les cités diffèrent l'une de l'autre par l'espèce, et que les unes sont postérieures les autres antérieures, car celles qui commettent des fautes et des violations sont nécessairement postérieures à celles qui n'en commettent pas (et ce que nous appelons commettre des violations, sera manifeste plus tard). Par conséquent, le citoyen aussi est nécessairement autre selon chaque cité. C'est pourquoi celui qu'on appelle ainsi en démocratie est principalement (μάλιστα) citoyen, tandis que dans les autres cités il peut l'être, mais pas nécessairement, car dans certaines il n'y a pas de peuple, ni d'assemblée générale mais une assemblée sur convocation, et ils rendent justice tour à tour. (1275a 34- b 8).

Il faut remarquer que les cités ne constituent pas une véritable série d'antérieurs et postérieurs, car les postérieures ne contiennent pas les antérieures en puissance. Cependant, la même recommandation doit être faite à leur propos, car le même risque existe de ne pas apercevoir les différences et donc d'étudier toutes les cités comme une seule espèce, ce risque étant causé principalement, comme pour les âmes, par le fait qu'il n'y a pas de nom propre pour chaque espèce.

Cette diversité n'empêche pas Aristote d'instituer ensuite une définition du citoyen en général, en la formulant d'une manière telle qu'elle puisse convenir à n'importe quel type de régime :

> Ce qu'est donc le citoyen, c'est manifeste d'après ceci : celui qui a la possibilité (ἐξουσία) de participer au pouvoir (ἀρχή) délibératif ou judiciaire, nous disons qu'il est citoyen de cette cité. (1275b 17-20).

D'après cette définition, il y a des citoyens dans tout régime, mais ils diffèrent par le nombre de participants au pouvoir et par le type de participation qui leur est permise. Le mot citoyen n'est donc pas univoque, puisqu'il se dit de plusieurs sortes, mais il est synonyme, car il se dit de chacune avec la même signification et la même définition. Ensuite, chaque espèce se définira d'après les différences d'organisation des pouvoirs ; mais toutes peuvent recevoir de la même façon le terme commun. L'ambiguïté vient du fait qu'il n'existe pas de nom différent pour le citoyen de chaque espèce, et c'est pourquoi on est tenté de le réserver à la seule démocratie ou à le lui accorder principalement ; toutefois, c'est une simple lacune lexicale, pas une impossibilité logique. Et s'il ne résoud pas la lacune en créant systématiquement un nom approprié à chaque espèce, Aristote propose néanmoins une manière d'éviter l'ambiguïté, qui est d'utiliser le mot seul lorqu'on parle de tout régime en général, et de le préciser par une différence lorsqu'on veut évoquer une cité particulière.

Ce chapitre nous a permis, d'une part, de distinguer un type de plurivocité qui n'est ni l'homonymie ni la synonymie, mais une sorte d'intermédiaire entre les deux, à savoir à la plurivocité avec référence à un terme unique, et, d'autre part, de rattacher aux synonymes les genres divisés en espèces antérieures et postérieures. La plurivocité signifie toujours l'application d'un même mot à des réalités différentes, mais, selon les cas, tantôt avec des significations différentes, tantôt avec des significations partiellement identiques, tantôt avec la même signification générique.

Maintenant, quel que soit son type de plurivocité, un mot peut encore être employé de façon particulière, sans que cela étende son domaine d'application scientifiquement déterminé. Voyons en quoi ces usages particuliers se distinguent de la véritable plurivocité.

Les procédés qui ne modifient pas le type de plurivocité

L'attribution accidentelle

On trouve la distinction entre l'attribution d'un mot par soi ou par accident au livre Δ de la *Métaphysique*, dans les chapitres 6 (« un »), 7 (« étant »), 9 (« les mêmes »), 13 (« quantité ») et 15 (« relatif »)[1]. Sont dits un ou les mêmes par accident deux attributs du même sujet ou un sujet et ses attributs, de sorte que « par accident » signifie ici « par l'intermédiaire de l'attribution » :

> Car toutes ces choses sont dites unes par accident, le juste et le cultivé parce qu'ils sont attribués (συμβέβηκεν) à une seule substance, le cultivé et Coriscos parce que l'un est attribué à l'autre ; et semblablement, d'une certaine manière, « Coriscos cultivé » est un avec « Coriscos » parce que l'une des parties de l'expression est attribuée à l'autre, comme le cultivé à Coriscos – et « Coriscos cultivé » est un avec « Coriscos juste » parce qu'une partie de chaque expression est attribuée à la même chose une. (Δ 6, 1015b 20-27).

Il en va de même si l'accident est attribué à un terme général, par exemple à l'homme, « soit parce que le cultivé est attribué à l'homme qui est une seule substance, soit parce que les deux sont attribués à un particulier comme Coriscos. » (1015b 30-32). Toutes ces réalités ne sont pas unes et les mêmes par leur propre nature mais parce que, attribuées l'une à l'autre, elles désignent une même chose une par le nombre. Par conséquent, la signification du prédicat « un » dans tous ces exemples est la même que l'une des significations distinguées pour l'un par soi, à savoir l'un par le nombre – même si leur unité ne résulte pas de cela même qu'ils sont mais du rapport d'attribution qui existe entre eux. Les exemples du prédicat « les mêmes » par accident sont tout à fait identiques, et c'est logique puisque « l'identité est une unité soit de plusieurs choses soit d'une chose prise comme plusieurs, par exemple lorsqu'on dit qu'on est le même que soi » (Δ 9, 1018a 7-9).

Le fait que l'accident ne crée pas de signification nouvelle est encore plus clair à propos des relatifs. Sont dits relatifs par accident les sujets auxquels un relatif est attribué (par exemple, l'homme est un relatif si on

1. Pour l'étude du sens même de l'accident, ainsi que pour celle de l'étant par accident, voir chapitre IV, p. 205 et *sq*.

lui attribue le double) ou les attributs dont le sujet a pour autre attribut un relatif (par exemple, le blanc est un relatif si le même homme est blanc et double) (Δ 15, 1021b 8-11) – or, le double est relatif selon l'une des significations déterminées pour le relatif par soi. Enfin, sont dits des quantités par accident les attributs d'un sujet qui possède une quantité [1]. On trouvait déjà cette distinction dans les *Catégories :*

> Seules celles qu'on vient de citer sont dites quantités principalement (κυρίως), toutes les autres le sont par accident ; car c'est par la considération (ἀποβλέποντες) de celles-là que nous appelons les autres quantités, par exemple on dit que le blanc est abondant parce que la surface est abondante, et que l'action est longue parce que le temps est long, et de même que le mouvement est long. Car ce n'est pas par soi que chacun d'eux est dit quantité. (*Catég*. 6, 5a 38-b 4).

Ici encore, l'appellation par accident consiste à attribuer à une chose ce qui convient à la chose à laquelle elle appartient, de même que le clou est en mouvement parce que le navire auquel il appartient est en mouvement, de telle sorte que la signification du prédicat est la même pour l'attribut que pour son sujet. La quantité reste donc un genre plurivoque, dont les espèces, toutes appelées quantités par soi, sont synonymes.

La métaphore

D'après *Poïétique*, 21, 1457b 6-9, il y a quatre manières de faire des métaphores : « La métaphore est l'importation d'un mot étranger, soit du genre vers l'espèce, soit de l'espèce vers le genre, soit de l'espèce vers l'espèce, soit par analogie ». Un exemple de la première sorte est de dire « le bateau est arrêté » pour « le bateau est à l'ancre » ; de la deuxième : « des milliers d'épreuves » pour « beaucoup d'épreuves » ; de la troisième : « puiser » pour « découper » (le genre commun étant « enlever ») ; de la quatrième : « la coupe est le bouclier de Dionysos » ou « le bouclier est la coupe d'Arès ». Dans tous les cas, le déplacement est justifié par la ressemblance : « Bien faire les métaphores, c'est observer le semblable » (22, 1459a 7-8).

Dans les *Topiques*, les exemples de métaphores sont « la science est chose constante », « la terre est une nourrice », « la tempérance est une

1. Δ 13, 1020a 15-17. Aristote ajoute, comme un autre type de quantités par accident, le mouvement et le temps, parce qu'ils sont des affections de choses divisibles (1020a 26-32). Ailleurs, le temps est considéré comme une quantité par soi (en tant que nombre) et le mouvement comme un acte. Cependant, le statut différent qui leur est donné ici est probablement motivé par le fait qu'ils n'ont pas cette existence abstraite des quantités mathématiques, qui permet à celles-ci d'être divisibles sans référence à un corps.

harmonie » ; pour ce dernier cas, il est expliqué que, le seul domaine légitime du mot « συμφωνία » étant le domaine des sons, définir par lui la tempérance (σωφροσυνή), c'est définir métaphoriquement (*Top*. VI 2, 139 b 33-38). On apprend par là la différence entre homonymie et métaphore, puisque la première est une multiplicité de sens d'un même mot tandis que la seconde est l'attribution d'un même mot, avec la même signification, mais d'une manière non rigoureuse, obéissant à des critères littéraires et non scientifiques. Une distinction entre plurivocité et métaphore est également mentionnée au chapitre 3 du livre VIII :

> Les plus difficiles à traiter de toutes les définitions sont celles qui utilisent cette sorte de noms dont, d'abord, on ne voit pas s'ils sont dits simplement (ἁπλῶς) ou de plusieurs façons, et dont, en outre, on ne sait pas s'ils sont dits dans leur emploi principal (κυρίως) ou par métaphore par celui qui définit. (*Top*., VIII, 3, 154 b 8-12).

D'une part donc, un mot peut avoir un ou plusieurs sujets d'attribution, d'autre part, il peut être dit selon un usage propre (peu importe qu'il en ait un ou plusieurs) ou métaphorique. On remarquera que le mot « ἁπλῶς » s'oppose ici à l'usage métaphorique, tandis que dans le texte précédent il s'opposait à l'ensemble des procédés fautifs de définition ; nous avons vu qu'il pouvait désigner aussi l'usage le plus courant, quelle que soit sa relation avec les autres usages.

La même règle définit les usages métaphoriques dans la *Métaphysique*, où l'on retrouve des déplacements soit de l'espèce vers le genre :

> Par métaphore (μεταφορᾷ) et en général (ὅλως), toute essence est dite nature à cause de celle-là, parce que la nature est une certaine essence (*Métaph*. Δ 4, 1015a 11-13) ;

soit de l'espèce vers l'espèce :

> Et ainsi, en l'appliquant métaphoriquement (μεταφέροντες ἐπί) aux vices, nous disons un sycophante parfait et un voleur parfait, puisque nous les disons aussi bons. (...) Puisque la fin est l'une des extrémités, en l'appliquant métaphoriquement aux maux, nous disons être parfaitement détruit et avoir parfaitement péri, lorsqu'il ne reste rien du périssement et du mal mais qu'il est arrivé à son extrémité ; c'est pourquoi la mort est dite fin par métaphore (κατὰ μεταφοράν), parce que les deux sont des extrémités. (*Métaph*. Δ 16, 1021b 17-19 et 25-29) ;

soit par analogie :

> Par métaphore (μεταφέροντες) on appelle aussi « élément » (στοιχεῖον), à partir de là (ἐντεῦθεν), ce qui, étant un et petit, est utili-

sable pour beaucoup de choses, c'est pourquoi le petit, le simple et l'indivisible sont dits éléments. (*Métaph.* Δ 3, 1014b 3-6).

Le grand et le petit, le plus grand et le plus petit, dits en eux-mêmes et l'un par rapport à l'autre, sont des affections par soi de la quantité; cependant ces noms sont déplacés (μεταφέρεται) aussi vers d'autres choses. (*Métaph.* Δ 13, 1020a 23-26).

L'analogie

L'analogie consiste à établir un même rapport entre quatre termes accouplés deux à deux. Par exemple, le démagogue et le courtisan sont les mêmes par l'influence qu'ils exercent l'un sur le peuple, l'autre sur le tyran (*Politique* IV 4, 1292a 20-23); l'organisation crétoise est analogue à la lacédémonienne, car si les différentes classes et institutions portent un autre nom, elles remplissent les mêmes fonctions (*id.*, II 10, 1271b 40-1272a 8)[1]. Les mots rapprochés par ce procédé ne le sont pas en vertu d'une identité de genre ou de définition, mais en vertu de l'identité du rapport qu'ils entretiennent avec les réalités quelconques auxquelles ils s'attribuent. Ce rapport est souvent une même fonction, notamment dans les descriptions biologiques.

Le bon usage de l'analogie est décrit dans les *Parties des Animaux* :

> Parmi les genres, tous ceux qui diffèrent par le dépassement et le plus et le moins, ceux-là peuvent être réunis sous un seul genre, mais tous ceux qui possèdent l'analogue, doivent être décrits séparément. Je veux dire, par exemple, qu'un oiseau diffère d'un oiseau par le plus ou par le dépassement (car l'un a les ailes longues, l'autre les ailes courtes), mais les poissons diffèrent des oiseaux par l'analogue (car ce qui pour l'un est une aile, pour l'autre est une nageoire). Il n'est pas facile de procéder ainsi pour tous, car la plupart des animaux possèdent un tel analogue. Mais puisque les espèces dernières sont des essences et que les choses telles que Socrate ou Coriscos sont indifférentes selon l'espèce, il est nécessaire ou bien de dire d'abord ce qui appartient en général ou bien de dire plusieurs fois la même chose, comme on l'a déjà noté. (I 4, 644a 16-27).

Par rapport aux propriétés communes par analogie, celles qui le sont par le genre ou par l'espèce présentent l'avantage d'être comparables selon le plus et le moins. C'est une autre manière de dire qu'elles sont synonymes, puisque le même mot sera utilisé avec la même signification, et la

1. On trouve également le mot « ἀνάλογον » au sens de « proportion », surtout dans l'expression « παρὰ τὸ ἀνάλογον » : « sans garder la même proportion » (notamment *Politique* IV 12, 1296b 25; V 3, 1302b 3, 34, 40).

différence entre les sujets se marquera par l'addition d'un déterminant supplémentaire (ici, « court » ou « long » précisant la propriété synonyme « aile »). Au contraire, les organes[1], les propriétés[2], les actions[3] analogues ne sont pas les mêmes réalités et ne possèdent pas le même nom[4]; il ne s'agit donc pas d'une forme de plurivocité, puisque celle-ci consiste toujours à attribuer un même mot à plusieurs choses. Si donc Aristote exprime fréquemment une gradation entre les unités par le nombre, par l'espèce, par le genre et par analogie, ces unités sont plutôt celles de réalités que de significations d'un mot.

La conclusion du passage cité est qu'il vaut mieux pour la science étudier ce qui est propre aux espèces dernières, car, contrairement aux genres, elles sont des essences, mais quand des propriétés sont communes à plusieurs espèces, que ce soit absolument ou par analogie[5], il est inutile de répéter plusieurs fois la même étude et on peut en parler en commun. L'exactitude scientifique reposera sur la reconnaissance de ces fonctions ou capacités identiques. L'intérêt du procédé est donc qu'il permet de transposer d'un genre à l'autre les mêmes déductions des propriétés par soi, faisant ainsi exception à l'incommunicabilité des genres. Cette possibilité est également théorisée dans les *Analytiques* :

> Une autre manière est de sélectionner selon l'analogue. En effet, il n'est pas possible de saisir comme le même et un ce qu'il faut appeler « os de seiche », « arête » et « os », mais les propriétés qui en résultent (ἑπόμενα) en sont comme si une telle nature était une. (*An. Post.* II 14, 98a 20-23).

On fait donc « comme si » les genres étudiés ensemble étaient un seul genre. On peut même appliquer le procédé à certains principes de la démonstration :

> Parmi les (principes) qu'on utilise dans les sciences démonstratives, les uns sont propres à chaque science, les autres communs, et

1. Par exemple, la poitrine (*Hist. Anim.* II 1, 497b 32-34), le sang (*Part. Anim.* I 5, 645b 6-10); le critère d'analogie est qu'ils possèdent la même fonction ou capacité (*id.*, b 9 : δύναμιν).

2. Y compris les propriétés par soi du genre animal, comme la différence sexuelle (*Gen. Anim.* I 1, 715b 20 : « en eux ne se trouvent pas la femelle et le mâle, mais ils sont dits par ressemblance et par analogie »).

3. « πράξεις », voir par exemple *Part. Anim.* I 5, 645b 20. Pour ces trois notes, on trouvera de très nombreuses références dans l'index de Bonitz.

4. Cf. *An. Post.* II 14, 98a 20 : « il n'est pas possible de saisir une seule et même appellation » et *Météor.* IV 9, 387b 3 : « il ne se trouve pas de nom commun… ».

5. Cette distinction est faite en 645b 4-6 : « Beaucoup de choses communes appartiennent à beaucoup d'animaux, les unes absolument, comme les pattes, les ailes, les nageoires, et de la même manière les propriétés de celles-ci, les autres comme analogue ».

> communs par analogie, puisque c'est utile dans la mesure où cela s'intègre au genre qu'étudie la science (χρήσιμόν γε ὅσον ἐν τῷ ὑπὸ τὴν ἐπιστήμην γένει). Les propres sont, par exemple, que ceci est une ligne, et le droit ; les communs, par exemple, le fait que si on enlève des égaux à des égaux, les restants sont des égaux. Et chacun de ces principes est suffisant pour le genre (ἱκανὸν δ' ἕκαστον τούτων ὅσον ἐν τῷ γένει), car on fera la même chose, même si on ne l'applique pas à tout mais aux grandeurs seulement, et en arithmétique aux nombres. (*Anal. Post.* I 10, 76 a 37-b2).

La scientificité de l'analogie est confirmée dans un passage de la *Physique* :

> La nature substrat est connaissable par analogie, car comme le bronze se trouve par rapport à la statue ou le bois par rapport au lit ou, par rapport à l'une des autres choses qui possède une forme (μορφή), la matière et l'informe avant d'avoir reçu sa forme, ainsi se trouve celle-là par rapport à l'essence, au ceci et à l'étant. (*Phys.* I 7, 191a 7-12).

Le terme « ἐπιστητόν » est très clair : l'analogie se trouve parmi les méthodes d'acquisition de la connaissance, et elle consiste à compléter un couple dont on connaît un des termes ainsi que le rapport existant entre les deux. La conséquence de l'analogie est que, dans tous les couples ainsi formés, chacun des deux termes peut recevoir un nom général, en l'occurrence, pour l'un, « forme », pour l'autre, « informe » ou « matière ». De tels noms généraux n'indiquent pas le genre des choses auxquelles ils s'attribuent, et pourtant ils signifient la même chose pour chacune de leurs attributions. En effet, ce ne sont pas eux qui sont dits les mêmes par analogie, mais les choses différentes exerçant la même fonction ; des mots tels que « forme » et « matière » sont les mêmes et par le nom et par l'essence, à quelque réalité qu'ils s'attribuent. J'y reviendrai à propos de l'analogie des principes dans la *Métaphysique*.

La plurivocité des concepts épistémologiques

Nous avons jusqu'à présent laissé de côté l'étude des concepts qui ne renvoient pas à une certaine nature de l'étant, autrement dit qui ne se rangent pas dans l'une ou l'autre des catégories, mais qui ont un rôle classificatoire ou opératoire, soit dans toutes les catégories, soit dans certaines d'entre elles. Sont-ils synonymes, c'est-à-dire attribués avec la même signification à tous leurs sujets, ou bien homonymes parce que leurs sujets se trouvent dans des catégories différentes ? Ces concepts, qui constituent la structure même de tout discours scientifique, sont de deux types, selon qu'ils apportent une détermination ontologique non catégoriale (ce sont principalement les notions de principe et de cause, de forme et de matière, de puissance et d'acte) ou une détermination hénologique (c'est-à-dire tout ce qui exprime l'unité et la multiplicité : le même et l'autre, le genre, l'espèce et le particulier). De même que l'un et l'étant, ces termes ne sont l'essence d'aucune chose ; ils ne sont donc jamais prédiqués d'un étant comme espèce ou comme genre. Mais certains se divisent en plusieurs sortes, et, partant, en plusieurs significations. On les trouve étudiés principalement au livre Δ de la *Métaphysique*, ainsi qu'aux chapitre 10 à 15 des *Catégories*. Dans chaque cas, l'examen consiste à déterminer à quelles choses le terme peut être légitimement attribué, ce qui montre que leur plurivocité est d'abord une multiplicité d'applications, à laquelle peut s'ajouter, dans certains cas, une diversité de significations. L'énumération des applications multiples est toujours articulée par les mêmes locutions : « ἑνὰ μὲν τρόπον… ἑνὰ δὲ (ou ἄλλον δὲ)…ἐτὶ…ἐτὶ… ou bien « τὸ μὲν… τὸ δὲ…, etc. » ou encore « καὶ… καὶ… καὶ… ». Dans les cas où des énoncés différents sont donnés, ils ne sont jamais dits homonymes ni synonymes, mais l'un d'eux émerge comme rassemblant tous les autres ou comme servant de base à la formulation des autres. Outre cela, certaines applications sont signalées comme étant des usages par accident ou par métaphore – ceux-ci ont déjà été envisagés au chapitre précédent. Enfin, il arrive que ces termes aient aussi d'autres significations, qui ne concernent plus les cadres épistémologiques, même si on peut expliquer l'éventuelle parenté entre les deux. Par exemple, le genre (Δ 28) est non seulement la matière de la différence spécifique pour toutes choses, mais aussi l'espèce naturelle ou le lignage : le terme technique, en logique ou en science biologique, est manifestement issu de ces sens courants.

Il nous faut maintenant distinguer les termes qui présentent des significations différentes et préciser de quelle manière elle sont reliées entre elles.

« Principe » et « Cause »

Nous avons vu que les termes « principe » et « cause » avaient plusieurs significations, dont celles du principe pouvaient se ramener à une signification commune [1] :

> Il est donc commun à tous les principes d'être la chose première d'où quelque chose est ou devient ou est connu. (*Métaph.* Δ 1, 1013a 17-19) ;

1. Cf. chapitre I, p. 36-41.

tandis que celles de la cause se ramenaient à quatre sortes :

> Toutes les causes qu'on vient de citer tombent dans les quatre façons (τρόπους) les plus manifestes. » (…) « Telles sont donc les causes et en tel nombre par l'espèce (τῷ εἴδει), et les sortes (τρόποι) de causes sont multiples en nombre, mais rassemblées en principales (κεφαλαιούμενοι) elles sont ainsi peu nombreuses. (*id.*, Δ 2, 1013b16-17 et 28-30).

Mais une deuxième plurivocité vient redoubler les quatre types de causes, qui est la plurivocité de chaque sorte au sens de son application possible dans chaque genre des étants :

> Car les causes se disent de plusieurs façons, et parmi celles de même espèce (ὁμοειδῶν) l'une se dit antérieurement et postérieurement à l'autre[1], par exemple celles de la santé sont le médecin et l'homme de métier, celles du diapason le double et le nombre, et toujours celles qui comprennent n'importe quelle chose particulière. (*id.*, Δ 2, 1013b 30-34)

C'est entre ces différentes causes, au sein d'une même sorte, que s'instaure l'unité analogique car toutes les réalités appelées cause finale, formelle, motrice ou matérielle exercent effectivement la même fonction vis-à-vis des choses dont elles sont causes. Par conséquent, ces termes mêmes de fin, de forme, de moteur ou de matière, sans être des genres, sont synonymes car définis toujours par le même acte. En revanche, le fait qu'ils soient tous les quatre appelés « cause » demande une autre justification. Celle-ci n'est pas fournie par Aristote mais on peut prendre exemple sur la signification commune de tous les principes pour proposer une signification commune à toutes les causes, telle que : « ce par quoi quelque chose est ou devient », formulant ainsi un genre synonyme pour ses quatre espèces.

« Antérieur et postérieur », « ensemble », « parfait », « opposé »

D'autres concepts opératoires s'attribuent à des choses diverses comme conséquences de leur nature ou de leurs rapports entre elles :

> Sont dits antérieurs et postérieurs, d'une part, du fait qu'il y a un premier et un principe dans chaque genre, ce qui est plus proche d'un principe déterminé, soit absolument et par sa nature…, ou bien selon le lieu… ou selon le temps… ou selon le mouvement…

1. Le rapport d'antériorité ne définit pas ici une série d'antérieurs et postérieurs, mais, dans l'enchaînement des causes de même sorte qui produisent un même effet, détermine la proximité plus ou moins grande de chacune par rapport à cet effet.

> ou selon la puissance... ou selon l'ordre; d'une autre manière, ce qui est antérieur par la connaissance (selon la raison ou selon la sensation...); ensuite, les affections des antérieurs. (Δ 11, 1018b 9-38).[1]
>
> Sont dites ensemble, absolument et principalement (ἁπλῶς καὶ κυριώτατα) les choses dont la naissance se situe dans le même temps; car aucune des deux n'est antérieure ni postérieure, et elles sont dites ensemble selon le temps. Sont ensemble par nature toutes celles qui sont réciproques quant à la dépendance de l'être... (*Catég*. 13, 14 b24-28)
>
> Ainsi donc, les choses dites parfaites par elles-mêmes sont dites d'autant de façons, les unes du fait de ne manquer de rien, de ne pas avoir d'excès et de ne rien prendre à l'extérieur, selon le bien, les autres en général, selon le fait de ne pas avoir d'excès et de ne rien prendre à l'extérieur, dans chaque genre. (Δ 16, 1021b 30-1022a 1)

Chacun de ces termes a-t-il une seule signification dans tous les cas où il s'applique? L'antérieur et l'ensemble sont présentés comme des prédicats pouvant être dits d'une chose quelconque, avec les significations respectives de « ce qui est plus proche du principe » et de « ce qui n'est ni antérieur ni postérieur ». Ensuite, des différences s'ajoutent à ce tronc commun, selon le domaine pris comme référence : le lieu, le temps, l'être, etc. En outre, lorsque l'antériorité ou la simultanéité est due à la nature même de la chose, elle en est un attribut par soi; sinon, elle est un accident. C'est pourquoi, le classement peut varier en fonction du point de vue d'où on considère la chose; par exemple, du point de vue de la valeur ontologique, le tout est plus fondamentalement antérieur que la partie, car il est antérieur ontologiquement et celle-ci chronologiquement[2]. Quant à l'usage de ces termes qui est dit principal, il est l'usage à la fois originel et le plus usité dans la langue courante, mais il ne possède pas un rapport privilégié à

1. La version des *Catég*. est moins complète : « Une chose est dite antérieure à une autre de quatre façons, d'abord et principalement (κυριώτατα) selon le temps, selon lequel une chose est dite plus vieille et plus ancienne qu'une autre (...). Deuxièmement, ce qui n'est pas réciproque quant à la dépendance (ἀκολούθησιν) de l'être, comme l'un est antérieur au deux (...). Troisièmement, l'antérieur est dit selon un certain ordre, comme pour les sciences et les raisonnements (...). En outre, à côté de ceux qu'on a dits, le meilleur et le plus honorable semble être antérieur par la nature. (...). Il y a donc à peu près autant de manières (τρόποι) de dire l'antérieur. » (12, 14 a26-b10). Même remarque pour les opposés : « Il faut dire, à propos des opposés, de combien de façons (ποσαχῶς) nous avons coutume de les opposer. On dit qu'une chose s'oppose à une autre de quatre façons (τετραχῶς), ou bien comme les relatifs, ou bien comme les contraires, ou bien comme privation et possession, ou bien comme affirmation et négation. » (10, 11 b16-19)

2. Cf. *Métaph*. Z 1, 1028a 31-b 2 : le premier se dit de plusieurs façons, mais la substance est dite première à la fois ontologiquement (ou chronologiquement), logiquement et épistémologiquement.

la signification commune. Il n'y a donc pas d'obstacle à la synonymie du terme.

L'opposé peut être présenté de la même façon : sont opposées deux choses qui manifestent une opposition de contrariété ou de relativité ou de privation et possession ou d'affirmation et négation. Les quatres sortes ainsi définies constituent l'équivalent des différences spécifiques pour un genre de l'étant, de même que les divisions de l'antérieur et de l'ensemble. Cependant, ces trois termes ne sont pas des genres de l'étant puisqu'ils ne définissent la nature d'aucune chose, et c'est ce qui leur permet d'être synonymes dans toutes les catégories.

« Un », « multiple », « semblable », etc.

Il nous reste à examiner les concepts opératoires de type strictement hénologique, c'est-à-dire l'un et le multiple, le semblable et le dissemblable, l'égal et l'inégal. Au livre I, chapitre 1, de la *Métaphysique*, il est dit que les différentes manières selon lesquelles des choses peuvent être dites unes par soi et premièrement se ramènent à quatre principales : ce sont 1) le continu, et principalement le continu naturel et non celui qui résulte d'un lien artificiel (1052a 19-21); 2) le tout organisé possédant un *eidos*, et principalement celui qui le possède par nature (1052a 22-26); les choses dont l'énoncé et la notion sont indivisibles, soit par le nombre soit par l'espèce, c'est-à-dire 3) la chose particulière ou 4) l'essence (1052a 29-34). Dans les deux premiers cas, l'unité se manifeste par l'indivisibilité du mouvement de la chose, dans les deux suivants par l'indivisibilité de sa notion. Sont ainsi déterminés quatre critères suivant lesquels une chose peut être dite une (une même chose pouvant d'ailleurs réunir plusieurs critères), mais dans tous les cas le prédicat « un » se réfère au caractère indivisible de la chose; il est donc synonyme et précisé par quatre modalités qui jouent le rôle de différences spécifiques. Cependant, ajoute aussitôt Aristote, il ne faut pas se contenter de dire quelles choses sont unes, mais il faut aussi définir l'être de l'un (1052b 1-3). Car on trouve entre les deux la même différence qu'entre les choses qui sont principes et l'être du principe :

> L'être de l'un sera tantôt de l'une de ces façons, tantôt d'une autre façon plus proche de son nom, car celles-là le sont par la puissance, comme s'il fallait dire le principe et la cause en les déterminant à propos des choses et en donnant la définition du nom. Car d'une certaine manière le feu est principe (et peut-être que l'est aussi par soi l'indéfini ou autre chose de ce type), mais d'une autre manière non, car ce n'est pas la même chose que l'être du feu et l'être du principe, mais le feu est principe en tant qu'une certaine chose et une certaine nature, tandis que le nom signifie que ceci en est une

> propriété, le fait que quelque chose existe à partir de lui comme première cause immanente. Il en va de même pour la cause, pour l'un, et pour tous les termes de cette sorte, et c'est pourquoi l'être de l'un est l'être de l'indivisible, c'est-à-dire de ce qui est ceci et séparé, soit par le lieu soit par l'espèce soit par la pensée, ou encore l'être du tout et de l'indivisible, mais surtout l'être de la mesure première de chaque genre, et principalement de la quantité – car c'est de là qu'elle s'est étendue aux autres. (I 1, 1052b 7-20).

D'après cette explication, définir l'être de l'un revient à définir l'être de l'indivisible, et celui-ci est la propriété que possède une chose et qui la rend une. Pour un principe matériel comme le feu, la propriété d'être principe s'énonçait par le fait d'être condition immanente de l'existence d'une chose; pour l'indivisible, il y a plusieurs manières de l'énoncer, qui correspondent aux critères selon lesquels on a vu que les choses pouvaient être unes : l'indivisible est ce qui rend une chose « déterminée et séparée », soit comme une chose particulière soit comme une essence soit comme un tout organisé (1052b 16-17). Par conséquent, l'être de l'un, c'est-à-dire ce que signifie en lui-même le prédicat, se divise en autant d'espèces, pour lesquelles il est synonyme, qu'il y a de sortes de choses unes. Mais à ces manières d'énoncer l'un comme indivisible s'en ajoute une qui définit mieux encore son être, et qui est la notion de mesure. En effet, « toute quantité est connue en tant que quantité par l'un, et ce par quoi en premier sont connues les quantités, c'est cela l'un lui-même, de sorte que l'un est le principe du nombre en tant que nombre » (1052b 22-24). Il s'agit d'abord de la monade et du point, principes du nombre nombrant, soit arithmétique soit géométrique, et de là se trouve également une mesure dans chaque quantité nombrée : longueur, surface, profondeur, poids, vitesse, « car partout on cherche quelque chose d'un et d'indivisible, qui est le simple (τὸ ἁπλοῦν) soit pour la qualité soit pour la quantité. » (1052b 33-35). Et certes, mis à part la monade et le point, rien n'est absolument indivisible, mais, en prenant ceux-ci comme modèles (« μιμοῦνται »), on pose dans chaque genre ce qu'on considère comme l'indivisible à partir duquel on mesurera le reste. En astronomie, la mesure sera le mouvement uniforme de l'univers, en musique la dièse, en phonétique la lettre – et ces derniers exemples montrent que la mesure peut consister en une multiplicité de choses équivalentes, comme les lettres. L'un en ce sens est donc la propriété par laquelle une certaine nature permet de connaître les autres, au sein d'un genre, et elles sont toutes dites unes « non comme si l'un était quelque chose de commun mais comme on l'a dit » (1053a 14). En fait, on ne trouve pas dans ce qui précède l'expression explicite du statut de l'un comme mesure, mais il est clair qu'il s'agit d'une identité par analogie, le rapport de la mesure au mesuré est le même dans tous les genres des étants.

Maintenant, si la plurivocité de l'un comme mesure ne pose pas de problème, car il a clairement la même signification dans chaque cas, il nous faut expliquer le rapport entre la mesure et les autres critères d'unité dans les choses. Le deuxième chapitre du même livre n'est pas très éclairant à cet égard, car il évoque tantôt l'un universel, tantôt l'un mesure, sans chercher à établir de rapport entre les deux. En effet, l'intention d'Aristote dans ce chapitre est de montrer que l'un, de même que l'étant, ne doit pas être conçu comme une substance ni comme une nature séparée, mais seulement comme un prédicat s'attribuant à toutes choses (1053b 18-20) et sous lequel se trouve donc toujours une nature déterminée, comme le pensaient les physiologues. Cependant, contrairement aux conceptions de ces derniers, Aristote estime que cette nature déterminée est autre dans chaque genre de l'étant, de sorte que l'un se dit d'autant de façons que l'étant. Il semble que cette formule soit ambiguë parce que, d'une part, comme le rappelle le passage final, l'un et l'étant se disent de toute chose sans rien signifier de plus que la chose, de sorte qu'ils se disent de tous les étants (1054a 13-19), d'autre part, l'un comme mesure ne se dit pas de toutes choses mais d'une seule chose dans tous les genres, de sorte qu'il se dit en autant de façons qu'il y a de genres de l'étant. Il est probable qu'Aristote ne cherche pas ici à éclaircir le rapport entre les deux significations de l'un, parce qu'il se sert des deux cas comme arguments contre l'hypothèse que l'un soit l'essence d'une chose déterminée, particulièrement d'une substance ; c'est pourquoi il ajoute à la théorie de la mesure que, si elle existe dans les genres de la qualité et de la quantité, elle doit se trouver également parmi les substances, de sorte que là aussi l'un a un certain substrat dont il n'est pas l'essence (1054a 4-13). L. Elders a mis en doute cette extension de la mesure dans tous les genres, y compris les substances, à cause du fait que « this theory contradicts the conception of one supreme science of being : reality is scattered over several genera »[1]. Mais nous verrons bientôt que l'analogie existant entre les diverses réalités unes dans chaque genre est une des réponses à l'unité de la science générale des étants, et elle repose sur le fait que, dans tous les cas, l'un signifie l'indivisible. Par ailleurs, la présence de la notion de mesure dans les substances se manifeste dans un passage du livre N, où Aristote, voulant réfuter la conception de l'un comme essence ou comme nombre, affirme sa théorie de l'un comme prédicat de différents substrats :

> Il faut que la mesure se trouve toujours en toutes choses comme la même chose, par exemple si la mesure est un cheval, elle mesure des chevaux, et si elle est un homme, elle mesure des hommes. Si elle

1. 1961, p. 72 et 91-92.

> est homme et cheval et dieu, elle est probablement animal, et le nombre de ceux-ci sera les animaux. (N 1, 1088a 8-11).

D'après cette citation, il semble que l'un comme mesure soit un cas particulier de l'unité par le nombre, lorsque s'ajoute au caractère indivisible d'une chose un rapport principiel au sein de son genre. Mais il n'est pas étonnant qu'Aristote s'étende plus longuement sur ce cas puisque, d'une part, il montre ainsi une manière peu reconnue selon laquelle l'un est un principe de connaissance[1], d'autre part, en même temps qu'il reconnaît l'origine mathématique de la mesure, il limite le pouvoir principiel de l'un mathématique aux seuls nombres, l'extension aux autres domaines se faisant par analogie.

Ensuite, la détermination du multiple se fait selon le double rapport qu'il entretient avec l'un : en tant que l'un est indivisible, il est le contraire du multiple comme divisible, et celui-ci est premier pour la connaissance, car c'est d'abord le multiple qui se manifeste à la sensation (I 3, 1054a 20-29) ; en tant que l'un est principe du nombre, il est relatif au multiple de la même manière que la science est relative à l'objet de science (I 6, 1056b 32-1057a 17), et dans ce cas c'est par l'un que le multiple est connu.

Quant aux autres termes qui appartiennent à la problématique de l'un et du multiple, tels que le même et l'autre, le semblable et le dissemblable, l'égal et l'inégal, ils sont seulement contraires entre eux et jamais relatifs car ils ne jouent aucun rôle comparable à celui de la mesure et du mesuré. Le même présente une plurivocité identique à celle de l'un, car il désigne l'unité de deux choses ou d'une chose prise comme double[2], et le même et l'autre s'attribuent à toutes choses car n'importe quelle chose confrontée à n'importe quelle chose est toujours soit la même soit autre que celle-ci (1054b 18-22). Les choses semblables sont celles qui ont le même *eidos* mais une affection différente ou une intensité différente de la même affection, de sorte que ce terme ajoute à l'identité une restriction de nature qualitative. Quant à l'égal, il se dit d'une seule façon : il est ce qui n'est ni grand ni petit, mais qui par nature peut être grand ou petit (I 5, 1056a 22-24) ; il se définit donc comme le même dans l'ordre de la quantité. Par conséquent, l'égal est à la fois synonyme et univoque, car il ne se divise pas en significations spécifiques, tandis que le même est synonyme mais non univoque car sa signification générale reçoit des différences spécifiques. Déjà dans les *Topiques*, le même était dit plurivoque mais pas homonyme, d'abord pour sa triple division (τριχῇ διαιρεῖσθαι) en même par le nombre, par l'espèce ou par le genre, ensuite pour les différents

1. Car on reconnaît plus facilement que l'un est principe de connaissance en ce qu'il est condition de rassemblement des cas particuliers sous une essence générale.

2. I 3, 1054a 32-b 3. Cf. Δ 9, 1018a 7-9.

critères d'identité par le nombre, celle-ci pouvant être montrée de plusieurs façons (ἀποδίδοσθαι πλεοναχῶς) : de préférence à propos du nom ou de la définition (par ex., montrer que le manteau et le pardessus sont la même chose, ou l'homme et l'animal bipède), deuxièmement à propos du propre (par ex., que ce qui peut recevoir la science est la même chose que l'homme), troisièmement à propos de l'accident (par ex., que ce qui est assis est la même chose que Socrate)[1]. C'est le cas également au livre Δ, chapitre 9, de la *Métaphysique*, où les choses qui sont dites par soi les mêmes sont celles dont la matière est une par le nombre ou par l'espèce et celles dont l'essence est une (1018a 5-7) ; ces critères sont aussi ceux des choses dites unes par soi[2].

Or, une particularité du chapitre Δ 6 est de mentionner, à côté des choses dites unes selon les critères qu'on vient de décrire, d'autres choses qui sont dites unes secondairement par rapport à celles-là :

> La plupart donc sont dites unes du fait de produire ou de posséder ou de subir ou d'être en relation avec une autre chose une, mais les choses dites unes premièrement sont celles dont l'être est un, soit par la continuité, soit par l'espèce soit par l'énoncé, car nous comptons comme plusieurs celles qui ne sont pas continues ou dont l'espèce n'est pas une ou dont l'énoncé n'est pas un. (1016b 6-11).

Ces nouveaux critères ne sont pas assimilables à l'un par accident, car nous avons vu que celui-ci désignait l'identité d'une chose avec ses attributs ou l'identité des attributs d'une même chose. Ici, au contraire, des choses sont dites unes à cause du rapport qu'elles entretiennent avec une chose une. Ce passage n'est pas isolé, mais on trouve pour d'autres prédicats la même dépendance à l'égard des critères premièrement établis :

> Parmi celles qu'on a dites, la première nature et celle qui est proprement dite est l'essence des choses qui possèdent en elles-mêmes, en tant que telles, le principe de mouvement ; car la matière est dite nature du fait d'être réceptrice de celle-là, et les générations

1. *Topiques*, I 7, 103a 6-39. Même Leszl (1970, p. 106) reconnaît que, dans ce passage, la plurivocité de « ταὐτό » représente une multiplicité d'applications sans différence de significations.

2. Le chapitre Δ 6 consacré à la plurivocité de l'un semble une version plus ancienne, résumée et complétée par I 1. En effet, si les mêmes significations de l'un s'y retrouvent, il s'étend davantage sur l'un par accident (voir chapitre précédent), seulement cité en I 1, et développe dans les moindres détails l'un par continuité sur lequel I 1 passe rapidement. Il mentionne en outre la gradation habituelle entre les unités par le nombre, par l'espèce, par le genre et par analogie. Cf. aussi, proche de Δ 6, *Phys.* I 2, 185b 7-8 : « On appelle un soit le continu soit l'indivisible soit les choses dont l'énoncé est le même et dont l'être initial est un, comme le jus fermenté et le vin. »

> et épanouissements, du fait d'être des mouvements à partir de celle-là. (Δ 4, 1015a 13-17).
>
> Les autres choses sont dites contraires soit du fait de posséder de tels contraires, soit du fait de pouvoir les recevoir, soit du fait de pouvoir les produire ou les subir, ou de les produire ou les subir, ou d'en être des pertes ou des acquisitions, ou des possessions ou des privations. (Δ 10, 1018a 31-35).
>
> Les autres choses sont dites parfaites selon celles-là (κατὰ ταῦτα), du fait de produire ou d'avoir quelque chose de tel ou de s'accorder à quelque chose de tel ou d'être dites d'une autre manière quelconque en rapport avec les choses dites parfaites de la première façon. (Δ 16, 1022a 1-3).

Dans tous ces cas, les rapports sont de production/passion ou de possession/privation ou de relativité. Or, les mêmes expressions sont utilisées au livre Γ, à propos de l'un et de ses espèces telles que le même, le semblable et l'égal, pour justifier l'unité πρὸς ἕν de ces prédicats[1]. Il en résulte que l'ensemble des notions de type hénologique pouvant s'attribuer à des étants de toutes catégories (et peut-être pour d'autres notions non strictement hénologiques), ont une plurivocité de type synonymique pour leurs divisions sémantiques immédiates et uni-référentielle pour leurs usages médiatisés par celles-là mais non accidentels.

« Bon »

Une dernière notion du même type est le terme « bon », entendu au sens où, comme la mesure, il distingue une réalité dans chaque genre en lui accordant un statut privilégié par rapport aux autres[2]. En ce sens, il se trouve par analogie dans tous les genres des étants :

> Dans chaque catégorie de l'étant se trouve l'analogue : comme le droit se trouve dans la longueur, ainsi le plane se trouve dans la surface, et probablement dans le nombre l'impair et dans la couleur le blanc. (N 6, 1093b 18-21).

Cependant, dans les Ethiques, la multiplicité et l'hétérogénéité des sujets auxquels il peut s'attribuer est un argument contre la possibilité d'une science unique de toutes les choses bonnes ; et on utilise souvent la comparaison qui y est faite avec la plurivocité de l'étant pour pointer la contradiction avec l'affirmation d'une science générale de l'étant au livre Γ

1. Δ 2, 1004a 28-31 ; cf. chapitre V.

2. A côté de cette signification, le bon a également un sens plus universel, quand on l'identifie à la cause finale de chaque chose. Mais ce n'est pas à propos de cette signification que s'interroge longuement Aristote, car elle relève de l'étude des causes et principes, réalisée ailleurs.

de la *Métaphysique*. L'enjeu de la question étant considérable, il faut suivre de très près le raisonnement.

Au premier livre de l'*Ethique à Nicomaque*, Aristote annonce qu'il cherche à établir la science de la finalité dernière de l'homme, qui est le bonheur, et que cette science, la plus haute parmi les sciences pratiques, est la science politique. L'enquête doit commencer par la définition de son objet, à propos duquel différentes opinions existent, dépendant des différentes conceptions de ce qui est bon et apte à procurer le bonheur. Or, parmi les sages, certains estiment que la meilleure méthode pour dépasser la diversité des opinions est de partir de l'universel, c'est-à-dire de définir le bon général auquel participent tous les bons particuliers (I 4, 1096a 11-17). Dans toute la suite du chapitre, Aristote s'attache à réfuter qu'il s'agisse de la meilleure méthode. Il commence par reprocher aux Platoniciens qui la défendent de contredire leur propre doctrine à propos des universels :

> Ceux qui ont introduit cette opinion ne concevaient pas d'idées dans les choses où, disaient-ils, se trouvait l'antérieur et postérieur, c'est pourquoi ils n'imaginaient pas d'idée même des nombres. Or, le bon se dit et dans l'essence et dans la qualité et dans le relatif, et le par soi et l'essence sont antérieurs par nature au relatif (car il ressemble à un accessoire et à un accident de l'étant), de sorte qu'il n'y aurait pas non plus d'idée commune pour ceux-là. (1096a 17-23).

Ainsi donc, d'après la théorie platonicienne elle-même, il ne devrait pas exister d'idée du bon. Mais il semblerait que d'après la théorie aristotélicienne des catégories, il soit également impossible de concevoir un bon en général, car on trouve l'attribut « bon » dans tous les genres de l'étant :

> En outre, puisque le bon se dit d'autant de façons que l'étant (car il se dit dans la substance, par exemple le dieu et l'intellect, et dans la qualité, les vertus, et dans la quantité, le mesuré, et dans le relatif, l'utile, et dans le temps, le moment propice, et dans le lieu, le séjour profitable, et de même pour les autres), il est clair qu'il ne pourrait être quelque chose de commun, universel (καθόλου) et unique ; car il ne se dirait pas dans toutes les catégories mais dans une seule. (1096a 23-29).

Avant d'analyser ce passage célèbre, parcourons la suite du texte, qui demande moins d'explications. Un troisième argument, toujours pour réfuter la possibilité d'une définition générale du bon, est que :

> En outre, puisque des choses conformes à une idée la science aussi est une, de tous les bons il y aurait une seule science [scil. si les

> bons étaient conformes à une idée], or il y en a plusieurs, même sous une seule catégorie ; par exemple, la science du moment propice est, dans la guerre, la stratégie, dans la maladie, la médecine ; celle du modéré est, dans la nourriture, la médecine, dans les efforts, la gymnastique. (1096a 29-34).

Ainsi, un nouveau refus d'une idée du bon se base sur le fait qu'il n'y en a pas une seule science. Quant à la multiplicité des sciences, elle est montrée d'une manière empirique, par diverses illustrations exclusivement dans le domaine pratique. Il est important pour notre propos de noter que les objets des multiples sciences sont les choses diverses qui peuvent recevoir l'attribut « bon », et qu'il n'est pas question d'une science de la notion elle-même. Cependant, une telle étude conceptuelle se révèle impossible si l'on veut que le mot signifie l'essence d'un étant particulier ; en effet, si le même mot indique une essence dans chaque catégorie des étants, ce ne peut être que par homonymie.

Suivent encore d'autres arguments contre la théorie des idées, qui aboutissent à la conclusion que « le bon n'est pas quelque chose de commun selon une idée ». Comment expliquer dès lors cette attribution du même mot dans tous les domaines ? Peut-il s'agir d'une pure coïncidence ? Ou bien y a-t-il malgré tout une raison d'utiliser le même mot ? Ces questions sont renvoyées à une autre philosophie, de même que l'enquête sur les idées, d'après la constatation que chaque praticien exerce son métier correctement en ignorant tout de l'idée du bon (1097a 8-11). Il est intéressant de voir en quels termes Aristote évoque les possibilités d'unité du bon :

> Mais comment se dit-il donc ? Car il ne ressemble pas aux homonymes dus au hasard. Est-ce donc du fait que tous soient à partir d'une chose ou contribuent à une chose, ou plutôt par analogie ? Car, comme dans le corps il est la vue, dans l'âme l'intellect, il est aussi autre chose dans autre chose. (1096b 26-29).

L'hypothèse de l'analogie est clairement favorisée, non seulement par le mot « μᾶλλον » mais aussi par les exemples où il se révèle tel. A propos des deux autres types d'unification, il faut remarquer, d'abord, que « πρὸς ἕν » est complément du verbe « συντελεῖν », alors que partout ailleurs il ne se trouve associé qu'à « λέγεσθαι » (j'en propose une explication ci-dessous), ensuite que « ἀφ'ἑνός » et « πρὸς ἕν » sont articulés par une disjonction, qui n'est pas nécessairement exclusive, mais qui rend en tous cas non nécessaire la corrélation des deux en une seule forme d'unité.

Revenons à présent à l'argument qui utilise la présence du bon dans toutes les catégories. Pour saisir le type de plurivocité du mot, il faut déterminer selon quel statut il est prédiqué de ses divers sujets et avec quelle(s) signification(s). Différentes hypothèses ont été avancées. Selon

Joachim [1], lorsque « bon » est prédiqué de Dieu, il constitue sa substance et est donc une prédication dans la catégorie de la substance; lorsqu'il est prédiqué de l'utile, il indique une relation essentielle et est donc prédiqué sous la catégorie du relatif. Hardie [2] se dit d'accord avec cette interprétation, et insiste sur le fait que le prédicat « bon » doit exprimer une partie de l'essence du sujet, de sorte qu'inévitablement il se trouve dans la même catégorie que celui-ci. Puisque donc il signifie des essences de différentes catégories de l'étant, il est nécessairement homonyme. Mais c'est précisément là l'écueil qu'Aristote veut éviter : comme l'a bien vu Ackrill [3], cette hypothèse est impossible, du fait que le prédicat « bon » ne peut être ni le genre ni la différence de ses divers sujets. D'une part, il ne peut en être le genre, car il est évident que Dieu, la vertu, le modéré, etc. n'ont pas le même genre. D'autre part, s'il en était la différence ou une partie de la différence, il déterminerait ainsi des espèces telles que le modéré dans le genre des quantités ou l'utile dans le genre des relatifs, de sorte que son homonymie serait incontournable. Or, poursuit Ackrill, il ne semble pas que « modéré » et « utile » soient des espèces de la quantité et de la relation, et, même si on l'admettait, l'homonymie ne serait pas prouvée, car Aristote n'a jamais dit clairement que la différence ne peut être prédiquée dans plusieurs catégories avec la même signification.

Une autre hypothèse, émise par Kosman [4], est que chaque exemple cité par Aristote n'est pas un sujet de « bon » mais un prédicat, dans lequel se trouve implicitement la prédication « bon ». En effet, de même qu'on peut remplacer tout verbe par « ἐστι » et un participe (selon *Métaph.* Δ 7, 1017a 27), de même on pourrait remplacer tout exemple de bonté par « bon » suivi de la catégorie dans laquelle on se place; par exemple, « to say of something that it is virtuous or is a virtue is a way of predicating good, relative to the category of quality » (p. 174). Par conséquent, de même que l'être, le bon a des sens radicalement différents, à cause des différentes catégories. Cette interprétation est également combattue par Ackrill, car elle n'explique toujours pas pourquoi ce prédicat « déguisé » ne peut être univoque : la doctrine des catégories n'interdit pas que des termes de différentes catégories servent d'exemple pour la même propriété. La proposition de Ackrill est que le bon n'est pas une qualité unique commune, parce qu'il est motivé par une raison différente pour différentes choses : telle chose est dite bonne parce qu'elle est dieu ou parce qu'elle est vertu, etc. (cf. les justifications fréquentes des plurivoques par τῷ ou ὅτι).

1. H.H. Joachim, 1951, p. 41.
2. W.F.R. Hardie, 1968, p. 57-58.
3. J.L. Ackrill, 1972.
4. L. A. Kosman, 1968.

De cette manière, « the account (λόγος) of the predicate – the explanation of what in the different cases it conveys or what justifies its application – varies from example to example » (p. 23). Autrement dit, Ackrill fait du prédicat « bon » une propriété par soi nécessaire de chacun des sujets cités, c'est-à-dire découlant de l'essence même de ces sujets. Si une telle propriété est un propre, c'est-à-dire se réciproque exclusivement de son sujet, alors « bon » doit avoir une signification différente pour chacun.

Contre l'interprétation de Ackrill, McDonald[1] a estimé qu'en appeler à différents critères ne prouve toujours pas l'homonymie, mais son argumentation n'est pas contraignante. En effet, le premier contre-exemple qu'il donne est que le mot « chaud » peut s'attribuer avec la même définition suivant différents critères : pour la vapeur, sa substance, pour le feu, sa couleur, pour l'eau bouillante, son action ; or il reconnaît lui-même qu'il ne s'agit là que de critères épistémologiques, par lesquels se manifeste la propriété, et non de critères métaphysiques, par lesquels la propriété est possédée, et auxquels faisait référence Ackrill[2]. Son deuxième argument est que le mot « plaisant », qui qualifie un repas tant du fait de son goût que du fait de sa quantité modérée ou de son moment opportun, n'est pas pour autant homonyme. Mais remplacer « bon » par « plaisant » n'est pas éclairant car le soupçon d'homonymie se pose tant sur l'un que sur l'autre.

La difficulté de l'interprétation montre qu'il faut avant tout déterminer selon quel prédicable le bon se trouve dans chaque catégorie. Il est clair qu'il ne peut être attribué comme genre, car il n'exprime l'essence d'aucun des sujets cités mais une qualité ; en outre, tous ces sujets ont autre chose comme genre et ne peuvent en avoir deux[3]. Le texte même de l'*Ethique à*

1. S. McDonald, 1989, en particulier p. 158-159.

2. On trouve chez Aristote lui-même un exemple de distinction des manifestations diverses d'une même qualité : dans *Parties des Animaux*, II 2, il expose une controverse sur la question de savoir quels animaux sont plus chauds que les autres, et il attribue la difficulté au fait que « plus chaud » se dit de plusieurs façons (648a 36), car sont dits plus chauds : 1. ce par quoi la chose en contact est davantage chauffée ; 2. ce qui produit une plus grande sensation au toucher ; 3. ce qui peut davantage brûler et consumer ; 4. ce qui est en plus grande quantité ; 5. ce qui est chauffé plus vite ou ce qui est chauffé lentement mais refroidit lentement (648b 12-23). Toutes ces façons d'être plus chaud ne peuvent appartenir à la même chose, mais l'une est caractéristique de la flamme, l'autre de la vapeur, etc. (648b 25-35). Différentes réalités sont donc dites plus chaudes selon des critères différents, mais ces différences se trouvent dans la réalité qui reçoit l'attribut et non dans la définition de l'attribut ; de même que l'animal est le même genre, attribué à l'homme ou au bœuf, la chaleur est la même propriété, attribuée à la flamme et à la vapeur.

3. Cf. respectivement *Top.* IV 1, 120b 21-29 et IV 2, 121b 24-30. Cf. aussi la mise en garde contre la confusion du genre et de la différence : la stupéfaction est un étonnement excessif et non un excès d'étonnement (IV 5, 126b 13-33). Selon ce modèle, il est clair que la vertu n'est pas un bon dans la qualité mais éventuellement une qualité (une ἕξις) bonne.

Nicomaque réfute une telle éventualité par l'affirmation que le bon ne pourrait être quelque chose de commun, attribué à tous et un (1096a 28 : οὐκ ἂν εἴη κοινόν τι καθόλου καὶ ἕν). Autrement dit, le bon ne peut être le genre des choses bonnes, sinon celles-ci se trouveraient toutes dans la même catégorie. Pour la réfutation contre les Platoniciens, le raisonnement peut s'arrêter là ; de même, pour l'introduction au caractère pratique et non définitionnel de l'ouvrage : il est suffisamment établi qu'on peut étudier les vertus sans savoir préalablement ce qu'est le bon en général. Pour reconstituer la conception théorique d'Aristote, il nous faut chercher des éléments ailleurs. On peut éliminer d'emblée l'hypothèse que le bon soit un accident, car, pour chacun des cas cités, il est un attribut permanent. Il reste à déterminer s'il est seulement un attribut par soi, déduit de l'essence de ses sujets, ou s'il fait partie de leur essence, comme différence. Cette dernière possibilité est affirmée dans les *Topiques* à propos de la vertu : l'*hexis* indique *ce qu'est* la vertu, tandis que le bon indique *comment* elle est[1]. Les autres règles définissant la différence lui conviennent : il n'est pas attribuable au genre, qui a plus d'extension ; le genre ne lui est pas attribuable mais s'attribue aussi aux mêmes choses que lui ; l'espèce ne lui est pas attribuable car il a plus d'extension qu'elle[2] ; enfin, il se distingue de l'affection, en ce que, sans la détermination qu'il apporte, l'espèce serait impossible[3]. Il n'y a qu'une exigence à laquelle il ne répond pas, et c'est le fait qu'une différence ne peut être la même pour plusieurs genres que s'ils sont placés sous un même genre plus large[4]. Or, ce n'est pas le cas du bon puisque l'étant n'est pas un genre ; par conséquent, si l'on respecte les contraintes logiques de la théorie de la différence, le bon doit signifier autre chose dans chaque genre. Cependant, d'un point de vue strictement sémantique, on ne peut nier la parenté de la détermination apportée par

1. *Top.* VI 6, 144a 9-22.
2. *Id.*, 144a 28-b 11.
3. *Id.*, 145a 3-12.
4. *Id.*, 144b 12-30. Rien n'empêche qu'une différence soit attribuée dans d'autres genres non subordonnés, non plus comme différence mais comme un autre prédicable ; mais si on pose que le bon est toujours attribué comme différence, il a nécessairement plusieurs significations. Ceci répond à la deuxième objection de Ackrill contre l'hypothèse du statut différentiel du bon. Quant à sa première objection, que certains exemples cités par Aristote ne semblent pas être des espèces, je pense qu'on peut y répondre de la manière suivante : le modéré et l'utile ne sont pas directement une quantité et un relatif mais plutôt des attributs des quantités et des relatifs, c'est-à-dire une quantité et un relatif par accident. Autrement dit, ils n'expriment l'essence d'aucune quantité ou relatif mais expriment une qualité de ceux-ci. Par conséquent, l'espèce définie par la différence spécifique « bon » est une espèce de qualité des quantités ou des relatifs.

l'attribut dans chaque genre[1]. Cette parenté est même la cause, et non la conséquence, du rapport analogique entre les réalités bonnes de chaque genre. Il faut remarquer, en effet, que ce n'est pas en tant que différence que le bon est analogue dans chaque genre, car les exemples de son analogie en 1096b 29 sont « la vue dans le corps » et « l'intellect dans l'âme », or ce qu'il y a de commun entre les deux cas n'est pas le type logique de chacun des rapports d'inclusion mais la valeur relative accordée à une des parties. C'est parce que la vue est ce qu'il y a de meilleur dans le corps et l'intellect ce qu'il y a de meilleur dans l'âme, qu'ils sont dits bons. Le bon est donc la qualité d'une chose, qui la rend éminente et préférable par rapport aux autres choses d'un tout donné. Il est un prédicat de nature qualitative, attribué par soi à une multiplicité de sujets mais ne se trouvant dans l'essence d'aucun d'eux, si ce n'est, peut-être, dans l'essence de la vertu. Ceci révèle que l'analogie est un procédé qui ne sert pas à unifier différentes significations d'un mot mais bien à unifier différentes réalités en vertu d'une propriété qu'elles partagent. Qui plus est, le passage qui évoque l'analogie envisage aussi les autres unités comme celles de choses et non de noms : ainsi, l'expression πρὸς ἕν συντελεῖν évoque la possibilité d'unifier différentes choses bonnes en fonction d'une fin commune, ce qui n'équivaut pas à la possibilité logique de trouver le même terme dans différentes définitions d'un mot (πρὸς ἕν λέγεσθαι)[2]. Or, la signification de cette expression comme « contribuer à une seule chose » se retrouve dans la théorie de l'enchaînement des fins et des moyens, développée à propos du bon dans l'*Ethique à Eudème*. Il est donc temps d'examiner la question dans cet ouvrage.

Dans l'*Ethique à Eudème*, au chapitre 7 du premier livre, Aristote annonce également qu'il cherche ce qu'est le bonheur, reconnu comme le plus grand et le meilleur des biens humains (1217a 20-22). Après avoir

1. On ne peut que partager l'interrogation de Aubenque (1962, p. 179, note 3) : « Peut-on soutenir sérieusement qu'il n'y a rien de commun entre l'occasion, la juste mesure, le séjour favorable, par exemple ? »

2. Cette distinction est très rarement faite. Voir l'appui de Berti (1971, p. 180) à ceux qui la négligent ou la refusent. Fortenbaugh (1966, p. 188-189) a émis l'hypothèse que, loin de faire référence à la « signification focale », l'expression συντελεῖν εἰς ou πρός pouvait signifier « appartenir à » et désigner ici l'appartenance de tous les bons à un genre. Cependant, pour formuler cette hypothèse, il se fonde sur l'identification faite par Simplicius, entre les « homonymes ἀφ'ἑνὸς καὶ πρὸς ἕν λεγόμενα et les « homonymes ἐγγὺς γένει » de *Physique*, 249a 25, dont Fortenbaugh tire la conséquence que l'unité formée par la conjonction de ἀφ'ἑνός et de πρὸς ἕν συντελεῖν équivaut à l'unité générique. Or, cela implique deux erreurs d'interprétation : d'abord, considérer les πρὸς ἕν comme homonymes, ensuite comprendre le rapport de genre à espèce comme une homonymie ἐγγὺς γένει. En outre, le passage des *Part. Anim.* (667b 22) qu'il invoque comme parallèle, contient ces expressions au sens de « partir de » et « aboutir à » et non au sens de « appartenir à ».

justifié l'adjectif « humain » (a 22-30), il exclut de la présente recherche les biens qui ne sont pas réalisables (πρακτά) par l'homme (a 30-35). Enfin, parmi les réalisables, les uns sont des moyens, les autres des fins (a 35-39). En conclusion du chapitre, il estime clair que le bonheur est le meilleur des réalisables humains. Le chapitre 8 enchaîne aussitôt qu'il faut chercher ce qu'est le meilleur (1217b 1). Or, il y a trois opinions à son propos, partant toutes du fait qu'il est le bon lui-même (αὐτὸ τὸ ἀγαθόν), c'est-à-dire le premier des bons et la cause de la présence du bon chez les autres. Ces deux conditions sont revendiquées d'abord par l'idée du bon (b 2-16). Il appartient à une autre étude d'examiner cette opinion, mais on peut en parler en résumé (συντομῶς) (b 16- 1218a 15). Au sein de cette réfutation, dont j'envisage plus loin les extraits les plus importants, est signalée une variante plus récente de la théorie des idées, qui, au lieu de partir de la définition, part de ce qui est généralement reconnu comme bon, pour montrer que les choses bonnes telles que la santé, la force, la tempérance, sont bonnes parce qu'elles sont des ordres et des nombres et parce qu'elles tendent toutes vers l'un, qui est par conséquent le bon lui-même. Cependant, Aristote estime leur démonstration erronée car toutes choses tendent vers leur propre bien et non vers un seul (a15-33).

La conclusion de cette première hypothèse est que le bon lui-même est inutile pour la politique qui, comme les autres sciences, a besoin d'un bon propre, et en outre n'est pas réalisable (a 33-38). Une deuxième hypothèse est réfutée pour les mêmes raisons : le bon commun, outre qu'il n'est même pas un bon lui-même[1], n'est pas réalisable car chaque science pratique (τέχνη) réalise son bon propre (1218a 38-b 4).

La troisième hypothèse se limite d'emblée au domaine des seuls bons réalisables, c'est-à-dire les fins, parmi lesquelles la meilleure est le bon lui-même car elle satisfait les deux conditions : elle est le premier des bons et elle est cause des bons subalternes (b 6-12). Elle en est cause au sens où, une fois définie la fin, on en déduit les moyens. Au contraire, les moyens sont causes motrices de la fin et comme tels causes de l'existence de la fin – mais pas causes du fait que la fin est bonne, car c'est là un principe et un indémontrable (b 16-24). Par conséquent, c'est à propos de ce meilleur-là, au sens de la fin pour l'homme et du meilleur réalisable, qu'il faut chercher en combien de façons il se dit. Autrement dit, il reste à examiner quelles sont les multiples fins dernières de l'action humaine.

Plusieurs observations sont nécessaires à la compréhension de ce chapitre. D'abord, l'objet de la recherche a déjà été défini au chapitre

1. Car il ne remplit aucune des deux conditions, n'étant pas premier mais général et n'étant pas cause des autres bons ; il est admis par Aristote comme propriété commune, mais exclu de sa recherche présente car non pratique.

précédent : il s'agit du bonheur, le meilleur des réalisables humains. Pourtant, avant d'entrer dans le vif du sujet (ce qui débutera avec le livre II), il reste à affronter une objection : le bonheur est-il la seule chose qui puisse prétendre à ce titre ? Car il y a d'autres choses qui peuvent être appelées meilleures, si l'on prend comme critère du meilleur – et Aristote l'accepte jusqu'au bout – le fait d'être un « bon lui-même ». Le raisonnement établira que les deux autres candidats à ce titre, l'idée du bon et le bon commun, non seulement ne satisfont pas aux critères du bon lui-même, mais en outre sont inutiles pour la recherche du bonheur car ils ne sont pas réalisables : « ni l'idée du bon ni le commun ne sont le bon lui-même tel que nous le cherchons » (τὸ ζητούμενον, 1218b 7-8). On voit que le « bon lui-même » que cherche Aristote n'est pas à comprendre comme le « bon lui-même » platonicien : ce n'est pas une nature dont l'essence est exclusivement le bon[1]. La manière dont il l'attribue aux fins montre qu'Aristote entend par « bon « αὐτό » » ce qu'il appelle ailleurs le bon καθ'αὑτό, c'est-à-dire un prédicat qui appartient par soi à son sujet, en vertu de sa propre nature et non par l'intermédiaire d'autre chose, comme c'est le cas pour les moyens qui sont bons par l'intermédiaire des fins. Pourquoi, dès lors, cette utilisation d'une expression platonicienne au lieu de l'expression habituelle ? Certains y ont vu une anomalie, une preuve de l'ancienneté du traité. J'y vois plutôt un procédé intentionnel destiné à retourner contre les Platoniciens leurs propres vocables, en s'appropriant ce dont ils faisaient la clé de voûte de leur conception.

Une deuxième observation est que, si l'existence même de l'idée est brièvement mise en doute (1217b 20-24), l'existence du prédicat commun non séparé ne l'est pas ; rien n'est dit sur le bien-fondé de conserver une appellation commune ni sur le statut logique qu'elle peut avoir par rapport aux bons propres – en un mot, ce n'est pas l'objet de ce traité[2].

Troisièmement, les fins sont, par rapport aux moyens, causes à la fois de l'attribution à ceux-ci du prédicat « bon » (cause logique) et de la

1. N'ayant pas vu cela, mais impressionné par ce vocabulaire apparemment platonicien, D. B. Robinson (1971, p. 190) comprend la recherche d'Aristote dans l'*Ethique à Eudème* comme dirigée vers une fin unique et suggère une évolution de sa pensée vers la conception des multiples fins humaines qu'on trouve dans l'*Ethique à Nicomaque*. E. Berti (*id.*, p. 195) lui répond que les fins sont déjà multiples dans l'*Eth. Eud.*, mais il ne donne aucune explication de l'expression « bon en soi ».

2. Pour E. Berti (1971, p. 160), ce ne peut être que l'objet de la dialectique, car Aristote n'étudie pas non plus l'unité du bon dans la *Métaphysique*. L'argument n'est pas très convaincant : le fait que nous n'en ayons plus de trace ne prouve pas qu'Aristote n'a pas eu l'intention de mener cette étude, ou même ne l'a pas réalisée dans une partie perdue. Mais surtout, la question de l'unité est considérée par Aristote comme éminemment philosophique et comme traitée d'une manière insuffisante par la dialectique.

propriété réelle qu'ils possèdent (cause naturelle ou ontologique) – mais pas, bien entendu, de ce qu'ils sont chacun par ailleurs. Il y a donc bien une justification partielle du prédicat commun : pour l'ensemble des moyens dirigés vers la même fin, par exemple la santé, le prédicat est synonyme car il possède une seule signification, « utile à la santé » (1218b 20). Il faut insister sur le fait qu'il s'agit d'une véritable synonymie et non d'une unité πρὸς ἕν[1], car cette dernière s'établit entre des significations partiellement différentes du prédicat, par exemple, entre « utile à la santé » et « qui témoigne de la santé » et « qui possède la santé ». En revanche, le bon attribué aux fins par soi que sont la santé, l'intelligence, etc., possède une signification générique dont chaque fin peut recevoir une espèce appropriée – mais ces espèces sont anonymes. Et s'il est vrai que ces fins constituent toutes elles-mêmes des moyens pour parvenir au bonheur, fin ultime, elles ne se définissent pas comme bonnes à cause de ce rapport avec le meilleur – sinon elles ne seraient pas choisies pour elles-mêmes et ne seraient pas des fins mais seulement des moyens ; or, le contraire est affirmé déjà dans l'*Ethique à Nicomaque* :

> Nous choisissons (le bonheur) toujours à cause de lui-même et jamais à cause d'autre chose, tandis que nous choisissons l'honneur, le plaisir, l'intelligence et toute vertu à cause d'eux-mêmes (car même si rien n'en découlait, nous choisirions chacun d'eux), et nous les choisissons aussi en vue du bonheur, partant du principe que nous serons heureux grâce à eux. Mais personne ne choisira le bonheur en vue de ceux-là, ni en général à cause d'autre chose. (*Eth. Nic.* I 5, 1097b 1-6).

E. Berti voit dans ce passage une indication que toutes les fins sont reliées entre elles par signification focale[2]. Mais pour que cela soit vrai, il faudrait que la définition de chacune des fins comporte une référence au bonheur, or ce n'est pas le cas, car chaque chose est dite fin en vertu de sa

1. Comme l'ont écrit D. B. Robinson (1971, p. 193), E. Berti (*id.*, p. 170 et 181) et même W. W. Fortenbaugh (1966, p. 192-193), qui s'oppose néanmoins aux deux prédécents sur la présence de cette unité entre les fins ultimes (1975, p. 61, note 9). E. de Strycker assimile également à l'unité *pros hen* le rapport entre l'attribution du mot « bon » aux fins et aux moyens dans le fr. 14 du *Protreptique* (§ B 82 Düring). Or, si le texte dit qu'on peut accorder de préférence (μᾶλλον) le même prédicat à la chose qui le possède par sa propre nature, en revanche l'affirmation de de Strycker, que la signification du prédicat est différente dans les deux cas, repose, d'une part, sur une modification qu'il introduit dans le texte, d'autre part, sur une interprétation en ce sens de la doctrine des Ethiques (1968, p. 605-617).

2. 1971, p. 181. Le problème du rapport logique entre les fins par soi et le bonheur n'est pas posé comme tel dans l'*Eth. Eud.*, même si le dernier chapitre de l'ouvrage définit la vertu la plus parfaite, la καλοκἀγαθία, comme l'utilisation de tous les biens naturels vers le meilleur but, qui est l'étude du divin. Il n'y a là aucune solution au problème de la plurivocité du bon.

propre essence et indépendamment du bonheur que, par ailleurs, elle favorise. C'est pourquoi, la thèse de Fortenbaugh est plus probable, que les suggestions d'unité du mot « bon » formulées en *Eth. Nic.* 1096b 26-28 conviennent aussi à la plurivocité des fins dernières[1]. Autrement dit, c'est par analogie que des choses diverses reçoivent les prédicats « bon » et « fin », non pas comme une partie de leur essence mais comme une conséquence nécessaire de celle-ci. Mais, comme je l'ai déjà signalé, l'analogie ne garantit pas la synonymie d'un terme, de sorte qu'il faut chercher plus loin l'explication ultime.

Dans l'*Ethique à Eudème*, c'est également à l'occasion de la réfutation de l'idée du bon qu'Aristote évoque le plus explicitement la plurivocité du mot :

> S'il faut en parler en un mot, nous disons que d'abord, le fait qu'existe une idée non seulement du bon mais aussi de quoi que ce soit d'autre, est dit d'une façon verbale et vide; on l'a examiné de plusieurs manières et dans les discours exotériques et dans ceux de la philosophie. Ensuite, si même, au mieux, existent les idées et l'idée du bon, elle ne serait jamais utile ni pour la vie bonne ni pour les actions. En effet, le bon se dit de plusieurs façons et d'autant de façons que l'étant, car l'étant, comme on l'a déterminé ailleurs, signifie l'essence et la qualité et la quantité et le temps, et, outre cela, une chose dans l'être mû et une autre dans le mouvoir; et le bon se trouve dans chacune de ces variations (πτώσεων) : dans la substance l'intellect et le dieu, dans la qualité le juste, dans la quantité le modéré, dans le temps le moment propice, l'enseignant et l'enseigné pour le mouvement. De même donc que l'étant n'est pas une seule chose rassemblant les choses citées (περὶ τὰ εἰρημένα), ainsi le bon non plus, et il n'y a une seule science ni de l'étant ni du bon. Mais même les choses dites selon la même figure ne sont pas à étudier par une seule, par exemple le moment propice ou le modéré, mais une autre étudiera un autre moment propice et une autre un autre modéré, par exemple, pour la nourriture, la médecine et la gymnastique étudient le moment propice et le modéré, et pour les actions guerrières, la stratégie, et ainsi toujours une autre pour une autre action, de sorte qu'il appartient en vain à une seule d'étudier le bon lui-même. (I 7, 1217b 19 – 1218a 1).

Suivent les mêmes arguments que dans l'*Ethique à Nicomaque* : il n'existe pas quelque chose de commun et de séparé (c'est-à-dire une idée) dans les domaines où se trouve l'antérieur et postérieur ; on ne voit pas d'où l'idée tire son statut supérieur ; l'idée n'est en rien utile à la vie pratique. Il

1. 1966, p. 194. Il ne choisit pas entre ce qu'il appelle l'unité générique et l'unité par analogie.

y a donc deux types d'arguments dans cette violente diatribe, l'un dirigé contre l'existence des idées, l'autre soulignant, même si elles existent, leur inutilité pour la pratique. Le passage qui nous intéresse principalement, où est affirmée la plurivocité du bon et de l'étant et l'absence corollaire d'une seule science pour les étudier, appartient à ce deuxième développement, et il se situe entièrement du point de vue des sciences pratiques. L'objet du traité étant la science pratique politique, un premier souci d'Aristote est de se débarrasser d'une exigence de connaissance théorique, et surtout de se débarrasser des prétentions de la dialectique à fournir, en tant que science universelle, les principes des sciences particulières. C'est le sens de la dernière phrase du passage cité : si la dialectique veut étudier le bon lui-même, qu'elle le fasse, mais ce ne sera d'aucune utilité pour les sciences particulières qui doivent chercher leur bon propre. Les interprètes sont de plus en plus nombreux à refuser de conclure à partir de là que toute forme de science du bon ou de l'étant en général est à jamais impossible, contrairement à ce que cherche à établir la *Métaphysique*[1]. Cependant, l'affirmation ne pourrait être plus explicite : « il n'y a une seule science ni de l'étant ni du bon ». Le tout est de savoir ce qu'Aristote entend à cet endroit par « étant » et par « bon ». Ce ne sont plus les idées. Mais ce ne peuvent être non plus les mots eux-mêmes comme plurivoques, car nulle part Aristote ne met en doute la connaissance des significations, la considérant au contraire comme la condition de tout discours[2]. En fait, il utilise ici l'étant comme l'ensemble des choses qui sont, et le bon comme l'ensemble des choses qui sont bonnes, de telle sorte que la science qui prétendrait les connaître dans leur ensemble connaîtrait à elle seule toute la réalité. Et c'est pour cette raison qu'il emploie l'expression « περὶ τὰ εἰρημένα » et non « κατὰ τῶν εἰρημένων », laissant ouverte la possibilité d'une étude du prédicat commun. On trouve la même allusion dans la version des *Magna Moralia*. Celle-ci est, pour le reste, de peu d'utilité, car elle ne distingue, à côté de l'idée du bon, que le bon entendu comme « le meilleur dans chacun

1. Cf. E. Berti (1971, p. 162), qui s'oppose notamment à Cherniss (1944), à Owen (1960) et à Düring (1966), en défendant la possibilité, selon lui déjà implicitement présente dans l'*Eth. Eud.*, d'unifier les multiples significations du bon par « focal meaning ». De son côté, G. Verbeke (1971, p. 149) estime qu'Aristote admettrait une science du bon en tant que bon, comparable à la science de l'étant en tant qu'étant, mais qu'il ne veut pas l'envisager dans un traité d'éthique. D. J. Allan (1964) considère également que dans l'*Eth. Nic.* « there is no pretence of showing that there could not be a single science of goods, if some subtler analysis of « good » were offered » [sc. « than the Platonic one »]. Il estime qu'Owen a tort d'opposer l'*Eth. Eud.* à la *Métaphys.*, d'abord parce que la première lui semble présupposer la doctrine métaphysique, ensuite parce que l'inexistence d'une science unique du bon et de l'étant est un fait constaté, non une impossibilité. La même opinion est soutenue par M. Zingano (1997, p. 335, note 2).

2. Cf. *Métaphysique* Γ 4.

des étants, c'est-à-dire ce qui est préférable en raison de sa propre nature » (I 1, 1182b 5-12). Cependant, elle laisse entendre que, s'il n'appartient à aucune science particulière de définir sa propre fin, une autre discipline pourrait étudier ce qu'est le bon :

> Aucune science et aucune discipline (δύναμις) ne dit de sa propre fin qu'elle est le bon. Mais il appartient à une autre discipline d'étudier cela. Car ni le médecin ni l'architecte ne dit que la santé ou la maison est le bon, mais que l'un produit la santé, et comment il la produit, et l'autre la maison. (1182b 22-27).

Je pense que cette discipline se trouve précisément dans l'ouvrage appelé *Métaphysique*, et qu'elle a pour tâche la détermination des concepts logiques et ontologiques nécessaires à l'intelligibilité de tout domaine du réel. Elle est une ontologie au sens où ces déterminations sont celles de l'étant, mais pas au sens où elle étudierait directement les étants ; elle possède aussi cette particularité de penser préalablement ses propres conditions logiques, sémantiques et épistémologiques.

Pour conclure à propos de la plurivocité du mot « bon », à défaut d'indications explicites, le raisonnement montre qu'elle est probablement de la même nature que celle de l'un. Il faut distinguer, en effet, trois usages du mot : 1) un usage universel : chaque étant, de même qu'il possède sa propre unité, possède son propre bien, qui est sa réalisation, son actualisation, sa finalité ; 2) un usage préférentiel : dans chaque genre des étants, l'un d'eux est bon relativement aux autres, de même que l'un d'eux sert de mesure aux autres (mais ce n'est bien entendu pas nécessairement le même) ; 3) le bon peut être défini comme un genre de la qualité, opposé au mauvais ; cette signification ne doit pas être évoquée dans le cadre d'un problème de plurivocité. Les sciences particulières qui étudient un certain genre des étants en étudient aussi le type d'unité et le type de bien, en tant qu'ils sont propres à ce genre ; en revanche, la notion générale de bien doit être étudiée par l'ontologie générale comme une propriété par soi des étants en tant qu'étants. Son type de généralité est à la fois analogique, au sens où il s'agit dans tous les genres du même rapport principiel, et synonymique, car il existe une signification générique du mot « bon » dont les applications à des sujets divers se font au moyen de différences spécifiques.

L'importance de tous ces concepts épistémologiques capables de s'attribuer à des étants de toutes les catégories sera bientôt confirmée par leur statut de propriétés par soi de l'étant en tant qu'étant. Mais avant cela, il nous faut déterminer à quoi correspondent exactement les multiples significations de l'être.

CHAPITRE IV

LA QUESTION DE L'ÊTRE

Après avoir parcouru les différents types de plurivocité utilisés par Aristote, nous sommes mieux armés pour aborder la question principale de la *Métaphysique*, qui est la question de l'être. Un des enjeux de cette étude est de déterminer de quoi Aristote veut établir la science : est-ce des sens de l'être ? des choses qui sont ? des deux à la fois ? Sans cette détermination, il est vain de s'interroger sur les conditions de possibilité de cette science ou d'estimer dans quelle mesure Aristote a accompli son entreprise. Or, les seuls passages où le contenu du mot est manifeste sont les passages critiques : lorsqu'il présente les opinions de ses prédécesseurs, aux livres A et B de la *Métaphysique*, Aristote fait clairement la différence entre « l'étant » et « les étants ». Les étants sont, en général, les choses qui sont et deviennent, chez certains restreints aux seuls sensibles ou aux seuls périssables, chez d'autres partagés entre périssables et non périssables. L'étant est distingué d'eux comme étant leur cause éternelle et immuable, qu'il soit identifié à un ou à plusieurs éléments physiques comme pour les physiologues ou qu'il soit une réalité séparée qui n'est rien d'autre qu'étant, comme pour Platon, ou encore qu'il consiste en l'unité de tous les étants, si l'on comprend de cette manière la pensée de Parménide (B 4, 1001a 32-b 1 : « Selon le raisonnement de Parménide, il arrive nécessairement que tous les étants soient un et que cela soit l'étant »). Ainsi, pour ne citer que deux exemples significatifs :

> Leucippe et son compagnon Démocrite affirment que les éléments sont le plein et le vide, disant l'un étant l'autre non-étant, et parmi eux le plein et dense est l'étant, le vide et rare le non-étant (c'est pourquoi ils disent que l'étant n'est pas davantage que le non-

> étant, pas plus que le vide davantage que le corps), et ils sont les causes des étants comme matière. » (A 4, 985 b 4-10);
> « Les uns disent que le feu, les autres l'air, est l'un et l'étant, d'où les étants sont et deviennent. (B 4, 1001 a 15-17)[1]

En revanche, dans l'exposé de sa propre conception, le même terme « étant » peut avoir trois contenus différents : la chose qui est, la propriété qui lui appartient en tant qu'elle est, et le mot lui-même comme symbole de l'une ou de l'autre. Pour les distinguer, la marque du singulier et du pluriel est insuffisante, car il arrive que les choses-qui-sont soient désignées dans leur ensemble, au singulier. De même, on rencontre parfois le prédicat au pluriel (A 9, 992 b 18-19; Δ 28, 1024 b 14), au sens de « les attribués signifient » (Δ 7, 1017 a 2). En outre, nous verrons que l'usage conjoint de verbes tels que « est attribué », « est dit » ou « signifie » n'est pas déterminant pour la référence du mot « étant ». Il faut donc commencer par examiner en général chez Aristote le rapport entre le langage et sa référence.

LE MOT ET LES CHOSES

La théorie aristotélicienne de la signification se trouve principalement dans le *De Interpretatione*. En ce qui concerne la sémantique des termes, du fait qu'il a abandonné « le mythe d'une exactitude constitutionnelle des noms »[2], Aristote s'occupe peu des signifiants, qui varient en fonction des conventions[3], pour se concentrer sur les rapports entre les signes, les contenus psychiques et les objets du réel :

> Les contenus de la voix (τὰ ἐν τῇ φωνῇ) sont les symboles des affections dans l'âme, et les écrits sont les symboles des contenus des voix. Et de même que les lettres ne sont pas les mêmes pour tous, les sons non plus ne sont pas les mêmes, mais ce dont ils sont d'abord les signes, sont les mêmes affections de l'âme pour tous, et

1. Le même langage s'exprime en A 3, 983 b11 ; 984 b 9, 21 ; A 5, 985 b 25, 986 a 2, b 3 ; α 2, 994 a 2, b 4 ; B 3, 998 b 9 ; Γ 1, 1003 a 29 ; Λ 10, 1075 b 14, 15 ; M 1, 1076 a 25, 31 ; M 6, 1080 a 14, b 32, etc.

2. V. Sainati (1968, p. 31).

3. S'il lui arrive de mentionner une étymologie éclairante, il s'agit d'un rapport entre signifiés et non d'une mise en relation du signifiant et du signifié, comme quand, dans la *Physique*, il explique le mot « αὐτόματον » par la signification de ses parties « αὐτός » et « μάτην » (II 6, 197b 29-30). Mais ce procédé reste exceptionnel, et Aristote en restreint explicitement la portée dans le *De Interpr.* (2, 16a 21-27).

> ce dont celles-ci sont les similitudes, sont les mêmes choses réelles (πράγματα). (*De Interpr.* 1, 16a 3-8)

Les plus petites unités significatives, c'est-à-dire celles dont « aucune partie n'est signifiante séparée » (*id.*, a20), sont divisées en les noms et les verbes, ceux-ci se distinguant de ceux-là par le fait qu'ils sont toujours prédicats et « signifient en outre un temps ». La signification des mots est établie par convention (κατὰ συνθήκην), au sens où :

> aucun des noms n'est par nature, mais il est nom lorsqu'il devient symbole, puisque même les sons inarticulés désignent quelque chose (δηλοῦσιν), par exemple ceux des bêtes, dont aucun n'est un nom (2, 16a 27-29).

Ainsi, c'est principalement par la notion de convention que se fait la distinction entre signe et symbole, car les sons inarticulés sont des signes mais pas des symboles, et, de même, les affections de l'âme, qui ne sont pas conventionnelles, sont des signes mais pas des symboles[1]. Le signe est symbole quand le rapport qu'il entretient avec l'objet qu'il désigne n'est pas un rapport directement saisissable, soit par similitude (comme les affections de l'âme par rapport aux objets extérieurs), soit par un savoir non appris mais résultant d'une sym-pathie naturelle : on sait, par une expérience indépendante du langage, que tel cri inarticulé exprime la douleur, tel autre la joie. Au contraire, la compréhension d'un symbole passe nécessairement par un apprentissage et une explicitation ; c'est pourquoi il est dit être institué par convention. Sa fonction représentative est intentionnelle : il est mis « à la place de » (« ἀντί », *Réf. Soph.* 1, 165a 7)[2]. Mais, de même que le mot « signe » est générique et s'applique à toutes les étapes de la nomination, de même le verbe « σημαίνειν », et son synonyme « δηλοῦν », sont valables pour tout rapport référentiel, soit du

1. C. Chiesa (1986, p. 216) ajoute comme différences le fait que le signe est un terme polysémique, dont la seule signification linguistique est plus étendue que celle du symbole, et, d'autre part, le fait que le symbole insiste davantage sur la complémentarité entre le son et le contenu psychique.

2. G. Romeyer Dherbey décèle, dans un passage de la *Rhétorique* (III 1, 1404a 15-23), l'origine imitative du langage (1983, p. 136). Cependant, M.-Th. Larkin fait justement remarquer que ce texte concerne seulement le langage poétique (1971, p. 23). En effet, dans le théâtre et l'épopée, un des moyens d'émouvoir l'auditoire est de jouer sur les sonorités – mais il ne s'agit que de coïncidences recherchées et mises en valeur. En revanche, il faut retenir l'idée de Romeyer Dherbey d'une « ressemblance profonde » entre le langage et les choses, qui se manifeste, par exemple, dans le fait qu'à un événement futur indéterminé ne peuvent correspondre que des énoncés indéterminés (*De Interpr.* 9, 19a 33-b 2).

mot écrit au mot prononcé, soit du mot prononcé à l'affection de l'âme, soit de l'affection de l'âme à la chose extérieure [1].

La question du vrai et du faux dans le langage ne se pose pas comme celle de l'adéquation du mot à la chose, puisque cette adéquation est posée par convention, mais, d'une part, comme celle du respect des significations établies, et d'autre part, comme celle de l'adéquation entre une attribution à un sujet et une propriété réelle. C'est pourquoi, toute discussion, dialectique ou scientifique, comporte une double tâche préliminaire de correction du langage, comme l'annonce Aristote dans les *Topiques :*

> Il faut définir les fautes dans les problèmes, et elles sont doubles, soit par erreur de jugement, soit par transgression de l'expression établie. Ceux qui commettent une erreur de jugement en disant qu'appartient à quelque chose ce qui n'y appartient pas, se trompent, ainsi que ceux qui, en appelant les choses par des mots impropres, par exemple en appelant homme le platane, transgressent la nomination (ὀνομασίαν) établie. (II 1, 109a 27-33).

Pour atteindre la vérité prédicative, les armes purement logiques ne suffisent pas : s'il faut, certes, régler l'usage des différents types de prédication, en dernier recours, toute épreuve de vérité est une confrontation avec le réel : « Tu n'es pas blanc parce que nous pensons avec vérité que tu es blanc, mais, parce que tu es blanc, en disant cela nous disons vrai » [2]. Or, il faut ranger également dans la vérité prédicative l'attribution du nom qui dit l'essence de la chose :

> Si quelqu'un est un homme, l'énoncé par lequel nous disons qu'il est un homme est vrai. C'est aussi réciproque, car si est vrai l'énoncé par lequel nous disons qu'il est un homme, il est un homme. Mais l'énoncé vrai n'est en aucune façon cause du fait que la chose soit vraie, tandis que la chose apparaît d'une certaine façon comme la cause du fait que l'énoncé soit vrai. Car c'est parce que la chose l'est, que l'énoncé est dit vrai ou faux. (*Cat.* 12, 14b 15-22).

Cette vérité est prédicative, parce qu'elle consiste en une relation vraie entre deux choses, ici le cas particulier et l'essence générale. Or, comme le précise Aristote dans les *Topiques*, ranger un cas particulier sous le nom ou la définition générale est autre chose qu'établir l'identité entre le nom et la

1. Quand Chiesa dit : « Tous les symboles ont une fonction sémantique, mais tous les symboles n'ont pas une fonction référentielle » (p. 215), il entend par « référentielle » la seule référence à l'objet extralinguistique et extramental.

2. *Métaph.* Θ 10, 1051b 6-9.

définition[1]. L'attribution d'une essence à un cas particulier doit refléter l'appartenance réelle de cette essence à la chose, tandis que l'adéquation entre un nom et sa signification est affaire de convention :

> Si « homme » signifie une seule chose, admettons que ce soit « animal bipède ». Et je veux dire par « signifier une seule chose » que, si l'homme est cela et que quelque chose soit homme, alors cela sera son être-homme. Et il n'y a aucune différence si l'on dit qu'un nom signifie plusieurs choses, pourvu qu'elles soient en nombre limité, car on pourrait donner à chaque définition un nom différent. (*Métaph.* Γ 4, 1006a 31-b 2).

La suite est bien connue : si on ne définit pas la signification des noms, tout langage est impossible, et même toute pensée, car « il n'est pas possible de penser sans penser une chose une » (b 10). Par conséquent, il est clair qu'on ne peut donner à un seul nom des significations contraires, à moins de le faire par homonymie, c'est-à-dire de décider arbitrairement que, ce que les autres appellent « homme », on l'appellera « non-homme » (b 19-20).

Il faut se demander maintenant si, avec la « pensée d'une chose une », on n'aborde pas le domaine de la vérité non prédicative ou antéprédicative. La réponse se trouve au chapitre 10 du livre Θ : la pensée des notions non composées (c'est-à-dire les essences simples, sans prédication) est une vérité, mais l'absence de pensée n'est pas une fausseté ou une erreur; c'est seulement une ignorance (ἄγνοια), non pas comme une faculté qui nous manquerait tout à fait, mais comme une faculté qui n'est pas en acte (1051b 30- 1052a 4). Une telle pensée, aussi appelée énonciation (φάσις) ou saisie énonciative (θιγεῖν) de la chose (1051b 24-25), n'est pas un jugement essentiel[2], car il ne s'agit pas d'une attribution à un sujet mais d'un acte simple, d'une présence du concept à l'esprit. Et la vérité que constitue cet acte n'a pas de contraire car, lorsque l'essence ou la forme simple n'est pas pensée, elle n'est pas pour autant niée : elle est en puissance d'être pensée. Il existe donc un vrai non-prédicatif, mais pas un faux. Une conséquence importante de cela est que l'expression « l'étant comme vrai » ne se réfère pas à ce type de vérité, car elle comporte comme contraire « le non-étant comme faux ». Enfin, il est plus exact d'appeler cette vérité « vérité noético-ontologique » plutôt que « vérité ontologique », car elle ne correspond pas simplement à l'être de la chose, mais à cet être en tant que pensé. C'est pourquoi aussi, ce serait une erreur de l'identifier au « vrai

1. *Top.* II 2, 110a 14-22 : la définition d'un mot est une connaissance répandue, tandis que la reconnaissance d'un cas particulier comme convenant à la définition générale est affaire de spécialiste.

2. Contrairement à ce que pense P. Aubenque (1962, p. 167-169).

transcendantal » de la pensée médiévale, comme ce qui accompagne tout étant. Car ce n'est pas ainsi qu'il faut comprendre la phrase « chaque chose est vraie de la même manière qu'elle est », par laquelle Aristote établit une différence de degré entre un fait vrai et la cause de ce vrai, qui, en tant que cause, doit être plus vraie encore[1].

Une autre question que pose la sémantique est le rapport entre les mots et les énoncés, d'une part, et les choses, d'autre part. En effet, on utilise le langage pour décrire des choses qui ne sont pas linguistiques :

> Ce qui se trouve sous la négation et l'affirmation n'est pas négation et affirmation, car l'affirmation est un énoncé affirmatif et la négation un énoncé négatif, mais aucune des choses qui se trouvent sous l'affirmation et la négation n'est un énoncé. Mais elles sont dites aussi s'opposer l'une à l'autre comme l'affirmation et la négation, car le type d'opposition est le même pour elles : comme l'affirmation s'oppose à la négation, par exemple « il est assis » à « il n'est pas assis », de même s'oppose la chose (πρᾶγμα) qui se trouve sous chacune des deux, le fait d'être assis au fait de ne pas être assis. (*Cat.*, 10, 12b 6-15).

Or, la structure du langage, même celle du langage prédicatif, n'est pas celle du réel extralinguistique car, s'il est vrai que, dans les choses aussi, on doit distinguer le sujet et ses attributs, cette distinction est effectuée par une analyse intellectuelle mais ils forment dans la réalité une unité indissociable. Le mot « πρᾶγμα » le montre, qui ne désigne pas le sujet distingué de ses attributs, ni les attributs séparés comme des « états de chose », mais l'ensemble, en réalité insécable, du sujet et de ses attributs[2]. Cette distinction est surtout présente aux livres Z et H de la *Métaphysique* ;

1. *Métaph.* α 1, 993b 23-31. Le but de ce passage est de montrer que la philosophie est la science de la vérité et donc, principalement, la science des principes, car « nous ne savons pas le vrai sans la cause. Or, chaque chose selon laquelle l'attribut du même nom appartient aussi aux autres, est cela le plus de toutes, par exemple le feu est le plus chaud, car il est la cause de la chaleur des autres ; par conséquent, ce qui est la cause de l'être vrai des choses suivantes, est aussi le plus vrai. C'est pourquoi les principes des étants éternels doivent être toujours les plus vrais, car ils ne sont pas parfois vrais, et il n'y a pas de cause au fait qu'ils le soient, mais ils en sont causes pour les autres, de sorte que, comme chaque chose se trouve pour l'être, ainsi elle se trouve pour la vérité. » A cause de ce rapport entre l'être et le vrai, A. de Muralt voit dans cette phrase une allusion à un vrai ontologique, transcendantal (1990, p. 388). Mais, placée correctement dans son contexte, la phrase signifie simplement que, pour les choses (ou les faits) dont l'être est dépendant, la vérité aussi est dépendante, tandis que, pour les choses dont l'être est principiel et éternel, la vérité aussi est principielle et indépendante. Il s'agit de la vérité prédicative, soit comme prédication d'une essence, soit comme prédication d'un accident.

2. Cf. A. de Muralt, 1990, p. 383.

mais avant cela, Aristote signale une autre différence entre les mots et les choses :

> Puisqu'il n'est pas possible de dialoguer en amenant les choses elles-mêmes, mais que nous utilisons les noms comme symboles à la place des choses, nous croyons que ce qui s'applique aux noms s'applique aussi aux choses, de même qu'aux cailloux quand nous calculons. Mais ce n'est pas pareil. En effet, les noms sont limités, ainsi que le nombre des énoncés, tandis que les choses sont infinies en nombre. Il est donc nécessaire que le même énoncé et un seul nom signifient plusieurs choses. (*Réf. Soph.* 1, 165a 6-13).

Ce passage n'est pas une mise en garde contre le fait qu'un mot peut avoir plusieurs significations, sinon il n'aurait pas « le même énoncé »[1]. Il s'agit d'un problème plus général et plus fondamental, touchant la nature même de la désignation, qui est que les signes n'ont pas le même statut ontologique que les choses. La difficulté est que le nom désigne à la fois la réalité générale et la réalité particulière[2], or ce qui se dit de l'une ne se dit pas nécessairement de l'autre. C'était une des difficultés de la théorie des Idées : si l'essence du mortel, par exemple, est une Idée séparée, elle sera à la fois immortelle en tant qu'Idée et mortelle par son nom même[3]. C'est pourquoi les Idées doivent être remplacées par de simples prédicats ne possédant pas l'existence séparée[4]. Cependant, les *eidè* ainsi compris à la manière aristotélicienne ne se confondent pas avec les noms, car ils sont en même temps les signifiés des noms et les caractéristiques réelles se trouvant dans les choses individuelles; par ce double rôle, ils sont en quelque sorte les intermédiaires entre les noms et les choses particulières. Ils constituent des réalités secondes, car non autosubsistantes, mais ils existent indépendamment du langage et de la connaissance humaine[5]. Une bonne formulation de la relation entre le mot, l'attribut général et la chose particulière est celle de Sainati : « L'intention d'un prédicat est donc un attribut ou une propriété ; son extension est une classe non vide de choses,

1. Pour M.-Th. Larkin (1971, p. 30), les « choses infinies en nombre » (ou plutôt, selon elle, « indéterminées », car l'univers est fini) désignent aussi bien les espèces que les choses particulières, mais la dernière phrase exclut les espèces, car un même nom et un même énoncé signifient une seule espèce.

2. *Top.* VII 4, 154a 18 : « συνώνυμον τὸ εἶδος ».

3. *Top.* VI 10, 148a 14-22.

4. Cette illustration par la théorie des Idées se trouve chez V. Sainati, 1968, p. 35-36.

5. Je reviendrai sur la question de l'*eidos*, à propos des propriétés de l'être dans la *Métaphysique*, où le mot peut être soit général soit particulier, tandis que dans les *Catégories* il n'est utilisé que dans son sens général d'espèce.

dont cet attribut ou propriété est prédicable. »[1] En grec, le même verbe « σημαίνειν » exprime le rapport d'intention et le rapport d'extension, tandis que nous dirions plutôt que le mot *signifie* la propriété, et *désigne* la chose : par exemple, le mot « homme » signifie l'essence humaine et désigne Callias ou Socrate.

Cependant, la distinction nécessaire entre choses particulières et attributs généraux n'est pas toujours facile à faire dans les textes aristotéliciens eux-mêmes. Ainsi, pour exprimer l'exhaustivité des catégories comme classement des étants, Aristote, dans un passage de la *Physique*, parle de la même manière des objets extra-linguistiques qui reçoivent les dix noms les plus généraux, et de leurs attributs :

> On ne peut saisir aucun attribut commun, comme nous le disons, qui ne soit ni ceci ni quantité ni qualité ni aucun des autres attributs. De sorte qu'il n'y aura ni mouvement ni changement de rien à côté des choses citées, car rien n'existe à côté des choses citées. (*Phys*. III 1, 200 b 32 – 201 a 3).

Il est clair que « rien n'existe en-dehors de tout ce qui peut être attribué » ne signifie pas que seuls les attributs sont réels mais que « rien n'existe en-dehors de tous les étants qu'on peut nommer de l'une des dix façons ». Cette sorte de raccourci est fréquente chez Aristote, et on peut difficilement, étant donné ses propres mises en garde, le soupçonner de confusion. La plupart du temps, le contexte indique suffisamment si l'on parle des noms ou des réalités désignées par ces noms. Ainsi, par exemple, la phrase :

> Les uns signifient un ceci, les autres un tel, les autres un combien ; tous ceux donc qui ne signifient pas une substance ne sont pas dits devenir absolument mais quelque chose. (*De Gen. Corr*., I, 3, 319 a 12-14).

Cette phrase applique aux mêmes sujets les verbes « signifier », « être dit » et « devenir », alors que le premier devrait être réservé aux noms, le troisième aux étants, le deuxième seul possédant une ambivalence intrinsèque. Or, il est bien clair que la problématique est ici ontologique, puisqu'Aristote parle de la génération des substances et des déterminations des substances, mais ces générations sont distinguées en fonction du type de réalité accordé à chaque chose par l'attribution de tel ou tel des dix

1. V. Sainati, 1968, p. 38. Il y a un cas particulier où l'attribut général joue davantage encore le rôle d'intermédiaire entre le nom et la chose particulière, c'est lorsqu'il exprime l'essence de cette chose : la signification du nom coïncide alors avec l'essence de la chose, toutes deux étant formulées par la définition (*Anal. Post.* II 10, 93b 29-32).

genres ultimes [1]. Il reste que, pour assurer la cohérence de la phrase, il faut suppléer deux sujets différents : « Certains noms signifient... donc, tous les étants dont le nom ne signifie pas... ne sont pas dits devenir... ». De même, la lecture d'Aristote montre que, le plus souvent, les mots se réfèrent directement aux choses, parce que ce sont les choses qu'il observe et cherche à comprendre. Ce sera donc principalement dans le cas de concepts techniques, dont la signification n'est pas claire pour nous, que nous aurons du mal à déterminer si le mot est utilisé pour désigner un caractère général ou l'ensemble des étants particuliers qui le possèdent. Les catégories constituent l'exemple le plus manifeste de ce manque de distinction, et c'est la raison pour laquelle leur interprétation est à ce point imprécise ou controversée. En effet, dans une phrase telle que : « Le relatif est, de toutes les attributions, le moins une réalité (φῦσις) et une étance » (*Métaphysique,* N 1, 1089a 23), il est clair que « le relatif » désigne les étants relatifs, qui ont une valeur ontologique moins fondamentale que les autres étants [2], et non le prédicat ou la classe, car, en tant que telles, les catégories ont toutes le même statut ontologique. Mais lorsqu'on affronte un texte aussi épineux que le premier chapitre du livre Z, on se rend compte que sur des distinctions pour ainsi dire indécidables se joue la principale question de la métaphysique : G. Patzig a montré qu'il était impossible de savoir avec certitude si « τὸ ὄν » et « τί ἐστι » y désignaient le mot, la chose ou le concept [3].

Enfin, une dernière question à poser à propos de la théorie aristotélicienne de la signification, concerne les signes qui renvoient à des affections de l'âme mais n'ont pas de référent dans le réel extérieur, autrement dit les mots qui désignent des non-étants. Cette question se

1. Ce même chapitre semble présenter une contradiction avec l'affirmation, dans les *Topiques*, que les réalités autres que les substances reçoivent leurs propres attributions. On y trouve, en effet, ceci : « Ce à quoi n'appartient pas une substance et un ceci, il est clair qu'à cela n'appartient pas non plus aucune des autres attributions, par exemple ni qualité ni quantité ni lieu, car les affections (πάθη) seraient séparables des substances » (317 b 8-11). De même, un peu plus loin : « Si le fait d'être ceci ou substance n'existe pas, mais bien l'un des autres attributs cités, comme nous l'avons dit, les affections seront séparables des substances » (317 b 31-33). Mais la contradiction disparaît si l'on s'avise du fait que le problème discuté dans tout ce passage est de savoir ce qui a donné naissance à l'univers, s'il est né ; et l'affirmation d'Aristote est que, en tous cas, il ne pouvait exister aucune autre réalité s'il n'y avait pas de substance, de sorte qu'une quantité comme l'infini ne pourrait avoir existé seule à l'origine.

2. Le statut du relatif est déjà signalé comme particulier dans les *Catégories*, du fait que certains relatifs peuvent être également des qualités (par exemple la science, en 8, 11a 20-38). Néanmoins, les relatifs restent une sorte indépendante d'étants, « une nature des étants, comme le quelque chose et la qualité » (N 2, 1089b 7-8).

3. G. Patzig, 1979, p. 37-42. Voir au chapitre V, p. 254-255, pour l'analyse de ce texte.

trouve au cœur de l'étude du verbe être, puisqu'elle consiste à se demander quel être peut être attribué au non-étant, et quel être ne le peut pas. Aussi, abordons à présent la sémantique de l'être.

L'ÉTANT COMME PRÉDICAT ET L'ÉTANT COMME COPULE

L'enquête sur la signification du mot « être » doit commencer par une confrontation avec ce qu'Aristote dit du verbe en général. On a vu que, de même que le nom, le verbe signifie quelque chose par lui-même (*De Interpr*. 3, 16b 19), et que, contrairement au nom, il possède en outre une indication temporelle et est toujours prédicat (*id.*, b 6-11). Une autre caractéristique de tous les verbes est que :

> ils ne signifient pas encore si la chose est ou pas ; car être ou ne pas être n'est pas un signe de la chose, pas plus que si l'on dit l'étant lui-même, par lui-même et seul, car lui-même il n'est rien mais il signifie en outre (προσσημαίνει) une liaison (σύνθεσιν τινά), qu'il n'est pas possible de penser sans les parties liées. (*De Interpr.*, 3, 16 b 21-25).

Or, dans le cas du verbe être, il y a une incompatibilité entre le fait d'avoir sa signification propre, comme tout verbe, et le fait de ne pas signifier si la chose est, puisque ce serait précisément là sa signification. Mais comme le seul rôle qui lui est attribué explicitement dans ce passage est celui de copule, on doit choisir entre deux hypothèses :

1) le verbe être est seulement une copule : il n'a pas de signification propre mais seulement une fonction de liaison ;

2) le verbe être a deux valeurs distinctes : d'une part, il est un prédicat signifiant (dont il faut déterminer la signification), d'autre part, il est une copule servant à lier les autres prédicats.

Dans les deux cas, il déroge à la règle générale des verbes : dans le premier, parce qu'il ne signifie rien et ajoute une liaison, dans le deuxième, parce qu'il signifie l'existence et ajoute une liaison.

La première hypothèse est défendue par Sainati[1] : le verbe être est un « pseudo-verbe » réduit à la fonction copulative, et c'est en tant que copule qu'il possède néanmoins la faculté d'indiquer le temps et celle d'indiquer une valeur existentielle. La valeur existentielle de la copule est établie,

1. V. Sainati, 1968, p. 216-217 ; il suit l'avis de E.O. Sisson, dans « The Copula in Aristotle and afterwards » (*The Philosophical Review*, XLVIII, 1939, p. 57-58).

selon lui, par la suite du texte, qui distingue la « φάσις » de la « κατάφασις » ou de l'« ἀπόφασις » en ces termes :

> par exemple, « homme » signifie quelque chose, mais pas qu'il est ou n'est pas ; mais ce sera une affirmation ou une négation, si on y ajoute quelque chose. (16b 28-30).

D'après le raisonnement de Sainati, il suffit de dire « l'homme est » pour former une affirmation, la marque de liaison apportant elle-même la signification d'existence. Mais il y a plusieurs objections à cette thèse. D'abord, pour qu'il y ait affirmation, il faut que « quelque chose soit dit de quelque chose »[1], de sorte que l'énoncé « l'homme est » n'est une affirmation qu'à la condition d'être mis pour « l'homme est étant », où une forme du verbe joue le rôle de copule, l'autre de prédicat. Ou bien, si l'on veut accorder le double rôle à la seule copule, il faut que ce soit dans tous les cas, et que toute attribution d'un prédicat soit du même coup une affirmation d'existence. On va voir qu'Aristote a envisagé cette possibilité et l'a refusée, car on peut exprimer sous forme prédicative des choses qui n'existent pas. En outre, on sait qu'il n'y a pas de différence entre « l'homme marche » et « l'homme est marchant »[2], or, si l'expression de l'existence des termes revenait à la copule, le premier type d'énoncé se réfèrerait toujours à un non-étant, le deuxième à un étant.

Par ailleurs, on trouve l'indication des deux valeurs du verbe être dans le passage où il est dit que les cas obliques ne sont pas des noms, ou alors des noms indéfinis, parce que :

> avec « est » ou « était » ou « sera » ils n'expriment pas le vrai ou le faux, tandis que le nom toujours ; par exemple, « est ou n'est pas de Philon », car cela n'est encore ni vrai ni faux. (16b 2-5).

La différence réside en ce que « Philon est » est comme tel une proposition : elle est elliptique de la copule, et le « est » constitue son prédicat. Au contraire, « de Philon est » ne peut rien signifier, car « de Philon » ne peut être qu'un prédicat, de sorte que « est » doit être seulement copule, et il manquera toujours un sujet, le verbe ne pouvant être mis en position de sujet.

1. *De Interpr.* 6, 17a 25, etc.

2. *Métaph.* Δ 7, 1017a 27-30. Cf. aussi *Physique* I 2, 185b 25-32 : pour éviter de rendre multiple une chose une, certains, comme Lycophron, ont supprimé la copule et l'ont remplacée par le parfait du verbe correspondant : « l'homme a blanchi » est équivalent à « l'homme est blanc ». Aristote considère comme ridicule ce procédé, non parce que l'équivalence est fausse, mais parce qu'il confond division de l'énonciation et multiplicité réelle.

Il faut donc conclure que le verbe être a bien un double usage : d'une part comme copule, d'autre part comme prédicat ou verbe véritable apportant sa signification propre. Les quelques passages que nous venons de parcourir montrent qu'Aristote avait conscience de cette distinction, et pourtant une des principales difficultés de la théorie de l'être est que la plupart du temps il ne précise pas de quel usage il parle. En outre, il n'est pas clair de savoir à quoi se réfèrent, dans la pensée et le réel, chacun des deux usages du mot. C'est pourquoi je vais tenter de déterminer à propos de quel(s) étant(s) sont faites les deux affirmations les plus courantes et les plus riches d'enseignement, à savoir : « l'étant se dit de toutes choses » et « l'étant se dit de plusieurs façons ».

L'UNIVERSALITÉ DE L'ÉTANT

Pour réfuter le monisme parménidien, Aristote se sert de deux démonstrations par l'absurde : ou bien l'étant unitaire est prédicat et s'attribue à d'autres choses, ou bien il est ὅπερ ὄν, c'est-à-dire sujet s'attribuant seulement à lui-même comme sa propre essence. Or, dans le premier cas, les choses auxquelles il s'attribue doivent être des étants, de sorte que l'étant est multiple ; dans le deuxième cas, la question de l'altérité continue de se poser à cause de la nécessité pour l'étant d'être déterminé par des accidents qui, à leur tour, doivent être quelque chose (*Phys*. I 3, 186a 24-187a 10). Par conséquent, il faut admettre que l'étant est un prédicat qui s'attribue à une multiplicité de choses. Dans les *Topiques* et les *Analytiques* cette multiplicité de sujets se précise comme l'ensemble de tous les étants. En effet, de même que l'un (τὸ ἕν), l'étant est dit « être attribué à toutes choses » (κατὰ πάντων κατηγορεῖται), « appartenir à toutes choses » (πᾶσιν ὑπάρχει) et « suivre toutes choses » (πᾶσιν ἀκολουθοῦν ou ἑπόμενον). Cependant, il n'est pas un prédicat comme les autres, car il ne peut s'attribuer sous aucun des quatre modes prédicables, qui sont le genre, la différence, le propre et l'accident. C'est à propos de l'étude de ces prédicables que le texte des *Topiques* exclut l'une après l'autre les quatre possibilités. D'abord, l'étant et l'un ne peuvent être des genres, car cette hypothèse entraînerait que l'espèce soit attribuée au genre :

> Car l'espèce reçoit la définition du genre, mais pas le genre celle de l'espèce. Il faut donc examiner si le genre donné participe ou peut participer à l'espèce, par exemple si on a donné un genre de l'étant ou de l'un ; il arrivera en effet que le genre participe à l'espèce, car l'étant et l'un sont attribués à tous les étants, de sorte que leur définition aussi. (*Top*. IV 1, 121a 13-19).

L'explication complète est que, puisqu'ils s'attribuent à toutes choses, ils s'attribuent aussi l'un à l'autre; or, comme ils ont la même extension, ils ne peuvent être genre ou espèce l'un de l'autre :

> Ensuite, (il faut vérifier) si l'espèce et le genre sont dits de choses égales, par exemple si, parmi les propriétés de toutes choses (τῶν πᾶσιν ἑπομένων)[1], on pose l'un espèce et l'autre genre, comme l'étant et l'un, car l'étant et l'un appartiennent à toute chose, de sorte qu'aucun des deux n'est le genre de l'autre, puisqu'ils sont dits de choses égales. (*id.*, 121b 4-8).

Cependant, comme il n'y a pas d'autre possibilité pour un genre d'être attribué, que d'être attribué à une espèce, il est clair que ce n'est pas en tant que genres que l'étant et l'un s'attribuent l'un à l'autre[2] :

> Ensuite, (il faut voir) si ce qui appartient à (τὸ ἀκολουθοῦν) toutes choses est dit genre ou différence. Car les propriétés de toutes choses (τὰ πᾶσιν ἑπόμενα) sont nombreuses, par exemple l'étant et

1. Je traduis provisoirement les différents verbes désignant l'appartenance universelle de l'étant par « propriété » et « appartenir », sans donner encore le moindre sens technique précis à ces termes. Sainati les traduit systématiquement par « predicati universalissimi » (1968, p. 106-107), tout en mettant en question l'adéquation de ce terme : « si « prédiquer » est avant tout régionaliser conceptuellement le sujet de la prédication, cette neutralité indifférenciée de contenu ne peut pas ne pas compromettre finalement la fonction prédicative elle-même du terme en question. »

2. On trouve plus fréquemment l'explication de ce raisonnement tel qu'il apparaît au livre B de la *Métaphysique* (998b 17-28) : « Si les termes généraux sont toujours davantage principes, il est manifeste que les plus élevés des genres le sont, car ils sont dits de toutes choses. Il y aura donc autant de principes des étants que de genres premiers, de sorte que l'étant et l'un seront principes et essences, car ils se disent le plus de toutes choses. Mais il n'est pas possible que l'un ou l'étant soit genre des étants, car il est nécessaire que les différences de chaque genre existent et soient chacune une, et il est impossible que soient attribuées soit les espèces du genre à leurs propres différences, soit le genre sans ses espèces; par conséquent, si l'un est genre ou l'étant, aucune différence ne sera ni étant ni un. Maintenant, s'ils ne sont pas genres, il ne seront pas non plus principes, puisque les genres sont principes. » Les deux objections sont expliquées par Ross (1924, p. 235) à partir d'autres passages des *Topiques*. D'une part, le fait que les espèces ne peuvent être prédiquées de leur propre différence résulte du fait que la différence s'étend plus que l'espèce et que, sinon, la différence serait une sous-espèce (144b 5-11). D'autre part, le fait que le genre, pris à part de ses espèces, ne peut être prédiqué de ses différences, vient du fait que sinon il serait prédiqué plusieurs fois de l'espèce car il le serait de chacune de ses différences, et du fait que le genre s'attribue strictement à l'espèce ou au particulier (144a 36-b 3). Robin réfute ces arguments (1908, p. 39 et 193-195). Quoi qu'il en soit, la raison fondamentale de l'exclusion de l'étant comme genre est, comme l'exprime bien Sainati (1968, p. 107), « le caractère *discriminant* du genre » ou « le principe de la nécessaire régionalité des genres », tandis que l'universalité extensionnelle d'un *pasin hyparchon* suppose « l'absolue indifférence ou indistinction de son contenu intensionnel ». Cependant, à propos de cette dernière expression, il ne faut pas confondre « indistinction » et « absence » de contenu intensionnel.

> l'un sont parmi les propriétés de toutes choses. Si donc on a donné l'étant comme genre, il est clair qu'il serait genre de toutes choses, puisqu'il s'attribue à elles – car le genre ne s'attribue à rien d'autre qu'aux espèces. Par conséquent, l'un serait une espèce de l'étant. Il arrive donc qu'à toutes les choses auxquelles le genre s'attribue, l'espèce aussi s'attribue, puisque l'étant et l'un s'attribuent absolument à toutes choses, alors qu'il faudrait que l'espèce s'attribue à moins de choses (ἐπ'ἔλαττον) (*Top*. IV 6, 127a 26-34).

Cherche-t-on à les donner pour l'un des autres prédicables ? Ce ne peut, en tous cas, être comme différence, pour la même raison que comme genre :

> Et si on a dit que ce qui appartient à toutes choses est différence, il est clair que la différence se dira d'autant ou de plus de choses que le genre : si le genre est parmi les propriétés de toutes choses, d'autant, si le genre n'appartient pas à toutes choses, la différence se dirait de plus de choses que lui. (*id.*, a 34-38).

S'ils ne sont ni genre ni différence, ils ne sont pas non plus définition. Mais ils ne peuvent pas davantage être des propres ou des parties de propres, car ceux-ci ont toujours pour fonction de séparer des espèces l'une de l'autre :

> Ensuite, en réfutant un argument affirmatif, (il faut vérifier) si on a donné dans le propre un nom tel qu'il appartient (ὑπάρχει) à toutes choses. Car ce qui ne sépare pas de certaines choses est inutile, mais ce qui est dit dans les propres doit séparer, comme dans les définitions ; donc le propre ne sera pas correctement posé. Par exemple, celui qui a posé le propre de la science comme une conception inébranlable par le langage, du fait qu'elle est une, puisqu'il a utilisé dans le propre l'un tel qu'il appartient à toutes choses, n'a pas correctement posé le propre de la science. (*Top*., V 2, 130b 11-18 ; même raisonnement en VI 3, 140a 23-32).

Un texte des *Analytiques Postérieurs*, qui définit également les propres, impose des limites précises à ce type de propriétés d'une chose :

> Parmi les propriétés permanentes de chaque chose (τῶν ὑπαρχόντων ἀεί), certaines appartiennent à plus de choses (ἐπὶ πλέον), mais pas en-dehors du genre. Et je dis appartenir à plus de choses toutes celles qui appartiennent en général à chaque chose et ne sont pas autres pour autre chose. Par exemple, il y a quelque chose qui appartient à toute triade, mais aussi à ce qui n'est pas triade, comme l'étant appartient à la triade mais aussi à ce qui n'est pas nombre, tandis que l'impair appartient à toute triade et appartient à plus de choses, car il appartient aussi à la pentade, mais pas en-dehors du

> genre ; car la pentade est un nombre mais rien n'est impair en-dehors du nombre. (*An. Post.* II 13, 96a 24-32).

Autrement dit, l'impair est le propre du nombre, parce qu'il ne peut appartenir à rien d'autre qu'à un nombre (à moins de changer de signification) ; mais il ne doit pas pour autant appartenir à tous les nombres. D'autres propres ne s'étendent même pas au-delà de l'espèce. Dans les deux cas, leur extension limitée les différencie du statut de l'étant, qui s'attribue à tous les genres. Maintenant, il n'est pas exclu *a priori* qu'Aristote laisse ouverte la possibilité de concevoir d'autres types de propriétés.

Il reste, en effet, parmi les prédicables, l'hypothèse que l'étant soit un accident, celui-ci étant défini, dans les *Topiques*, comme ce qui appartient à la chose sans être ni définition ni propre ni genre, et qui peut appartenir ou non. Le cas de l'étant n'est pas envisagé dans l'exposé sur l'accident, mais la deuxième définition semble l'exclure d'emblée, puisque l'étant appartient toujours à toutes choses. Cependant, l'exposé aristotélicien sur les propriétés (τὰ ὑπάρχοντα) et les accidents (τὰ συμβεβηκότα) s'est remarquablement enrichi et diversifié par la suite, notamment par la distinction entre, d'une part, les accidents proprement dits, auxquels conviennent la définition des *Topiques*, et d'autre part, les accidents ou propriétés *par soi*. Je laisse provisoirement en suspens la question de savoir si l'étant comme prédicat pourrait constituer un attribut par soi des choses qui sont, car il est nécessaire, pour y répondre, d'étudier d'abord tout ce qu'Aristote dit de l'accident et de l'étant par accident.

Dans tous ces textes, le traitement conjoint de l'un et de l'étant montre que celui-ci n'est pas envisagé en tant que copule mais en tant que prédicat attribué à des sujets dont il exprime une propriété. Maintenant, comment comprendre le fait que cette propriété soit identique pour toutes choses ? Ou encore, si l'extension du prédicat est maximale, son intention ne risque-t-elle pas d'être nulle ? Il serait ainsi un concept vide, inutile. On pourrait être tenté de comprendre en ce sens les textes de la *Métaphysique*, où Aristote, voulant montrer que l'étant et l'un sont inséparables, dit que :

> C'est la même chose que « homme un » et « homme étant » et « homme »[1], et on n'indique rien d'autre en redoublant l'expression : « l'homme est un » ou « l'homme étant est un » ; et il est clair que (l'étant) n'est séparé ni en cas de naissance ni en cas de mort, et

1. Ou, si l'on choisit avec Ross la leçon du manuscrit Ab et d'Alexandre, « c'est la même chose que "homme un et homme", "homme étant et homme" », d'où il résulte par équation, comme le montre Ross (p. 257), que un = étant. Si l'on choisit cette version, il ne faut cependant pas négliger la limite de l'équation, car Aristote vient de dire que l'être et l'un s'accompagnent mais n'ont pas la même définition (1003b 24).

> de même pour l'un, de sorte que, manifestement, leur addition dans ces expressions indique la même chose, et l'un n'est rien de plus que l'étant… (*Métaph.* Γ 2, 1003b 26-32).

Ou encore :

> Que l'un signifie d'une certaine manière la même chose que l'étant, c'est clair du fait qu'il accompagne de façon égale les attributions et ne se trouve dans aucune (par exemple, ni dans le ce-que-c'est ni dans la qualité, mais de même que pour l'étant) et du fait que « homme un » n'attribue pas autre chose en plus que « homme » (pas plus que « être » ajouté au quelque chose ou à la qualité ou à la quantité), ni l'être de l'un à l'être de chaque chose. (*Métaph.* I 2, 1054a 13-19).

Et pourtant, l'étant et l'un ne sont pas des prédicats vides, et ils ne sont pas totalement remplaçables par leurs dix genres. Il suffit pour s'en assurer de constater que les genres de l'étant doivent eux-mêmes recevoir les attributs « étant » et « un », non comme un genre les incluant, c'est-à-dire comme la matière de leur définition, mais d'une manière immédiate, qui n'est pas sans rappeler l'appartenance systématique exprimée dans les *Topiques*. Un passage du livre H de la *Métaphysique* est très clair à ce propos :

> Tout ce qui n'a pas de matière, ni intelligible ni sensible, est immédiatement quelque chose d'un, de même que quelque chose d'étant : le ceci, la qualité, la quantité – et c'est pourquoi on ne trouve dans leurs définitions ni l'étant ni l'un ; leur essence aussi est immédiatement (εὐθύς) quelque chose d'un, de même que quelque chose d'étant, c'est pourquoi il n'y a pas d'autre raison pour aucun d'eux d'être un ou d'être un étant, car chacun est immédiatement un étant et un un, non pas comme dans un genre qui serait l'étant et l'un, ni comme séparés à côté des choses particulières. (*Métaph.* H 6, 1045a 36 – b 7)[1].

Ainsi donc, il est important d'affirmer que toute entité, dès lors qu'elle est quelque chose, est nécessairement étant et un, au sens où ceux-ci sont les conditions mêmes du quelque chose. Autrement dit, ce n'est pas parce qu'ils sont vides et inutiles que les prédicats universels n'ajoutent rien à un nom, mais parce qu'ils sont évidents et inséparables. Ils sont les deux

1. Le contexte de ce passage est la justification de l'unité de chaque chose malgré la dualité de la définition ; or, de même que l'unité physique est accomplie par la spécificité et l'acte, dans les définitions le genre est dit puissance ou matière intelligible et la différence est acte. C'est pourquoi, les choses qui n'ont pas de matière intelligible sont les genres les plus élevés et leur unité ne doit pas être justifiée car ils n'ont pas de dualité définitionnelle.

facettes de toute réalité : quelque *chose* et *quelque* chose. Et ils sont non seulement conditions *a priori* de toute connaissance[1], mais aussi de toute réalité objective. Pourtant, Aristote répugne à les appeler principes, parce que le principe est toujours principe de quelque chose, réalité déterminée en rapport avec une réalité déterminée, même dans les cas où elle lui est immanente ; au contraire, l'étant et l'un ne sont pas l'étant de quelque chose ou l'un de quelque chose, ils ne sont pas déterminables en dehors de la chose, et celle-ci n'est déterminable ni en faisant abstraction d'eux ni en les utilisant comme ses causes. Ces conclusions résultent du refus de la conception « substantialiste » de l'étant et de l'un, au livre B de la *Métaphysique* :

> S'il y a un un-en-soi et un étant-en-soi, il est nécessaire que leur essence soit l'un et l'étant, car rien d'autre n'est attribué en général, mais ceux-là même. Cependant, s'il doit y avoir un un-en-soi et un étant-en-soi, une grande difficulté est de savoir comment autre chose existera à côté d'eux, je veux dire comment les étants seront plus nombreux qu'un, car l'autre de l'étant n'est pas. (B 4, 1001a 27-32).

On voit la difficulté : si l'étant est l'essence d'une réalité déterminée, il ne peut appartenir en même temps à autre chose, de sorte que tout le reste est non-étant. L'étant et l'un doivent donc être des propriétés qui appartiennent à tous les étants, mais ne sont l'essence d'aucun d'eux. Pour tenter de cerner le contenu de ces attributs, et de répondre en même temps à une objection possible, il faut voir s'il n'y a pas malgré tout des exceptions à l'appartenance universelle de l'étant, du fait qu'on peut parler de non-étants. Dans le cadre de la sémantique générale de l'étant, Aristote mentionne deux types de non-étant, dont l'un, en tant que négation d'un étant, reste lui-même un étant, quoique indéterminé :

> Le « non-homme » n'est pas un nom, et il ne se trouve pas non plus de nom pour ce qu'il faut nommer ainsi, car ce n'est ni un énoncé ni une affirmation. Mais admettons que ce soit un nom indéfini, parce qu'il appartient semblablement à n'importe quel étant ou non-étant. (*De Interpr.* 2, 16a 30-33).

La même chose est dite à propos des négations des verbes[2] : toute négation d'un objet peut désigner tout ce qui n'est pas cet objet. Aristote accepte ainsi comme étant le non-étant relatif ou non-étant par altérité. En revanche, l'étant n'est pas attribuable aux non-étants comme fictions, c'est-à-dire aux affections de l'âme qui ne renvoient à aucune réalité extérieure :

1. Comme le montre L. Couloubaritsis (1990), mais à propos de l'un seulement.
2. *De Interpr.*, 16b 12-15.

> Ainsi donc, les noms eux-mêmes et les verbes ressemblent à la notion sans combinaison et division, comme « homme » ou « blanc », lorsqu'on n'y ajoute rien, car ce n'est encore ni faux ni vrai. Un signe de ceci est que même le bouc-cerf signifie quelque chose mais n'est pas encore vrai ou faux, si on n'y ajoute pas le fait d'être ou de ne pas être, soit absolument soit temporairement. (*De Interpr.* 1, 16 a 13-18).

Le but de ce texte est d'établir la différence entre noms et propositions, différence qui réside principalement dans le fait d'être susceptible de vérité et de fausseté. Dans ce cadre, l'exemple du bouc-cerf sert à montrer que vrai et faux sont autre chose qu'étant et non-étant, car le bouc-cerf est un non-étant[1], mais, comme nom simple, il n'est pas faux ; ce qui est faux, c'est de lui attribuer l'être. L'être en question ici a le statut de prédicat et non de copule, car un nom et une copule ne forment pas encore une proposition, et en outre la disjonction entre « absolument » et « selon un certain temps » constitue une des déterminations du mode d'existence des étants. Avant d'entamer l'étude de ces déterminations, il est intéressant d'examiner la question de l'existence des fictions qui, dans les *Analytiques*, constitue une étape importante de la réflexion sur l'interdépendance entre l'existence et l'essence :

> Les choses que nous cherchons sont égales en nombre aux choses que nous savons. Nous cherchons quatre choses, le fait (τὸ ὅτι), le pourquoi (τὸ διότι), l'existence (εἰ ἔστι), l'essence (τί ἐστι) (...) Lorsque nous connaissons le fait, nous cherchons le pourquoi, par exemple, sachant qu'il y a éclipse et que la terre se meut, nous cherchons pourquoi il y a éclipse ou à cause de quoi la terre se meut. Pour ces réalités, c'est donc ainsi, mais pour certaines nous cherchons d'une autre manière, par exemple si est ou n'est pas le centaure ou le dieu ; et je veux dire s'il est ou n'est pas absolument, et non s'il est blanc ou pas. Et, sachant qu'il est, nous cherchons ce qu'il est, par exemple, ce qu'est donc le dieu ou ce qu'est l'homme. (*Anal. Post.* II 1, 89 b23-35).

L'emploi du « ἔστι » comme prédicat est distingué de l'emploi copulatif par l'adverbe « ἁπλῶς », qui signifie ici « simplement », « tout seul », par opposition à sa conjonction avec un autre prédicat. L'existence et l'essence se posent, dans les démonstrations, à propos des substances ; le fait et le pourquoi en sont les équivalents pour les propriétés et affections. Dans la plupart des cas, le fait ou l'existence sont des donnés sensibles qui ne sont pas mis en question ; seul leur statut exact est interrogé. Et, comme

1. Cf. *Anal. Pr.* I 38, 49 a 24 : τραγέλαφος δοξαστὸν ᾗ μὴ ὄν et *Phys.* IV 1, 208 a 30-31 : τὸ γὰρ μὴ ὂν οὐδαμοῦ εἶναι· ποῦ γὰρ ἔστι τραγέλαφος ἢ σφίγξ;

le souligne Owen[1], c'est la même chose pour Aristote que s'interroger sur l'existence d'une réalité particulière (qu'elle soit limitée dans le temps ou non) et sur l'existence d'une réalité générale, car celle-ci passe par l'affirmation d'au moins un cas particulier. Dans certains cas seulement, il n'y a pas d'évidence sensible et l'existence elle-même doit d'abord être établie. Cette démarche est illustrée dans la *Physique*, lorsqu'Aristote cherche à savoir, à propos de l'infini, du lieu, du vide et du temps, à la fois si ils sont et ce qu'ils sont[2]. Dans chacun des cas, la démarche est la même : l'existence est d'abord soupçonnée à partir des opinions du sens commun et des penseurs antérieurs[3]; il cherche ensuite l'essence, et quand il l'a trouvée et démontrée sans contradiction logique, alors seulement l'existence est confirmée par la résolution des difficultés qu'elle posait au départ.

Le mode d'existence temporaire appartient aux étants particuliers dont l'espèce existe, et qui sont non-étants avant et après leur temps de vie; le mode d'existence ou d'inexistence permanente est celui des réalités générales, soit substances soit propriétés; enfin, sont toujours inexistantes les réalités particulières dont l'espèce n'existe pas.

> Toutes les choses périssables et générables et, en général, tantôt étant tantôt non, sont nécessairement dans le temps, car il y a un temps plus grand qui excèdera leur existence et celui qui mesure cette existence. Quant à tous ceux, parmi les non-étants, que contient le temps, les uns étaient, par exemple Homère était à un certain moment, les autres seront, par exemple l'une des choses futures, selon que le temps les contienne dans un sens ou dans l'autre – et si c'est dans les deux sens, ils étaient et seront. En revanche, tous ceux que le temps ne contient d'aucune façon, n'étaient ni ne sont ni ne seront. Sont des non-étants de cette sorte tous ceux dont les opposés sont toujours, par exemple l'incommensurabilité de la diagonale est toujours, et elle ne sera pas dans le temps, pas plus que la commensurabilité; c'est pourquoi celle-ci n'est jamais, parce qu'elle est contraire à ce qui est toujours. Mais toutes les choses dont le contraire n'est pas toujours, peuvent être et ne pas être, et ont une génération et un périssement. (*Physique*, IV 12, 221 b 28 – 222 a 9).

1. G.E.L. Owen, 1965, p. 83-87.

2. Voir, respectivement, III 4, 202 b 34-36; IV 1, 208 a 27-31; IV 6, 213 a 13; IV 10, 217 b 31.

3. Aristote ne s'interroge pas sur l'existence de n'importe quelle réalité, mais seulement sur celles qui sont mises en doute par certains. Comme le dit Ross à propos des assomptions d'existence (ὑποθέσεις) dans les *Analytiques* : « He admits that when an assumption is perfectly self-evident it need not be expressly stated; he is right in saying that even when it is not expressly stated, the presupposition of the existence of certain fundamental entities is a distinct and necessary type of presupposition. » (p. 57).

Le verbe être, quand il est conjugué au présent, est donc ambigu : il peut signifier tant l'existence temporaire actuelle que l'existence perpétuelle. Cette conception est déjà exposée dans le *De Interpretatione* :

> Que donc l'étant est lorsqu'il est, et le non-étant n'est pas lorsqu'il n'est pas, c'est une nécessité ; maintenant, il n'est pas nécessaire que tout étant soit ni que tout non-étant ne soit pas, car ce n'est pas la même chose que « tout étant est par nécessité lorsqu'il est » et « tout étant est par nécessité absolument ». (*De Interpr.*, 9, 19 a 23-26).

Ici aussi, l'ambivalence du verbe être fait qu'il peut s'appliquer à la fois à ce qui est absolument (ici, au sens de « toujours ») et à ce qui est à présent (par opposition à ce qui était ou sera : τῶν γενομένων καὶ τῶν μελλόντων, 18 a 28, 33), de même que ne pas être convient à ce qui n'est absolument pas et à ce qui n'est pas mais est capable d'être ou de ne pas être (τῶν μὴ ὄντων μὲν δυνατῶν δὲ εἶναι ἢ μὴ εἶναι, 19 b 3-4). Or, Aristote ne lève l'ambiguïté, en ajoutant un adverbe tel que νῦν ou ἁπλῶς, que dans de rares cas, lorsqu'il aborde directement la question. Une autre remarque importante à faire à propos de ce dernier passage est que « l'étant » y désigne la chose-qui-est et non la propriété ou le fait d'être.

D'après l'ensemble de ces textes, la liaison entre l'essence et l'existence vient du fait que déterminer la nature ou l'essence d'une chose, c'est déterminer son mode d'existence et le type d'étant qu'elle constitue. Or, comme rien n'est étant en général, mais toujours tel étant déterminé, on ne peut décréter l'existence en général d'une chose, mais bien son type d'existence, son existence en tant que ceci ou cela. Ensuite seulement, ce qui existe en tant que ceci peut être dit simplement exister, ce qui est tel étant peut être dit simplement étant. On voit du même coup comment sont exclus les non-étants : on ne leur trouve aucun mode d'existence selon les divisions exhaustives de l'étant, car ce qui n'est ni en puissance ni en acte, ni comme substance ni comme aucune autre des attributions, n'est absolument pas. Ce qui se dessine donc progressivement, c'est l'idée d'un prédicat dont l'extension et l'intension sont maximales, mais en puissance seulement, car, pour que la prédication dise quelque chose de déterminé, il faut préciser l'un de ses contenus implicites.

Cependant, un tel prédicat ne convient qu'aux choses qui ont, d'une manière ou d'une autre, une existence et une essence. Or, la théorie de la connaissance montre qu'il y a des choses qui sont inconnaissables parce qu'elles n'ont ni existence ni essence, mais seulement un nom et une signification :

> Il est nécessaire que celui qui sait ce qu'est l'homme ou quoi que ce soit d'autre, sache aussi qu'il est, car personne ne sait ce qu'est le

> non-étant, mais seulement ce que signifie son énoncé ou son nom, par exemple, lorsque je dis « bouc-cerf », mais ce qu'est le bouc-cerf, il est impossible de le savoir. (*Anal. Post.* II 7, 92 b 5-8);
> Il est impossible de savoir ce que c'est, en ignorant si cela est. (*id.*, 8, 93 a 20).

Ce qui vaut pour l'essence vaut pour la définition : aucun énoncé mettant en jeu des non-étants ne peut accéder au statut de définition. On pourrait penser que le critère de distinction est que l'un expose seulement la signification du nom, tandis que l'autre expose l'essence de la chose. Mais il n'en est rien, car il y a deux manières légitimes de définir, soit en donnant la cause, soit en exprimant ce que signifie le nom :

> Si donc celui qui définit montre soit ce qu'est (la chose) soit ce que signifie le nom, dans le cas où elle n'est en aucune façon de l'essence, la définition serait un énoncé signifiant la même chose que le nom. Mais c'est impossible car, d'abord, il y en aurait aussi des non-substances et des non-étants, car il est possible de signifier même les non-étants ; ensuite, tous les énoncés seraient des définitions. (*Anal. Post.* II 7, 92 b 26-31).
> Puisque la définition est dite être l'énoncé de l'essence, il est clair que l'une sera l'énoncé de ce que signifie le nom ou une autre expression de type nominal[1], par exemple ce que signifie le triangle[2]. (*id.*, II 10, 93 b 29-32).

Les définitions nominales ne sont donc pas réservées aux noms qui n'ont pas de référent dans la réalité. W. Leszl a montré les deux fonctions qu'elles pouvaient avoir dans le cas d'essences réelles : d'une part, certains termes mathématiques, comme « point », « monade », « triangle », ont des définitions seulement nominales, quand elles sont indépendantes de toute postulation d'existence (leur vérité ou fausseté n'est pas la conformité avec la réalité objective mais l'accord avec certaines règles ou critères). D'autre part, dans les études physiques, l'indépendance totale vis-à-vis de l'exis-

1. Comme le fait remarquer Ross (*Analyt.*, p. 635), « λόγος ὀνοματώδης » ne désigne pas ce qu'on a appelé « définition nominale », c'est-à-dire définition du seul nom, mais est simplement ajouté comme une alternative à « ὄνομα », pour tenir compte d'expressions composées telles que « εὐθεῖα γραμμή », « ἐπίπεδος ἐπιφανεία », etc.

2. Certains manuscrits comportent d'ailleurs « τί ἐστι » en plus de « τί σημαίνει », ce que Ross considère comme une intrusion due à une confusion de lignes, mais qu'on peut interpréter comme une glose, étant donné que dans le cas du triangle, dire ce que signifie le nom revient à dire aussi ce qu'est la chose. Les sciences démonstratives prennent les définitions nominales comme point de départ des démonstrations : « The underlying theory (of Euclid) is Aristotle's theory, that geometry must assume nominal definitions of all its technical terms, alike those in whose case the existence of corresponding entities is assumed, and those in whose case it must be proved. » (Ross, *Analyt.*, p. 57).

tence est sans intérêt et le critère principal d'une définition nominale devient qu'elles sont un point de départ pour la recherche, un pré-savoir non scientifique, révélant une connaissance incomplète de la chose[1]. Une conséquence importante de cela est qu'il est impossible de déceler par sa seule forme si une définition concerne une chose qui existe ou qui n'existe pas. Peut-on affirmer pour autant, comme le fait S. Mansion[2], que l'existence n'est pas comprise dans la définition, et que la définition ne change pas si on a prouvé que la chose existe? Ou encore, comme J.-M. Le Blond[3], que l'existence, de par son universalité, est trop vague pour servir à la définition? Non, car seule aura le statut de définition véritable celle dans laquelle l'existence de la chose est implicite, comme sa condition même, et implicitement déterminée, comme convenant à cette essence.

Quant aux propositions dont le sujet est un non-étant comme fiction, elles n'ont aucune valeur pour la connaissance, mais seulement pour l'opinion :

> En outre, (il faut vérifier) si l'espèce donnée est dite avec vérité de quelque chose, mais pas le genre, par exemple si on pose l'étant ou le connaissable comme genre de l'objet d'opinion (δοξαστόν). Car l'objet d'opinion s'attribuera au non-étant, car de nombreux non-étants sont objets d'opinion. Or, il est clair que l'étant ou le connaissable ne s'attribuent pas au non-étant, de sorte que ni l'étant ni le connaissable ne sont le genre de l'objet d'opinion, car le genre doit aussi s'attribuer aux choses auxquelles s'attribue l'espèce. (*Top.*, IV 1, 121a 20-26).

A propos de ce type de non-étants, la seule proposition qui aura un statut scientifique sera, selon le passage du *De Interpretatione* cité plus haut, celle qui affirmera ou niera que le non-étant est un étant, et, si elle l'affirme, elle sera fausse, si elle le nie, elle sera vraie. Pour conclure sur ce point, on peut dire que la connaissance concerne conjointement l'essence et l'existence de ce qui est, tandis que les propositions concernant des choses qui n'ont aucune forme d'existence n'ont d'autre valeur que celle d'opinion. Cependant, elles ont la même structure prédicative que les autres, de sorte que l'usage du verbe être comme copule est indépendant de sa signification comme prédicat. Et Aristote affirme clairement qu'il n'y a pas de déduction possible de l'être copulatif à l'être existentiel, ni du non-être copulatif au non-être existentiel :

1. W. Leszl, 1980, p. 401-410.
2. S. Mansion, 1946, p. 266.
3. J.-M. Le Blond, 1939, p. 173-174.

> Certains paralogismes ont lieu contre le fait de dire ceci absolument (ἁπλῶς) ou d'une certaine façon (πῇ) et non principalement (μὴ κυρίως), lorsqu'on considère que ce qui est dit partiellement est dit absolument, par exemple si on prend « le non-étant est objet d'opinion » comme « le non-étant est » ; car ce n'est pas la même chose d'être quelque chose et d'être absolument. Ou, inversement, quand on dit que l'étant n'est pas étant, s'il n'est pas l'un des étants, par exemple s'il n'est pas homme, car ce n'est pas la même chose de ne pas être quelque chose et de ne pas être. (*Réf. Soph.* 5, 166b 37 – 167a 6).

Cette dernière affirmation pourrait toutefois rencontrer une objection dans un texte des *Catégories*, qui semble lier toute possibilité d'affirmation vraie à l'existence du sujet. Le contexte est celui de la différence entre les contraires (ἐναντία) et les contradictions (ἀντιφάσεις) :

> « Socrate est en bonne santé » est le contraire de « Socrate est malade », mais il n'est pas nécessaire que l'un soit toujours vrai et l'autre toujours faux. En effet, si Socrate est, l'un sera vrai et l'autre faux, mais si Socrate n'est pas, les deux seront faux, car ni « Socrate est malade » ni « Socrate est en bonne santé » n'est vrai si Socrate lui-même n'est pas du tout. (...) Mais l'affirmation et la négation, que le sujet soit ou pas, sont toujours l'une vraie l'autre fausse, car, pour « Socrate est malade » et « Socrate n'est pas malade », si Socrate est, il est clair que l'un est vrai et l'autre faux, et de même s'il n'est pas, car s'il n'est pas, « Socrate est malade » est faux et « Socrate n'est pas malade » est vrai. Par conséquent, que l'un des opposés est toujours vrai et l'autre faux est propre seulement à ceux qui s'opposent selon l'affirmation et la négation. (*Catégories*, 10, 13 b 15-35).

Mettons le texte sous forme plus claire :
– si le sujet est : – un prédicat contraire est vrai et l'autre faux
– un prédicat contradictoire est vrai et l'autre faux ;
– si le sujet n'est pas : – les deux prédicats contraires sont faux
– le contradictoire affirmatif est faux, le négatif vrai.

La différence entre les contraires et les contradictoires, dans le cas du sujet qui n'est pas, consiste en ce que les contraires sont exprimés sous forme affirmative, tandis qu'un contradictoire est exprimé sous forme négative. Puisque seul ce dernier peut être attribué avec vérité au non-étant, on pourrait être tenté de conclure que rien ne peut être affirmé d'un non-étant, mais que tout peut lui être nié. Rien ne peut être quelque chose sans être absolument; aucune affirmation n'est possible sans l'affirmation d'existence. Mais si le « est » copulatif est ainsi refusé aux non-étants, est-ce parce qu'il comporte en lui-même une affirmation d'existence ? Non, car si c'était le cas, la négation de la copule entraînerait aussi la négation de l'existence.

Un autre texte vient confirmer ceci :

> Si dans ce qu'on ajoute se trouve un des opposés, d'où s'ensuit une contradiction, ce n'est pas vrai mais faux, par exemple dire que l'homme mort est homme ; mais lorsqu'il ne s'en trouve pas, c'est vrai. Ou plutôt, lorsqu'il s'en trouve, ce n'est jamais vrai, tandis que lorsqu'il ne s'en trouve pas, ce n'est pas toujours vrai, comme Homère est quelque chose, par exemple un poète. Mais est-ce qu'il est donc aussi ou non ? Car le « est » est attribué par accident à Homère, car c'est parce qu'il est un poète, et non par lui-même, que le « est » est attribué à Homère. Par conséquent, dans toutes les attributions où il n'y a pas de contrariété quand on remplace le nom par la définition, et où les attributs sont par soi et non par accident, dans ces cas-là il sera vrai de dire qu'ils sont quelque chose et absolument. Quant au non-étant, parce qu'il est objet d'opinion, il n'est pas vrai de le dire un certain étant, car ce n'est pas parce qu'il est qu'il y a une opinion à son propos, mais parce qu'il n'est pas. (*De Interpr.*, 11, 21a 21-33).

Une première difficulté de ce texte est qu'on ne voit pas clairement si la proposition « Homère est un poète » est vraie ou pas, puisqu'elle illustre un type de proposition qui n'est pas toujours vraie. Cependant, l'intention du texte disparaîtrait s'il n'y avait pas une opposition entre la vérité d'une des deux propositions et la fausseté de l'autre. En outre, le cas du non-étant comme objet d'opinion, auquel est consacrée la dernière phrase, est un cas différent de celui du non-étant temporaire, car c'est l'impossibilité de toute connaissance à son sujet qui entraîne qu'on ne peut lui attribuer avec vérité ni le prédicat « être » ni aucun autre prédicat lié par la copule. Au contraire, une certaine connaissance prédicative est possible pour un non-étant qui a existé, mais la copule qui introduit ce prédicat n'implique pas l'existence du sujet.

Une difficulté plus importante est que cette affirmation semble contredire celle du texte précédent, puisque, du premier, il résulte qu'on peut passer de l'emploi copulatif à l'emploi existentiel du verbe (de « Socrate est malade » à « Socrate est »), tandis que du second il résulte qu'une telle implication n'est pas valide. Mais une étude de M. Mignucci a clairement montré qu'il n'y a contradiction entre les deux textes que si on les considère comme des règles générales pouvant s'étendre à tous les énoncés copulatifs. Or, ce n'est le cas ni pour l'un ni pour l'autre, car ils sont tous les deux cités comme des exceptions à une règle : « le cas d'Homère est introduit comme un contre-exemple à la thèse selon laquelle il est permis d'attribuer à un sujet les composantes séparées d'un prédicat lorsqu'elles ne sont pas incompatibles entre elles » et l'exemple de Socrate est un contre-exemple « de la thèse selon laquelle de la fausseté d'un énoncé on peut déduire la vérité de son contraire »[1]. Une autre explication de la différence entre les deux textes est que, si le verbe être au sens existentiel signifie, dans les deux exemples, « être vivant », il est clair que la proposition « tout ce qui se porte bien est vivant » est vraie tandis que la proposition « tout poète est vivant » est fausse[2].

Il reste à déterminer ce qu'Aristote entend par l'attribution par accident du « ἐστι ». Ch. Kahn[3] estime que l'être par accident désigne ici l'être copulatif, dans la mesure où, comme mot de liaison qui n'a pas de sens par lui-même, il n'est pas attribué pour lui-même au sujet mais seulement pour introduire le véritable attribut; or, de ce « faux » attribut, il n'est pas permis de faire un attribut véritable. Au contraire, J. L. Ackrill[4] et M. Mignucci pensent que c'est le « est » existentiel qui est attribuable seulement par accident à Homère, et qu'il faut comprendre « par accident » au sens de « indirectement », c'est-à-dire « par l'intermédiaire du fait d'être poète ». Mais cela revient à accorder qu'Homère est, fût-ce indirectement, or c'est précisément ce passage de l'un à l'autre, du direct à l'indirect, qui est refusé par Aristote. Par conséquent, il me semble plus correct de considérer que le « est » est attribué par accident à Homère au sens où ce n'est pas en vertu de sa valeur propre qu'il lui est attribué, mais à cause du rapport entre « Homère » et « poète ». La distinction entre « par soi » et « par accident » ne se situe donc pas ici entre une prédication essentielle et une prédication inessentielle, mais entre la prédication véritable, signifiante, et la prédication apparente, non signifiante, de la copule.

1. M. Mignucci, 1980, p. 378 et 379.

2. A partir de là, Mignucci propose une formalisation générale de l'ensemble des cas présentés par Aristote : si l'existence de a implique que a satisfait une description ϕ, et si ϕ est une condition nécessaire pour une caractéristique F, alors Fa -> E! a (*id.*, p. 382). Il reconnaît toutefois que cette généralisation n'est légitime que si Aristote entend effectivement le prédicat « est » au sens de « est vivant »; or, si Kahn l'affirme (1972, p. 145), Mignucci suit plutôt l'analyse de Owen qui, après avoir distingué l'existence de type « il y a » et l'existence de type « est en existence (actuelle) », conclut que chez Aristote la distinction n'est pas toujours claire, notamment parce que l'une n'est pas toujours réservée aux termes généraux et l'autre aux particuliers (G.E.L. Owen, 1965, p. 83-89).

3. Ch. Kahn, 1972, p. 146.

4. J. L. Ackrill, 1963, p. 148.

La plurivocité de l'étant

L'expression « l'étant se dit de plusieurs façons », fréquente dans la *Métaphysique*, se rencontre rarement dans le reste du corpus[1]. Il arrive que le « πολλαχῶς » ne soit pas exprimé mais qu'une énumération soit articulée, selon un procédé habituel, par « τὸ μὲν… τὸ δέ »[2]. Le verbe « se dit » est quelquefois aussi remplacé par « signifie », suivi du même type d'énumération[3]. Le texte le plus complet et celui du chapitre Δ 7 de la *Métaphysique*, qui seul cite et explique les quatre sens principaux à la fois de ὄν, de ἔστι et de εἶναι sans renvoyer à une étude antérieure – contrairement à E 2, qui les cite sous forme de rappel, à l'imparfait.

> L'étant se dit d'une part par accident, d'autre part par soi ; par accident, comme nous disons que le juste est cultivé et que l'homme est cultivé et que le cultivé est homme (…). D'autre part, sont dites être par elles-mêmes toutes les choses que signifient les figures de l'attribution, car d'autant de façons elles sont dites, d'autant de façons l'être signifie. Puisque donc, parmi les attributs, les uns signifient une essence, les autres une qualité, les autres une quantité, les autres une relation, les autres agir ou pâtir, les autres un lieu, les autres un temps, l'être signifie la même chose que chacun d'eux, car il n'y a aucune différence entre « l'homme est guérissant » et « l'homme guérit », ni entre « l'homme est marchant », ou « coupant » et « l'homme marche », ou « coupe », et de même pour les autres. En outre, l'être et le « est » signifient que c'est vrai, le non-être que ce n'est pas vrai mais faux (…). En outre, l'être et l'étant signifient d'une part ce qui est dit en puissance, d'autre part ce qui est dit en entéléchie, parmi ce qu'on vient de citer. (*Métaph.* Δ 7, 1017a 7- b 2).
>
> Mais puisque l'étant dit absolument se dit de plusieurs façons, dont l'une était celui par accident, une autre celui comme vrai et le non-étant comme faux, et à côté d'eux les figures de l'attribution (par exemple, il signifie d'une part quelque chose, d'autre part une qualité, d'autre part une quantité, d'autre part un lieu, d'autre part un temps, et tout ce qu'il signifie encore de cette manière), et en outre, à côté d'eux tous, celui en puissance et en acte, – puisque donc l'étant se dit de plusieurs façons, il faut d'abord dire, à propos de celui par accident, qu'il n'y en a aucune étude. (E 2, 1026a 33-b 4).

1. *Métaph.* Γ 2, 1003a 33 ; b 5 ; Δ 10, 1018a 35 ; Δ 11, 1019a 4-5 ; E 2, 1026a 33 ; Z 1, 1028a 10 ; N 2, 1089a 7 ; *Physique* I 2, 185a 21 ; *De Anima* I 5, 410a 13-14 ; II 1, 412b 8.

2. *Métaph.* Δ 7, 1017a 7 ; Θ 1, 1045b 32 ; Θ 10, 1051a 34 ; *Physique* III 6, 206a 14.

3. *Métaph.* Δ 7, 1017a 24, 27, 31, 35 ; Z 1, 1028a 11, 14 ; Z 4, 1030b 11 ; *De Anima*, I 5, 410a 14 ; *Eth. Eud.* I 8, 1217b 27.

Hormis ces deux textes, tous les autres y font des allusions partielles, selon les besoins de la question qu'ils traitent. C'est pourquoi, la plupart mentionnent seulement la division en catégories [1]. Quant au non-étant, il se dit également de plusieurs façons, étant toujours la négation de l'un des sens de l'étant [2].

En dehors de la *Métaphysique*, la plurivocité de l'étant n'est affirmée que dans la *Physique*, le *De Anima* [3] et l'*Ethique à Eudème*, et concerne soit l'étant selon les catégories (pour maintenir provisoirement ce terme général

1. *Métaph.* Δ 10, 1018a 35 ; Z 1, 1028a 10 sq ; Z 4, 1030b 11 ; N 2, 1089a 7 ; *Physique* I 2, 185a 21 ; *De Anima* I 5, 410a 13-14 ; *Eth. Eud.* I 8, 1217b 27. D'autres mentionnent le dédoublement de la puissance et de l'entéléchie (*Physique* III 6, 206a 14 ; *De Anima* II 1, 412b 8 ; cf. aussi *Métaph.* Λ 2, 1069b 15 et M 3, 1078a 30, où l'étant est dit διττόν ou διχῶς). *Phys.* III 1, 200b 26-28 ; *Métaph.* Δ 11, 1019a 4-5 et Θ 1, 1045b 32 mentionnent deux des sens principaux, omettant l'accident et le vrai ; Θ 10, 1051a 34 et N 2, 1089a 26-29 omettent seulement l'accident. *Métaph.* Γ 2 pose un problème, car les étants qui y sont cités ne correspondent à première vue à aucune de ces divisions (voir l'étude approfondie, au chapitre V).

2. *Métaph.* N 2, 1089a 26-b11 ; *Phys.* V 1, 225a 20-30. Cf. l'étude de E. Berti sur le non-étant (1990), qui conclut que celui-ci se pose toujours par rapport à un étant déterminé, selon la contradiction ou la privation ou la contrariété. Ce non-étant déterminé ou relatif, dont on trouve l'affirmation la plus claire en *Phys.* I 3, 187a 3-6 : « Il n'est manifestement pas vrai que, si l'étant signifie une chose et que ne puisse se trouver en même temps la contradiction, il n'y aura aucun non-étant ; car rien n'empêche que le non-étant ne soit pas absolu mais un certain non-étant. », Berti estime qu'il ne désigne pas le non-étant comme altérité du *Sophiste*, car le même et l'autre, selon *Métaph.* I 3, 1054b 18-22, se disent de tout ce qui est. Pourtant, c'est précisément pour cette raison qu'il s'agit d'un non-étant relatif et non absolu, parce qu'il désigne une chose qui est au moyen de ce qu'elle n'est pas ; par exemple, le non-blanc désigne tout ce qui n'est pas blanc : les autres couleurs mais aussi les réalités appartenant à d'autres genres. D'autre part, Berti ne mentionne pas le non-étant théorisé au *De Interpr.*, qui ne peut en aucune façon être dit étant et qui relève de la *doxa*. Au contraire, A. de Muralt (1990, p. 386) reconnaît cette « forme contradictoire absolue de celle de l'être », ce non-être qui désigne ce qui n'est pas absolument, c'est-à-dire ce qui n'est rien, par opposition à la négation déterminée. En termes de rapport entre *logos* et *pragma*, « le non-être n'est pas » est un *logos* « sous lequel » il n'y a pas de *pragma*. Il ajoute que la plurivocité du non-étant comme contradiction, contrariété ou privation d'un étant, ne doit pas être unifiée par πρὸς ἕν comme celle de l'étant, car elle est d'emblée univoque au sens où il s'agit toujours d'une négation.

3. 410a 13-14. En revanche, en 412b 8-9, il semble bien que « τὸ εἶναι » soit une glose introduite dans le texte, car le passage concerne l'unité de l'âme et du corps et non leur être (« Puisque l'un (et l'être) est dit de plusieurs façons, ce qui est dit un principalement est l'entéléchie »). Cette unité, dit Aristote, n'est pas problématique car l'âme vient d'être définie comme l'entéléchie du corps, or l'entéléchie est l'unité par excellence. L'examen de cette affirmation fait partie de l'étude de l'un en *Métaphysique* Δ 6 et I 1. Néanmoins, si on garde « τὸ εἶναι », le sens principal d'entéléchie se justifie toujours, à condition qu'on le rapporte non pas à l'ensemble de ses significations énumérées en Δ 7 et E 2 de la *Métaphysique*, mais à la seule opposition entre l'être en puissance ou en acte. Dans ce sens, en effet, la question de l'unité du vivant et la question de son être reçoivent la même réponse, qui est l'âme comme *eidos*, acte et vie.

et habituel), soit l'étant selon la puissance et l'acte. Un seul texte, dans la *Physique*, rassemble ces deux séries mais sans faire allusion à la signification du mot, pour dire qu'une chose quelconque (« τι ») reçoit nécessairement l'attribution d'une des catégories et l'un des deux modes d'existence cités. Ceci tend à confirmer la thèse de Ross, que la distinction des catégories n'a pas été motivée d'abord par la question des sens de l'être mais par le besoin de classer des types de réalités. Ce qui est nouveau donc dans la *Métaphysique*, c'est le fait de considérer conjointement quatre séries différentes de significations de l'être, en intégrant ce qui avait été dit partiellement dans d'autres contextes.

Les deux questions principales auxquelles nous devons répondre conjointement, car elles sont comme les deux faces d'une même réalité, sont : *en quoi se divise l'étant*, c'est-à-dire à quelles réalités se réfèrent ces divisions, et *qu'est-ce que l'étant qui se divise ainsi :* est-ce la copule, le prédicat exprimant une propriété ou les choses-qui-sont ? Seul un éclaircissement de ces questions nous permettra de déterminer ce qui fait l'unité de l'étant en dépit de sa plurivocité. Car il faut noter qu'on ne trouve au chapitre Δ 7 aucune indication quant au rapport des différentes significations entre elles ni quant à l'éventuelle priorité de l'une d'elles ; on en trouvera quelques indications aux livres Γ, E, Z et Θ ; en-dehors de la *Métaphysique*, on peut lire que la substance ou l'entéléchie est antérieure, mais cette antériorité désigne le statut ontologique privilégié de certaines réalités et non l'unification logique d'une plurivocité. C'est pourquoi, je me propose d'étudier chacune des divisions, en commençant par la division en catégories (car les autres sont abordées à partir de celle-ci comme base), dans le but d'en fournir une interprétation globale ; ensuite, comme tous les arguments en faveur de l'unité de la plurivocité sont avancés pour justifier la science de l'étant telle qu'elle est exposée à partir du livre Γ, c'est au chapitre V, consacré à cette science, que j'en ferai l'examen critique.

L'étant selon les genres de la prédication

Il nous faut résoudre cette difficulté fondamentale qu'Aristote ne semble pas avoir éprouvée, qui est : que désignent exactement les catégories ? Pour une partie des interprètes elles sont principalement des classes de réalités[1], pour d'autres des classes de

1. Cf. H. Bonitz (1853), W.D. Ross (1924). A partir de cette première forme de la théorie, Ross mentionne une première évolution, vers un classement des sortes de prédicats, et ensuite, principalement dans la *Métaphysique*, l'apparition de la conception qu'à ces

prédicats [1], pour certains elles sont d'abord des classifications de tous les sens de « est » [2], ou des sens de « est » comme copule [3]. Il y a également un désaccord sur la question de savoir si elles ont été établies d'abord selon les fonctions grammaticales des membres d'une phrase ou selon les types de réalités extralinguistiques ou selon les types de prédicats possibles.

C'est pourquoi, l'étude des catégories nécessite de prendre en compte d'autres textes que ceux qui viennent d'être cités et qui concernent exclusivement la plurivocité du mot « étant ». En effet, la théorie des catégories est présentée par Aristote par d'autres biais, et il est remarquable que les deux seuls textes où elles sont citées toutes les dix et le plus longuement explicitées ne concernent pas la problématique du mot plurivoque [4] mais, comme on va le voir, d'une part celle de la division des étants, d'autre part celle de la division des prédicats en genres principaux. C'est donc après avoir examiné l'institution de la théorie des catégories dans l'*Organon* que nous pourrons aborder, mieux armés, la question de l'étant selon les catégories dans la *Métaphysique*.

classes répondent autant de sens de « être » (p. LXXXII-LXXXV). L'analyse que je propose dans le présent chapitre va confirmer et approfondir cette interprétation.

1. S. Mansion essaie par conséquent d'expliquer pourquoi le prédicat « substance » contient à la fois le sujet substantiel et l'essence de toutes les réalités (1968, surtt p. 178-179). M. Frede estime que le sens technique des catégories est la liste des dix sortes les plus générales de prédications, telle qu'elle apparaît dans les *Topiques*, et que leur classement ontologique dans les *Catégories* se base déjà sur les différents types de prédicats (1987, p. 35 et 48).

2. H. Maier (1896-1900) donne comme l'origine des catégories les distinctions établies par Aristote pour éviter certaines confusions de ses prédécesseurs : la distinction entre le « est » qui établit une identité entre les deux termes et celui qui indique une simple prédication ; la distinction entre l'être simple et l'être quelque chose (ou l'être existentiel et l'être copulatif) ; la distinction entre l'être subsistant et l'être inhérent (p. 280-87). Mais, comme le fait remarquer Ross (p. LXXXIX), si ces distinctions ont effectivement joué un rôle important, elles ne sont pas suffisantes pour rendre compte de l'entreprise d' « inventaire des éléments du réel » par Aristote. Il reproche, de même, à l'interprétation de O. Apelt de ne pouvoir rendre compte de l'utilisation des catégories, par exemple, dans la division des mouvements.

3. Cf. O. Apelt (1891, p. 106-131), H. Wagner (1961-62). De même, P. Aubenque : « Ces modes de l'attribution déterminent autant de catégories, c'est-à-dire (...) autant de façons d'attribuer le prédicat (qu'il soit accidentel ou essentiel) à un sujet, c'est-à-dire encore autant de significations possibles de la copule être. » (1962, p. 164).

4. Comme le dit E. Berti, à propos de l'*Eth. Eud.*(1971, p. 161, note 13) : « Le renvoi d'Aristote aux passages où est affirmée l'identification des significations de l'être avec les catégories ne peut être appliqué à des œuvres comme les *Topiques* ou les *Catégories*, dans lesquelles la liste des catégories n'est pas explicitement présentée comme correspondante aux significations de l'être, mais il doit viser, ce me semble, *Métaphysique* Δ (7, 1017a 22-27), où une telle correspondance est nettement soulignée. »

Les genres des étants

La théorie de la signification nous a révélé trois niveaux de réalité engagés dans le discours : celui des mots, celui des notions ou significations des mots, celui des réalités extra-mentales. Et nous avons vu que les niveaux conceptuel et extérieur étaient souvent réunis par Aristote dans une expression commune. Cette liaison va se confirmer dans les distinctions établies au traité des *Catégories*[1]. De manière explicite, il y est question, d'une part, des « choses dites », d'autre part, des « étants », mais les distinctions faites pour chacun des deux ensembles valent également pour l'autre :

> (1) Parmi les choses dites (τῶν λεγομένων), les unes sont dites avec combinaison, les autres sans combinaison. (*Catég.* 2, 1a 16-19) ;
> (2) Parmi les étants (τῶν ὄντων), les uns sont dits d'un sujet mais ne sont dans aucun sujet (...), les autres sont dans un sujet mais ne sont dits d'aucun sujet (...), les autres sont dits d'un sujet et sont dans un sujet (...), les autres ne sont ni dans un sujet ni dits d'un sujet (...). (2, 1a 20-b 9) ;
> (3) Parmi les choses dites sans aucune combinaison, chacune signifie ou bien une substance ou une quantité ou une qualité ou un relatif ou un lieu ou un temps ou être posé ou avoir ou agir ou pâtir. Une substance est, pour le dire en un mot, par exemple « homme », « cheval » ; une quantité, par exemple « de deux coudées », « de trois coudées » ; une qualité, par exemple « blanc », « lettré » ; un relatif, par exemple « double », « moitié », « plus grand » ; un lieu, par exemple « au Lycée », « à l'agora » ; un temps, par exemple « hier », « l'an dernier » ; être posé, par exemple « est debout », « est assis » ; avoir, par exemple « est chaussé », « est armé » ; agir, par exemple « coupe », « brûle » ; pâtir, par exemple « est coupé », « est brûlé ». (4, 1b 25- 2a 10).

Afin de déterminer quelle réalité est ainsi divisée, il faut d'abord se demander selon quels critères sont faites les divisions. La phrase (2) avance un critère ontologico-logique sous la forme d'une double opposition, d'une part, entre sujet et prédicat, d'autre part, entre sujet et attribut inhérent. Le rapport d'un prédicat du premier type à son sujet s'exprime par

1. Yvan Pelletier, dans sa traduction de ce traité aux éditions Bellarmin-Les Belles Lettres, a pris la décision d'écrire *Attributions* au lieu de *Catégories*, ce dernier terme donnant une fausse idée de ce que signifie « κατηγορία », du moins dans *l'Organon*. Je traduirai également la plupart du temps « κατηγορία » et « κατηγορούμενον » par « attribution » et « attribut », mais, en ce qui concerne le titre du traité, il me semble plus commode pour le lecteur de maintenir l'appellation conventionnelle, d'autant plus que, comme je pense le montrer plus loin, le titre *Attributions* convient aussi mal au contenu de cette œuvre.

le verbe κατηγορεῖσθαι, et il relie n'importe quelle réalité générale à la réalité particulière qu'elle signifie essentiellement – et ce, soit directement, s'il s'agit de l'attribution d'une espèce, soit indirectement, s'il s'agit de l'attribution d'un genre, qui s'attribue à l'espèce, laquelle s'attribue ensuite au particulier ; ce rapport s'établit donc exclusivement entre des réalités d'un même genre[1]. Le rapport d'un attribut inhérent à son sujet s'exprime par le verbe « être dans » ou « appartenir à », et il relie n'importe quelle réalité non autosubsistante (particulière ou générale) à une réalité autosubsistante. La distinction des deux types de prédication révèle un double sens de la copule, car « A est B » peut signifier soit « B est attribué à A », soit « B est dans A », mais il reste comme commun le fait d'indiquer une liaison entre deux termes, dont l'un est fondamental. Maintenant, le choix de l'une ou de l'autre signification ainsi que la détermination du terme fondamental sont dictés par la nature des termes reliés, de sorte que, dans les deux cas, le statut logique dépend du statut ontologique : pour formuler le jugement, il faut savoir si les choses auxquelles se réfèrent les deux termes sont particulières ou générales, et subsistantes par elles-mêmes ou non[2].

Ensuite, une deuxième division, transversale à celle-ci, précise quelles sont les dix sortes les plus générales de natures des choses auxquelles se réfèrent sujets et prédicats. C'est le rôle de la phrase (3), dont la phrase (1) est une indication préliminaire. C'est principalement ce dernier passage qui fait penser à un classement d'après les fonctions grammaticales, puisque

1. Les prédications respectives du genre, de l'espèce et du particulier sont également détaillées dans les *Analytiques Premiers :* « Parmi tous les étants, les uns sont tels qu'ils ne s'attribuent avec vérité à rien d'autre en général, par exemple Cléon et Callias et le particulier sensible, mais que les autres s'attribuent à eux (car chacun des deux est homme et animal) ; les autres s'attribuent à d'autres mais d'autres ne s'attribuent pas d'abord à eux ; les autres s'attribuent à d'autres et d'autres à eux, par exemple « homme » à Callias et « animal » à « homme ». Que donc certains des étants sont de telle nature qu'ils ne sont dits de rien, c'est clair, car parmi les sensibles, pour ainsi dire chacun est tel qu'il ne s'attribue à rien, si ce n'est par accident, car nous disons parfois que ce blanc-là est Socrate et que ce qui s'approche est Callias. » (*Anal. Pr.* I, 27, 43 a25-36).

2. L'οὐσία est ainsi définie comme réalité auto-subsistante, sujet logique et réel de toutes les autres réalités, ou encore, en un sens second, comme les attributs qui font référence en général à une réalité de ce type. C'est pourquoi, la meilleure traduction de οὐσία serait ici « subsistance ». On a souvent souligné l'incompatibilité entre l'affirmation des « οὐσίαι secondes » dans les *Catég.* et le refus, dans la *Métaph.*, que les termes généraux soient « substances » (cf. notamment S. Mansion, 1968, p. 177). Mais cela montre simplement, s'il fallait une preuve de plus, que les genres des attributions sont définis par la nature des étants qu'ils désignent : « homme » et « un certain (τις) homme » désignent des réalités de même nature, même si leur mode d'être n'est pas le même, mais que l'un est proprement subsistant tandis que l'autre, comme général, ne possède l'existence nécessaire que si un cas particulier existe.

les exemples sont cités tels qu'ils figurent dans une phrase, les compléments avec préposition, les verbes conjugués. Il y a donc bien une volonté de décomposer la phrase en ses éléments. La quantité, la qualité et le relatif présentent la particularité de comprendre à la fois des noms et des adjectifs, mais c'est plutôt en tant que noms qu'ils sont étudiés dans les chapitres suivants : sont cités comme quantités le nombre, le discours, la ligne, la surface, le corps, le temps et le lieu (6, 4b 20 – 5a 14); comme qualités la possession, la disposition, l'aptitude physique, l'affection, la figure (8, 8b 25 – 10a 24); comme relatifs la possession, la disposition, la position, et les adjectifs plus grand, double (7, 6a 36-b 14). La distinction entre les deux est clairement faite à propos des qualités : « J'appelle qualité (ποιότητα) ce par quoi certains sont dits de telle qualité (ποιοί) » (8, 8b 25). Par conséquent, si la démarche grammaticale n'est pas absente, elle n'est pas non plus prépondérante, car tous les noms ne signifient pas des substances, mais ils sont classés en fonction du statut ontologique de la réalité qu'ils expriment.

Par les phrases (2) et (3) sont ainsi définies, d'une part, dix natures que peuvent posséder les étants, et d'autre part, quatre modes d'être des étants, distribués en deux couples : particulier ou général, subsistant ou inhérent. Le premier couple modal divise les réalités de même nature, le deuxième précise la différence de statut entre une des natures et les neuf autres. Quant au rapport entre les étants et les choses dites, il correspond à ce que nous avons lu dans le *De Interpretatione :* les mots signifient les natures, et les étants sont ou sont dits [1], et la coïncidence réside en ce que l'articulation du langage est volontairement adaptée pour refléter au mieux l'articulation des étants [2].

1. Les choses dites avec combinaison, c'est-à-dire les propositions, sont d'ailleurs également des étants, comme le révèle leur inclusion parmi les quantités discrètes : « Que le *logos* soit une quantité, c'est manifeste, car il est mesuré par la syllabe courte et longue. Et je parle du *logos* apparu avec la voix, car ses parties ne touchent aucune limite commune, car il n'y a pas de limite commune à laquelle s'attachent les syllabes, mais chacune est distincte en elle-même. »(6, 4b 32-37). Que sont, à leur tour, les syllabes ? La théorie aristotélicienne de la mesure veut que la mesure soit toujours du même genre que le mesuré ; nous ne disposons pas d'indication plus explicite. On pourrait objecter que *logos* désigne ici seulement les mots isolés, qu'on admettrait plus facilement comme étants que les assemblages de mots. Mais si Aristote avait voulu se restreindre ainsi, pourquoi aurait-il choisi un mot aussi général que *logos*, alors qu'il disposait de termes plus précis tels que ὄνομα et ῥῆμα ? Il est plus probable qu'il se réfère ici à toute expression orale, quelle que soit sa longueur. En outre, la même affirmation se trouve en *Métaph.* H 3, 1043b 34-36 : « la définition est un nombre, car elle est divisible en indivisibles (car les énoncés ne sont pas infinis), et le nombre est de cette sorte ».

2. Cf. l'étude de L. Couloubaritsis (1986) sur les particularités du langage prédicatif par rapport aux multiples langages usités.

Il est clair, d'après tout ceci, que le traité des *Catégories* est une classification des natures et des modes d'être des choses-qui-sont. Mais, s'il en est ainsi, et s'il est vrai que le mot κατηγορία ne possède pas encore en lui-même l'idée de classe, d'où vient le titre du traité et à quoi se réfère-t-il ? Il est généralement admis que le titre est tardif [1] ; on peut éventuellement le justifier en comprenant que le traité a pour but de distinguer les choses qui s'attribuent et celles qui ne s'attribuent pas. Il n'en reste pas moins que ce critère de distinction n'est pas le seul mis en jeu, ni même le plus important, mais que les types de réalités y sont décrits pour eux-mêmes et non seulement dans l'optique de la prédication.

Il reste deux difficultés concernant la division des étants en dix natures :

1 – les divisions ainsi établies servent-elles de classification exhaustive pour l'ensemble du réel, ou certaines réalités en sont-elles exclues ?

2 – corollairement, y a-t-il une logique claire qui préside à cette distribution, ou les dix classes sont-elles insuffisamment justifiées ?

En ce qui concerne la première question, certains interprètes contemporains estiment que des réalités échappent au classement dans les catégories et ne peuvent donc être considérées comme des étants ; c'est le cas, par exemple, pour les différences, selon M. Ferejohn [2]. Il est cependant réfuté sur ce point par D. Morrison [3], qui invoque un « principe d'exhaustivité » selon lequel tout ce qui existe doit se trouver dans les catégories comme classes d'étants. Il me semble que l'énoncé auquel il a recours pour appuyer ce principe (*Catégories* 4, 1b 25 – 2a 10) n'établit pas avec certitude l'exhaustivité des divisions [4] mais Morrison montre bien que du moins les caractéristiques données comme différences doivent être des étants de n'importe laquelle des dix sortes. L'exhaustivité des catégories avait déjà été mise en question, d'une tout autre manière, par P. Aubenque (1962, p. 189, note 2), pour qui leur liste n'est nulle part complète et ne pourrait l'être car la pluralité des significations de l'être est indéfinie en nombre [5].

1. Cf. l'étude de M. Frede (1987, p. 17-20), qui cite les différentes expressions par lesquelles Porphyre et Simplicius renvoient au traité, et explique que le titre κατηγορίαι s'est imposé progressivement, surtout sous l'influence de l'opinion d'Alexandre, pour confirmer l'ordre systématique des traités de l'*Organon*.

2. M. Ferejohn, 1991, p. 98 : les différences sont seulement des distinctions de raison, et « dénotent simplement les manières dont les genres sont divisibles en espèces ».

3. D. Morrisson, 1993, p. 151-153.

4. Celle-ci me semble davantage manifeste dans le passage de la *Physique* cité précédemment (III 1, 200b 32 – 201a 3).

5. Mais J. Brunschwig a bien montré que cette affirmation était sans fondement (1964, p. 185-190).

A mon sens, si une hésitation est possible quant à l'appartenance de certaines choses à une sorte d'étants, ce serait plutôt à propos des notions mêmes de différence, de genre et d'espèce, ou encore d'unité, de mesure, de principe, etc. Les réalités qui sont dites genre de ceci, mesure de ceci, principe de ceci, etc., sont toujours des étants, mais leur être n'est pas l'être du genre ou du principe. Quel statut faut-il accorder à ces notions, qui caractérisent les étants de toutes les sortes ? Pour une fois, une question que nous nous posons comme cruciale a été considérée de même par Aristote, qui évoque à plusieurs reprises ces notions dans la *Métaphysique*, pour déclarer que c'est la tâche du philosophe de les étudier, parce que précisément elles concernent tous les étants et non un genre en particulier. Ce sont elles qu'étudiaient déjà avec prédilection les dialecticiens ; ce sont elles qu'Aristote appellera « espèces » ou « propriétés par soi » de l'étant en tant qu'étant et de l'un en tant qu'un. Nous avons examiné le type de plurivocité de ces « concepts épistémologiques », nous y reviendrons encore lors de l'étude du livre Γ de la *Métaphysique*.

Maintenant, faut-il comprendre les genres des attributions comme des genres au sens technique ? Autrement dit, les dix types d'attributions se trouvent-ils dans la définition des genres inclus en eux ? C'est en tout cas ce qui est affirmé explicitement dans la *Métaphysique*, au chapitre du livre Δ consacré à la quantité. Aristote y affirme en effet que la quantité se trouve dans la formulation du τί ἐστι de la ligne (Δ 13, 1020 a 18-19), ce qui est la caractéristique du genre (ou de la différence, mais ce n'est clairement pas le cas ici). En outre, pour annoncer, dans le *De Anima*, qu'il cherche l'essence de l'âme, Aristote dit qu'il faut déterminer « dans lequel des genres elle se trouve et ce qu'elle est, je veux dire si elle est un ceci et une substance ou une qualité ou une quantité ou quelque autre des catégories distinguées, et en outre si elle est parmi les étants en puissance ou plutôt une certaine entéléchie. » (I 1, 402a 23-26) ; de même, « tentons de déterminer ce qu'est l'âme et ce qu'est son énoncé le plus commun ; nous disons donc qu'un parmi les étants est la substance, et de celle-ci l'une est matière, etc. » (412a 4-7). Ainsi donc, chercher l'essence d'une réalité, chercher son genre et chercher la catégorie dans laquelle elle se trouve, constituent une seule et même démarche.

Enfin, quelle logique préside-t-elle à la distribution des dix sortes d'étants ? Plotin dénonçait déjà le manque de cohérence du système, l'inutilité de certaines catégories et l'impossibilité d'une unité générique pour la plupart d'entre elles[1]. L. Couloubaritsis fait encore écho au même

1. *Ennéades* VI, I, chapitre 2-24. P. Aubenque (1985, p. 8-9) mentionne encore deux autres critiques de Plotin, mais qui ne posent de difficulté que dans le cadre des principes platoniciens : les catégories sont homonymes si elles s'appliquent à la fois au sensible et à

reproche en ces termes : « Des choses sans rapport réel, comme la vertu et la couleur, peuvent appartenir à la même catégorie de la qualité, tout comme appartiennent à la quantité le nombre et la grandeur, ou à la substance, Dieu, l'homme et les quatre éléments. (...) Cela montre qu'en dépit de leur appartenance à la même catégorie de l'étance, aucune communauté absolue, pas même sérielle (au sens de l'unité selon l'ἐφεξῆς – Γ 2, 1005a 10-11, considérée comme dérivation ou émanation), n'est strictement possible entre ces différentes étances. »[1]. Il me semble au contraire que la vertu et la couleur, pour reprendre ces exemples, ont un statut grammatical, prédicatif et ontologique commun qui les distingue des entités d'autres catégories telles que les quatre éléments, le double ou la surface; nous ne confondons pas une qualité avec une substance, même s'il nous est difficile d'exprimer précisément leur différence. Et l'ensemble du traité des *Catégories* est constitué précisément de la description de toutes les particularités de chacune des dix natures. On peut certes y trouver des maladresses[2], mais cela ne remet pas en question toute l'entreprise.

Les genres des prédicats

Dans le traité des *Catégories*, les termes « κατηγορεῖσθαι » et « κατηγορούμενον » sont réservés, on l'a vu, à la prédication du genre ou de l'espèce, au sein donc d'un même genre d'étants; ceux-ci ne sont nommés qu'une seule fois, par le mot « γένη », mais on ne trouve aucune idée de classe comprenant le terme « κατηγορία ». En revanche, dans les *Topiques* et les *Analytiques* apparaissent les expressions « κατηγορίαι » et « γένη τῶν κατηγορίων » pour indiquer toutes les sortes de prédicats – et non, comme on va le voir, toutes les sortes d'étants. Les études récentes s'accordent généralement sur le fait que, dans les œuvres logiques, κατηγορία a le sens originel de « prédicat » ou « prédication », l'idée de classe étant ajoutée par « γένη » ou « σχήματα »[3]. Ce qu'on entend

l'intelligible; elles ne sont pas unifiées par une définition commune (mais ceci est une conséquence nécessaire de leur statut de genres ultimes). Aubenque répond à la première critique que, chez Aristote, « le discours sur l'intelligible transcende les divisions catégoriales »; il faudrait plutôt dire qu'il les utilise d'une autre manière que le sensible, mais qu'il ne peut se passer de ces références, car les intelligibles signifient des types d'étants; même le premier moteur immobile appartient à la classe des substances. Les catégories se révèlent ainsi comme une grille de lecture de la réalité dans sa diversité, et non comme étant elles-mêmes des réalités. Pour une tentative de déduction des catégories aristotéliciennes, voir J. Vuillemin (1967, 2e étude).

1. L. Couloubaritsis, 1983, p. 72, note 42.

2. Notamment le statut ambigu du relatif (cf. *supra*, note 2 p. 165).

3. Cf. principalement W. D. Ross (1924, p. LXXXIV), J. Brunschwig (1967, p. 13), S. Mansion (1968, p. 170-171), V. Sainati (1968, p. 103-104).

habituellement par « catégories » est donc rendu originellement par l'expression complète « γένη τῶν κατηγορίων » [1].

Dans les *Topiques*, le texte le plus fondamental pour la théorie des catégories se situe au cœur du discours sur les prédications. L'objet de cet ouvrage étant la discussion dialectique, Aristote commence par y annoncer ce qui peut prêter à une telle discussion (ce sont les problèmes) et à partir de quels éléments (les prémisses) on résoudra ceux-ci. Or, problèmes et prémisses se posent toujours à propos de l'attribution d'un prédicat à un sujet :

> Les raisonnements (λόγοι) se font à partir des prémisses, et les syllogismes se font à propos des problèmes. Or, toute prémisse et tout problème exhibe (δηλοῖ) soit un genre soit un propre soit un accident (I 4, 101 b 15-18) [2].

Ensuite, la définition exprimant le τί ἦν εἶναι est distinguée, à partir d'une division dans les propres, pour former quatre modes exhaustifs de la prédication, car, quoi que l'on prédique d'un sujet, de toute façon ce sera, pour ce sujet, un genre ou une définition ou un propre ou un accident [3]. Mais, outre la définition des rapports possibles entre le prédicat et son sujet, il faut préciser quels sont les contenus ontologiques des prédicats, c'est-à-dire les déterminations réelles qu'ils apportent au sujet. C'est

1. Cf. *Top.* I 9, 103b 20 ; I 15, 107a 3 ; *Réf. Soph.* 22, 178a 5 ; *Anal. Post.* I 22, 83b 15. Ou encore, les variantes « γένος κατηγορίας » : *Top.* VII 1, 152a 38 ou « διαιρέσεις » : *Top.* IV 1, 120b 36, 121a 6. Sainati estime que « γένη » et « κατηγορίαι » sont, dès les premiers textes, des abréviations de l'expression complète, qui signifient donc par elles-mêmes « classes de prédications ». Cette remarque me semble incorrecte, d'une part, à propos de « γένη », parce que ce terme, comme j'espère le montrer ci-dessous, désigne plutôt les genres des étants, et d'autre part, à propos de « κατηγορίαι », parce que le passage des *Topiques* où sont concentrées les quatre occurrences du mot isolé (103b 25, 27, 29, 39) se comprend aussi bien en lui gardant le sens de « prédications ». C'est ainsi que le comprend S. Mansion, selon laquelle la première occurrence du mot isolé au sens de classe se trouve dans le *De Part. Anim.*, 639a 30. Quant aux expressions « τὰ σχήματα τῆς κατηγορίας » et « κατηγορίαι τοῦ ὄντος », on ne les trouve pas dans les œuvres logiques, aussi j'examinerai leur référence précise à propos des autres œuvres.

2. La différence, étant « générique », est placée avec le genre, de même que dans les *Catégories*, où elle ne fait pas partie des inhérents : « car le bipède et le pédestre ne sont pas dans l'homme » (5, 3a 24-25).

3. Jacques Brunschwig, dans l'introduction à sa traduction des *Topiques*, fait deux remarques intéressantes à ce propos : « La théorie des prédicables a pour effet d'atténuer, sinon d'annuler, la différence entre les propositions dont le prédicat est un terme simple (accident et genre) et celles dont le prédicat est une formule composée (définition et, en règle générale, propre) » (p. LV, note 1) et « Les *Analytiques* peuvent être considérés comme une reprise de la topique de l'accident, dans la mesure où ils ne prennent en considération (du moins dans la syllogistique assertorique) aucune autre manière de lier le prédicat et le sujet que la simple copule ὑπάρχει » (p. LII).

pourquoi, il faut dire que tout ce qui est donné comme genre, etc., se situe dans l'une des dix sortes de prédications :

> Après cela, il faut déterminer les genres des prédications, dans lesquels se trouvent les quatres citées[1]. Ils sont au nombre de dix : essence, quantité, qualité, relatif, lieu, temps, être posé, avoir, agir, pâtir. Car toujours l'accident et le genre et le propre et la définition seront dans l'une de ces attributions, car toutes les prémisses faites grâce à eux signifient soit une essence soit une qualité soit une quantité soit l'une des autres attributions. Et il est clair d'après cela que ce qui signifie (σημαίνει) l'essence signifie tantôt une substance, tantôt une qualité, tantôt l'une des autres attributions. Lorsqu'en effet on dit d'un homme considéré[2] : ce qu'on considère est un homme ou un animal, on dit une essence et on signifie une substance ; lorsqu'on dit d'une couleur blanche considérée que ce qu'on considère est un blanc ou une couleur, on dit une essence et on signifie une qualité. Et de même si d'une grandeur d'une coudée considérée, on dit que ce qu'on considère est une grandeur d'une coudée, on dira une essence et on signifiera une quantité. Et de même pour les autres, car chacun d'entre eux, si on le dit de lui-même ou si on dit de lui son genre, signifie une essence, tandis que si on le dit d'autre chose, ne signifie pas une essence mais une quantité ou une qualité ou l'une des autres attributions. Par conséquent, voilà toutes les choses à propos desquelles et à partir desquelles sont faits les raisonnements ; ensuite il faut dire comment nous les saisirons et grâce à quoi nous les résoudrons. (I 9, 103 b 20 – 104 a 2).

Avant d'examiner ce que le texte dit des prédicats, on pourrait se demander quels en sont les sujets. Selon Brunschwig, dans les *Topiques*, ce sont les espèces, et c'est pourquoi elles ne sont pas parmi les prédicables : « Alors qu'Aristote, ne considérant que des propositions dont le sujet est un terme général, ne songeait pas à faire de l'espèce un prédicable, Porphyre élargit la portée de la division aux propositions ayant pour sujet un individu. » (p. XLV, note 2). Cependant, tous les exemples du passage cité fournissent, pour un sujet particulier (τὸ ἐκκειμένον: ce qui se tient sous le regard), aussi bien son espèce que son genre. Il est plus probable qu'Aristote n'estime pas nécessaire de définir deux prédicables différents pour l'espèce et le genre, qui disent la même chose du sujet, avec

1. « αἱ ῥηθεῖσαι τέτταρες », au féminin, reprenant « κατηγορίαι » : ce que la tradition a appelé les prédicables sont des prédications (plus précisément : des modes de prédication des dix prédicats).

2. « ἐκκειμένου ἀνθρώπου ». La traduction de Ross est « a man being set forth for consideration… what is set forth is a man » (1924, p. LXXXVII).

plus ou moins de précision. Et il me semble que c'est de cette manière aussi qu'il faut comprendre la ligne 36 : ce qui est dit à propos de soi-même est l'espèce dite du particulier qui porte le même nom (« tel homme est un homme ») plutôt que l'espèce dite de l'espèce (« l'homme est homme », tautologie inutile dans un raisonnement), et ensuite le genre est dit à propos de celle-ci (περὶ τούτου), non à propos du particulier. Par conséquent, les sujets des prémisses peuvent être soit les particuliers soit les espèces, quel que soit le type de réalités qu'ils nomment.

Dans le contexte de l'étude des prédicats, il est logique qu'Aristote n'inclue pas dans la liste des dix genres les réalités qui ne peuvent jamais être prédiquées, et qui donc ne sont jamais ni genres ni propres ni accidents, à savoir les substances particulières. En revanche, les substances générales se trouvent parmi les essences (τί ἐστι). Ceci explique pourquoi la liste des *Topiques* correspond à celle des *Catégories*, à l'exception de la première sorte, qui est la substance quand il s'agit de la liste des étants, l'essence quand il s'agit de la liste des prédicats[1] ; on verra par la suite que dans toutes les œuvres, sauf dans la *Métaphysique*, cette règle est toujours valable[2]. L'exégèse pourrait s'arrêter là si le τί ἐστι signifiait les seules οὐσίαι générales. Or, dans le texte cité, l'expression désigne aussi bien l'essence de n'importe quelle entité, de sorte qu'il semble plutôt être utilisé comme un prédicable, celui du genre.

H. Maier a interprété ce texte comme une prise de conscience d'Aristote, que les différentes catégories appartenaient à une catégorie plus vaste, celle du τί ἐστι[3]. Ross y voit plutôt une distinction, au sein de chaque catégorie, entre les particuliers et les universels, comme celle qui existe, depuis les *Catégories*, entre les substances premières et secondes[4]. La première de ces interprétations est peu probable, car une modification d'une telle importance aurait dû faire l'objet de développements théoriques ; en outre on ne voit nulle part que la liste des catégories puisse être remplacée par le seul τί ἐστι; enfin, toute référence aux natures des étants

1. La citation de la substance (οὐσία), comme premier terme des catégories d'étants, se trouve notamment en 103b 28, 31, 120b 38, 121a 7; celle de l'essence (τί ἐστι), comme premier terme des catégories de prédicats, en 103b 20-39, 120b 21-29, 178a 4-8. Le τόδε τι n'est pas cité comme première catégorie mais comme le particulier opposé à l'universel (τοιόνδε) (178b 37-179a10).

2. On trouve les mêmes expressions dans les *Analytiques Postérieurs*, dans le même contexte d'étude des prédications : « Par conséquent, chaque fois qu'une chose est prédiquée d'une autre, c'est soit dans l'essence soit parce qu'elle est une qualité ou une quantité ou un relatif ou une action ou une passion ou un lieu ou un temps. » (I 22, 83a 21-23).

3. H. Maier, 1896, t. II, 2, p. 321. Selon lui, les catégories perdraient alors leur sens originel de significations de la copule « être » pour devenir les différents genres de prédicats possibles, tous inclus dans la catégorie du prédicat en général.

4. W.D. Ross, 1924, p. LXXXVIII.

disparaîtrait, or il en est d'évidentes, notamment dans la *Physique* et dans le *De Anima*. L'interprétation de Ross se heurte à son tour à des difficultés : d'abord, pourquoi placer comme première catégorie ce qui constitue une division dans chacune? ensuite, les réalités générales peuvent être prédiquées autrement que comme essence de leur sujet. Pour S. Mansion, l'ambiguité du τί ἐστι, qui désigne tantôt la première catégorie, tantôt les prédicables essentiels, est normale, car les substances ne se prédiquent jamais que comme essences[1]. Autrement dit, pour citer le genre de prédication signifiant la substance, le τί ἐστι suffit, tandis que pour citer le genre de prédication signifiant la qualité, par exemple, il faudrait ajouter la mention des autres modes de prédication selon lesquels elle peut être reliée à un sujet. Il n'en reste pas moins qu'on ne voit pas pourquoi Aristote confond ainsi dans une même expression la désignation d'un prédicat et celle d'un mode de prédication, en particulier dans un texte qui doit expliquer le rapport entre les deux. C'est en prenant le contrepied de cette explication que M. Frede[2] me semble résoudre au mieux cette difficulté. Dans une étude approfondie, il distingue d'abord les multiples significations du mot κατηγορίαι, dont les plus importantes sont celles qui distinguent les dix sortes les plus générales de prédications et, par suite, de prédicats, et les genres ultimes des choses qui sont. D. Morrison[3] se sert également de cette distinction entre ce qu'il appelle « catégories de prédication » et « catégories métaphysiques », pour affirmer que tous les genres se trouvent dans la catégorie de prédication de l'essence (τί ἐστι) et dans leur propre catégorie métaphysique. Mais il ne dit pas clairement en quoi consistent les autres catégories de prédication ni ce qui les distingue des catégories métaphysiques correspondantes. C'est ce que fait Frede en disant, à propos des catégories au sens technique, c'est-à-dire comme sortes de prédications, que « the only way to preserve the mutual exclusiveness of the classification is to assume that the categories are distinguished according to whether a predicate is used to say of something what it is or of what quantity it is or of what quality it is, etc. » (p. 38-39). Ces questions et leurs réponses peuvent s'appliquer à n'importe quelle réalité et pas seulement à des substances – par exemple, à la vertu, en *Top.* 144a 17-18. Or, si pour répondre à la question de savoir de quelle quantité ou de quelle qualité est une chose quelconque, on utilisera nécessairement un terme signifiant une quantité ou une qualité, en revanche, pour répondre à la question de savoir ce qu'elle est, on utilisera un terme signifiant le même type d'étant que le sujet. Par conséquent, contrairement à ce que dit

1. S. Mansion, 1968, p. 178-179.
2. M. Frede, 1987, p. 29-48.
3. D. Morrisson, 1993, p. 148.

S. Mansion, le τί ἐστι ne peut se comprendre qu'indépendamment de la substance, car il constitue la seule sorte de prédicat qui ne signifie pas exclusivement une certaine sorte d'étants. On n'identifie en général ce premier prédicat à la substance que parce qu'on s'attend à la trouver à cette place, principalement sous l'influence de la *Métaphysique*, qui distingue un premier usage de τί ἐστι réservé aux substances. La différence entre les deux séries se manifeste donc le plus clairement par le premier terme, substance d'un côté, essence de l'autre[1], mais aussi, dans leur ensemble, comme, d'une part, des sortes d'étants, et, d'autre part, des déterminations de ces étants. D'autre part, la possibilité, mise en évidence par Frede, d'utiliser l'ensemble des catégories de prédication comme déterminations de n'importe quelle réalité, se vérifie dans un autre passage des *Topiques* (VI 8, 146b 20-35). Les catégories y sont citées comme les « différences » qui doivent être précisées à propos de certains éléments d'une définition; par exemple, si l'on définit le « φιλότιμος » comme l'homme qui brigue les honneurs, il faut préciser la qualité ou la quantité de ces honneurs, faute de quoi la définition peut convenir à tous les hommes; de même, si l'on définit le séisme comme un mouvement de la terre, il faut préciser la qualité, la quantité et la cause de ce mouvement. Les catégories sont donc, de même que la notion de cause, un outil pour l'appréhension du réel, un set de notions neutre et déplaçable au gré des besoins.

Il reste à distinguer les catégories de prédication des quatre prédicables. Les deux séries se superposent partiellement : l'essence d'un sujet lui est attribuée sous forme de définition (et les parties de l'essence sous la forme du genre et de la différence)[2]; les autres déterminations d'un sujet lui sont attribuées sous forme de propriété par soi ou d'accident. Les deux types de termes ne sont pas équivalents, mais les prédicables déterminent le statut des prédicats par rapport aux sujets.

Le privilège de la première classe

De plus en plus, l'utilisation de la théorie des catégories se fera en privilégiant le premier terme de chaque série, l'essence, du fait de sa valeur

1. Un facteur important de l'association de l'essence à la substance est aussi le fait que les deux peuvent être exprimées par le même mot οὐσία; Aristote est probablement conscient du danger de cette polysémie, car dans l'énumération des classes de prédication il n'utilise nulle part οὐσία à la place de τί ἐστι, et le plus souvent, quand il s'agit des classes d'étants, il ajoute τόδε τι pour préciser l'οὐσία particulière.

2. Si le sujet est un particulier et non une espèce, les mêmes choses lui sont attribuées par l'intermédiaire de l'espèce. A propos de la différence, je m'accorde avec Morrisson qui montre qu'elle est dans la catégorie de prédication de l'essence et dans n'importe quelle catégorie « métaphysique» (1993, p. 150).

épistémologique, et la substance, du fait qu'elle sert de fondement aux autres étants.

C'est dans les *Analytiques* qu'est établie pour la première fois une différence de valeur entre les prédications dans l'essence (ἐν τῷ τί ἐστι) et les prédications qui, par contraste, seront dites accidentelles. Les premières correspondent aux prédicables définition, genre et différence, les deuxièmes aux propres et aux accidents. Les premières distinctions ont lieu dans le même contexte que celui des *Topiques*, à savoir la formation des prémisses :

> Il faut donc choisir de cette façon les prémisses à propos de chaque question, en posant d'abord la chose elle-même et les définitions et tout ce qui est propre à la chose, ensuite, après cela, tout ce qui suit (ἕπεται) la chose, et inversement tout ce que la chose accompagne (ἀκολούθει), et tout ce qui ne peut lui appartenir. Quant à ce à quoi elle ne peut appartenir, il ne faut pas le choisir, du fait que le privatif est réciproque. Il faut aussi déterminer, parmi les choses accompagnantes, celles qui sont prédiquées dans l'essence et comme propres et comme accidents, et parmi elles, lesquelles le sont selon le sens commun (κατὰ δόξαν) et lesquelles selon la vérité ; car plus on trouvera de telles choses, plus vite on parviendra à la conclusion, et plus elles seront vraies, mieux on démontrera. (*Anal. Pr.* I 27, 43 b 1-11).

Ensuite, la primauté des premiers termes va s'imposer dans le contexte d'une démonstration fondamentale pour la connaissance : celle de la non-infinité des appartenances[1]. En effet, puisque la connaissance progresse grâce aux différentes prédications, elle serait impossible si chaque prédication renvoyait à une autre, et ce à l'infini (*Anal. Post.* I 20-22). Il faut donc des sujets ultimes :

> Il est établi qu'une chose est prédiquée d'une chose, mais que toutes celles qui ne disent pas l'essence[2] ne sont pas prédiquées d'elles-mêmes. En effet, elles sont toutes des accidents, mais les

1. Dans ce traité, les prédications sont utilisées pour définir les rapports d'appartenance, et non l'inverse : « Le fait que ceci appartient à ceci et que ceci est dit avec vérité de ceci doit être pris d'autant de façons que sont divisées les prédications, et celles-ci soit d'une certaine manière soit absolument, soit simples soit combinées ; même chose pour le fait de ne pas appartenir. » (*Anal. Pr.* I 37, 49a 6-9).

2. A.-M. Dillens (1982, p. 55) traduit « τί ἐστι » par « substance », suivant l'affirmation de M. van Aubel, qu'il s'agit d'une répartition des prédicats non en prédicables mais selon le statut ontologique de la réalité qu'ils désignent (1963, p. 384). En réalité, la distinction faite ici est bien entre deux modes de prédication (car avec « substance » la phrase devient fausse : toutes les réalités peuvent se prédiquer d'elles-mêmes), mais, dans un second temps, Aristote va faire reposer les modes de prédication sur les distinctions ontologiques.

> unes par elles-mêmes, les autres d'une autre façon; et nous disons qu'elles sont toutes prédiquées d'un certain sujet, mais que l'accident n'est pas un sujet, car nous posons qu'il n'y a aucune de ces choses qui soit dite ce qu'elle est dite sans être autre chose… (*Anal. Post.* I 22, 83b 17-23).

Comme Aristote l'avait déjà écrit dans les *Topiques*, la caractéristique d'une prédication essentielle est que le sujet et le prédicat sont dans le même genre d'étants, font référence au même type de réalité, tandis que tout ce qui est donné comme propre ou comme accident est d'un autre genre que le sujet. En outre, tout ce qui peut être prédiqué comme accident – c'est-à-dire toutes les réalités sauf les substances – n'est pas sujet ultime. Et c'est ainsi qu'émerge parmi les autres l'essence de la substance, du fait que le prédicat qui signifie une substance a toujours pour sujet une substance, et, corollairement, est toujours prédiqué dans l'essence de son sujet :

> En outre, ceux qui signifient une substance signifient ce qu'est précisément cette chose ou cette chose particulière[1] à laquelle ils sont attribués, tandis que ceux qui ne signifient pas une substance mais sont dits d'un autre sujet, qui n'est ni ce qu'est précisément cette chose ni ce qu'est précisément cette chose particulière, sont des accidents, par exemple le blanc attribué à l'homme. (*id.*, 83a 24-28).

Or, signifier une substance, ce n'est pas seulement être attribué à une substance, car il est bien clair que toutes les sortes de prédicats peuvent être attribués à une substance. Les prédicats qui signifient une substance sont les termes généraux appelés dans les *Catégories* « substances secondes », c'est-à-dire les espèces et les genres des substances. L'exemple donné dans la suite du passage cité est l'animal attribué à l'homme, « car l'homme est ce qu'est précisément l'animal », ce qui revient à dire qu'on peut remplacer le prédicat « animal » par sa définition, tandis qu'on ne peut remplacer le blanc attribué à l'homme par la définition du blanc. Maintenant, cela n'empêche pas que les prédicats signifiant une autre nature ontologique puissent également être remplacés par leur définition (comme la couleur attribuée au blanc), mais le sujet auquel ces réalités « secondes » s'attribuent essentiellement doit être lui-même attribué à un autre sujet et n'est pas ultime[2].

1. « ὅπερ ἐκεῖνο ἢ ὅπερ ἐκεῖνο τι ». Mêmes expressions dans *Top.* IV 1, 120b 21-29.

2. Il faut remarquer, avec A.-M. Dillens (*id.*, p. 54), une certaine incohérence chez Ross, qui, dans son édition des *Analytiques*, traduit « τὰ μὲν οὐσίαν σημαίνοντα » (l. 24) par « predicates indicating essence » et « ὅσα δὲ μὴ οὐσίαν σημαίνει » (l. 25-26) par « those that do not indicate substance » (p. 577). Son embarras résulte peut-être du fait que l'affirmation

Le privilège du premier prédicat repose donc sur la valeur ontologique de la substance, qui seule ne doit pas être rapportée à une autre réalité comme sujet, comme le révèlent les lignes suivantes :

> Tous ceux qui ne signifient pas une substance doivent être attribués à un certain sujet, et il n'y a pas un certain blanc qui soit blanc sans être autre chose. (*id.*, 83a 30-32).

Le critère déterminant le sujet ultime de toute prédication est donc clairement ontologique, car c'est en tant que substrats nécessaires des autres réalités que les substances en sont aussi les sujets logiques ultimes.

Si l'on se penche maintenant sur la *Métaphysique*, on y retrouve tous les usages des catégories établis dans *l'Organon*. La référence aux classes d'étants s'utilise toujours pour situer les différents emplois d'un terme structurant, tel que genre et espèce, même et différent, puissance et acte. Ainsi, dans la problématique de l'identité et de la différence, on trouve plusieurs fois l'affirmation que sont les mêmes (ou différentes) par le genre les choses qui ont la même (ou une autre) forme de la prédication[1]. Celle-ci est exprimée soit par « σχῆμα τῆς κατηγορίας », soit par « συστοιχία τῆς κατηγορίας ». Il s'agit de catégories de l'étant et non de catégories de prédicats (toujours selon la distinction établie par Frede), parce que, pour être identiques en genre, les choses doivent avoir la même nature, par exemple être toutes des substances ou toutes des qualités, et non indiquer la même détermination à propos d'un sujet, par exemple son essence ou sa qualité. Les autres problématiques qui se servent de ces classes sont celle de la puissance et de l'acte, qui se disent dans tous les genres[2], celle des

du texte est valable pour tous les prédicats essentiels, et non exclusivement pour ceux qui signifient une substance. Mais, si on traduit « οὐσία » par « essence », la première phrase est une évidence, et les lignes 30-32 deviennent incompréhensibles. Il apparaît ainsi que, loin d'être inconséquent dans la terminologie, Aristote maintient une signification exclusive de chaque terme, non seulement « οὐσία » et « τί ἐστι », mais aussi « σημαίνειν », qui indique toujours, conformément au *De Interpretatione*, le rapport entre deux niveaux différents de réalité, ici entre le prédicat et l'étant auquel il fait référence (cf. dans le passage fondateur des *Topiques :* un prédicat *dit* l'essence et *signifie* la substance).

1. *Métaph.* Δ 6, 1016b 34 ; Δ 28, 1024b 13 ; I 3, 1054b 29-30 ; 1055a 1 ; I 8, 1058a 13-14. La même affirmation se rencontre déjà à propos des différents mouvements dans la *Physique* (V 1, 225b 5 et V 4, 227b 5), ainsi que dans les *Part. Anim.* I 1, 639a 30 : les propriétés des animaux sont différentes quand elles ont la même catégorie mais une autre espèce ; par exemple, le déplacement peut être le vol, la nage, la marche, la reptation. Le déplacement est un genre de la catégorie ontologique de l'agir (comme tous les mouvements). On peut ajouter à cette problématique le passage de *Métaph.* Δ 10, 1018a 38, où le même, l'autre et le contraire sont dits différents selon chaque catégorie.

2. *Métaph.* K 9, 1065b 15, qui est un doublet de *Phys.* III 1, 201a 10. Les « γένη » peuvent désigner également, ici, des genres moins étendus que les catégories, mais l'important est que la règle soit valable jusqu'aux genres ultimes.

principes, causes et éléments de toutes les catégories[1], celle de l'*eidos* de toutes les catégories[2], celle du devenir selon quatre des catégories[3], celle de la multiplicité des étants[4]. De la même manière, dans les trois ouvrages d'éthique, Aristote affirme que le bon se dit dans toutes les classes[5]. La référence aux natures des étants est encore plus directe dans le *De Anima*, où la substance est dite être l'un des genres des étants[6].

L'expression « κατηγορίαι τοῦ ὄντος » n'a pas d'autre signification que celle de « classes de l'étant » : « Il n'y a pas de mouvement en dehors des choses, car tout changement se fait selon les classes de l'étant, et aucune chose n'est commune et non dans une seule classe »[7] ; « On a donc parlé de l'étant premier, auquel se réfèrent toutes les autres classes de l'étant, la substance »[8] ; « Dans chaque classe de l'étant se trouve l'analogue : comme le droit est dans la longueur, de même l'uniforme est dans la surface, et probablement l'impair dans le nombre et le blanc dans la peau »[9] ; « L'absolu signifie soit le premier dans chaque classe de l'étant, soit le général et ce qui contient tout. »[10].

Dans toutes ces affirmations, l'étant, au singulier comme au pluriel, désigne les choses qui sont; au singulier, il faut le comprendre comme la réalité prise dans son ensemble. Il n'y a pas, jusqu'à présent, de référence à la prédication du mot être, ni à son usage comme copule. Conformément à

1. *Métaph.* Λ 4, 1070a 35.

2. *Métaph.* Z 9, 1034b 10 : le raisonnement qui montre que l'*eidos* des substances n'a pas de génération est le même pour les autres catégories (« κατηγορίων » et « πάντων τῶν πρώτων »).

3. Z 7, 1032a 15 : tout ce qui devient devient quelque chose, ce quelque chose étant ce qui résulte de la transformation : un ceci, une quantité, une qualité ou un lieu. Il faut prendre garde à cette particularité de la problématique du devenir par rapport aux autres exemples cités, que le devenir, le changement et le mouvement ne s'attribuent pas aux étants de chaque sorte mais sont eux-mêmes des genres, au sein de la catégorie « agir » ou « pâtir », qui sont divisés en espèces au moyen de quatre autres catégories prises comme différences spécifiques. Ceci montre à quel point les catégories consituent un outil à usages multiples pour la détermination des choses.

4. N 2, 1089a 9, b22, 24 : il faut rendre compte non seulement de la multiplicité des substances, mais aussi des autres catégories d'étants.

5. « κατηγορίαις » : *Eth. Nic.* I 4, 1096a 19-29; *Magna Mor.* II 7, 1205a 8-11; « πτώσεων » : *Eth. Eud.* I 8, 1217b 26-33.

6. *De Anima* II 1, 412a 6 : γένη τῶν ὄντων. L'expression y est également abrégée en γένη : il faut chercher dans lequel des genres se trouve l'âme et ce qu'elle est (I 1, 402a 23); elle ne peut être composée des éléments à la fois des substances et des autres genres (I 5, 410a 18).

7. *Métaph.* K 9, 1065b 7-9, doublet de *Phys.* III 1, 200b 28-201a 3.

8. Θ 1, 1045b 27-29.

9. N 6, 1093b 18-21.

10. *Gen. Corr.* I 3, 317b 5-7.

la distinction établie entre *ousia* et *ti esti*, lorsque certaines de ces catégories sont citées pour exemples, la première est la substance, sauf dans deux passages où c'est l'essence[1]. La primauté de la substance s'exprime par son statut ontologique indépendant : toutes les autres réalités sont quelque chose des substances, les substances ne sont de rien d'autre[2].

En ce qui concerne les catégories de prédication, c'est-à-dire les types de déterminations susceptibles d'être apportées à toute chose étudiée, elles sont le plus souvent liées à la plurivocité de l'étant[3], sauf dans un passage du livre B, où la première d'entre elles, l'essence, est distinguée comme préférable pour la connaissance :

> Nous disons que connaît davantage celui qui connaît ce qu'est la chose par ce qu'elle est plutôt que par ce qu'elle n'est pas, et l'une plutôt que l'autre parmi ces indications, principalement son essence et non une quantité ou une qualité ou ce qu'elle est capable de produire ou de subir. (B 2, 996b 15-18).

Maintenant, on sait qu'une des plus grandes difficultés de la *Métaphysique* est la plurivocité des termes employés ; or, le terme d'οὐσία n'échappe pas à cette plurivocité, qui est d'ailleurs détaillée au chapitre 8 du livre Δ. C'est pourquoi, il ne faut pas s'étonner de trouver, dans un texte du livre Γ (4, 1007a 25 – b 1), « οὐσία » comme synonyme de « τὸ τί ἦν εἶναι » et de « ὅπερ τινι εἶναι ». La discussion est la même que celle des *Analytiques Postérieurs* (I 22 ; cf. *supra*), à savoir la distinction entre l'attribution de l'essence et celle des accidents, afin de ne pas permettre une infinité d'attributions. Un autre enjeu s'y ajoute ici, qui est de réfuter ceux qui prétendent qu'on peut affirmer une chose et son contraire. Or, si dans les deux textes l'argumentation générale est la même, ainsi que les

1. Les passages suivants citent le terme « οὐσία » et/ou « τόδε (τι) » : *Phys.* III 1, 200b 27, 34, 35, 201a 4 ; *Gen. Corr.* I 3, 317b 8, 9 ; *De Anima* I 5, 410a 18 ; II 1, 412a 6 ; *Métaph.* Z 7, 1032a 15 ; Z 9, 1034b 10 ; Θ 1, 1045b 29 ; Λ 2, 1069b 9 (« τὸ τι »), 11 ; Λ 4, 1070a 35 ; K 9, 1065b 10 ; N 2, 1089a 9, b22, 24 ; *Magna Mor.* II 7, 1205a 10 ; *Eth. Eud.* I 8, 1217b30. Seuls comportent « τί ἐστι » : *Métaph.* Δ 28, 1024b 13 ; *Eth. Nic.* I 4, 1096a 24 ; or, ils exposent tous deux une problématique également exposée dans plusieurs autres passages ; la raison de l'usage du « τί ἐστι » ne réside donc pas dans une particularité de la question traitée. Cependant, le caractère isolé de ces deux textes me pousse à les considérer comme des anomalies, qu'on doit pouvoir expliquer d'une manière ou d'une autre. Invoquer une période différente d'écriture me semble vain, car on a vu que la distinction était très claire quels que soient les ouvrages. En revanche, il est très possible qu'on ait affaire à des gloses, car, dans les deux cas, la liste des catégories est située en incise et n'est pas nécessaire pour l'équilibre ni de la phrase ni du raisonnement.

2. Cf. *Métaph.* Γ 2, 1003b 6-10 ; Λ 1, 1069a 19-26. Le contenu de ces textes est étudié dans le 5e chapitre.

3. *Métaph.* Z 1, 1028a 10-20 ; Z 4, 1030a 17-23. Cf. chapitre V.

exemples, il me semble qu'il y a eu une évolution dans la terminologie : l'expression τί ἐστι n'apparaît plus, mais partout οὐσία signifie l'essence, comme l'indique, d'une part, son association avec l'être et le « τί ἦν εἶναι » de la chose, d'autre part, une expression telle que « τινος οὐσία », qu'on ne pourrait traduire par « substance de quelque chose ». Cependant, il n'en résulte pas de confusion entre l'essence et la substance, car la deuxième partie du raisonnement des *Analytiques*, qui montrait la nécessité de la substance comme sujet ultime, est absente de la présente discussion. La raison en est que ici, toutes les essences sont aptes à montrer la règle de non-contradiction : à quelque réalité que ce soit, on ne peut attribuer à la fois une essence et sa contradiction (1007b 16-18). Je reviendrai au cinquième chapitre sur la plurivocité de l'*ousia* dans la *Métaphysique*.

Les sens de l'étant correspondant aux catégories

De la théorie des catégories, il ressort que l'étant, pris comme l'ensemble de la réalité, est divisé en types ontologiques différents. L'étant ainsi entendu n'est pas pour autant un genre, car rien ne peut être dit de la réalité dans son ensemble, si ce n'est qu'on peut lui attribuer certaines propriétés analogues dans chaque genre[1]. En ce sens, le singulier collectif est simplement mis pour « les choses ». On pourrait dire que remplacer ainsi un mot par un autre ne fait que déplacer la difficulté, et que la même question se pose à propos de la légitimité d'utiliser universellement le seul mot « choses ». Cependant, le mot « choses », quand il n'est pas précisé par un certain contexte (les choses matérielles, les affaires, etc.)[2], affirme son indétermination et ne revendique pas d'autre contenu que celui même de « tout ». Ce n'est pas le cas pour le mot « étant », qui, même quand il est employé pour désigner le tout, porte une signification supplémentaire. Quelle est, dès lors, la signification de ce mot, quelle détermination apporte-t-il à chacune des choses auxquelles il s'attribue ? Aristote ne répond pas directement à la question, mais il divise la signification de l'étant en les significations de ses divisions.

La correspondance entre les divisions des choses et celles des significations du prédicat « être » est établie au chapitre Δ 7 :

1. Sur cette question aussi, cf. les développements du chapitre V.

2. Sur la notion de chose, cf. l'étude de G. Romeyer Dherbey, notamment p. 177-182, où l'auteur décrit la chose comme on pourrait décrire l'étant (à l'exception peut-être des formes pures) : définie par la tension entre matière et forme, détermination et indétermination, identité en puissance et en acte, possession et privation, singulier et universel.

> Sont dites être par elles-mêmes toutes les choses que signifient les figures de l'attribution ; car d'autant de façons elles sont dites, d'autant de façons l'être signifie. (Δ 7, 1017a 22-24).

La première chose qui doit attirer notre attention dans ce chapitre est la permutabilité des termes « étant », « être » et « est », qui sont utilisés indifféremment pour traiter les mêmes divisions [1]. Cette équivalence n'est possible que si l'on comprend « étant » sous sa forme de participe non substantivé, car, comme substantifs, l'étant et l'être n'ont pas la même signification. Les trois termes doivent donc exprimer ici la fonction verbale et non la chose qui est, et ne peuvent différer que selon la flexion grammaticale, qui n'a pas d'influence sur la signification [2]. Ensuite, la fonction verbale semble se préciser dans le sens d'un rôle purement copulatif, puisque les exemples cités pour montrer que l'être signifie la même chose que les dix attributions présentent le verbe comme un élément contenu implicitement dans tout prédicat et dont l'expression explicite n'est pas nécessaire : « l'être signifie la même chose que chacun d'eux car « l'homme est guérissant » ne diffère en rien de « l'homme guérit » ». Même la fonction de liaison reconnue à la copule dans le *De Interpretatione* semble ici inutile, tant le verbe être est présenté comme n'exprimant rien par lui-même et n'apportant rien de plus à la proposition. Cependant, s'il n'était qu'un auxiliaire grammatical facultatif, on ne pourrait pas dire que l'être *signifie*. Dire qu'il signifie la même chose que chacun des attributs, ce n'est pas dire qu'il est superflu, c'est au contraire affirmer qu'il possède en lui-même la signification de chacun de ces prédicats [3]. Maintenant, comme prédicat, est-il seulement la somme des

1. Voir citation du passage complet p. 182. Cf. H. Wagner (1961, p. 90) : ce qui vaut pour « est » vaut aussi pour « être » et « étant », qui en sont des « πτώσεις ».

2. E. Berti (1965, p. 65-67) estime également que « τὸ ὄν » ne désigne pas la chose qui est mais le verbe lui-même, l'être de la chose ; c'est cela qui est dit pouvoir être par soi ou par accident. Et ce qui différencie ces deux expressions, ce n'est pas la distinction entre une connexion nécessaire ou pas (comme l'estimait notamment St Thomas) mais le fait que l'un a seulement valeur de copule et comme tel ne signifie rien tandis que l'autre « a la valeur d'un véritable prédicat, c'est-à-dire d'un verbe qui dit quelque chose par lui-même. » Il estime cependant que l'aspect logique des catégories (comme types de prédication) et leur aspect ontologique (comme genres des étants) sont inséparables (p. 71, note 78). L. Couloubaritsis parvient à une conclusion semblable à partir de l'affirmation que σημαίνειν doit être compris au sens fort de donner sens, de faire apparaître : dans le cas de l'être par accident, le fait de signifier « fait apparaître ce qui arrive avec autre chose, c'est-à-dire l'appartenance comme telle ; tandis que dans le second cas, il fait plutôt apparaître l'être lui-même, c'est-à-dire le type d'attribution. » (1983, p. 146).

3. Pour G.E.L. Owen, dans ce chapitre, le sens existentiel est exprimé par l'être καθ'αὑτό (comme en *De Int.* 21a 28) et le sens prédicatif par l'être κατὰ συμβεβηκός, et c'est le sens existentiel qui a plusieurs usages selon les catégories (1965, p. 71-72). Il lui semble

significations potentielles des catégories en lesquelles il se divise, ou bien apporte-t-il en outre une information qu'il est seul à détenir ? Le passage est peu clair sur ce point, et pourtant la phrase « sont dites être par elles-mêmes toutes les choses que signifient les figures de l'attribution » doit nous faire comprendre qu'autre chose est en jeu que le seul rapport prédicatif. Lorsqu'on dit « l'homme est », on peut avoir comme seule intention d'annoncer un prédicat tel que l'un des types de réalités déterminés, ou l'une des propriétés parmi ces réalités, ou un état potentiel ou actuel. Dans ce cas, la proposition est inachevée et n'aura de sens que quand on lui aura donné une suite rendant explicite l'une de ces potentialités. Mais, prise d'une autre manière, la proposition se suffit à elle-même et exprime explicitement l'attribution d'une propriété à un sujet, à savoir l'affirmation de sa réalité même, tandis que sa négation ruinerait toute possibilité de donner une référence au discours. On retrouve cette même ambiguïté au livre Γ, où il est dit, d'une part, que « homme », « homme un » et « homme étant » sont des expressions équivalentes, et d'autre part, que le nom est arbitraire et pourrait tout aussi bien signifier « non homme ». En réalité, tout ce passage du livre Γ vise à établir une équivalence qui ne va pas de soi et qu'on peut contester, mais qui est nécessaire pour asseoir un discours signifiant. Il s'agit de poser par convention que les mots qu'on emploie se réfèrent à une réalité précise. Du même coup, on décide de ne pas parler de choses qui n'ont aucune forme d'existence, ni individuelle et concrète, ni générale, ni potentielle. Il y a donc bien une décision à prendre à propos du verbe être, et Aristote la prend dans le sens d'une affirmation d'un contenu réel : le discours philosophique, qui cherche à appréhender le réel, ne peut se contenter de la forme copulative.

Le fait que dans tout prédicat se trouve une modalité d'être permet également de lever cet apparent paradoxe que, en Δ 7, après la brève présentation de l'étant par soi, les exemples donnés illustrent des prédicats accidentels (« l'homme est en bonne santé », « l'homme marche », « l'homme coupe »). Selon Ross, l'illustration de l'étant par soi à partir d'exemples d'étant par accident constitue une « obscurité inutile » du texte, mais qui n'entrave pas le raisonnement car les propositions accidentelles peuvent autant que les propositions essentielles illustrer le fait que « est » reçoit sa couleur des termes qu'il relie. Frede avance le même type d'explication : pour illustrer la série des étants par soi, c'est-à-dire les catégories comme signifiant les genres ultimes, Aristote utilise une autre série, celle des usages accidentels de « est », qui diffèrent selon les

cependant qu'en *Anal. Pr.* I, 48b 2-9, c'est plutôt le « est » copulatif qui a différents sens selon les catégories (note 1 p. 82).

catégories de prédication[1]. En réalité, s'il est vrai que ces propositions attribuent des accidents à un sujet, et que le verbe être y joue un rôle copulatif, elles ne figurent pas ici pour distinguer une certaine valeur de l'attribution ni pour illustrer le rôle de la copule mais pour montrer que tout prédicat est lui-même un étant selon une certaine modalité. Il s'agit de ne pas confondre l'usage accidentel de l'être et l'attribution accidentelle d'un prédicat quelconque, qui lui-même est, au sens non accidentel de l'être. Le chapitre suivant, consacré à la notion d'accident, va rendre cette distinction plus manifeste.

L'étant par accident

Nature de l'accident

L'accident est un événement ou un fait « qui appartient à quelque chose et qu'il est vrai de dire, mais qui n'appartient ni par nécessité ni le plus souvent » (*Métaph.* Δ 30, 1025 a 14-15) ; par exemple, le fait de trouver un trésor est un accident du fait de creuser un trou, le fait d'être blanc est un accident pour un musicien. Le caractère principal de l'accident, qui est toujours une propriété d'un sujet, est de n'avoir aucun lien nécessaire avec ce sujet. Aussi, tout ce qui arrive par accident arrive par hasard, sans cause déterminée. Par conséquent, de ce qui arrive par accident il n'y a pas de science (E 2, 1026b 3-4), parce que ces déterminations sont en nombre infini (b 7) et parce qu'elles ne sont ni toujours et nécessairement, ni le plus souvent, comme doit l'être tout objet de science (b 27-33 ; 1027a 19-26). Cependant, s'il ne faut pas étudier les choses accidentelles, il faut étudier la notion même d'accident : « il faut dire, à propos de l'accident, dans la mesure du possible, quelle est sa nature et quelle est sa cause, et en même temps sera peut-être claire la cause du fait qu'il n'y en a pas de science » (1026b 24-27). Cette étude n'appartient à aucune science particulière, car elle n'a pas pour objet un certain genre d'étants, mais elle est épistémologique au sens où elle s'interroge sur la scientificité même de certaines choses. Et c'est pour cette raison qu'elle se trouve dans la *Métaphysique*.

Les attributs par accident et les attributs par soi

De là, l'expression « par accident » se trouve le plus souvent associée au verbe « appartenir » ou au verbe « être attribué » et on appelle en général « accident » tout attribut qui appartient à son sujet selon le quatrième mode

1. M. Frede, 1987, p. 43-44.

de prédication[1]. Dans les *Topiques*, l'accident est défini d'abord négativement, comme ce qui n'est aucun des trois autres prédicables mais qui appartient cependant à la chose, ensuite positivement, comme ce qui peut lui appartenir ou non (I 5, 102 b 4-7)[2].

Dans les *Catégories*, le mot συμβεβηκός n'apparaît pas mais la distinction est déjà faite entre deux sortes de prédication : l'une, exprimée par « κατηγορεῖσθαι » est celle qui a lieu, à l'intérieur d'une catégorie, entre l'universel et le particulier (ou, plus précisément, le genre est attribué à l'espèce et aux différences, l'espèce aux particuliers). L'autre sorte de prédication est exprimée par « ἐν ὑποκειμένῳ εἶναι » et a lieu entre des choses de catégories différentes. Néanmoins, si en un sens ce qui appartient au sujet ne lui est pas attribué (par ex., « grammaire » n'est pas attribut de l'homme auquel elle appartient), formulé d'une autre façon cela peut lui être attribué (par ex., « grammairien » est attribut de l'homme) ; cependant, la différence avec l'attribution proprement dite est que seul le nom de l'accident peut être attribué, pas son énoncé (λόγος) (5, 2 a 19-34). C'est cette prédication entre catégories qui sera appelée accidentelle, car elle n'indique pas l'essence du sujet. Cette dernière indication est reprise au livre Γ de la *Métaphysique*, comme argument contre ceux qui prétendent que tout est accident : « signifier l'essence c'est dire que son être n'est pas autre chose » tandis que « le blanc est un accident de l'homme parce que l'homme est blanc mais n'est pas cela même (ὅπερ) qu'est le blanc » (4, 1007 a 26-27 et 32-33)[3]. Autrement dit, pour reprendre la terminologie des *Catégories*, le sujet peut recevoir le nom de l'accident mais pas son être ou sa définition.

Au contraire, appartenir à un sujet par soi signifie, selon les *Analytiques*, être dans l'essence de ce sujet ou posséder ce sujet dans son essence. Le premier cas est celui des différences ou des parties de différences : par exemple la ligne appartient par soi au triangle et le point appartient par soi à

1. Dans les œuvres logiques, Aristote respecte en général la distinction entre l'attribution à un sujet dans la même catégorie (κατηγορεῖσθαι) et l'appartenance à un sujet d'une autre catégorie (συμβαίνειν), ce qu'exprime A. Urbanas en ces termes : « Un prédicat peut se concevoir formellement de deux façons : soit par référence au fait de signifier (dans ce cas, il est κατηγορία) ; soit par référence à son mode d'appartenance (dans ce cas, il est συμβεβηκός) » (1988, p. 41).

2. V. Sainati distingue dans les *Topiques* un sens originaire plus large que celui qui s'imposera comme « accident », et qui désigne toute appartenance factuelle, qu'elle soit contingente ou nécessaire (notamment en 109b 30-32 ; 112b 21-26 ; 113a 20-23 ; 129a 32-34 ; 139a 36-b 3 ; 155a 28-36) ; il l'appelle « accadimento » ou « pura convenienza predicativa » (1968, p. 70-74).

3. La suite de l'argument est que, « si l'accident signifie toujours l'attribution à un sujet, on ira nécessairement à l'infini » ; c'est pourquoi il faut dire que « l'accident n'est pas accident d'un accident » (1007 a 34 – b 3).

la ligne, parce que la ligne se trouve dans la définition du triangle et le point dans la définition de la ligne. Le deuxième cas est celui des propres : par exemple, le droit et le courbe appartiennent à la ligne parce que la ligne se trouve dans la définition de chacun d'eux, et de même le nombre se trouve dans la définition du pair et de l'impair (*Anal. Post.* I 4, 73 a 34 – b 3). Dans les deux cas, « par soi » (καθ'αὑτό) signifie « en tant que soi » (ᾗ αὐτό) et se rapporte au sujet, pas au prédicat :

> « Par soi » et « en tant que soi » sont la même chose, par exemple, le point et le droit appartiennent à la ligne par elle-même, car c'est en tant que ligne ; et les deux angles droits appartiennent au triangle en tant que triangle, car c'est par lui-même que le triangle est égal à deux angles droits (*id.*, 73b 29-32).

De même, dans la *Métaphysique*, le propre appartient au sujet par soi :

> Je veux dire par exemple qu'existe le nez et la concavité, et que la camusité est le composé des deux du fait que l'un est dans l'autre, et ni la concavité ni la camusité ne sont des affections du nez par accident, mais par lui-même (καθ'αὑτήν) ; ce n'est pas comme le blanc appartient à Callias, ou à l'homme parce que Callias, à qui il arrive d'être un homme[1], est blanc, mais c'est comme le mâle à l'animal et l'égal à la quantité et tout ce qui est dit appartenir par soi. Or, telles sont les choses dans lesquelles se trouve soit la définition soit le nom de ce dont elles sont des affections, et qu'il n'est pas possible de montrer séparément, comme le blanc peut être montré sans l'homme mais pas la femelle sans l'animal. (Z 5, 1030 b 16-26).

Certains auteurs font une distinction entre les expressions « καθ'αὑτό » et « καθ'αὑτά », la première étant réservée aux attributs se trouvant dans l'essence du sujet, et l'autre aux propres qui lui appartiennent par eux-mêmes sans être dans son essence[2]. Examinons la pertinence de cette

1. Cette façon de parler apparemment paradoxale révèle la plurivocité du mot συμβεβηκός. Selon Ross (p. 118), il ne signifie pas ici l'accident par opposition à l'essence, mais une attribution indirecte : ce n'est pas directement l'homme qui est blanc, mais directement Callias et indirectement l'homme parce que Callias est un homme (cf. A 1, 981a 20). Cette explication n'est pas tout-à-fait satisfaisante car ce n'est pas le blanc qui est dit attribut indirect mais bien l'homme. Il faut plutôt comprendre que συμβεβηκός peut désigner un attribut dont la liaison avec le sujet est indifférente, c'est-à-dire qu'il possède un sens neutre, justifié ici par le fait que la distinction n'apporte rien à la question traitée. M 10, 1087a 19, que Ross compare à ces deux passages, exprime tout autre chose.

2. Cf. W. Leszl, 1975, p. 208-9. A.C. Lloyd (1962, p. 87-89) confondant en une seule sorte les attributs qui se trouvent dans l'essence et ceux qui sont démontrables à partir de l'essence, les appelle « καθ'αὑτά συμβεβηκότα », par opposition aux attributs qui appartiennent καθ'αὑτό à un seul sujet sans se trouver dans sa définition. P. Pellegrin distingue les

affirmation. La distinction entre différences et propres est faite selon deux critères : d'une part, le propre est convertible avec son sujet mais la différence ne l'est pas, d'autre part, la différence se trouve dans l'essence du sujet mais le propre non (*Top.* I 8, 103b 6-17). La convertibilité résulte de l'attribution exclusive à un seul sujet : on peut inverser la proposition « l'homme est capable de recevoir la science » en « ce qui est capable de recevoir la science est l'homme » car l'homme seul possède cette faculté[1]. Il est clair que la différence remplit parfois aussi cette condition, mais pas nécessairement. Et l'attribution exclusive à un seul sujet implique que le propre est une conséquence de la nature même de ce sujet : il appartient à ce sujet en vertu de son essence même, c'est-à-dire par soi. Les propres constituent donc les propriétés démontrables à partir d'une essence, tandis que les différences servent à définir cette essence :

> Il faut diviser par ce qui se trouve dans l'essence et non par les accidents par soi, comme si l'on divisait les figures par le fait que les unes ont leurs angles égaux à deux droits, les autres à davantage ; en effet, c'est un accident pour le triangle d'avoir ses angles égaux à deux droits. (*De Part. Anim.* I 3, 643 a 27-31).

L'origine de l'expression « συμβεβηκός καθ'αὑτό » montre qu'il ne faut pas y voir une contradiction dans les termes, parce que, d'une part, « συμβεβηκός » caractérise l'attribut et doit être compris au sens large de toute appartenance qui n'est pas dans l'essence[2], d'autre part, « par soi » se

συμβεβηκότα, attributs ni nécessaires ni habituels, parmi lesquels se trouvent les propres (les οἰκεῖα πάθη de *Métaph.* I 9, 1058a 37), ensuite les συμβεβηκότα καθ'αὑτό, qui sont les accidents par soi, éternels mais pas dans l'essence du sujet, et qui, pour cette raison, ne peuvent servir aux divisions, et enfin les καθ'αὑτὰ ὑπάρχοντα, qui sont les parties faisant l'objet des démonstrations mais ne faisant pas davantage partie de l'essence (1982, p. 59-62).

1. Ce n'est cependant pas une différence car, comme l'explique justement Verbeke, « la capacité d'apprendre la grammaire découle d'un trait plus fondamental et plus compréhensif de la nature humaine, à savoir que l'homme est un être doué de raison. » (1968, p. 261-262). Notons encore que la convertibilité est réservée au propre au sens absolu et permanent, par opposition aux propres relatifs et temporaires, qui sont assimilés à l'accident (*Top.* V 1, 128b 16-129a 34).

2. Les deux significations de συμβεβηκός sont deux précisions du sens général « appartenance », qui se différencient selon le critère nécessaire / non nécessaire. Cf. *Métaph.* Δ 30, 1025 a 30-32 : « On dit encore l'accident d'une autre façon, par exemple tout ce qui appartient à chaque chose par soi sans être dans son essence, comme, pour le triangle, le fait d'avoir deux angles droits. » Aussi, il n'est pas étonnant que certaines affirmations ne concernent que l'une des deux significations de l'accident, comme par exemple : « C'est pourquoi, tous ceux-là ne s'attribuent pas en général, car il n'est pas vrai de dire que tout homme est le même que le musicien, car les termes généraux appartiennent par soi, tandis que les accidents n'appartiennent pas par soi mais sont attribués seulement aux particuliers » (*Métaph.* Δ 9, 1017b 33-1018a 2). Le fait que les accidents ne sont jamais

rapporte au sujet et exprime la causalité qu'exerce son essence. Mais comme le terme d'accident évoque plutôt la prédication non nécessaire, il vaut mieux traduire l'expression par « propriété par soi » – d'autant plus qu'on trouve « ὑπάρχοντα καθ'αὑτό » ou « πάθος καθ'αὑτό » dans le même sens. Enfin, on trouve dans la *Métaphysique* la confirmation que sont attribués au sujet « par soi » tous les attributs liés à leur sujet selon l'un des trois autres modes de prédication nécessaire : le τί ἦν εἶναι, les parties de la définition, l'espèce dernière et le propre, présenté comme ce qui est reçu dans la chose comme première ou dans une de ses parties [1] (Δ 18, 1022 a 25-35). Tous les textes me semblent donc confirmer que le ἴδιον des *Topiques* correspond au συμβεβηκός καθ'αὑτό des autres ouvrages, tandis que la différence est καθ'αὑτό mais non συμβεβηκός. [2] Ils montrent aussi clairement que l'expression καθ'αὑτό ne fait jamais référence à la nature du prédicat, qu'il soit différence ou propre, mais toujours à celle du sujet ; lorsqu'elle est mise au pluriel, c'est que les sujets sont multiples [3].

En ce qui concerne le rapport entre l'accident et les catégories non substantielles, plusieurs textes illustrent dans quelle mesure il y a identification entre les deux. Un passage des *Analytiques* fonde cette identification sur la nécessité d'un sujet ultime, non seulement de toute prédication, mais aussi de toute détermination réelle. En effet, les attributs qui ne signifient pas une substance peuvent certes être attribués comme genres à un sujet de leur propre catégorie, mais dans un second temps ce sujet lui-même devra être attribué à une substance, car « il n'y a pas un certain blanc qui soit blanc sans être autre chose » (*An. Post.* I 22, 83a 32) et « l'accident n'est pas un sujet, car nous posons qu'aucune des choses de cette sorte n'existe, qui soit dite ce qu'elle est dite sans être autre chose » (*id.*, 83b 21-23). Par conséquent, dès qu'il est prédiqué d'une substance,

attribués à un ensemble général mais seulement à des particuliers ne concerne pas les propres, puisque ceux-ci appartiennent à l'espèce.

1. Les exemples de cette dernière sorte sont « la surface est blanche par soi » et « l'homme vit par soi, car l'âme est une partie de l'homme dans laquelle comme première se trouve le vivre » ; or, le fait d'avoir une couleur est le propre de la surface, et le fait de vivre est le propre de l'âme.

2. Cette conclusion, qui est aussi celle de G. Verbeke (1968, p. 263, n. 1) et de A.-M. Dillens (1982, p. 48-49), est contestée par A. Urbanas (1988, p. 94-97), mais d'une manière peu convaincante.

3. C'est le cas notamment en *Anal. Post.* I 4, 73a 34-37 ; *Part. An.* I 5, 645a 36-b 2 ; *Métaph.* Γ 2, 1004b 5-6 et Z 5, 1030b 22-23. Il arrive rarement que le sujet soit au singulier, comme en *Métaph.* E 1, 1025b 12-13 : « καθ'αὑτὰ ὑπάρχοντα τῷ γένει » ou en *Anal. Post.* I 7, 75b 1, où il ne fait cependant aucun doute qu'il s'agit des propres, objets des démonstrations. M. Mignucci explique ces pluriels par une manière devenue stéréotypée de compléter le verbe ὑπάρχειν (*L'argomentazione dimostrativa in Aristotele*, p. 62).

tout attribut d'une autre catégorie ne signifie pas cela même qu'est cette substance et est prédiqué par accident. Ceci n'est d'ailleurs qu'un cas particulier de la règle plus générale, selon laquelle tout attribut qui n'exprime ni le genre ni la différence de son sujet (peu importe de quelle catégorie est le sujet) est prédiqué comme accident, de sorte que, comme on l'a vu, des entités de la catégorie qualité, comme le triangle, peuvent recevoir des attributs tant essentiels qu'accidentels. Mais comme la plupart des sciences ont pour objet d'étude des substances, Aristote se permet d'affirmer, sans signaler qu'il se limite à ce cas particulier, que les attributs des autres catégories sont toujours des accidents. L'arithmétique et la géométrie sont les principales exceptions à cette généralité, puisqu'elles ont pour objet, l'une des quantités, l'autre des quantités et des qualités, mais d'une certaine manière elles se conforment à la règle car leurs objets, grâce au procédé d'abstraction, sont considérés comme s'ils étaient des réalités indépendantes.

Il n'est pas étonnant, dès lors, de constater que l'ambivalence des catégories non substantielles est davantage conservée dans un contexte plus axé sur les réalités formelles, comme c'est le cas de *Métaphysique* Z. On lit, en effet, au chapitre 6 (1031b 22-28), que des mots tels que le musicien ou le blanc « signifient deux choses » (διττὸν σημαίνει), à la fois le sujet dont ils sont des accidents et ces accidents eux-mêmes. Par conséquent, en tant que considérés dans leur liaison avec leur sujet, ils ne sont pas identiques à leur être essentiel (τὸ τί ἦν εἶναι), mais considérés en tant que telle affection, ils le sont, car ils sont des spécificités générales au même titre que les espèces des substances.

A ma connaissance, on ne trouve nulle part dans l'*Organon* les expressions « par soi » et « par accident » associées à un autre verbe que « appartenir » ou « être attribué ». Dans la *Physique*, elles peuvent caractériser le mouvement :

> Le mû peut être mû par soi en acte ou par accident, et parmi les mus par accident, l'un peut aussi être mû par soi, comme les parties du corps et le clou dans le navire, les autres ne le peuvent mais sont toujours mus par accident, comme la blancheur et la science, car celles-ci changent de lieu parce que ce dans quoi elles se trouvent change. (IV 4, 211 a 17-23)[1].

C'est dans un tel cas que « par accident » peut se traduire au mieux par « indirectement », c'est-à-dire par l'intermédiaire de quelque chose qui est mû par soi. Les mus par soi ne sont pas les choses qui possèdent le principe de mouvement en elles-mêmes, c'est-à-dire les choses animées, car ce n'est

1. Cf. aussi VIII 4, 254b 7-14.

pas le cas du clou, mais les choses qui occupent un certain lieu et peuvent donc en occuper un autre (l'argument n'est pas valable pour les autres types de mouvement) ; en revanche, la blancheur et la science n'occupent pas de lieu, de sorte que le mouvement local n'est pas pour elles une capacité naturelle. On rejoint ainsi l'explication générale : le mouvement attribué à la chose lui appartient soit en vertu de sa propre nature, soit en vertu d'une autre cause. L'exemple peut d'ailleurs être formulé sous la forme d'un propre : le mouvement local (en acte ou en puissance) est une propriété par soi des substances matérielles ; c'est pourquoi, si on l'attribue à d'autres types de réalité, ce sera par accident. De la même manière, le quantifiable est une propriété par soi des substances matérielles, de sorte que :

> Parmi les choses dites quantifiées par accident, les unes sont dites comme on a dit que le cultivé est quantifié, ainsi que le blanc, du fait que ce à quoi ils appartiennent est un quantifié, les autres comme le mouvement et le temps, car ils sont dits des quantifiés et des continus du fait que sont divisibles les choses dont ils sont des affections. (*Métaph.*, Δ 13, 1020 a 26-30).

A nouveau, « par soi » signifie « en vertu de sa propre nature » et « par accident » signifie « en vertu d'une autre cause », non pas n'importe laquelle mais la nature du substrat des affections [1].

Être par accident et être par soi

La distinction, en *Métaphysique* Δ, entre les choses qui reçoivent un prédicat par elles-mêmes (καθ'αὑτά) et celles qui le reçoivent par accident intervient dans plusieurs chapitres (2 : αἴτιον, 6 : ἕν, 7 : ὄν, 9 : τὰ αὐτά, 13 : ποσόν, 15 : πρός τι) ; et « par accident » signifie dans tous les cas : parce qu'elles sont des accidents d'une chose qui reçoit ce prédicat. Ainsi, par exemple, Polyclète est la cause par accident de la statue, parce que c'est un accident pour le sculpteur de s'appeler Polyclète ; le blanc et le cultivé sont les mêmes ou sont un par accident, parce que l'homme dont ils sont les accidents est le même et un. On peut donc s'attendre à une distinction du même type pour le prédicat « étant », particulièrement en vertu de son statut similaire à celui de l'un. Cela donnerait : telles choses sont dites étants par accident parce qu'elles sont attribuées à des choses dites étants par elles-mêmes. C'est ce qu'on trouve en résumé de la première partie du chapitre 7 :

> Car lorsque nous disons l'homme cultivé et le cultivé homme, ou le blanc cultivé ou celui-ci blanc, c'est, dans un cas, parce que tous

1. D'autres cas d'attributions par accident sont étudiés au chapitre III, p. 130-131.

> deux sont des accidents de la même chose, dans l'autre cas, parce que c'est un accident de l'étant, et, dans le cas du cultivé homme, parce que le cultivé est un accident de celui-ci (de cette façon on dit aussi que le non-blanc est, parce que ce dont il est un accident, cela est). Les choses donc qui sont dites être par accident sont dites ainsi, soit du fait que les deux appartiennent au même étant, soit parce que cela appartient à un étant, soit parce que lui-même est, à qui appartient ce à quoi il est lui-même attribué. (1017 a 13-22).

Une remarque préliminaire est que le cas de l'inversion entre le sujet grammatical et le sujet réel était considéré, dans les *Analytiques*, comme une autre sorte de prédication accidentelle que celle qui est définie par le rapport entre le prédicat et le sujet. En effet, avant d'entamer son examen des différents rapports possibles, Aristote dit qu'il n'appellera prédicat que ce qui est absolument prédiqué d'un sujet, et non ce qui est prédiqué par accident, comme « le gros est un bâton » (*Anal. Post.* I 22, 83a 1-23). Cette signification de la prédication accidentelle est le fait des substances, quand on les attribue artificiellement à un sujet seulement grammatical. Ici, la distinction n'est plus faite entre les prédications accidentelles de type « le cultivé est homme » ou « l'homme est cultivé », mais le caractère accidentel repose uniquement sur l'absence de rapport nécessaire entre le prédicat et le sujet.

La difficulté d'interprétation du texte réside principalement dans le fait qu'on passe, en cours de raisonnement, du verbe être comme copule au verbe être comme prédicat. Dans la première phrase, il s'agit de valider l'utilisation (le plus souvent implicite) du verbe être comme copule, en lui donnant la même signification et la même fonction que les verbes « συμβεβηκέναι » ou « ὑπάρχειν » : « a est b » peut-être traduit par « b est un accident de a ». En ce sens, l'étant par accident signifie la liaison accidentelle entre un prédicat et un sujet ; par contraste, l'étant par soi signifiera donc la liaison essentielle entre un prédicat et un sujet, ce qui se traduira par « b est dans l'essence de a ». D'après cela, on comprend pourquoi n'importe quelle catégorie d'étants peut être citée pour l'être par accident (à l'exception, cependant, de la substance) et pour l'être par soi, puisque la distinction ne dépend pas du type de réalité attribué mais du rapport avec le sujet. Il n'est pas encore question jusqu'ici du statut du sujet et du prédicat eux-mêmes : ce ne sont pas eux que désigne l'être ou l'étant, pas plus que leur mode d'existence, mais seulement le rapport qui les lie l'un à l'autre. Cependant, aux lignes 18-19 et 21-22 semble apparaître une justification du fait même que les prédicats soient (et non plus seulement qu'ils soient dans un certain rapport avec leur sujet), justification qui se fonde sur le fait que leur sujet est. Autrement dit, le verbe être ne signifie plus seulement la copule mais devient lui-même le prédicat attribué au sujet. Or, une distinction est établie entre les choses qui reçoivent le fait d'être par elles-mêmes et celles qui le reçoivent par l'intermédiaire de celles-là. Si l'on suit la règle générale qui vient d'être dégagée, on conclura que pour certaines choses le fait d'être est une propriété résultant de leur propre nature, pour d'autres une possibilité due à la nature de leur substrat. Maintenant, quelles choses faut-il ranger dans l'un et l'autre groupe ? Il semble y avoir une contradiction dans le texte car, d'une part, les choses qui sont dites être par accident sont celles qui appartiennent à un sujet (c'est-à-dire les entités non substantielles), d'autre part, les choses qui sont dites être par soi sont les entités de toutes les catégories (1017a 22-23). Une manière d'esquiver le problème est d'estimer que ces deux propositions ne concernent que l'être copulatif et sont mises pour « sont dites être quelque chose par soi ou par accident »[1]. Mais cette solution est insatisfaisante car elle tient pour négligeable ce qui est donné comme fondamental, à savoir que les sujets d'attribution sont des étants. En outre, nous avons lu dans le *De Interpretatione* que l'attribution de l'être était accidentelle quand il était seulement copule et était par soi quand il était un véritable prédicat, c'est-à-dire quand il signifiait quelque chose par lui-même, à savoir l'existence (individuelle ou générale) de son sujet. D'après cela, la distinction entre les choses dites être par accident ou par soi ne se fonderait pas seulement sur le statut du prédicat, selon qu'il est essentiel ou accidentel, mais aussi sur la distinction entre la mise en rapport de choses quelconques par l'intermédiaire de la copule et l'attribution à des choses quelconques du prédicat existentiel. Cette interprétation permet d'expliquer, d'une part, que des entités de toutes les catégories sont concernées dans les deux cas, mais que dans le premier cas l'être signifie la liaison tandis que dans le deuxième il signifie la chose elle-même prise comme sujet, et d'autre part, que l'expression d'une liaison entre deux choses se fonde ultimement sur la réalité du sujet. En outre, ceci s'accorde avec le fait que, au chapitre E 2, l'étude de l'étant par accident devient celle de l'accident comme toute détermination non nécessaire attribuée à un sujet ; en effet, ce qui est

1. C'est l'interprétation de Ross : « Accidents, of course, fall within the categories... but the categories are the most general answers possible to the question 'what is so-and-so *per se*'. », le *per se* étant par ailleurs réservé au genre, car l'exigence est que sujet et prédicat soient dans la même catégorie (1924, p. 306). Il ajoute que rien n'est dit explicitement de l'étant existentiel, quoiqu'il soit présupposé dans l'explication de l'accident, parce que le « est » existentiel ne peut être séparé du copulatif que logiquement et non métaphysiquement. Cf. aussi A.-M. Dillens : « Plus fondamentalement que l'expression de la forme du rapport essentiel existant entre deux termes, l'ὄν καθ'αὑτό est l'expression de l'essence du lien qu'établit l'affirmation de l'être entre deux termes » (1982, p. 142, note 40).

accidentel, c'est le fait qu'elle arrive à un sujet, autrement dit c'est la liaison exprimée par la copule « est ».

L'étant comme vrai

Après ces deux manières de dire l'étant (par accident ou par soi), le chapitre Δ 7 en introduit une troisième, qui constitue un usage particulier de la copule : quand on insiste particulièrement sur la copule, en la plaçant en début de proposition et en l'accentuant, elle signifie que la proposition est vraie, ou, niée, que la proposition est fausse – sans qu'un jugement d'existence soit porté sur les termes (1017 a 31-35). Les exemples fournis montrent qu'il n'est pas fait de différence entre les prédications scientifiques ou doxastiques. De même, en E 4, l'étant comme vrai et le non-étant comme faux désignent la vérité ou la fausseté d'une liaison ou de la négation d'une liaison [1]. Or, comme les jonctions et disjonctions sont réalisées par la pensée discursive et ne sont pas dans les choses, cette signification de l'étant comme copule ne doit pas être étudiée dans le cadre de l'étude des significations des étants proprement dits (τῶν κυρίως, 1027b 31). Cependant, cette affirmation est atténuée en *Métaph.* Θ 10, 1051b 6-9, où la vérité de la liaison est dite se trouver d'abord dans une appartenance effective dans les choses, ce vrai et faux comme rapports réels étant appelés « κυριώτατα » [2]. Il y a donc un niveau linguistique de l'être comme vrai et un niveau ontologique sur lequel il s'appuie, mais l'être y désigne toujours la liaison de deux termes ou de deux réalités, et non le contenu ontologique d'une détermination ou d'un sujet. De tout ceci, on peut conclure que l'étant comme vrai et le non-étant comme faux désignent deux valeurs possibles de la copule, de sorte qu'il n'est pas exact de dire qu'ils n'ajoutent rien à l'étant divisé en catégories : il s'agit d'une faculté implicite du verbe être, que ne partage aucun autre mot, qui est de porter en lui-même le jugement de vérité.

1. Le texte mentionne aussi un autre sens du vrai et du faux, à propos des termes simples et des essences, par exemple si l'on dit que le bon est vrai et le mauvais faux, et donc que l'un est, en ce sens, étant et l'autre non-étant (1027b 25-29) – mais l'examen de cette question est reporté à plus tard. Sur la distinction entre le vrai prédicatif et le vrai noético-ontologique, voir *supra*, p. 161.

2. Car c'est à eux qu'il faut rapporter l'adverbe, comme l'a bien vu G. Romeyer Dherbey qui traduit : « selon le vrai et le faux, au sens le plus propre de ces termes » (1983, p. 18), et non à l'être.

L'étant comme puissance et comme acte

Au chapitre Δ 7 comme au chapitre Θ 10, cette nouvelle signification de l'étant est d'emblée présentée comme une détermination des choses qui viennent d'être citées, c'est-à-dire des catégories comme étants par soi (1017a 35-b 2; 1051a 35-b 1); par exemple, une action peut être en puissance ou en entéléchie, de même qu'une substance ou une quantité. De la même manière, lorsque cette signification est mentionnée dans la *Physique* ou le *De Anima*, c'est toujours comme deux modes d'être possibles pour une entité donnée. C'est pourquoi, il est logique que l'étude de ces déterminations suive celle de la nature des étants selon les catégories, qui a lieu surtout aux livres Z et H. Comme nous l'avons vu, Aristote, au livre Θ, commence par énoncer les différentes significations du terme « puissance »; il établit ensuite la priorité de l'acte sur la puissance, avant de définir plus précisément celui-ci. Un examen approfondi de ces descriptions excède le cadre du présent travail[1], aussi je me contenterai de clarifier en quoi ces déterminations sont des significations de l'étant. Elles sont à la fois des divisions du prédicat existentiel, en ce sens qu'elles précisent deux manières d'être possibles pour toute chose (ou l'une d'entre elles seulement, pour certaines choses); et elles sont, par suite, des divisions des étants eux-mêmes, selon qu'ils possèdent l'un ou l'autre mode d'existence. Par conséquent, chaque fois qu'on dit d'une chose qu'elle est, on affirme implicitement l'un de ces deux modes.

Ce qu'est l'être ainsi divisé

Les quatre significations du verbe être peuvent être rassemblées en deux groupes. Le premier concerne les significations de la copule et contient l'être par accident et l'être comme vrai. L'être par accident est défini comme l'expression de la liaison entre deux termes, et l'être comme vrai indique en outre la valeur de vérité de cette liaison. Le deuxième groupe concerne les significations du prédicat, comme propriété des choses qui sont, et les significations de ces choses elles-mêmes en tant qu'elles sont; en outre, les modes d'être en puissance ou en acte divisent cette propriété présente en tous les étants. Seul donc l'étant divisé par ce deuxième groupe de significations fait référence aux étants comme réalités extralinguistiques[2],

1. Pour en savoir plus, se référer notamment aux travaux de L. Couloubaritsis (1980 et 1985).

2. L'étant comme copule est lié aux catégories de prédication comme ce qui les rapporte à leur sujet, sans préjuger du rapport accidentel ou essentiel du prédicat, comme on le voit dans un texte tel que celui-ci : « Si certaines choses sont capables et d'être et de ne pas être, il est nécessaire de délimiter un certain temps maximal de leur être et de leur non être, je veux

et c'est ce qui explique que le premier groupe est rapidement exclu de l'enquête proprement ontologique :

> Tout ce qu'il faut étudier à propos de l'étant et du non-étant ainsi entendus, nous l'examinerons plus tard; et puisque la combinaison et la séparation sont dans la pensée mais pas dans les choses, l'étant ainsi entendu étant différent des étants au sens principal (car c'est l'essence ou le fait d'être qualité ou quantité ou autre chose que réunit ou sépare la pensée), il faut laisser de côté l'étant comme accident et celui comme vrai, car la cause de l'un est indéterminée et celle de l'autre est une affection de la pensée, et tous deux s'ajoutent au genre restant de l'étant (περὶ τὸ λοιπὸν γένος) et n'indiquent pas une nature de l'étant qui serait en dehors; c'est pourquoi, laissons ceux-là de côté, et examinons de l'étant lui-même les causes et les principes en tant qu'étant. (E 4, 1027b 28).

Autrement dit, l'être sur lequel s'interroge l'ontologie est celui qui possède cette épaisseur du sujet ultime ou d'une propriété réelle d'un tel sujet, celui qui exprime une « chose » dont la modalité peut être précisée. Il faut ajouter que les divisions de l'être en ce sens prédicatif se poursuivent plus loin que la seule division en catégories ou en puissance et acte. Tout en restant, en effet, dans le cadre de la définition et de l'appartenance à une catégorie, un texte apporte en outre l'affirmation que la plurivocité de « ἐστι » et de « τὸ εἶναι » ne se limite pas à ces dix classes et à la distinction de la puissance et de l'acte, mais doit être éclatée en autant de sens qu'il y a d'actes (H 2, 1042b 9-35). Car il y a autant de manières d'être que de différences définitionnelles, celles-ci exprimant l'essence en acte dans les choses sensibles; par exemple, « le seuil est parce qu'il est disposé de telle façon, et le fait d'être, pour lui, signifie le fait d'être ainsi disposé » (b 26-27). Par conséquent, les différences, regroupées en genres principaux tels que l'excès et le défaut, seront « les principes de l'être » (b 32-33). On savait déjà que toute existence est déterminée par une essence, mais ici s'éclaire le rapport entre l'essence telle qu'elle apparaît dans la définition et l'acte informant concrètement la chose sensible : ce rapport est assuré par la différence, à la fois partie de la définition et description du mode d'être effectif de la chose. Ainsi, l'être et l'affirmation « est » signifient potentiellement toutes les essences et tous les actes, et, appliqués à un sujet précis, signifient l'essence et l'acte de ce sujet, mais toujours de manière implicite.

dire ce qu'une chose est capable d'être et de ne pas être selon n'importe laquelle des catégories, par exemple homme ou blanc ou de trois coudées ou quelque autre de cette sorte. » (*De Caelo*, I 12, 281a 28). La copule n'est pas totalement vide de sens car en elle réside l'affirmation du rapport enre un sujet et un prédicat exprimant soit une essence soit un accident.

Une autre série de textes concernent des modes d'existence particuliers, tels celui des objets mathématiques (M 1, 1076a 32-37 et 1077b 12-34) et celui des réalités infiniment renouvelées (*Phys.* III 6, 206a 21-33). A propos des objets mathématiques, la controverse entre Aristote et certains philosophes ne porte pas sur le fait qu'ils existent (εἴπερ ἔστι; περὶ τοῦ εἶναι), mais sur la manière dont ils existent (περὶ τοῦ τρόπου), car « nous disons l'être de plusieurs façons » (1077b 17 : πολλαχῶς γὰρ τὸ εἶναι λέγομεν). On peut donc les concevoir soit comme dans les sensibles, soit comme séparés des sensibles, soit comme antérieurs et essences des sensibles, soit comme postérieurs et quelque chose des sensibles, soit comme existant absolument, soit comme existant d'une certaine façon – la conception finalement retenue étant qu'ils sont des attributs par soi et des affections propres des sensibles, non séparés d'eux mais étudiés comme s'ils étaient séparés (1078a 5-9). D'autre part, on sait depuis la *Physique* que l'existence de l'infini est reconnue seulement comme puissance, mais il est intéressant de remarquer que la signification de l'être comme puissance se divise à son tour en plusieurs sortes, dont celle qui est exposée ici ne figure pas dans l'étude systématique de la puissance que nous avons parcourue dans la partie consacrée aux plurivoques. D'une part, l'infini est une puissance particulière en ce sens qu'il ne sera jamais en acte, mais surtout il est caractérisé par le fait d'être continuellement renouvelé, de même que le jour ou les Jeux[1]. Ils sont en puissance parce qu'il est impossible de les fixer dans leur identité, parce qu'ils sont « toujours un autre ». Ces divisions prolongent donc celles du second groupe de significations de l'être mais n'en constituent pas de nouvelles.

Au terme de ce parcours des sens de l'être, il devient manifestement impossible de justifier l'usage du même mot dans les deux groupes que nous avons distingués et qui désignent, d'une part, la liaison entre les mots ou entre les choses, d'autre part, la propriété d'essence et d'existence commune à tous les étants. Les deux groupes pourraient recevoir, comme tous les homonymes, deux termes distincts. C'est pourquoi aussi, le « τὸ ὂν τὸ ἁπλῶς λεγόμενον » divisé en quatre significations en E 2, 1026a 33, signifie le mot être considéré en général, avant toute détermination, et certainement pas l'être en tant qu'être défini en Γ[2]. Il n'y a pas de dépendance de l'un à l'autre, quoi que semble suggérer le début du chapitre Δ 7, qui peut dès lors être expliqué comme suit : l'être actualisé du sujet est condition de l'être actualisé des prédicats, de sorte que, dans le cas d'une

1. Compris comme moyens de datation, la série des Jeux servant à numéroter les années.

2. Comme l'estime P. Aubenque (1962, p. 164, n. 2). Celui-ci ne concerne, en effet, nous allons le voir, que les étants comme entités.

attribution réelle reconnue comme accidentelle, l'usage accidentel de l'être (c'est-à-dire l'expression de la liaison) est conditionnée par l'être (au sens existentiel) du sujet de l'attribution; mais il ne s'agit là que d'un cas particulier parmi l'ensemble des propositions prédicatives qui peuvent être constuites en combinant le nombre infini des étants et des non-étants.

CHAPITRE V

LA SCIENCE ONTOLOGIQUE

L'INSTITUTION DE L'ONTOLOGIE

L'institution de l'ontologie commence avec la phrase : « il y a une science qui étudie l'étant en tant qu'étant et ses propriétés par soi »[1]. On constate rapidement que l'expression « en tant qu'étant » est la condition de possibilité de cette affirmation, car, sans cette précision, nous avons vu qu'Aristote refuse une science unique de tous les étants, ainsi que l'attribution de propriétés par soi à l'ensemble des étants, comme s'ils constituaient un seul genre. L'affirmation présente marque-t-elle pour autant un revirement complet de la pensée d'Aristote, ou du moins l'élaboration tardive d'une exception à laquelle il se refusait jusqu'alors ? De nombreux indices montrent qu'au contraire la voie suivie ici n'avait jamais été fermée et que, tout isolée qu'elle soit, cette affirmation n'en a pas moins été préparée par les parties critiques de divers ouvrages. En effet, la réfutation de toutes les tentatives passées d'institution d'une science générale prépare un nouveau modèle de science, grâce à l'adoption de bases entièrement différentes, qui le feront échapper à ses propres critiques. D'autre part, plus nous avancerons dans la lecture du livre Γ, plus il se confirmera que la science de l'étant en tant qu'étant est la réalisation de la science universelle des principes dont l'éminence est décrite au livre A, et de la science recherchée sous une forme aporétique au livre B.

Mais avant de montrer cette équivalence, il faut d'abord examiner par quels arguments Aristote établit la scientificité et la possibilité même de

1. Γ 1, 1003a 21-22. L'introduction de E 1 est légèrement différente : « On cherche les principes et les causes des étants, et il est clair que c'est en tant qu'étants » (1025b 3-4).

l'ontologie qu'il annonce, en dépit de sa propre théorie, que l'étant se dit de plusieurs façons et qu'une science une est d'un genre un. Or, le statut différent de la science ontologique s'accorde avec les caractères particuliers de son objet ; c'est donc de la détermination de celui-ci que dépend en premier lieu sa justification.

L'objet de l'ontologie

La nécessité d'un objet de science général est montrée à partir de la définition, issue des livres A et B, de la science recherchée comme science des principes premiers et des causes les plus élevées, car ceux-ci « doivent appartenir à une certaine nature par elle-même » (Γ 1, 1003a 26-28). Et il semble bien que ce soit là l'origine de l'expression « l'étant en tant qu'étant », car, une fois établi qu'on cherche les principes premiers des étants, comme le faisaient aussi les autres philosophes, il reste à ajouter qu'ils n'appartiennent pas par accident à l'étant mais en vertu du fait qu'il est étant, c'est-à-dire par soi ou en tant qu'étant : comme nous l'avons vu dans les *Analytiques*, « καθ'αὑτό » et « ᾗ αὐτό » sont des expressions équivalentes pour signifier le lien nécessaire d'une propriété à un sujet, tandis que « par accident » caractérise un lien non nécessaire ou indirect, ne dépendant pas de la nature même du sujet.

L'expression « l'étant en tant qu'étant »[1] se trouve fréquemment mise au pluriel et est donc équivalente à « les étants en tant qu'étants »[2]. Dans tous les cas où elle figure au pluriel, il s'agit d'affirmer qu'il y en a une seule science et qu'on en cherche les principes. En revanche, elle ne se trouve qu'au singulier lorsqu'il est question des propriétés par soi de l'étant en tant qu'étant[3] ou de ses propres[4] ou de ses affections par soi[5], ou encore de son essence et de ses accidents[6]. Dans tous ces cas, l'utilisation du singulier confirme le fait qu'Aristote parle de l'étant en tant qu'étant comme d'un genre – ce qui demande assurément à être justifié.

Il est actuellement généralement bien admis que l'expression désigne la totalité des étants, étudiés sous leur aspect d'étants, c'est-à-dire en

1. Γ 1, 1003a 21, 31 ; Γ 2, 1004b 5, 15 ; 1005a 13 ; Γ 3, 1005a 24, 28 ; E 1, 1026a 31 ; E 4, 1028a 3-4.

2. Γ 2, 1003b 15-16 ; Γ 3, 1005a 27, b 10 ; E 1, 1025b 3-4.

3. τὰ τούτῳ ὑπάρχοντα καθ'αὑτό : Γ 1, 1003a 21-22 ; τὰ ὑπάρχοντα αὐτῷ ᾗ ὄν: Γ 2, 1005a 14 ; τί ἐστι καὶ τὰ ὑπάρχοντα ᾗ ὄν: E 1, 1026a 32.

4. τίνα ἴδια: Γ 2, 1004b 15-16.

5. ταῦτα καθ'αὑτά ἐστι πάθη: Γ 2, 1004b 5-6.

6. τί ἐστι γνωρίσαι καὶ τὰ συμβεβήκοτ'αὐτοῖς: Γ 2, 1004b 7-8 (« αὐτοῖς » renvoie à τὸ ἕν ᾗ ἕν καὶ τὸ ὄν ᾗ ὄν.).

considérant l'être même qu'ils ont tous en commun[1]. La possibilité d'étudier ensemble tous les étants repose donc sur le second membre de l'expression, sur ce « ὄν » qui ne signifie plus une chose qui est, mais ce selon quoi toutes les choses sont : « en tant qu'étants » est mis pour « en tant que possédant l'être ». L'objet direct de l'ontologie reste les choses qui sont, mais ce qu'on étudiera d'elles, c'est ce qui résulte de la possession même de l'être. Les étudier en tant qu'elles sont s'oppose à les étudier en tant que ce qu'elles sont, c'est-à-dire « en tant que nombres ou lignes ou feu »[2]. On ne doit pas prendre en compte la diversité de leurs essences, mais seulement la communauté du fait d'être. Cependant, c'est ce prédicat « étant », qui attribue à toutes choses le fait d'être, qui est dit de plusieurs façons, de sorte que chaque genre d'étants est selon un mode différent. La possibilité de l'étudier en commun pour toutes ses attributions repose sur le fait que l'énoncé de chacune des significations comprend la référence à une nature unique :

> L'étant se dit de plusieurs façons, mais en référence à une chose et une nature unique et non par homonymie : comme le sain est toujours dit en référence à la santé, l'un du fait de la protéger, l'autre du fait de la produire, l'autre du fait d'être un signe de santé, l'autre parce qu'il en est réceptacle, et le médical en référence à la

1. Cf. V. Décarie (1961), P. Aubenque (1962), E. Berti (1981), W. Leszl (1975). Il faut noter que pour Décarie l'étude de l'étant en tant qu'étant n'est cependant pas l'objet principal de la métaphysique, car cette question avait déjà été résolue par « l'être réellement être » de la *République* (VI-VII) de Platon (1983, p. 301-305). Il faut donc encore insister sur le fait que cet être était pour Platon une réalité indépendante dont l'essence même était l'être, tandis que pour Aristote l'être de l'étant considéré en tant qu'étant n'est l'essence d'aucun étant. D'autre part, l'hypothèse de J. Owens (1978) ou de Ph. Merlan (1957), qui identifiaient l'étant en tant qu'étant avec l'étant suprasensible et séparé, a été suffisamment réfutée pour ne plus être suivie. Quant à la détermination du second membre de l'expression, cet être sur lequel repose l'unification de la diversité des étants, elle reste souvent floue : « une formalité commune, (...) une nature en laquelle ils communiquent et qui est précisément l'être » (S. Mansion, 1955, p. 255), « l'*esse simpliciter* » (J. Moreau, 1977, p. 594). Plus complète en est l'analyse de L. Routila, qui rapproche « ᾗ ὄν » de « καθ'αὑτό » et fait du second « ὄν » « la signification sous laquelle la considération de l'étant des étants prend place » (1969, p. 104-120).

2. Γ 2, 1004b 6. Sur cette opposition, cf. p. 225. M. Crubellier a fait récemment un rapprochement très intéressant entre la manière dont sont posés les objets mathématiques en *Métaphysique* M 3 et la manière dont est posé l'étant en tant qu'étant, de telle sorte que : « la possibilité d'une connaissance trans-générique par les mathématiques repose sur la saisie de relations formelles à partir de l'analogie. Ces résultats peuvent être transposés au problème de la philosophie première : on peut sans difficulté concevoir une ontologie générale sur ce modèle. » (1997, p. 323). Cependant, outre cette confusion entre philosophie première et ontologie générale, il commet également la confusion entre la relation *pros hen* et la primauté du premier terme d'une série (p. 330).

> médecine, car l'un est dit médical du fait d'avoir la médecine, l'autre du fait d'être bien disposé envers elle, l'autre du fait d'être un acte de la médecine, et nous prendrons de la même façon les autres choses dites médicales, ainsi l'étant se dit de plusieurs façons mais toujours en référence à un principe unique, car les uns sont dits étants parce qu'ils sont des substances, les autres parce qu'ils sont des affections d'une substance, les autres parce qu'ils sont un chemin vers une substance ou des périssements ou des privations ou des qualités ou des producteurs ou des géniteurs d'une substance ou d'une chose dite en référence à la substance, ou encore des négations d'une de ces choses ou d'une substance (c'est pourquoi nous disons que le non-étant est non-étant). De même donc que de toutes les choses saines il y a une seule science, de même aussi pour les autres domaines. Car ce ne sont pas seulement les choses dites selon une seule [espèce] qui font l'objet d'une seule science mais aussi celles dites en relation avec une seule nature, car celles-là aussi se disent d'une certaine manière selon une seule [espèce]. (Γ 2, 1003a 33-b15).

Les significations du prédicat « étant » qui sont citées dans ce passage ne sont pas les catégories, mais des modes d'être attribuables à des étants de catégories différentes. C'est surtout manifeste pour les privations, les négations et les principes moteurs, qui n'expriment l'essence d'aucun étant mais peuvent être dits à propos d'étants de toutes les sortes ; l'exemple fourni pour les négations est très clair à cet égard : nous disons que le non-étant, en tant que négation d'un étant déterminé, est, au sens où il existe comme négation : il est sous le mode de la négation – mais il n'a pas pour essence la négation, qui n'est ni une espèce ni un genre d'étants. Les déterminations qui tombent sous certaines catégories, comme les affections, les changements ou les qualités, ne sont pas évoquées non plus en tant que telles natures de choses, mais en tant qu'énoncés devant rendre compte, à propos de ces natures, de la manière dont elles sont. De même, le premier terme cité ne désigne pas directement la première classe d'étants mais le mode d'être selon lequel ils sont, c'est-à-dire la subsistance. Ces modes d'être sont donc des modes d'existence, au sens de l'existence générale reconnue à une certaine essence. Conformément à la règle que nous avons pu dégager à propos de l'unité référentielle, l'*ousia* est à la fois le terme de référence logique nécessaire pour construire l'énoncé de chacun des autres modes, et le premier énoncé du prédicat « étant » ; elle a de ce fait une double signification : comme l'un des énoncés du prédicat, donc comme mode d'être, elle signifie la subsistance, et comme terme de référence pour les autres énoncés, elle désigne l'ensemble des substances, car c'est de celles-ci (et non de leur mode d'être) que les autres étants sont des affections, des mouvements, etc. Le rapport entre ces deux significations de l'*ousia* est le même que celui qui existe entre l'étant et l'étant en tant qu'étant, le premier terme faisant référence aux choses mêmes, le deuxième à l'être sous lequel on les considère[1]. De ceci on peut déjà annoncer deux conséquences, qui seront développées par la suite : d'abord, l'étude de l'*ousia* au livre Z se justifie comme antérieure à l'explication des autres modes d'être, mais elle n'abandonne pas, comme il pourrait sembler à première vue, l'objet proprement dit de l'ontologie[2] ; ensuite, la question de l'être dépasse la question des essences des étants en se posant comme ce qui les fait être – mais cet être ne peut être saisi directement et unitairement : il faut l'aborder dans la pluralité de ses modes, irréductibles à un seul, et, comme on va le voir maintenant, par l'intermédiaire des propriétés qu'il manifeste de manière analogue dans tous les étants.

Un premier critère de scientificité de l'ontologie est donc rempli par le rapport logico-ontologique qui relie les autres étants aux substances, et, de ce fait, les autres modes d'être au mode d'être subsistant. Comme la validité de ce procédé a été mise en cause en grande partie par méconnaissance de son rôle, il faut examiner quelle est exactement sa portée. Selon P. Aubenque, l'unité πρὸς ἕν est « la référence obscure et incertaine qui assure, certes, l'unité des significations multiples de l'être, mais une

1. On pourrait se demander si la relation πρὸς ἕν est liée à la paronymie, car dans le cas du sain et du médical, les adjectifs sont dérivés paronymiquement du terme de référence. Mais en réalité, cette paronymie est indépendante de leur plurivocité. On a vu, en effet, que les paronymes présentent dans leur énoncé la référence au nom dont ils dérivent grammaticalement et sémantiquement, de sorte que, lorsqu'un paronyme a plusieurs sens, chacun de ses sens fera référence au même nom d'origine. Il en résulte qu'un paronyme plurivoque n'est jamais homonyme mais toujours référé à une même chose. Cependant, tout paronyme n'est pas nécessairement plurivoque (cf. les exemples de « lettré » et « courageux » donnés en *Catég.* 1, 1a 12-15) et tout plurivoque uni-référentiel n'est pas nécessairement paronyme. Car le participe « ὄν » n'est pas formé à partir du substantif « οὐσία », mais il semble au contraire que le substantif dérive du participe en tant que « caractère de ce qui est ». Par conséquent, on ne peut identifier ces deux types de rapports entre les mots, comme le fait notamment E. Berti : « Tale è il caso degli *onta*, ossia le varie categorie, le quali prendono tutte il nomo di enti dall'*ousia*, cosi come le cose sane lo prendono dalla sanità e le cose mediche dalla medicina. » (1965, p. 128, n. 94). En revanche, G. Patzig renonce en 1973 à sa définition de la science de l'étant en tant qu'étant comme « a paronymous science » (1960, p. 205).

2. Voir *infra*, chapitre 2. 2.b. Quant au livre Λ, nous verrons qu'on y trouve à la fois une enquête proprement ontologique à propos des principes des étants, et une introduction à l'étude des substances selon leur nature propre, c'est-à-dire à leur division en sensibles et immobiles, qui les assigne comme objets à trois sciences particulières : la physique pour les sensibles périssables, l'astronomie (qui est une partie de la physique) pour les sensibles impérissables, et la théologie pour les immobiles.

unité elle-même équivoque et dont le sens sera toujours à « rechercher ». »[1] Or, le déplacement de la plurivocité au rapport πρὸς ἕν lui-même n'invalide le procédé que si l'unité de la science repose sur l'existence d'un lien unique et déterminé entre tous les étants ; mais ce n'est pas le cas, car ce qui permet aux divers sujets d'un prédicat d'être étudiés par une même science, c'est la présence d'un terme commun dans l'énoncé de leur prédicat, dont tous les autres termes, en revanche, doivent refléter les natures diverses des sujets. Si, par exemple, le prédicat « sain », attribué à la promenade, signifie « qui préserve la santé », ce n'est pas ce rapport d'utilité qui la fait entrer dans la science de la santé mais le fait qu'elle ait un rapport quelconque avec la santé – sinon, le corps, qui est sain au sens de « siège de la santé », ne pourrait y entrer. La même remarque doit être faite à P. Aubenque lorsque, conformément à l'interprétation la plus fréquente, il comprend que, pour Aristote, l'essence est principe des autres catégories, peut-être pas au point qu'elles en soient déductibles, mais en tous cas selon un unique rôle fondateur de l'essence[2]. En effet, en montrant que la relation πρὸς ἕν ne suffit pas à garantir que « science immédiate de l'essence, elle serait médiatement science des autres catégories »[3], il croit montrer du même coup que l'entreprise aristotélicienne est impossible. Or, ce défaut ne doit pas être attribué à Aristote mais seulement à l'interprétation la plus répandue de son œuvre, car en réalité le rôle de la relation πρὸς ἕν n'a jamais été de réduire l'objet immédiat de l'ontologie. Si on lit bien les autres exemples, il est suffisamment clair que la science de toutes les réalités possédant une certaine propriété n'a pas nécessairement pour objet premier la réalité qui possède premièrement ou essentiellement cette propriété, car la science de toutes les choses médicales n'a pas pour objet premier la médecine ou le médecin. Autrement dit, le terme de référence réunissant divers objets n'est pas nécessairement l'objet premier ou principal de la science qu'il permet[4]. Par conséquent, il ne faut pas charger la relation πρὸς ἕν d'une visée qu'elle n'a pas : elle sert à justifier que le prédicat « étant » n'est pas homonyme pour les divers étants, de sorte qu'on peut les étudier en commun sous cet aspect, mais elle n'introduit pas un nouvel objet de la science, ni un objet privilégié permettant d'accéder

1. P. Aubenque, 1962, p. 249.

2. *Id.*, p. 246-247.

3. *Id.*, p. 242-243.

4. Il pourrait sembler que la santé, en revanche, est bien l'objet premier de la science du sain, parce qu'on prend le mot « santé » comme la substantivation du mot « sain ». Mais ce n'est pas la santé en général, car elle équivaut à la science elle-même : « la santé est l'énoncé dans l'âme et est la science » (Z 7, 1032b 2-5) ; c'est donc chaque santé particulière de chaque corps que doit produire la science de la santé, par l'intermédiaire d'une cause motrice qui est l'homme possédant cette science.

aux autres. Aristote ne cherche pas à remplacer l'étude de tous les modes d'être par celle du mode d'être de la subsistance (auquel cas l'ontologie serait une science particulière, et seulement indirectement universelle), mais seulement à montrer que ces modes d'être possèdent quelque chose en commun, en un mot que l'être n'est pas homonyme. Le rôle de foyer de convergence octroyé à l'*ousia* est un rôle logico-sémantique et non épistémologique[1]. En réalité, si à côté de l'étude structurelle commune Aristote fournit une étude privilégiée de l'*ousia*, ce n'est pas en vertu de cette dépendance logique de l'étant en général, mais en vertu de la dépendance réelle des étants, envisagés dans leur différence, à ce qui est sujet ultime de toute prédication ; mais cet aspect n'est pas invoqué au livre Γ. La relation πρὸς ἕν est donc bien un moyen d'unifier l'objet de la science de l'étant en tant qu'étant, qui est l'être des étants, à partir d'un mode d'être principal auquel tous les autres renvoient sans perdre leur spécificité.

Il n'en demeure pas moins que, puisque l'être des substances est antérieur aux autres, au moins logiquement, la science générale se penchera de manière privilégiée sur ces réalités :

> Partout la science est principalement du premier, à la fois comme ce d'où les autres dépendent, et comme ce par quoi ils sont dits. Si donc c'est l'*ousia*, il faudrait que le philosophe possède les principes et les causes des *ousiai*. (Γ 2, 1003b 16-19).

On aurait tort, cependant, de voir dans ce passage la marque d'une hésitation de type katholou-prôtologique, telle que l'a théorisée R. Brague[2], car le général et le premier n'entrent pas en concurrence pour

1. Ce rôle de foyer de convergence a, comme on le sait, déterminé G.E.L. Owen à appeler l'unité πρὸς ἕν « focal meaning », selon la définition suivante : « the concept of a word as having many senses pointing in many ways to a central sense » (1960, p. 189). Ces derniers mots, pour être tout-à-fait exacts, devraient être remplacés par « vers un terme central auquel le mot plurivoque s'attribue avec un sens premier ». D'autre part, T.H. Irwin a contesté le « meaning » de « focal meaning », alléguant que le mot n'a pas plusieurs sens mais désigne des caractéristiques réelles différentes (1981). Il veut ainsi réagir contre une tendance à voir chez Aristote une indépendance du sens par rapport aux choses et une renonciation à la recherche des essences réelles, mais il suffit pour cela de rappeler la doctrine du *De Interpr.*, qui lie indissolublement la signification et la chose extra-linguistique (cf. chapitre IV). Par conséquent, ici aussi les deux sont liés, et le prédicat a plusieurs significations et plusieurs définitions parce que ses sujets possèdent différentes propriétés qu'il exprime.

2. R. Brague, 1988, notamment p. 514. Cette hésitation entre le général et le premier est plutôt un héritage platonicien dont Aristote cherche à se défaire ; on le voit particulièrement dans sa présentation de l'embarras des Platoniciens devant la double principialité des nombres, par le premier et par le genre, difficulté à laquelle Aristote échappe grâce à sa distinction des quatre sortes de causes (cf. chapitre III, p. 121-122).

rendre compte des étants en tant qu'étants. La phrase ne contredit pas l'affirmation fondamentale de départ, qu'il faut chercher les principes en tant qu'ils sont ceux de tout étant, car c'est de cette manière aussi que le philosophe, homme de l'universel, étudie les principes des substances : en tant qu'elles sont étants. Pourquoi, dès lors, préciser une chose évidente ? Probablement parce qu'il fallait situer la nouvelle ontologie par rapport aux projets philosophiques de l'époque, pour lesquels la réalité la plus importante à étudier était l'*ousia ;* cette préoccupation dominante se révèle également dans la formulation des apories du livre B. Aristote précise donc que l'ontologie telle qu'il l'entend comprend aussi ce que les autres prenaient pour objet. Mais il réaffirme aussitôt que, même si son objet est divisible en espèces, la science universelle de l'étant en tant qu'étant est une par le genre (b 19-22)[1]. Les interprétations divergent sur ce que représentent ces espèces : est-ce les catégories, les différentes substances, ou le même, le semblable, etc., cités comme espèces de l'un en 1003b33-36 ?[2]. La deuxième hypothèse est à écarter d'emblée, car les différentes substances n'épuisent pas, loin s'en faut, le domaine de l'étant en tant qu'étant. La troisième est difficile parce que les termes de ce type sont appelés en 1005a 13-18 les propriétés par soi de l'étant en tant qu'étant, d'une manière à la fois plus exacte eu égard à leur statut, et correspondant mieux aux tâches de l'ontologie annoncées en Γ 1. Ross présume qu'il y a eu un changement de terminologie, « presumably to avoid clasting with the division of *to on* into the categories », mais on ne voit pas pourquoi Aristote ne se serait pas rendu compte plus tôt de ce double emploi. Colle tente de justifier que ces termes, qui peuvent effectivement être appelés d'une certaine manière espèces de l'un, au sens où ils désignent l'un dans différentes catégories, sont également les espèces de l'être, en affirmant que le raisonnement qui suit a précisément pour propos de le démontrer en identifiant l'un et l'être – mais, d'une part, nous verrons que ce raisonnement est probablement mal placé, et d'autre part, si les espèces de l'un sont dites aussi nombreuses que celles de l'étant, elles ne sont pas dites identiques : il faut préserver la différence entre les termes hénologiques et les termes proprement ontologiques.

Maintenant, il semble tout aussi impossible de considérer les espèces de l'ontologie comme les diverses sciences particulières étudiant les

1. Que l'on comprenne le « εἴδη τῶν εἴδων » de la ligne 22 dans le sens où « les espèces de la science étudient les espèces de l'étant en tant qu'étant » ou dans le sens où « la science une étudie les espèces de l'étant en tant qu'étant et les espèces de ses espèces » (comme le pensent notamment Apelt et Natorp, cf. A. Mansion, 1958, p. 187), la difficulté est la même, de justifier que la science est génériquement une et que l'étant possède des espèces.

2. La première conception est soutenue par L. Robin, la seconde par H. Bonitz, suivant St. Thomas, la troisième par W.D. Ross (1924, p. 261) et G. Colle (1931, p. 47).

différentes catégories d'étants, car ce serait contredire le principe que l'étant ne peut être le genre des catégories. Pour échapper à cette contradiction, on a invoqué la conclusion du passage cité précédemment, selon laquelle les choses reliées par « πρὸς ἕν » sont dites en quelque sorte « καθ'ἕν » (1003b 14-15), autrement dit peuvent être considérées comme un seul genre, même si elles ne le sont pas exactement[1]. Mais cette justification n'est complète que si elle repose sur l'observation que les espèces mentionnées ne sont pas celles de l'étant mais celles de l'étant en tant qu'étant[2]. En effet, le fait d'isoler l'aspect « en tant qu'étants » des étants revient à ne sélectionner que ce que tous les étants ont en commun, et qui se manifeste par le fait de réunir des conditions principielles et une structure onto-hénologique déterminables comme synonymes. En effet, chacune de ces propriétés par soi de l'étant en tant qu'étant a une signification générique indépendam-

1. C'est la justification qu'apporte W. Leszl : « in the sense that also reference to one nature is enough to make of them a unitary group, a family if not a class » (1975, p. 427-428, cf. p. 180-181), ainsi que L. Couloubaritsis : « l'unité de type πρὸς ἕν peut jouer, dans le domaine d'une science des principes, (...) un rôle analogue à celui que joue l'unité de type καθ'ἕν dans le domaine de la démonstration » (1983, p. 78) ; après l'instauration du πρὸς ἕν, on peut désormais envisager l'étant « comme s'il était une sorte de genre général, une sorte d'universel confondu, que l'on peut diviser en des parties qui ne sont pas nécessairement des parties réelles. » (*id.*, p. 84). Ross fait cette remarque importante, qu'étudier les attributs de l'étant en tant qu'étant ne signifie pas déduire syllogistiquement les propriétés à partir d'une essence générique déterminée, car il faut comprendre l'étant de manière distributive plutôt que collective (1924, p. 251). En revanche, G.E.L. Owen le comprend comme une déductibilité des autres sens de l'étant à partir de celui des substances : « all its senses can be explained in terms of substance » car « to explain what it is for there to be qualities or relations one must explain what it is for there to be (in a prior sense) substances having qualities and relations. » (1960, p. 168). Or, si leur explication par l'intermédiaire de l'*ousia* est nécessaire, elle n'est pas suffisante pour rendre compte de l'être des autres réalités. Cependant, en 1965, il affirme que l'homonymie de l'être est plus fondamentale que son unité, car, si les différents sens de « existe » dans les différentes catégories sont reliés systématiquement, cela présuppose, et non nie, la possibilité de paraphraser le verbe différemment selon ses sujets. (p. 95). C'est pourtant en se référant à Owen que M.J. Ferejohn propose une interprétation complètement réductrice, disant que les affirmations d'existence des objets des autres catégories sont réductibles à des affirmations d'inhérence à des substances, de sorte qu'on peut les prouver par une science démonstrative des substances (1980, p. 124-125). Mais dans ce cas, l'ensemble des étants devient réellement un genre et leur étude en tant qu'étants est remplacée par une étude selon la dichotomie dépendant/indépendant. La même conclusion s'impose chez E. Berti, quand il affirme que, par la relation πρὸς ἕν, les étants non substantiels non seulement sont dits étants, mais « ont l'être » (1965, p. 123). P. Aubenque est devenu plus prudent : il y a, selon lui, une certaine parenté des significations de l'être, qui réside en le fait que celle d'essence « est première et que toutes les autres impliquent dans leur définition une relation à cette signification primordiale » (1978, p. 4).

2. Cf. notes 3-6 p. 220 : c'est toujours l'étant en tant qu'étant qui reçoit, comme un genre, une essence et des propriétés, jamais l'étant simple.

ment du fait qu'elle s'attribue par analogie à des étants de genres différents; nous étions déjà arrivés à cette conclusion en étudiant le type de plurivocité des concepts structurants, et la confirmation viendra encore de l'analyse des livres suivants : le fait d'être principe ou spécificité est synonyme pour toutes les choses qui le possèdent. En conclusion, le fait de posséder des propriétés par soi communes permet que l'étant soit étudié, en tant qu'étant, comme un seul genre, et ses divisions spécifiques correspondent à l'ensemble des modes d'être énumérés au début de Γ 2.

Le passage qui suit immédiatement cette argumentation n'est manifestement pas à sa place[1]; comme il introduit la question de l'un, je pense qu'on peut le placer juste avant la ligne 1004a 9, où commence l'étude de la plurivocité de l'un, de sorte qu'il reste, avant de l'aborder, à parcourir les lignes 1004a 2-9. Celles-ci décrivent les parties de la philosophie comme les deux sciences particulières correspondant aux deux sortes les plus générales de substances, la première étant la théologie, la suivante la physique. Une telle division est conforme à l'emploi le plus fréquent du terme philosophie, qui désigne toute science de la vérité; cette philosophie, divisée en deux parties, n'est pas pour autant science de l'ensemble des étants puisqu'elle n'a pour objet que les substances, comme le montre la comparaison avec les mathématiques qui ont pour objet les quantités[2]. La continuité de ce passage avec ce qui précède se révèle par la même préoccupation de division de la science, mais, tandis que l'ontologie vient d'être dite génériquement une pour tous les étants, la philosophie au sens habituel du terme n'est génériquement une que pour les substances[3]. Comme le classement des sciences présente un enjeu considérable pour l'interprétation de la *Métaphysique*, il est nécessaire de compléter ce bref passage par le long développement du livre E 1.

1. De 1003b 22 à 1004a 2 : Alexandre avait déjà remarqué qu'il causait une interruption dans le raisonnement; Ross, approuvant Schwegler, fait commencer le passage en 1003b 19, mais de ce fait il isole les lignes 16 à 19, qu'il devient difficile de raccorder au texte précédent.

2. C'est pourquoi, je ne pense pas, comme W. Leszl (1975, p. 253-266), que « οὐσίαι » désigne ici les catégories.

3. G. Colle exclut ce passage, selon lui trop contradictoire, car « le nom de philosophe est constamment réservé à celui qui s'occupe de l'être en tant qu'être; la philosophie est l'ontologie. Dans le fragment que voici, au contraire, la philosophie est conçue comme l'ensemble des sciences qui traitent des genres les plus universels des substances. » (1031, p. 52). Mais, nous l'avons vu au 2e chapitre, le nom « philosophie » possède un éventail de significations suffisamment large pour désigner les deux types de science, tandis que le mot « philosophe », curieusement, semble réservé à l'ontologue.

La spécificité de l'ontologie par rapport aux autres sciences

Le livre E a pour point de départ la même affirmation que le livre Γ : on cherche les principes et causes des étants en tant qu'étants. Mais au lieu de passer directement à l'objection de la plurivocité de l'étant, ici Aristote compare cette science des principes avec les autres sciences qui ont également affaire à des causes et principes. Or, toutes se différencient de la science recherchée de deux façons essentielles : elles circonscrivent comme objet un certain genre de l'étant, et non l'étant en tant qu'étant, et elles démontrent les propriétés par soi de ce genre, sans rendre raison ni de son essence ni de son existence (1025b 3-18). C'est le cas de la physique, qui s'occupe de la substance mobile. Et certes, cette science fournit des définitions de ses objets, mais en tant qu'objets matériels (1025b 18-1026a 7). Une autre science théorétique est la mathématique, qui étudie également des objets matériels, mais en les considérant comme séparés de la matière (1026a 7-15). Quant à la première science théorétique, elle a pour objets les réalités séparées de la matière et immobiles, qui sont les causes des étants divins visibles[1] ; c'est pourquoi elle reçoit le nom de « théologique » et est la plus admirable des sciences (1026a 15-23). Jusqu'ici, l'exposé est clair et ne suscite pas de controverses. Mais il se complique avec le dernier paragraphe, dont, par ailleurs, la jonction avec ce qui précède est mal assurée, car on ne voit pas à quoi fait référence le « γὰρ » qui l'introduit. Il dit ceci :

> Car on pourrait se demander si la philosophie première est générale ou concerne un certain genre et une certaine nature (car ce n'est pas de la même façon non plus que dans les mathématiques, mais la géométrie et l'astrologie concernent une certaine nature, et la mathématique générale est commune à toutes) ; si donc il n'y a pas d'autre substance à côté des composées par nature, la physique serait première science, mais s'il y a une substance immobile, celle-là est antérieure et est philosophie première, et générale parce que première. Et il lui appartiendrait d'étudier l'étant en tant qu'étant, et ce qu'il est et ses propriétés en tant qu'étant. (1026a 23-32).

Il faut d'abord expliquer pourquoi, après avoir clairement indiqué l'objet particulier de chacune des trois sciences théorétiques, Aristote revient sur la question comme si elle était encore embarrassante

1. Ceux-ci sont les astres, et leurs causes sont les moteurs immobiles. Elles sont au pluriel, conformément à l'exposé astronomique de Λ 8, et contrairement au passage de K 7 qui en constitue un doublet, qui octroie à la théologie un objet unique, à la fois étant en tant qu'étant et étant immobile et séparé (1064a 33-b 6). Sur les multiples contresens que contient ce chapitre, voir W. Leszl, 1975 et surtout P. Aubenque, 1983.

(« ἀπορήσειε »). Le plus probable est qu'il envisage ici aussi une objection émanant d'un auditoire habitué à la conjonction du général et du premier. Il s'empresse d'ailleurs d'indiquer comme origine possible de la question la comparaison avec la science mathématique, qui est générale par rapport à ses espèces. La réponse, introduite par « οὖν », est un rappel de la théorie déjà exposée, que la philosophie première a pour seul objet la substance immobile et que donc, si elle est générale, c'est au sens où la cause première a un effet sur l'ensemble de la réalité. C'est pourquoi, elle n'est pas générale de la même façon que la mathématique, comme englobant en elle plusieurs sciences particulières. De cette nouvelle précision ne résulte aucune contradiction avec ce qui précède. En revanche, la dernière phrase affirme exactement le contraire, si du moins on comprend l'étant en tant qu'étant tel qu'il a été établi en Γ et est encore mentionné au début du présent chapitre. Car le type d'universalité qui vient d'être accordé à la théologie, qui est une universalité médiatisée par l'action de son objet sur le réel, est incompatible avec l'universalité directe de la science de l'étant en tant qu'étant.

Trois hypothèses sont dès lors envisageables :

1. Aristote ajoute *in extremis* au domaine de la philosophie première tout ce qu'il a défini comme le domaine de l'ontologie. C'est ainsi que tout le courant d'interprétation onto-théologisante fait reposer sur deux lignes, hâtivement ajoutées par un « καί », la fusion de l'ontologie et de la théologie : « Retenons donc que la philosophie première, considérée spécifiquement et formellement, est celle qui a pour objet propre l'immatériel ou Dieu. Il est clair que la discipline philosophique qui a comme objet propre l'être en tant que tel, et donc pris dans toute son extension, ne saurait se confondre entièrement avec la philosophie première. Mais les brèves indications d'Aristote à la fin de *Métaph.* VI (E), 1, visent précisément à montrer que sans une connaissance de l'Être premier, la connaissance de tout être doit demeurer incomplète : dès lors, la philosophie première devra être intégrée dans la science de l'être comme tel, dont elle formera en quelque sorte la clef de voûte. »[1] Quant au moyen de cette intégration, ce sera la relation πρὸς ἕν étendue au rapport des substances entre elles : « en appliquant la doctrine de l'unité analogique de l'être au cas spécial de la substance, qui est terme de référence principal pour tous les êtres, on aurait de même une substance qui serait la première dans son ordre et de laquelle toutes les autres tiendraient leur sens et en quelque sorte leur

1. A. Mansion, 1958, p. 180.

dignité. »[1] La réfutation de cette solution est aisée : d'une part, le terme « οὐσία » n'est pas un plurivoque uni-référentiel mais est attribué synonymiquement à toutes les substances ; d'autre part, la connaissance de la substance première n'apporte pas davantage à celle de l'étant en tant que tel que ne le fait la connaissance de la substance physique, qui illustre beaucoup mieux, par exemple, la notion de principe.

2. La science de l'étant en tant qu'étant et la philosophie première signifient la même chose, de sorte que l'ensemble du texte concerne la même science. Mais dans ce cas il n'y a aucune raison d'en justifier l'universalité par la primauté d'un de ses objets, puisqu'elle est d'emblée universelle de par l'universalité de son objet[2]. En outre, cette identification se heurte clairement au statut de science particulière partout attribué à la philosophie première (cf. partie II, 1).

3. La dernière phrase est une addition postérieure, contaminée par la version de K 7. En effet, les lignes 1064b 6-14 présentent presque mot pour mot la même question de l'universalité suivie de la même réponse, mais posée à propos de la science de l'étant en tant qu'étant – ce qui, du reste, est cohérent avec le reste du chapitre qui identifie celui-ci à l'étant immobile. Et, bien entendu, la dernière phrase de E 1 n'y figure pas. Autrement dit, un lecteur ayant confronté les deux versions peut avoir été embarrassé par la contradiction entre les deux objets, qu'il considérait, à cause de Γ, comme différents, et avoir voulu réconcilier les deux textes en cumulant leurs objets, sans effort d'intégration mais non sans une certaine hésitation, révélée par le mode potentiel.

Cette dernière hypothèse me paraît de loin la plus vraisemblable, car comment imaginer qu'Aristote n'ait nulle part développé cette phrase lapidaire, alors qu'elle constituait un renversement total par rapport à ses distinctions soigneusement établies jusqu'alors ? Car, s'il est légitime de rapprocher les deux objets au sens où la substance immobile est un des

1. *Id.*, 1956, p. 165. Cf. aussi G. Patzig : la théologie est aussi l'étude de l'étant en tant qu'étant parce que « God is the first substance among substances, the genuine substance, the οὐσία οὐσίων on which all other substances rely for their being and which preserves their being – just as substance itself is the « first being », on which all other beings that are not substances depend on the basis of their being. » (1960, p. 196) ; et V. Décarie : « La « théologique » est une science universelle parce que l'univers dépend de l'être qu'elle étudie. L'ontologique débouche nécessairement dans la théologique. » (1961, p. 183).

2. L. Couloubaritsis ne fait pas non plus cette distinction, mais, incluant l'étance immobile parmi les objets de la science générale de l'étant, il justifie que celle-ci soit dite « universelle parce que première » non par la primauté de son objet mais par la primauté de sa démarche : « ce n'est pas l'objet du savoir seul qui détermine la sicentificité et l'universalité de la philosophie première – puisque même en l'absence de Dieu, une philosophie première et universelle serait possible [scil. ce serait la physique] – mais l'étude de l'objet en fonction de cadres logiques déterminés et de conditions particulières. » (1983, p. 79).

principes premiers des étants, la fusion des deux sciences est impossible car leur appréhension du même objet se fait selon un point de vue nécessairement différent : la théologie étudie la substance immobile pour elle-même, tandis que l'ontologie l'étudie, comme tout le reste, en tant qu'étant. D'autre part, on a peut-être abusé parfois du recours à l'interpolation, qu'il est impossible de prouver, mais ici, à défaut de preuve, on peut du moins en donner une explication vraisemblable, à laquelle j'ajouterai encore qu'elle se trouve en fin de chapitre, en un endroit où les additions sont aisées et considérées comme fréquentes par d'éminents éditeurs [1].

Un autre passage a souvent été utilisé pour attribuer à l'ontologie deux objets différents, l'un universel et l'autre particulier. Il se trouve au chapitre Γ 3, qui reprend la deuxième aporie du livre B :

> Il faut dire s'il appartient à une seule ou à une autre science d'étudier ce qu'on appelle axiomes en mathématiques et d'étudier la réalité [2]. Il est manifeste que l'examen de ceux-ci relève d'une seule science et de celle du philosophe, car ils appartiennent à tous les étants mais non à un certain genre séparément des autres. Et tous les utilisent, parce qu'ils sont de l'étant en tant qu'étant, et que chaque genre est étant ; mais ils les utilisent dans la mesure de leurs besoins, c'est-à-dire selon l'extension du genre à propos duquel ils font leurs démonstrations. Par conséquent, puisqu'il est clair qu'ils appartiennent à tous en tant qu'étants (car c'est ce qui leur est commun), c'est à celui qui se penche sur l'étant en tant qu'étant qu'échoit également l'étude de ceux-ci. (1005a 19-29).

Toute cette citation confirme que le philosophe (et non le philosophe premier) est l'investigateur de l'ontologie et que celle-ci est bien universelle du fait qu'elle concerne ce qui est commun à tous les étants.

1. La méthode de P. Natorp, expurgeant le texte de toutes « tendances théologiques » était probablement expéditive ; mais on a également reproché à W. Leszl de considérer la dernière phrase comme une glose introduite par erreur ou comme une question dont la réponse est perdue, le chapitre ayant été interrompu. Or, Leszl propose conjointement une autre explication du passage, selon laquelle Aristote, insatisfait du statut de la théologie comme première science théorétique, déplace ce statut à l'ontologie, universelle parce qu'elle étudie *aussi* l'ousia première (1975, p. 528-538). Mais comme aucune de deux explications ne s'impose par une évidence du texte, il conclut en note que ce passage est en tous cas trop problématique pour servir de fondement unique à la relation entre théologie et ontologie (*id.* p. 139, note 11). On lira encore d'autres arguments contre l'authenticité de cette dernière ligne chez P. Rodrigo (1995, p. 24-26). Voir aussi la mise en question de tout le livre E par E. Martineau (1997).

2. Dans tout le passage, le mot « οὐσία » doit se traduire au sens large de l'ensemble de la réalité, car il est utilisé en alternance avec « tous les étants » (cf. aussi *infra*, à propos de 1005a 15).

Cependant, ajoute Aristote, certains physiciens ont entrepris l'étude de ces axiomes, parce qu'ils pensaient examiner à eux seuls la nature dans son ensemble et l'étant. Or, une partie des étants leur échappe, et c'est pourquoi leur science n'est pas celle de tout étant ni, par suite, des principes de tout étant :

> Puisqu'il y a encore quelqu'un au-dessus du physicien (car la nature est un certain genre de l'étant), c'est à celui qui étudie en général et qui étudie aussi la première réalité, que doit aussi appartenir l'examen de ceux-ci – tandis que la physique est une certaine sagesse, mais pas la première. (1005a 33-b 2).

Jaeger ajoute « περὶ τὸ » devant « καθόλου », mais cette correction est inutile et appauvrit le texte, car le philosophe est certes celui qui étudie toute la réalité, mais surtout celui qui l'étudie d'une *manière* générale. C'est pourquoi il n'y a pas addition de deux objets d'étude mais, d'une part, différenciation du type d'enquête que constitue l'ontologie, et d'autre part, réaffirmation de l'universalité totale de son objet. Quant à l'existence de la sagesse première, elle est à nouveau mentionnée pour justifier que la physique n'est pas une science universelle. La conclusion de l'argument répète la double particularité de l'ontologie :

> Que donc il appartient au philosophe et à celui qui étudie toute la réalité, selon sa nature, d'examiner aussi les principes syllogistiques, c'est clair ; et il convient que celui qui connaît le mieux chaque genre puisse énoncer les principes les plus sûrs de son objet, de sorte que celui qui connaît le mieux les étants en tant qu'étants doit pouvoir énoncer les principes les plus sûrs de tous les étants. Et celui-là, c'est le philosophe. (1005b 5-11).

Non seulement le philosophe étudie toute la réalité, mais il l'étudie « ᾗ πέφυκεν », c'est-à-dire en tant qu'elle possède une certaine nature : l'expression est équivalente à « ᾗ ὄν », en tant qu'elle possède en commun l'être.

D'autre part, de cette perspective propre à l'ontologie, il résulte que le philosophe doit aussi étudier le même, le contraire, et les autres termes de ce type, en tant qu'ils sont des affections par soi de l'un en tant qu'un et de l'étant en tant qu'étant, et non de l'un ou de l'étant en tant que nombres ou que lignes ou que feu (1004b 1-7). Ces trois mots n'ont pas été choisis au hasard mais ils désignent ce que certains autres philosophes considèrent comme l'étant et/ou comme l'un ; or, ceux-ci, ajoute Aristote, n'ont pas eu tort de les considérer comme des objets de la philosophie, mais ils ont eu tort de ne pas considérer comme premier objet l'*ousia*. Que signifie ce terme ici ? Certainement pas la substance, car, d'une part, le feu est reconnu même par Aristote comme une substance, et surtout, il affirme au début du livre Z que tous ont toujours étudié l'étant au sens de la substance. En réalité, la logique du raisonnement, qui oppose l'étant comme nature quelconque à l'étant comme tel, indique que « ousia » est le substantif équivalent à l'expression « ᾗ ὄν », de sorte que la meilleure traduction en serait le fait d'être ou l'être en général.

Un autre indice que c'est bien la perspective selon laquelle l'objet est appréhendé qui distingue l'ontologie[1] des autres études, et non seulement l'objet lui-même, est le fait qu'elle s'oppose également à la dialectique et à la sophistique, qui partagent pourtant avec elle l'ensemble des étants comme objet (1004b 22-23). La sophistique est rapidement disqualifiée, car elle est seulement une sagesse apparente, mais la dialectique diffère de l'ontologie « par le type de faculté », car elle permet seulement de mettre à l'épreuve (« πειραστική ») alors que la philosophie procure un véritable savoir (« γνωριστική »)[2]. Cependant, l'institution du principe de non-contradiction révèle, comme nous l'avons vu, que la dialectique comme méthode de mise à l'épreuve a un rôle à jouer au sein de la philosophie.

Toutes les indications convergent donc pour faire de la philosophie une science de la vérité, apportant de son objet une connaissance par les causes et principes, cet objet étant l'ensemble du réel considéré selon le fait d'être, ainsi que l'ensemble des propriétés qui se déduisent nécessairement du fait d'être. Elle se distingue de la philosophie première qui est science de la seule substance immobile, et n'est générale que par la médiation de l'action causale qu'exerce celle-ci sur le reste des étants; d'autre part, elle se distingue de la dialectique par son institution positive d'un savoir. Enfin, étant science des principes de l'ensemble du réel, elle est nécessairement

1. Au cours de cette confrontation, Aristote parle de la philosophie, mais la continuité du raisonnement avec l'extrait précédent indique que ce terme désigne ici la science de l'étant en tant qu'étant – ce qui demeure conforme à la signification générale que nous avons dégagée des divers usages du mot « philosophie », qui se définit par la connaissance de la vérité et des principes.

2. Cf. W. Leszl (1975, p. 296-299) : le but de la dialectique est seulement instrumental, il est d'éliminer les confusions du discours ; par exemple, le principe de non-contradiction est exploité par la dialectique, mais étudié par la philosophie. Au contraire, P. Aubenque estime que l'ontologie et la dialectique partagent les mêmes procédés, mais qu'elles diffèrent seulement par l'intention, de sorte qu'Aristote échoue à faire de l'ontologie une science véritable (1962, p. 287-302). Or, le mot « δύναμις » ne signifie pas l'intention mais la capacité, et c'est pourquoi, là où la dialectique n'a que la capacité de mettre à l'épreuve, la philosophie a celle de connaître. E. Berti, qui estime que la méthode dialectique d'Aristote a une valeur scientifique, car elle produit des résultats absolument vrais et nécessaires par la réfutation de l'un des membres d'une disjonction (1980, p. 343-344), attribue par conséquent ce passage-ci à la seule dialectique platonicienne (*id.*, p. 357; conception inchangée en 1997).

aussi science des principes cognitifs, de sorte qu'elle possède une partie logico-épistémologique.

L'un, ses espèces et ses différentes significations

Il a été montré que la plurivocité de l'étant ou de l'être ne doit pas être considérée comme un obstacle à l'unité de l'ontologie, car il ne s'agit pas d'une homonymie mais d'une unité par référence à un terme commun à toutes les significations. L'utilité de ce procédé se trouve confirmée, en outre, par sa capacité à répondre de la même façon à la plurivocité de l'un. Les deux termes, « étant » et « un », sans exprimer la même chose, sont toujours liés en ce sens qu'ils s'attribuent également à toutes choses :

> Puisque l'étant et l'un sont la même chose et une seule nature, du fait qu'ils s'entraînent l'un l'autre comme le principe et la cause, mais pas comme s'ils étaient indiqués par un seul énoncé (...). L'essence de chaque chose est une, et non par accident, et semblablement elle est par soi un certain étant, de sorte qu'il y a autant d'espèces de l'étant que de l'un, à propos desquelles il appartient à la même science générique d'étudier l'essence, je veux dire par exemple, à propos du même et du semblable et des autres termes de cette sorte. (Γ 2, 1003b 22-36).

L'étant et l'un ne sont pas identiques en tant que tels, puisqu'ils ont chacun leur propre signification, mais ils sont identiques quand ils désignent une chose étant et une chose une, car dire d'une chose qu'elle est revient à dire qu'elle est une, et vice-versa. La condition de cette réciprocité est que l'étant et l'un soient pour toutes choses des attributs par soi et non par accident, de sorte que, dès qu'une essence est posée, elle est immédiatement une et étant. Le prédicat accompagné de « ὅπερ » désigne toujours un attribut lié nécessairement à son sujet, même s'il n'est pas dans l'essence de son sujet, et dont, en outre, l'énoncé peut s'attribuer au sujet aussi bien que le nom [1].

Il reste à expliquer le terme « espèces » de l'un et de l'étant. A propos de l'un, il se retrouve dans la suite du texte : comme il y a une seule science pour les opposés, la même science doit étudier aussi les opposés de ces

1. Cf. chapitre IV, p. 206. La traduction que donne de « ὅπερ » L. Couloubaritsis, comme « à cause de cela », pour appuyer sa thèse d'une dépendance de l'étant par rapport à l'un, est philologiquement impossible (1983, p. 87). Par ailleurs, si l'étude de l'un est incontestablement une condition de possibilité de l'étude de l'étant, en revanche la présence de l'un et de l'étant dans les choses s'impliquent mutuellement, de sorte que tantôt l'une entraîne l'autre (1003b 33-34 : « il y a autant d'espèces de l'étant que de l'un »), tantôt c'est l'inverse (1003b 31-32 : « l'un n'est rien d'autre à côté de l'étant).

espèces, qui sont « l'autre », « le dissemblable », « l'inégal », et tout ce qui est dit « soit selon ceux-ci soit selon le multiple et l'un »[1]. Ces « espèces » sont présentées comme des termes génériques, par exemple, parmi les altérités se trouvent les différences et parmi celles-ci les contrariétés. Nous avons vu[2] que l'appellation « genre » et « espèce » se justifiait, à propos de l'un, par son attribution synonymique à certains termes ; en effet, lorsqu'on veut attribuer une unité à deux choses distinctes, on peut les dire mêmes, semblables ou égales, selon les critères qu'elles possèdent, en précisant ainsi la manière dont elles sont unes, mais pour chacun de ces cas, la signification de l'un est génériquement la même. En revanche, certaines choses sont unes ou semblables, etc., ou leurs contraires, non pas directement par elles-mêmes mais par l'intermédiaire d'un certain rapport à une chose telle; la médiation par les choses qui reçoivent le prédicat directement est indiquée ici par « κατὰ ταῦτα » : « d'après ces choses-là », et la relation qui unit parallèlement les significations du prédicat est une relation uni-référentielle exprimant les différentes manières de se rapporter à l'une de ces choses :

> Par conséquent, puisque l'un se dit de plusieurs façons, celles-là aussi se diront de plusieurs façons, et cependant toutes doivent être connues par une seule science, car ce n'est pas parce qu'un terme est dit de plusieurs façons qu'il relève d'une autre science, mais si ses énoncés ne sont pas synonymes (καθ'ἕν) ni ne se réfèrent à une seule chose. Or, puisque tous se réfèrent au premier, par exemple toutes les choses dites unes au premier un, il faut affirmer la même chose à propos du même, de l'autre et des contraires, de sorte que, une fois déterminé de combien de façons chacun se dit, il faut rendre compte de la manière dont il y a référence au premier dans chaque prédication : les uns seront ainsi appelés du fait de posséder cela, les autres du fait de le produire, les autres selon d'autres manières semblables. (1004a 22-31).

Le prédicat « un » est donc synonyme en tant qu'il se divise en espèces telles que le même, le semblable, l'égal, ainsi que le prédicat « multiple » en tant qu'il se divise en l'autre, le dissemblable, l'inégal, et encore en le contraire et le différent, car pour énoncer chacune de ces espèces, on ajoutera à l'un ou au multiple une différence spécifique; d'autre part, chacun de ces

1. 1004a 9-20. Les lignes 10-16 et 20-22 sont un peu confuses mais elles ont leur importance, qui est de préciser que trois sortes d'opposition sont concernées : négation, privation et contrariété.

2. Chapitre III, p. 139.

prédicats est aussi un plurivoque πρὸς ἕν pour les choses auxquelles il ne s'attribue pas directement[1].

La conclusion du raisonnement est que tout cela doit être étudié par le philosophe, car ce sont des « affections par soi de l'un en tant qu'un et de l'étant en tant qu'étant ». Il ne faut pas s'étonner si les mêmes choses (ici, le même et le contraire) sont appelées maintenant affections par soi, alors qu'elles étaient appelées précédemment espèces. La différence s'explique par le fait que les termes prédiqués sont les espèces de l'un comme prédicat, tandis que les propriétés qu'ils expriment sont possédées nécessairement par les choses, en tant qu'elles sont et sont unes. En revanche, le prédicat « étant » n'a pas d'autre plurivocité que celle de la référence πρὸς ἕν, de sorte qu'il n'est en aucun cas un terme générique divisé en espèces. Cependant, les catégories sont bien des genres de l'étant au sens de classes des choses qui sont, et c'est de cette manière qu'elles sont divisées en espèces. C'est ainsi qu'Aristote peut dire que chaque espèce d'étants possède sa propre espèce d'unité, toutes pouvant être réunies sous le terme générique « un »; mais ces unités sont anonymes dans la plupart des catégories et ce sont les termes « même » et « semblable » qui y expriment les unités.

Maintenant, un autre type d'unité peut encore être attribué à l'ontologie par la notion de contrariété. En effet, tous les contraires « se ramènent à l'étant et au non-étant, et à l'un et au multiple » (1004b 27-28). L'usage du mot « συστοιχία » pour désigner les listes de contraires, et les exemples du repos qui relève de l'un et du mouvement qui relève du multiple, montrent que ce nouvel argument n'est pas proprement aristotélicien mais qu'Aristote cherche ici à rallier les autres philosophes en s'appuyant sur leurs propres principes. De même, il fait appel à la conception des physiciens, que toutes choses sont composées à partir des contraires (1004b 29-33), conception qu'il fait sienne au premier livre de la *Physique*[2], et qu'il décide également d'adopter ici : « admettons que cette réduction soit valable pour nous aussi ». Mais il est important de noter que l'étant et le non-étant et l'un et le multiple sont des principes auxquels tous les

1. Cette analyse du champ d'application de l'unité πρὸς ἕν à l'un et à ses espèces montre qu'il est totalement inexact de prétendre que le premier un est l'un selon la substance, de sorte que celle-ci serait « l'unité des autres unités », « rendant possible une science unitaire de la réalité entière » (E. Berti, 1979, p. 107) ou de sorte que le livre Iota « prépare dès lors l'avènement de la théologie » (L. Couloubaritsis, 1983, p. 159).

2. Il faut se garder cependant de considérer ces contraires comme des principes matériels des étants, car dans ce cas on ne pourrait les ramener à une notion commune, mais la contrariété est un principe d'*intelligibilité* des étants en devenir, et c'est pourquoi on peut en saisir « le concept générique sous lequel tous les cas de contrariété sont subsumés » (J. P. Anton, 1987[2], p. 29 ; cf. aussi p. 45).

contraires se réduisent, non en tant que tels, mais en tant qu'ils constituent les couples de contraires les plus généraux. C'est la raison pour laquelle Aristote rappelle que, en tant que tels et non plus en tant que contraires, l'étant et l'un, de même que leurs contraires, se disent aussi de plusieurs façons, qui sont néanmoins unifiables par la relation πρὸς ἕν (1005a 5-11)[1]. Enfin, plusieurs confirmations nous sont données avec la fin du chapitre : 1) le contraire, le même et l'autre, l'antérieur et le postérieur, le genre et l'espèce, le tout et la partie, et d'autres termes du même genre sont des propriétés appartenant par soi à l'étant en tant qu'étant, de sorte que l'ontologie doit en étudier l'essence ; 2) le « οὐσιῶν » de la ligne 1005 a 15 ne désigne pas les substances par rapport aux accidents, mais toutes les entités ou réalités par rapport à leurs propriétés structurantes.

Les propriétés de tous les étants

Aristote appelle « propriétés par soi de l'étant en tant qu'étant » (ὑπάρχοντα καθ'αὑτό ου ᾗ ὄν) toutes les notions nécessaires d'une part à l'intelligibilité de toute chose qui est, d'autre part à son être même[2]. Nous

1. Le « ταῦτα δέ » de la ligne 5 annonce ce changement d'aspect en désignant l'un et le multiple en tant que tels. Les lignes 8-11 sont considérées comme une intrusion par Christ et Jaeger ; de fait, elles contiennent une reprise inutile des premiers développements de la question.

2. Le statut de ces notions a été mis en évidence surtout par W. Leszl et L. Couloubaritsis, comme nous l'avons déjà vu, mais aussi par J. P. Anton, qui les appelle « traits génériques de l'étant » et « principes explicatifs universels » (1987[2]). Il semble à W. Leszl que ces propriétés sont *per se* à la fois comme les propres (qui possèdent une référence au sujet dans leur définition) et comme les différences (qui se trouvent dans l'essence du sujet), de telle manière qu'il existe « a two-way implication between certain notions, such as the categories and those of sameness, difference, etc., and those of being and of oneness, so that one cannot understand (and use) e.g. the notion of being without possessing those of sameness, difference, etc., and *viceversa*. » (1975, p. 210-211). Il estime cependant qu'il ne faut pas le comprendre au sens strict où les propriétés seraient constitutives de l'essence de l'étant. Je pense que l'embarras que manifeste cette dernière remarque disparaît si l'on considère les propriétés par soi seulement au sens des propres, et non comme se trouvant dans la définition de l'étant (j'ai montré au chapitre IV, que la variation de l'expression en καθ'αὑτό ou καθ'αὑτά ne correspondait pas, comme le pense Leszl, à la distinction entre propres et différences). D'autre part, s'il est vrai que le rapport d'exclusivité qu'entretient le propre avec son sujet doit entraîner en général une fonction discriminante par rapport aux autres sujets, fonction impossible dans le cas où le sujet est l'ensemble des étants, cette exclusivité ne se manifeste pas moins en ceux-ci par la réciprocabilité de l'attribution, puisqu'il est vrai de dire que tout ce qui est un, qui possède une essence, qui est explicable par les principes et causes, etc., est un étant.

venons de parcourir les notions liées à l'identité[1]; il nous faut examiner à présent ces structures explicatives et ces fondements ontologiques que constituent les principes en général et ensuite, plus particulièrement, la spécificité et l'être initial (τὸ τί ἦν εἶναι).

Les principes

Les questions posées au livre B à propos des principes concernaient, d'une part, l'attribution de leur étude à la science générale des étants, d'autre part, leur statut propre (particuliers ou généraux, substances ou non substances, périssables ou impérissables) et leur type d'unité. Le livre Γ répond à la question de la science, explicitement à propos des principes du discours qui, comme nous venons de le voir, appartiennent à tous les étants en tant qu'étants, et implicitement à propos des quatre causes, au sens où elles font partie des propriétés par soi de tous les étants[2]. Mais il faut attendre le livre Λ pour que deviennent clairs le statut et le type d'unité des causes et des principes. La lecture de ce livre constitue donc un complément nécessaire à celle du livre Γ .

Le livre Λ se présente comme une étude de la substance, d'abord de la substance sensible (périssable et éternelle), ensuite de la substance immobile. Le rappel de la théorie des quatre causes établie dans la *Physique* se fait donc en tant qu'elles sont les causes des substances sensibles, mais on verra qu'elles s'étendent également à d'autres catégories d'étants, qui sont explicables en termes de spécificité et de privation, de matière, de fin et de moteur des changements. L'enquête est menée à un niveau de généralité tel que toutes les affirmations sont applicables en commun à tous les étants sensibles. Doit-on en conclure que ces premiers chapitres constituent un exposé exclusivement physique, et non ontologique ? La dernière phrase du premier chapitre semble aller dans ce sens en limitant la généralité de l'étude : la substance immobile doit être étudiée par une science différente, « si aucun principe ne leur est commun » (1069b 1-2). Or, si la substance immobile est un principe pour les étants sensibles mais n'a plus elle-même d'autre principe, il n'en reste pas moins que sa connaissance passe par les mêmes notions structurelles que celle des autres étants, la notion de principe et de cause au sens moteur, et aussi les notions d'acte, d'unité, de spécificité, de finalité – sans oublier les axiomes

1. Cette conception d'une explication de tous les étants par des notions structurantes n'est d'ailleurs pas nouvelle chez Aristote, puiqu'elle est déjà partiellement appliquée dans les *Catégories*, où chaque type d'étant est analysé en termes de possession des contraires, du plus et du moins, du même, de l'égal ou du semblable.

2. C'est déjà le cas au livre A, où elles sont dites attribuées aux étants comme sujets.

fondamentaux du discours, car pas davantage à propos du premier moteur on ne peut affirmer une chose et son contraire. Par conséquent, en tant qu'elle est étudiée selon sa nature propre et selon les propriétés qui lui appartiennent exclusivement, elle est, aux chapitres 7 à 9, l'objet de la science particulière théologique. Mais du fait qu'elle est un étant et qu'elle est explicable par des propriétés générales des étants, elle est aussi l'objet de l'ontologie. Quant à l'exposé sur la substance sensible, s'il fournit des indications sur le mode d'être des principes et particulièrement des formes eidétiques, c'est toujours en rapport avec la problématique du devenir, de sorte qu'il est proprement physique, mais la notion même de principe s'étend d'une autre manière aux étants immobiles, non parce qu'ils ont des principes mais parce qu'ils en sont. La problématique des principes est donc une de celles qui concerne les étants dans leur totalité, abstraction faite de leurs différentes natures. Et l'identité analogique des causes et principes est un nouvel indice en faveur de la possibilité de l'ontologie, une condition pour pouvoir parler en général de toute matière, de toute spécificité, etc. :

> Les causes et les principes sont d'une certaine manière autres pour les choses autres, mais d'une certaine manière, si on les dit en général et par analogie, ils sont les mêmes pour toutes choses. (Λ 4, 1070a 31-33).

Les principes ne sont pas uns par le nombre pour tous les étants, parce que ceux-ci ne forment pas un seul genre; la réfutation est principalement dirigée, comme au livre A, contre l'identité des éléments immanents de toutes choses : comment des éléments identiques pourraient-ils composer des réalités irréductiblement différentes comme les substances et les relatifs ?[1] La nécessité de leur diversité est plus évidente à propos des causes matérielles, mais la même démonstration est possible pour toutes les causes, comme l'indiquent les exemples qui suivent. Aristote montre d'abord qu'une unité d'espèce existe entre certains principes, quand ils concernent un certain genre d'étants; par exemple, les corps sensibles ont tous pour principes le chaud et le froid, non qu'il y ait un seul chaud et un seul froid, mais du fait que tous les chauds et les froids particuliers ont ces termes généraux pour espèces. En revanche, si l'on s'étend au delà des genres,

> Il est impossible de les dire les mêmes pour toutes choses de cette façon, mais bien par analogie, comme si l'on disait qu'il y a trois principes, la spécificité, la privation et la matière. Mais chacun

1. 1070a 33-b 10. Les « πρός τι » ne désignent pas seulement la catégorie des relatifs mais l'ensemble des étants non auto-subsistants, selon l'opposition héritée du Platonisme.

> d'eux est autre pour chaque genre, par exemple dans les couleurs, le blanc le noir et la surface, la lumière l'obscurité et l'air, et à partir d'eux le jour et la nuit. Et puisque qu'il n'y a pas seulement les causes immanentes, mais aussi les extérieures telles que le moteur, il est clair que le principe et l'élément sont autre chose, mais qu'ils sont tous les deux causes (celle comme mettant en mouvement ou en repos étant un principe), de sorte que les éléments sont trois par analogie, et les causes et principes quatre. Et ils sont autres dans autre chose, y compris la première cause motrice : santé, maladie, corps, et la médecine comme moteur; spécificité, telle absence de rangement, briques, et l'art de bâtir comme moteur. (1070b 17-29).

Les étants de différents genres ont donc pour causes des réalités différentes (qui, d'ailleurs, ne sont pas nécessairement du même genre que leur effet) mais en tant qu'elles exercent une fonction identique, ces réalités sont dites les mêmes par analogie. Cependant, comme nous l'avions déjà constaté, l'analogie n'a lieu qu'entre des causes du même type, tandis que l'unité des quatre types de cause est assurée par la synonymie de ce terme pour ses divisions principales[1]. D'autre part, l'unité par analogie est suffisante pour procurer une connaissance de la fonction même de cause et principe, mais pas pour faire connaître dans sa spécificité chacune des réalités qui sont principes. C'est pourquoi l'étude analogique des principes est bien une partie de l'étude des étants en tant qu'étants, car tout étant est soit principe soit explicable par des principes, mais la nature particulière des principes de chacun doit être étudiée par chaque science particulière.

Il y a deux autres manières encore de considérer les principes comme les mêmes. D'abord, les substances sont causes de toutes les autres choses, car elles seules sont auto-subsistantes et sans elles les affections et mouvements n'existeraient pas (Λ 5, 1070b 36-1071a 2). Comme le montrent les exemples, les substances telles que l'âme et le corps sont causes de la plupart des affections comme causes matérielles[2], et elles peuvent aussi être causes des mouvements comme moteurs. Mais Aristote n'insiste pas longuement sur cette manière de rassembler les causes, car elle ne les concerne pas toutes[3]. En revanche, un autre type d'analogie réunit les principes, celle des actes et des puissances :

1. Cf. chapitre III, p. 136-137.

2. Cf. Λ 4, 1070b 20-21 : la surface est cause matérielle des couleurs, l'air de la lumière et de l'obscurité.

3. Les éditeurs corrigent en général le texte de la ligne 1071a 1, pour lire « τὰ αὐτά » au lieu de « ταῦτα », de sorte que les causes des substances soient dites les mêmes que les causes des autres choses, et pas seulement les substances causes des autres choses. Cette correction me paraît peu probable, du fait que les exemples donnés comme causes, en tous cas le νοῦς et l'ὄρεξις, ne sont pas des causes de substances mais de mouvements. En outre, la justification

> En outre, d'une autre manière les principes sont les mêmes par analogie, comme acte et puissance, mais ceux-là aussi sont autres pour d'autres choses et d'autres façons. Dans certains domaines, en effet, la même chose est tantôt en acte tantôt en puissance, par exemple le vin ou la chair ou l'homme; or ceux-là aussi tombent dans les causes citées, car la spécificité est en acte quand elle est séparée, de même que le composé et la privation (comme l'obscurité ou le courbe), tandis que la matière est en puissance, car c'est ce qui peut devenir les deux choses. D'une autre manière diffèrent par l'acte et la puissance les choses dont la matière n'est pas la même et dont la spécificité n'est pas la même mais différente, comme sont causes de l'homme les éléments feu et terre comme matière, la spécificité propre et quelque chose d'extérieur comme le père, et à côté de cela le soleil et le cercle oblique, qui ne sont ni matière ni spécificité ni privation ni de même espèce mais moteurs. (Λ 5, 1071a 3-17).

La première partie du texte attribue à la matière le fait d'être en puissance, aux autres principes le fait d'être en acte, quelle que soit la chose qui exerce ces fonctions, de sorte qu'une même chose peut être à la fois en puissance et en acte, en puissance en tant qu'elle sert de matière à une spécificité, en acte en tant qu'elle possède sa propre spécificité. L'acte spécifique du vin, de la chair ou de l'homme sont donc différents, mais par analogie ils sont les mêmes car ils expriment la même fonction par rapport à la matière et au composé. Et semblablement chaque matière est différente mais le rapport qu'elle entretient vis-à-vis d'une spécificité est toujours le même. Le même type d'unité de la plurivocité doit donc être reconnu à ces autres notions structurantes que sont l'acte et la puissance, à savoir une unité analogique pour les sujets recevant ces prédicats et une synonymie des prédicats eux-mêmes, car dans tous les cas ils ont la même signification. La deuxième partie du texte montre que des natures dont l'acte spécifique et la puissance matérielle sont très éloignées peuvent néanmoins être réunies comme causes de la même chose, et être considérées comme les

avancée par Jaeger, que l'argument doit être comparable à celui des lignes suivantes (a 3-4), n'est pas probante, car ces lignes se réfèrent plutôt à l'autre type d'analogie des principes déjà décrit. En revanche, le fait que les causes des substances sont d'une certaine manière les causes de toutes choses, comme conditions d'existence, est affirmé aux lignes 34-35, dont on ne pourrait donner une meilleure explication que celle de P. Aubenque : « Etant donné la relation d'antériorité-postériorité entre la substance et les autres catégories, les principes de la substance peuvent être considérés comme étant également les principes des choses subséquentes. Ils sont, mais de façon seulement médiate, les quasi-principes de la totalité des étants, et encore est-ce seulement en ce sens négatif que sans les substances, donc sans leurs principes, les autres choses ne seraient pas. » (1985, p. 35; sur ce point, sa pensée a beaucoup évolué par rapport à 1962, p. 400-401).

mêmes en tant qu'actes et en tant que puissances. L'identité des rapports entre ce qui est en acte et ce qui est en puissance est plus clairement détaillée au livre Θ :

> Il ne faut pas chercher une définition de tout mais aussi avoir une vision d'ensemble par l'analogie, du fait que, comme ce qui bâtit se trouve par rapport à ce qui peut bâtir, ce qui est éveillé se trouve de même par rapport à ce qui dort, et ce qui voit par rapport à ce qui a les yeux fermés mais possède la vue, et ce qui a été distingué de la matière par rapport à la matière, et ce qui a été travaillé par rapport à ce qui n'est pas travaillé. Le premier membre de cette différence est l'acte déterminé, l'autre le possible. Et toutes choses ne sont pas dites en acte semblablement mais par analogie, comme cela dans cela ou par rapport à cela, ceci dans ceci ou par rapport à ceci, car les unes sont comme le mouvement par rapport à la puissance, les autres comme l'essence par rapport à une matière. (Θ 6, 1048a 36-b 9).

De cette manière, Aristote a répondu à la neuvième aporie du livre B, qui concernait le type de limitation des principes, et à la treizième, sur la question de savoir s'ils sont en puissance ou en acte. En outre, par le rappel de la théorie des quatre causes, il a répété sa solution aux apories 6 et 7, à savoir que sont principes tant les éléments matériels que les essences. Ensuite, la nécessité d'une cause motrice séparée de la matière est démontrée au chapitre 6, en réponse à la huitième aporie. Il reste à établir que les principes ultimes sont impérissables (aporie 10) car de la matière dernière et des spécificités il n'y a ni génération ni périssement[1], et le premier moteur est éternel. En revanche, certains principes sont périssables, comme on le voit dans la réponse à la douzième aporie, qui concerne le caractère universel ou particulier des principes. En effet, les principes doivent être universels pour procurer un savoir scientifique, mais ils doivent être en même temps particuliers pour rendre compte des procès particuliers :

> Les premiers principes de toutes choses sont le premier ceci en acte et un autre en puissance. Ceux-là ne sont donc pas les généraux, car le principe des particuliers est le particulier : l'homme est principe de l'homme en général, mais personne d'autre que Pélée n'est le père d'Achille ni que ton père de toi (Λ 5, 1071a 18-22).

Il faut entendre « premiers » ici comme « prochains » et non comme ultimes. Les principes prochains et particuliers sont donc corruptibles,

1. Λ 3, 1069b 35-36 et 1070a 22-24, à propos des *eidè :* « lorsque l'homme est sain, alors la santé existe, et la figure de la sphère de bronze en même temps que la sphère de bronze. »

mais les principes ultimes, qu'ils soient particuliers comme les premiers éléments et le premier moteur ou généraux comme les espèces, sont éternels. Le rapport entre le premier et le dernier est différent selon les quatre sortes : la matière prochaine est divisible jusqu'aux éléments premiers[1] ; la spécificité première, qui est aussi générale, se transmet lors de la génération de chaque cas particulier et y demeure telle quelle immanente, en même temps qu'apparaît une spécificité propre à chacun[2] (y compris pour les productions de l'art où elle se trouve dans l'âme de l'artisan sous la forme même de la science et de là, sous l'action du moteur, va informer chaque matière). Enfin, l'ensemble des générations naturelles remontent d'une certaine manière jusqu'au premier moteur immobile, mais pas selon un enchaînement uniforme. En effet, celui-ci n'est pas l'origine d'une série de moteurs de même sorte car il n'est pas cause du mouvement comme origine, mais comme fin[3], et seulement comme fin du mouvement de la sphère du tout. Ce type de causalité se comprend plus facilement à partir des développements du *De Anima* sur l'intellect humain comme moteur des actions : l'intellect pratique, qui meut selon le raisonnement et la volonté, est lui-même mû par le bien qu'il pense, de sorte que c'est le bien pratique, objet de pensée et de désir rationnel, qui est le premier moteur immobile et la fin de l'action[4]. Or, l'action comprend plusieurs types de mouvements, mais le moteur immobile du tout n'est principe que d'un mouvement local : « le transport est le premier des changements, et de celui-ci le circulaire, or c'est de celui-ci qu'il meut »[5] ; c'est pourquoi il ne doit être confondu ni avec le bien pratique ni avec le bien comme cause finale de chaque étant. Cependant, il est intéressant de constater que cette dernière, en tant que fin immobile de la génération, est décrite dans les mêmes termes que le moteur immobile de la sphère : « puisqu'il y a quelque chose de divin et de bon et de désirable, nous disons qu'une chose est le contraire de cela, une autre ce qui peut tendre vers et désirer cela selon

1. La distinction entre la matière prochaine et les matières communes est expliquée au livre H (4, 1044a 15-27).

2. Davantage de développements sont donnés à cette affirmation a partir de la p. 265.

3. C'est ce qu'Aristote reproche à Anaxagore et à Empédocle, de n'avoir pas suffisamment distingué si leurs causes de mouvement étaient ὅθεν ἡ κίνησις ou ὡς ἕνεκα (*Métaph.* A 3, 984b 11-22 ; 7, 988b 6-11).

4. *De Anima*, III 10, 433a 9-b 30, en particulier b 10-13. Même raisonnement en *De Motu Animal.*, 700b 22-701a 2. En ce qui concerne les actions dont l'homme est principe et cause, il dépend de lui qu'elles se produisent ou pas, de la même manière que la somme des angles d'un triangle dépend de son essence (*Eth. Eud.* II 6, 1222b 34-1223a 7 ; *Magna Mor.* I 11, 1187b 12-17) ; il résulte de cette comparaison que l'analogie des principes s'étend entre les sciences théoriques et pratiques. Sur le bonheur comme dernière fin pratique, cf. *Eth. Nic.* I 1, 1094a 1-22 et 1097a 15-34.

5. *Métaph.* Λ 7, 1072b 8-10.

sa propre nature »[1]. Seule donc une cause finale peut mouvoir sans être mue et sans contact avec ce qu'elle meut, du moins sans contact local, car en un certain sens ce qui meut en étant immobile peut toucher ce qui est mû, par exemple « nous disons parfois que celui qui a du chagrin nous touche, mais nous-mêmes ne le touchons pas »[2]. Maintenant, comment comprendre que la sphère de l'univers tend vers le moteur comme vers la fin de son mouvement ? Le chapitre Λ 7, après avoir rappelé la théorie du *De Anima* sur le désir et la volonté rationnelle, fait cette comparaison que le moteur de l'univers meut lui aussi « comme un aimé »[3] ; et comme il doit être un bien véritable et non un bien seulement imaginé (1072a 28), il doit être objet d'un désir pensé[4]. Il n'est pas facile de savoir s'il s'agit d'une simple analogie ou s'il faut réellement concevoir le premier ciel comme doué de pensée et de désir[5]. Une première hypothèse serait que le premier moteur soit l'âme même du premier ciel, qui s'aime elle-même, et que le mouvement de rotation qui en résulte soit « comme l'agitation d'un corps sous l'effet de l'amour et de l'émotion »[6]. Mais, outre le fait qu'une telle agitation semble bien peu digne de la matière céleste, le mouvement ne serait pas causé par l'âme comme terme final. Une autre hypothèse est

1. *Phys.* I 9, 192a 16-19. En outre, puisque la fin se dit de trois façons, la nature de chaque chose, comme le premier moteur, est fin au sens de but et non du bénéficiaire ou des moyens (*Phys.* II 2, 194a 27-36 ; *De An.* II 4, 415b 2, 20 ; *Gen. Anim.* II 6, 742a 20-32 ; *Métaph.* Λ 7, 1072b 2-3).

2. *De Gen. Corr.* I 6, 323a 28-33 et 322b 29-33 : distinction entre le contact des choses qui occupent un lieu et les autres sortes de contact. Cf. aussi *Phys.* II 7, 198a 35-b 5 (l'essence formelle est aussi une telle fin) ; VII 2, 243a 3-6 ; *De Gen. Corr.* I 7, 324a 26-b 6 (c'est le cas aussi pour les origines d'un mouvement, quand elles sont sans matière, par exemple la médecine n'est pas affectée par la guérison qu'elle produit). J. Moreau explique également que si les textes présentent le mot « θίξει » (*Phys.* III 2, 202a 5-9) et « θιγγάνων » (*Métaph.* Λ 7, 1072b 20-21), il s'agit d'un sens large du terme (1955, p. 197, n. 68).

3. « ὡς ἐρώμενον » (*Métaph.* Λ 7, 1072b 3). Sur la théorie de l'intellect dans le *De Anima*, cf. chapitre 1.

4. Sur le rapport entre le bon et le désirable, cf. H.S. Richardson (1992), qui montre que l'objet désiré comme bon n'est jamais bon simplement parce qu'il est un but, mais toujours par anticipation d'une valeur particulière qui y est attachée (que l'évaluation en soit correcte ou non).

5. J. Owens estime que les textes dont nous disposons ne fournissent pas de réponse à la question : « comment les sphères pensent-elles leur Moteur séparé respectif ? » (1950, p. 335).

6. R. Mugnier, 1930, p. 115. Il répond aux objections éventuelles : cette âme ne serait pas en mouvement, même par accident, car « ne se déplaçant pas, le Premier ciel ne change pas selon le lieu » (p. 97) ; d'autre part, le premier moteur peut être considéré comme séparé même dans cette hypothèse immanentiste, car il reste une forme pure, non limitée par la sphère (p. 115 *sq.*).

suggérée dans un passage du *De Caelo*, où chacun des corps célestes est dit atteindre sa fin par son mouvement :

> Il semble qu'à ce qui possède le meilleur, le bien (τὸ εὖ) appartienne sans action, à ce qui en est le plus proche, par l'intermédiaire de peu ou d'une seule action, à ceux qui sont plus loin, par l'intermédiaire de plusieurs… (…). Le meilleur de tous atteint au plus haut point cette fin ; sinon, ce qui est chaque fois meilleur l'atteint dans la mesure où il est plus proche du meilleur. Et pour cette raison la terre n'est pas du tout mue, et les choses proches ont peu de mouvements, car elles n'arrivent pas à la fin mais atteignent jusqu'où elles le peuvent le principe le plus divin. Mais le premier ciel l'atteint immédiatement par un seul mouvement, tandis que les choses situées entre le premier et les derniers y arrivent mais par l'intermédiaire de plusieurs mouvements. (*De Caelo*, II 12, 292b 17-25).

Il existe entre les fins respectives de chacun une analogie, au sens où pour chaque chose il s'agit d'atteindre un analogue de la perfection immobile du premier moteur, et on peut dire avec Césalpin que le premier ciel, « en tant qu'il reste toujours dans le même lieu, imite l'immobilité de l'intelligence, et en tant que sous une impulsion continue, il passe du même au même lieu (car dans le cercle se confondent commencement, milieu et fin), il se fait image complète de cette intellection, qui est intellection de soi. »[1] Si donc les astres peuvent penser et désirer la perfection immobile, le mouvement résultant de ce désir les mène non pas au premier moteur mais à une perfection analogue[2]. Mais dans ce cas le Premier Moteur est plutôt, comme le dit S. Broadie, cause « exemplaire »

1. A. Césalpin, *Questions Péripatéticiennes*, livre II, p. 133. Une telle interprétation est plus probable que les deux schèmes proposés par J. M. Le Blond, selon lequel dans la *Physique* le premier moteur est une cause efficiente extérieure, suivant le schème artificialiste, tandis que dans la *Métaphysique* il est une cause finale, suivant le schème biologiste de la cause finale immanente, mais élevée à la transcendance (1970^2, p. 383-392). En effet, d'une part, la localisation du premier moteur « à la périphérie », le plus près du premier ciel (*Phys.* VIII 10, 267b 6-9), si elle est maladroite eu égard à son incorporéité, n'en fait pas pour autant une cause efficiente en contact avec la matière; d'autre part, nous avons vu que la cause finale d'un mouvement n'était pas à comprendre comme la cause finale de la génération, propre à chaque étant. P. Aubenque voit également une alternative non tranchée entre une transmission mécaniste et une transcendance absolue, de sorte que la théorie de la cause finale lui semble une « solution résiduelle » et « de facilité » (1962, p. 357-365).

2. M.-P. Lerner étend ce type d'explication à l'ensemble des étants : « Il ne s'agit pas pour l'animal ou la plante de devenir Dieu, c'est le simple bon sens, mais seulement de réaliser la perfection formelle qui lui est propre et qui constitue sa fin; par là il ressemble à Dieu, mais analogiquement : la perfection relative à laquelle il parvient est un ἀνάλογον de la perfection absolue qu'est Dieu. » (1969, p. 122, note 59). Mais cette analogie n'est pas la cause du mouvement des autres choses (elle en est plutôt la conséquence) car celle-ci n'est plus du même type que le moteur immobile.

que cause finale du mouvement; en outre, il faudrait concevoir que la première sphère possède un autre intellect, par lequel elle désire la perfection du Premier[1].

Chercher à résoudre cette question sur laquelle butent les interprètes depuis des siècles excède les limites du présent travail; insistons seulement sur le fait que la transmission du mouvement au reste de l'univers ne doit pas se faire selon le même type de cause, car « les autres meuvent en étant mus »[2] et « ce qui est mû soit par l'immobile soit par un déjà mû, du fait qu'il est disposé toujours différemment par rapport aux choses, ne sera pas cause du même mouvement mais, du fait d'être dans des lieux ou des aspects contraires, il fournira de façon contraire le mouvement à chacun des autres, qui sera tantôt en repos tantôt en mouvement »[3]. Ainsi, le premier ciel est cause motrice des autres mouvements et non cause finale, et le premier moteur n'est responsable des autres mouvements que par l'intermédiaire de celui-là. Et c'est pourquoi, quand il indique la cause ultime de la génération, Aristote ne cite que le soleil ou l'écliptique mais pas le premier moteur[4].

De cette façon s'éclaire donc, pour chacun des quatre types de causes, les relations entre les éternelles et les périssables. Il reste à déterminer comment est possible la connaissance des principes particuliers. Cette connaissance est évoquée dans un passage du livre M, où, après avoir répété les difficultés des deux thèses, que les principes soient particuliers ou

1. S. Broadie, 1983, p. 380-383. La lecture qu'elle propose est un renversement total par rapport à la tradition : l'activité du premier moteur est d'emblée cinétique et non théorique car elle a pour fin le mouvement de la première sphère, dont elle est la substance même; quant à la cause finale, elle ne lui est attribuée que secondairement, au sens où, le mouvement et l'activité étant indissolublement liés et le résultat en étant le plaisir, l'activité devient elle-même une fin (notamment p. 387 et 410).

2. Λ 7, 1072b 3. J'adopte la correction de Ross, selon lequel la leçon « κινουμένῳ » est difficilement traduisible par « by something moved »; de même, la variante « κινούμενον » est difficile car il faut en faire un sujet substantivé sans article : « le mû meut les autres ».

3. *Phys*. VIII 6, 260a 5-10.

4. C'est aussi l'interprétation de E. Berti, qui attribue la transmission du mouvement aux « sphères reliées entre elles de sorte que les pôles de l'une sont fixés sur l'autre », d'où il conclut cependant que « c'est donc seulement par rapport au premier ciel que le premier moteur meut comme cause finale : toutes les autres choses, il les meut comme première cause motrice » (1981, p. 250). De même, M.-P. Lerner comprend que « si la relation entre Dieu et le premier ciel est d'ordre psychique, le rapport entre le soleil se mouvant sur le plan de l'écliptique et le monde de la génération et de la corruption est mécanique : l'année, le retour des saisons, l'alternance du jour et de la nuit, la chaleur et le froid, la pluie et la sécheresse, sont autant de conditions matériellement déterminantes des phénomènes naturels. » (1969, p. 177).

généraux, Aristote rassemble le particulier et l'universel comme étant tous deux, d'une manière différente, objets de la science :

> Mais le fait que toute science soit générale, de sorte que les principes des étants sont nécessairement généraux et non des substances séparées, pose une grave aporie à ceux qui l'énoncent, et en réalité d'une certaine manière il est vrai de le dire, mais d'une autre ce n'est pas vrai. En effet, la science comme le savoir se dit de deux façons, dont l'une est en puissance et l'autre en acte. La puissance étant donc comme la matière de l'universel et étant indéterminée, elle appartient à l'universel et à l'indéterminé, mais l'acte est déterminé et appartient au déterminé, étant un ceci et appartenant à un ceci, mais c'est par accident que la vue voit la couleur en général parce que cette couleur-ci qu'elle voit est une couleur, et que cet alpha-ci qu'étudie le grammairien est un alpha. Et puisque, si les principes doivent être généraux, leurs effets aussi doivent être généraux, comme dans les démonstrations, s'il en est ainsi rien ne sera séparé ni substance ; mais il est clair que d'une certaine façon la science est générale, d'une autre non. (M 10, 1087a 10-25).

De même donc que le général n'existe que dans les particuliers, de même il n'est connu qu'à travers ceux-ci, qui constituent les objets effectifs de l'observation scientifique. L'ordre de la connaissance inductive est le même que l'ordre ontologique : la connaissance des faits et objets généraux est issue de celle des particuliers, et le principe en général existe parce qu'existent les principes particuliers en acte.

Avant de clore l'examen des principes, il reste à examiner l'utilité de leur unité analogique pour la connaissance générale de l'étant en tant qu'étant. En effet, la conception d'une unité de l'ontologie à partir de l'analogie des principes de tous les étants a été jugée de peu de valeur, notamment par P. Aubenque : « l'unité du discours sur l'être est une unité seulement analogique, c'est-à-dire une unité de rapport, qui confirme, plus qu'elle ne la lève, l'ambiguïté fondamentale de l'être » (1962, p. 397). Rappelons cependant qu'Aristote ne cherche pas à ramener les étants à une unité mais seulement à permettre un discours scientifique général. Or, il y a des propriétés qui appartiennent à toute réalité, du simple fait qu'elle est. L'identité analogique des principes et d'autres termes de même statut confère une légitimité aux discours généraux sur l'être et le devenir car, dans la mesure où s'exerce l'analogie, ce qu'on a dit d'un type d'étants peut aussi s'étendre aux autres. Mais l'analogie n'est pas la condition du fait que tous les étants soient étants ; au contraire, cette affirmation fondamentale est la condition de toute analogie dans leur description. La possibilité d'un discours général analogique manifeste donc l'unité des étants sous le fait d'être, et repose ultimement sur la détermination du rapport uni-référentiel existant entre toutes les significations de l'étant.

La spécificité et l'être essentiel

L'analyse des étants en termes de spécificité et d'essence est menée aux livres Z et H – le livre Θ étant consacré aux notions de puissance et d'acte, que nous avons déjà parcourues, d'une part à propos de leur type de plurivocité, d'autre part en raison de leur attribution analogique à l'ensemble des étants, proche de celle des principes. Il n'y a pas de changement de méthode ou de point de vue entre la problématique du livre Λ et celle du livre Z où, parmi les quatre causes, Aristote se concentre sur celles qui rendent compte non seulement de la génération des étants mais aussi de leur être [1].

Il faut cependant lever d'abord cette difficulté, que le livre Z semble renoncer à l'étude de l'étant en tant qu'étant pour se consacrer à celle de la seule substance. On explique généralement ce changement d'objet comme découlant logiquement de la réponse donnée en Γ au problème de la plurivocité de l'étant : ici comme là l'unité πρὸς ἕν définirait l'orientation de l'ontologie vers la seule substance. Dès lors, la science de tous les étants serait la science d'un seul genre, les substances, et de ses attributs, car les étants appartenant aux autres catégories seraient étudiés non dans leur être indépendant (irréductibilité de ce qu'ils sont à ce qu'est la substance) mais dans leur être dépendant (en tant qu'ils indiquent quelque chose d'une substance), c'est-à-dire non dans leur être essentiel mais dans leur être accidentel [2]. Cependant, il n'est pas équivalent de dire « les unes sont étants premièrement, les autres secondairement » et de dire que les autres ne sont pas étants par eux-mêmes mais par l'intermédiaire de la substance. Car si l'énoncé de leur propre modalité d'être passe par une référence à la modalité d'être subsistant, cela ne signifie pas que l'étant leur est attribué de manière indirecte, comme le refuse explicitement la phrase du livre H :

> Tout ce qui n'a pas de matière, ni intelligible ni sensible, est immédiatement cela même qu'est une chose une, comme aussi cela même qu'est un étant : la chose déterminée, la qualité, la quantité –

1. Il n'y a pas lieu d'attribuer à l'un une « analyse formelle » et à l'autre une « explication causale », révélatrice d'un stade antérieur de la pensée, comme le fait Ross (1924, p. xxviii), car la manière dont le livre Λ présente les principes est assurément structurelle et du même type que celle dont Z et H étudient l'essence.

2. Une thèse plus interessante est celle de P. Destrée (1992, p. 442), selon lequel Z passe à la problématique de l'*ousia* par la question : « Qu'est-ce que l'étant considété en tant qu'étant ? », à laquelle Aristote répondrait que « c'est l'*ousia* de l'étant, c'est-à-dire son "étance", ou son "étantité" dont le livre Z va montrer qu'il s'agit de la forme. ».

> c'est pourquoi ni l'étant ni l'un ne se trouvent dans les définitions – et leur être essentiel est immédiatement quelque chose d'un de même que quelque chose d'étant; c'est pourquoi il n'y a pas d'autre cause pour aucun de ceux-là au fait qu'ils sont quelque chose d'un et quelque chose d'étant. (H 6, 1045a 36-b 5).

Comme nous l'avons vu, le rôle de la référence « πρὸς ἕν » au livre Γ n'était pas de réduire l'étude des étants à celle de l'un d'entre eux, mais de justifier l'étude commune de tous du fait que l'être leur appartient à tous, et selon des significations non homonymes. Pourquoi, dès lors, le premier chapitre du livre Z utiliserait-il le même procédé pour justifier, cette fois, l'étude de la seule substance ? En réalité, on se rend compte rapidement, en lisant ce chapitre et ceux qui le suivent, que le terme *ousia* ne peut dans tous les cas être traduit par « substance », parce que la recherche annoncée est tantôt celle des choses qui sont appelées substances, tantôt celle de l'*ousia* des étants (y compris des substances), c'est-à-dire de la cause de leur être [1]. La première enquête n'est pas une tâche proprement ontologique, au sens où nous avons défini l'ontologie, mais la deuxième l'est au plus haut point, puisqu'elle consiste à mettre en évidence une explication structurelle analogue pour tous les types d'étants. C'est pourquoi, il faut d'abord comprendre comment s'articule l'objet apparemment double de ce livre, notamment grâce à une distinction claire de la plurivocité du mot *ousia*.

*La double signification de l'*ousia

Nous possédons deux énumérations des différentes significations de l'*ousia*, la première au livre Δ, chapitre 8, la deuxième au livre Z, chapitres 2 et 3. Au livre Δ, le mot « *ousia* » est dit s'attribuer à quatre types de

1. Cette variation des sens du mot *ousia* ne se trouve du reste pas uniquement au livre Z, mais un passage du livre I en est encore plus illustratif puisque, à quelques lignes d'intervalle, il faut y traduire le mot par « essence » (I 2, 1053b 9 : « l'essence et la nature de l'un », celui-ci ne pouvant être une substance – cf. b 11, 18, 22), ensuite par « substance » (I 2, 1054a 8, 12 : la mesure se trouve dans toutes les catégories, y compris dans les substances) et enfin par « le fait d'être » (I 2, 1053b 24 : l'un n'est pas un genre, pour les mêmes raisons que ne le sont pas l'étant et le fait d'être). Comme le dit G.E.L. Owen, « '*ousia*' and '*einai*' serve Aristotle both as general expressions for 'being' and as special terms for the 'nature' of a thing which is shown by some classificatory label and set out in its definition. » (1965, p. 80). Une telle plurivocité permet d'éviter ce qu'on a appelé un « paradoxe de la substance », du fait que le terme désigne tantôt la chose particulière tantôt l'*eidos* général (de sorte que certains ont estimé irréconciliables la théorie des *Catégories* et celle de la *Métaphysique*, ou encore deux théories conjointement présentes dans la *Métaphysique* ; cf.notamment B. Dumoulin, 1983 ; D. W. Graham, 1987 ; F.A. Lewis, 1991). De la même façon, E. Berti a montré que la plurivocité du terme « premier » rend inexistant un paradoxe de la « πρώτη οὐσία », car cette expression peut désigner, selon différents critères, la substance immobile ou la substance dont tout le reste est prédiqué ou la cause première de l'être de toutes choses (1989, p. 7-8).

choses : 1) les corps physiques, simples ou composés, ainsi que leurs parties, selon le critère d'être sujets pour les autres choses ; 2) ce qui est cause immanente de l'être dans ces corps ; 3) pour certains philosophes, les limites des corps et en général les nombres ; 4) le « τί ἦν εἶναι » dont l'énoncé est une définition (1017b 10-23). La conclusion du chapitre ne retient plus que deux types d'*ousiai :* les sujets derniers et le ceci séparable que constitue l'*eidos* de chaque chose (1017b 23-26). Les nombres ne sont pas repris, puisqu'ils n'ont jamais eu pour Aristote le statut ni de sujets ni de causes, et la « cause immanente de l'être » a été fusionnée avec l'*eidos* et le *ti èn einai*. Les *ousiai* déterminées par le premier critère désignent un certain type d'étants, auxquels les autres peuvent être attribués mais qui ne s'attribuent plus eux-mêmes, c'est-à-dire les étants auto-subsistants ou les substances ; les *ousiai* déterminées selon le deuxième critère désignent un certain type de principes structurels de tous les étants, c'est-à-dire des termes qui sont toujours dits en rapport avec un étant et qui rendent compte de l'être de cet étant. On voit ainsi d'emblée que la question « qu'est-ce que l'*ousia* ? » doit être comprise à la fois comme « qu'est-ce qui est *ousia ?* » et « que signifie le mot *ousia ?* », car la reconnaissance des choses auxquelles le mot s'attribue et celle des critères pour l'attribuer sont nécessairement conjointes – cette remarque sera très importante pour la compréhension de Z 1. En attendant, on retrouve au livre Z la même sélection qu'au livre Δ : le chapitre 2 présente d'abord deux opinions, selon lesquelles l'*ousia* est dite appartenir (c'est-à-dire s'attribuer) le plus manifestement aux corps, et pour certains, aux limites des corps, aux nombres et aux Idées (1028b 8-27) – l'existence de telles *ousiai* non sensibles et éventuellement séparées devant être vérifiée. Ensuite, le chapitre 3 abandonne les nombres, reprend les corps sous la forme du sujet auquel les autres choses sont attribuées et y ajoute le *ti èn einai*, le général et le genre (1028b 33-36).

Le général et le genre vont être écartés de l'appellation *ousia*, au chapitre 13, car ils ne sont ni essences ni substances : « est essence de chaque chose celle qui est propre à chaque chose » (1038b 10), or les termes généraux appartiennent à plusieurs choses différentes, et « est dit substance ce qui n'est pas attribué à un sujet » (1038b 15), or les termes généraux sont toujours attributs. Aristote affronte ensuite l'objection que, si le genre compose les espèces, il peut être dit l'essence de l'espèce, comme l'espèce est l'essence du particulier, car ce qui compose l'essence doit être soi-même essence et non qualité (1038b 16-29). La réponse est que le genre n'est pas dans les espèces, si ce n'est en puissance, car deux choses en entéléchie ne peuvent en former une seule en entéléchie (1039a 3-14) ; il n'est pas non plus séparé des espèces, mais il en exprime une qualité (« τοιόνδε », 1038b 30-1039a 2). Le chapitre 14 montrera la même impossibilité, pour les Idées, d'être conçues comme composées du genre et de la différence.

Il reste donc deux types d'*ousiai*, semble-t-il irréductibles l'un à l'autre, car définis par des critères différents : le sujet et le *ti èn einai*. Mais l'analyse approfondie qu'en donne Aristote va révéler une possibilité de les mettre en rapport.

Examinant d'abord l'*ousia* comme sujet, Aristote accorde ce titre à trois types de choses : la matière, la forme (μορφή), et le composé des deux[1]. Mais aussitôt il ajoute que si l'on considère ce seul critère, on ne parviendra pas à résoudre la question de l'*ousia*, car, d'une part, il n'est pas clair de savoir ce qui est réellement sujet ultime, et d'autre part, la matière sera *ousia* (1029a 9-10). En effet, si on enlève aux corps toutes leurs déterminations et affections, il ne restera rien, « sauf si ce qu'ils définissent est quelque chose » ; or, « j'appelle matière ce qui par soi-même n'est dit ni quelque chose ni quantité ni aucun autre des attributs qui définissent l'étant » (a 20-21), de sorte que la matière serait sujet ultime parce que tout doit lui être attribué, d'abord une *ousia*, et ensuite, par l'intermédiaire de celle-ci, toutes les autres déterminations (a 21-25). L'impossibilité de cette conception résulte de sa contradiction avec le deuxième critère de l'*ousia*, qui est qu'elle doit être une chose déterminée (τόδε τι) et distincte (χωριστόν), critère d'après lequel la spécificité et le composé sont *ousiai* plutôt que la matière (a 27-30). Ce critère est avant tout un critère de différenciation : une *ousia* doit avoir par elle-même une identité propre, qui la distingue de toutes les autres choses ; la spécificité possède cela en tant qu'elle exprime une essence exclusive, et le composé le possède en tant qu'il est un par le nombre. Mais comme le composé est postérieur à ce qui le compose, c'est cela qu'il faut analyser ; et comme le statut de la matière vient d'être mis en lumière, il faut examiner à présent la spécificité – ou encore, le τί ἦν εἶναι, car « j'appelle spécificité l'être initial et l'essence première de chaque chose »[2]. En la spécificité se rejoignent donc les deux critères reconnus par Aristote pour l'*ousia*, tandis que la matière ne possède qu'un des deux, et d'une manière qui va d'ailleurs s'avérer particulière, car ce n'est pas le même type de prédication qui relie des déterminants à la spécificité ou au composé, et qui relie la spécificité à la matière : plutôt que de prédication à un sujet, il faudra parler dans ce cas d'actualisation d'une

1. Cf. *De Anima* II 2, 414a 14-16 : « l'*ousia* est dite de trois façons, dont l'une est la spécificité, l'autre la matière, l'autre le composé des deux », ainsi que *Métaph.* Z 3, 1038b 5-6 : « le sujet se dit de deux façons, soit étant une chose déterminée, comme l'animal pour les affections, soit comme la matière pour l'entéléchie » (étant entendu que le τόδε τι et l'animal peuvent être compris soit comme composés soit comme spécificités).

2. Z 7, 1032b 1-2.

puissance[1]. L'insuffisance du critère de sujet et son éventuel remplacement par le critère de la détermination a été interprété de plusieurs manières, qui dépendent toujours de l'intention prêtée à Aristote dans ce raisonnement. La plupart des auteurs, en effet, estiment que la citation des sens de l'*ousia* doit s'achever dans la définition d'un sens exclusif, selon un critère exclusif, et la raison en est qu'ils prennent « *ousia* » uniquement au sens de « substance », de sorte qu'il leur paraît difficile de réunir sous ce terme à la fois le sujet particulier et l'essence générale[2]. Même une conception comme celle de T.H. Irwin, qui constate qu'Aristote conserve les trois types de substance et les deux critères du ceci et du sujet, ce dernier ne devant pas être limité à un sujet absolu, doit supposer un artifice pour admettre que la spécificité, tout en étant générale, est néanmoins substance[3]. Mais la réponse la plus fréquente est que le critère de sujet est inférieur à celui de ceci et que la spécificité est davantage substance que la matière. Selon R. Boehm, la raison en est que la substance n'est pas essentiellement substance en tant qu'elle est sujet mais l'essentiel de la substance est d'être un ceci et quelque chose de subsistant[4]. Cependant,

1. J. Brunschwig a montré qu'il ne fallait pas entendre de la même façon le rapport prédicatif qui a lieu entre un substrat et ses affections et celui qui a lieu entre la matière et la forme : la prédication hylémorphique peut se traduire aussi dans une formule définitionnelle où la forme, comme différence, détermine le genre, comme matière, de sorte que dans la phrase de H 3 « l'énoncé définitionnel signifie une chose attribuée à une chose », il faut prendre « être attribué » au sens large de « déterminer » (1979, p. 153-156). C'est pourquoi, Brunschwig reproche à E. Tugendhat d'unifier de la même manière, par la notion de présence, les deux sortes de « duplicité » (*Zwiefältigkeit*) de l'être que constituent ces deux structures prédicatives (compte-rendu de TI KATA TINOΣ, paru dans la *Rev. Phil. de la France et de l'Etranger*, 88, 1963, p. 286-289). De Muralt exprime cette insuffisance de la structure prédicative pour rendre compte d'une chose réelle en termes d'absence d'isomorphisme entre le langage propositionnel et la réalité : « la chose en acte *est*, *s'exerce* comme une identité actuelle concrète » et « *est dite* un composé conceptuel prédicatif » (1990, p. 383-384).

2. C'est ce qu'on a appelé l'aporie ou le paradoxe de la substance. J.-M. Le Blond explique la difficulté par l'interférence des schèmes grammatical et biologiste, provoquant une confusion du sujet logique et du substrat (1970[2], p. 374-389). Sur le caractère aporétique de Z 3, cf. G.E.L. Owen, 1978-79 et T.H. Irwin, 1990. J. Moreau pense également qu'Aristote cherche une réalité qui réponde aux deux exigences, et c'est la forme spécifique qui y satisfait le mieux, car elle est un sujet défini, une substance, et l'essence ou *ousia* première des êtres singuliers (1955, p. 192-193). Cependant, il voit la conjonction des deux acceptions, substance et essence, dans la définition de Δ 8 : « ce qui, étant quelque chose de défini, est en même temps séparé » – ce qui, en réalité, ne concerne que les composés particuliers et ne contient aucune référence à l'essence, qui n'est pas séparée mais attribuée. Cette imprécision s'explique par son intention de montrer qu'Aristote ne trouve pas l'*ousia* qu'il cherche « ici-bas » mais la trouvera seulement en Dieu (*id.*, p. 193 et 201).

3. T.H. Irwin, 1990, p. 240-246.

4. R. Boehm, 1965, p. 90.

nous allons voir que la spécificité générale n'est pas un ceci et n'est pas subsistante mais est le principe qui produit le composé comme ceci et subsistant, de sorte que, conformément à la théorie des *Catégories*, seul le particulier est à la fois déterminé et subsistant, c'est-à-dire est substance. La spécificité possède sur la substance composée l'antériorité logique et ontologique (car celui-ci ne peut ni être défini ni exister sans elle) en tant qu'essence et non en tant que substance, car elle n'existe pas séparément. En prenant la spécificité comme substance, on rend également incompréhensibles toutes les mentions de spécificités d'autres catégories, comme le cercle ou la santé. Ces difficultés montrent que pour comprendre le statut de la spécificité et de la matière, il faut d'abord définir exactement ce qu'Aristote cherche à établir, autrement dit quel est l'objet du livre Z. C'est pourquoi, avant d'approfondir l'analyse de la structure ontologique que constitue le rapport entre matière et spécificité-essence-entéléchie, je voudrais revenir au chapitre introductif du livre pour en proposer une explication qui le rende consistant avec la suite.

Le programme annoncé en Z 1

Nous avons vu que, si l'ontologie a pour fonction d'étudier les étants selon ce qu'ils ont en commun du fait même d'être, une tâche préliminaire en est de définir ce que signifie le fait d'être et quelles choses peuvent donc être dites étants. Aussi, Aristote a distingué quatre significations du mot, deux comme copule et deux comme prédicat exprimant une propriété que possèdent tous les étants. Les chapitres 2 et 4 du livre E ont été consacrés à l'étude de l'étant par accident et de l'étant comme vrai, et se sont achevés sur la conclusion que ces deux significations (qui sont donc les significations comme copule) n'étendent pas le domaine de l'étant divisé en dix genres principaux, c'est pourquoi il faut maintenant étudier celui-ci. Il n'y a pas de doute sur le fait que ces lignes constituent une transition vers le livre Z (et peu importe que cette transition ait été rédigée éventuellement plus tard, si l'on considère E comme plus récent que Z 1) puisque celui-ci rappelle la plurivocité de l'étant selon la seule division en catégories :

> L'étant se dit de plusieurs façons, comme nous l'avons distingué précédemment dans les livres sur le nombre de façons ; en effet, il signifie d'une part l'essence (τί ἐστι) et le ceci, d'autre part la qualité ou la quantité ou chacun des autres prédicats (κατηγορο μένων). Cependant, l'étant se disant d'autant de façons, il est manifeste qu'est premier étant, parmi eux, l'essence qui signifie la substance (car lorsque nous disons de quelle qualité (ποῖον) est ceci, nous disons bon ou mauvais, mais pas de trois coudées ou homme, et lorsque nous disons ce qu'il est, nous ne disons pas blanc ni chaud ni de trois

> coudées, mais homme ou dieu), et les autres sont dits étants du fait d'être, de ce qui est ainsi étant, les uns des qualités, les autres des quantités, les autres des affections, les autres autre chose de cette sorte. (Z1, 1028a 10-20)

Nous avons vu aussi que les catégories désignaient tantôt les natures les plus générales des étants, tantôt les types principaux de prédications pouvant déterminer un sujet quelconque. La première classe d'étants est la substance, le premier type de prédication est l'essence. Il est clair que sont citées ici les catégories de prédication, puisque 1) la première est appelée τί ἐστι[1]; 2) elles sont toutes dites des κατηγορούμενα; 3) les exemples montrent que les autres prédicats n'indiquent pas la nature d'un sujet mais lui ajoutent une détermination. Cependant, parmi tous les sujets auxquels peuvent *a priori* s'attribuer ces dix prédicats, Aristote ne retient que les substances, suivant une tendance que nous avons déjà constatée dans les *Analytiques*[2]. La raison en est, d'abord que seuls les prédicats exprimant l'essence d'une substance ne sont jamais attribués à une autre sorte d'étants, ensuite que les substances sont sujets ultimes et que toute prédication faite à propos d'un autre type d'étant est rendue possible par l'appartenance de celui-ci à une substance. Et c'est seulement parce qu'il vient de limiter ainsi la portée du « *ti esti* » aux seules substances qu'Aristote peut rappeler la référence des autres étants à l'étant substantiel, qui n'est pas une référence des prédicats non essentiels au prédicat essentiel : les autres sont dits étants du fait d'être quelque chose « de l'étant ainsi entendu », c'est-à-dire de l'essence des substances et non de n'importe

1. Ross explique que les expressions « τί ἐστι » et « τόδε τι » figurent conjointement du fait qu'initialement, pour Aristote, « οὐσία » ne signifie rien de plus défini que « ce qui est le plus véritablement et complètement » (1924, vol. 2, p. 159). Cependant, une telle indétermination, qu'on trouve au livre B à propos de la conception platonicienne, ne se trouve nulle part comme conception d'Aristote lui-même, de sorte que, à moins de considérer ce texte-ci comme (encore ?) platonicien, il faut écarter une telle explication. En outre, nous venons de voir l'expression « τόδε τι » associée à la spécificité et à l'essence, dont elle exprime le caractère déterminé, ce qui montre qu'elle ne désigne pas nécessairement autre chose à côté de ce que désigne le « τί ἐστι ».

2. Cf. chapitre IV, G. Patzig distingue trois significations possibles de l'expression « ὅπερ σημαίνει τὴν οὐσίαν » : 1) elle spécifie une sorte de τί ἐστι; 2) elle établit une équivalence entre les expressions τί ἐστι et οὐσία; 3) elle donne comme raison que τί ἐστι signifie la substance. Il estime que la 2) est « plus naturelle », parce que le τί ἐστι s'applique seulement secondairement aux autres catégories ; et il écarte la 1) parce qu'on devrait trouver « τοῦτο » avant « τὸ τί ἐστι » (1979, p. 42). Mais son choix est pré-déterminé par sa traduction du premier τί ἐστι déjà par « substance », de sorte qu'il n'y aurait plus lieu de spécifier une sorte d'essence parmi les dix. Je pense, au contraire, que la première signification de l'expression s'impose car elle permet de passer de l'essence en général à l'essence de la substance (quant à l'argument grammatical du « τοῦτο », il n'a aucune nécessité : une expression substantivée par un article suffit comme antécédent d'un relatif).

quelle essence. Il faut comprendre de la même manière, au début du livre Θ, la transition entre l'étude de l'étant selon les catégories et celle de l'étant selon la puissance et l'acte, qui achève l'analyse des quatre sens de l'étant :

> A propos donc de l'étant de façon première et en référence auquel toutes les autres attributions de l'étant sont rapportées, on a assez parlé, à propos de la substance (car les autres choses sont dites étants d'après l'énoncé de la substance, la quantité, la qualité et les autres ainsi exprimées, car toutes auront l'énoncé de la substance, comme nous l'avons dit dans nos premiers discours). Et, puisque l'étant se dit d'une part du fait d'être quelque chose ou une qualité ou une quantité, d'autre part selon la puissance et l'entéléchie et selon l'activité, définissons aussi à propos de la puissance et de l'entéléchie… (Θ 1, 1045b 27- 35).

Il y a une incohérence dans ce rappel de l'étude de Z et H, si on comprend la substance uniquement comme la première classe d'étants car ce n'était pas, loin s'en faut, le principal objet de ces deux livres. Mais on évite l'incohérence si l'on considère qu'Aristote utilise l'ambiguïté du terme *ousia* pour exprimer à la fois sa fonction d'unification logique des étants en tant que modalité d'être substantiel, et d'autre part, sa signification d'essence et de cause capable d'expliquer l'être de tout étant.

La suite du premier chapitre de Z montre encore que la problématique traitée est celle des catégories de prédication, car la question de savoir si les membres de telle ou telle catégorie sont des étants serait absolument absurde si elle était posée à propos des catégories d'étants :

> C'est pourquoi aussi on pourrait se demander si « marcher », « être en bonne santé », « être assis », chacun d'eux est étant ou non-étant, et semblablement pour n'importe quel autre de cette sorte, car aucun d'entre eux n'est ni disposé naturellement par lui-même ni capable d'être séparé de la substance, mais plutôt, si c'est le cas, ce qui marche est un des étants et ce qui est assis et ce qui est en bonne santé. En revanche, ceux-là paraissent plutôt étants du fait qu'ils ont un sujet déterminé, et celui-ci est la substance et le particulier qui se manifeste lui-même dans l'attribution de cette sorte, car « bon » ou « assis » ne se disent pas sans lui. Il est donc clair que chacun d'eux aussi est grâce à celle-là. Par conséquent, l'étant de la première façon et non pas un certain étant mais l'étant absolument serait la substance. Le premier se dit donc de plusieurs façons, mais cependant la substance est premier de toutes les façons, et logiquement et épistémologiquement et chronologiquement. En effet, aucun des autres prédicats n'est indépendant, mais elle seule; celui-ci est aussi premier logiquement car dans la définition de chacun doit se trouver celle de la substance; et nous

> estimons connaître au mieux chacun lorsque nous savons ce qu'est l'homme ou le feu, plutôt que leur qualité ou leur quantité ou leur lieu, puisque nous connaissons chacun de ceux-là aussi lorsque nous savons ce qu'est la quantité ou la qualité. (1028a 20-b 2).

Pour interpréter ce texte difficile, il faut d'abord définir ce qui différencie les mêmes verbes cités à l'infinitif ou au participe, de telle manière que ces derniers paraissent étants mais pas les autres. Il est peu vraisemblable que la question porte sur la forme grammaticale du verbe, car il a été suffisamment établi que le verbe est prédiqué sans aucune différence de signification sous la forme infinitive ou sous la forme participe (éventuellement accompagnée de l'auxiliaire être); en outre, l'adjectif de qualité « ἀγαθόν » est mentionné à la ligne 28 conjointement à l'un des participes. Il s'agit plus probablement de distinguer les prédicats des sujets, le verbe à l'infinitif n'indiquant que l'acte d'une substance tandis que le participe substantivé désigne le sujet substantiel, même s'il est nommé à partir d'un de ses attributs. C'est de cette manière que le comprend Ross, selon lequel « ce qui marche » est une substance, à laquelle on se réfère uniquement comme possesseur de cette activité, tandis qu'en disant « marcher » on ne pense à aucun sujet défini. On pourrait lui objecter que les expressions telles que « ce qui marche » sont ensuite présentées comme ayant elles-mêmes une substance pour sujet, ce qui n'est pas possible si elles désignent déjà une substance. Mais en réalité, elles ne désignent qu'implicitement une substance, et sont seulement des sujets grammaticaux, qui doivent se référer à un sujet ontologique ultime. Celui-ci se manifeste comme condition de possibilité de toute autre appellation – c'est ce que signifie le verbe « ἐμφαίνεται » : la substance est contenue implicitement dans de telles expressions qui combinent les statuts de sujet grammatical et d'attribut ontologique.[1]

C'est donc bien en tant qu'ils expriment seulement des déterminations non essentielles d'un sujet, et non en tant qu'ils signifient une certaine

1. Une autre manière de contourner la difficulté serait de considérer que le ταῦτα de la ligne 25 reprend non pas les participes substantivés qui viennent d'être cités mais les verbes à l'infinitif cités au début de la phrase. Ainsi, la réponse ne concernerait pas les participes substantivés, qui sont d'emblée considérés comme des sujets autosubsistants, mais les étants des catégories telles que « ποιεῖν » ou « κεῖσθαι », à propos desquels Aristote affirme qu'eux aussi sont étants (κἀκεινῶν ἕκαστον ἔστιν) mais en précisant que leur étantité se manifeste seulement par l'intermédiaire d'un sujet substantiel. Cependant, il faudrait admettre que « τὸ καθήμενον » signifie « ce qui est assis » à la ligne 25 et simplement « assis » à la ligne 29, l'article servant, dans le premier cas, à substantiver, dans le second, à introduire la citation du mot. Certes, cette ambiguïté existe et le style du chapitre est assez elliptique pour qu'on puisse admettre que les deux fonctions se trouvent à trois lignes d'intervalle, mais, dans la mesure où une autre explication est possible, c'est celle-là qu'il faut privilégier.

nature, que les prédicats non substantiels ne sont pas des étants « ἁπλῶς » car, attribués à une substance, ils n'expriment pas un étant mais une manière d'être de cet étant. Et c'est en tant qu'il exprime nécessairement l'essence de son sujet que le prédicat substantiel est premier selon les trois manières, qu'il nous reste à expliciter. La primauté chronologique est plus souvent exprimée en termes de primauté d'être, car il est clair qu'il ne s'agit pas d'une antériorité d'apparition dans le temps, mais d'une antériorité comme condition intemporelle de possibilité : seul le prédicat qui dit l'essence d'une substance peut être considéré séparément, c'est-à-dire comme sujet ; pour les autres prédicats, ce n'est possible que si on les prend en tant qu'ils signifient une certaine nature, par exemple on peut attribuer toutes sortes de déterminations à la science ou à la blancheur, mais ici Aristote les considère uniquement dans leur fonction déterminative d'une substance, comme « blanc » ou « lettré ». La primauté logique du premier prédicat réside en ce que, pour définir les autres prédicats quand ils sont attribués à une substance, il faut passer par la désignation de l'essence de cette substance ; par exemple, si l'on veut définir « blanc » dans la proposition « l'homme est blanc », on dira que c'est la couleur de l'homme – et non seulement la couleur la plus claire, comme on le définirait en lui-même[1]. Enfin, l'explication de la priorité épistémologique illustre le plus clairement que l'objet du chapitre est l'inégalité entre les prédicats essentiels et les prédicats non essentiels puisque, pour tout objet pris en considération, il faut d'abord connaître son essence et ensuite ses autres déterminations, y compris si l'on prend comme sujet une quantité ou une qualité.

Enfin, l'ultime argument pour justifier l'étude privilégiée de l'*ousia* permet aussi de mieux cerner ce qu'il faut entendre par ce terme, car il est assez général pour désigner l'objet d'étude de tous les prédécesseurs et contemporains d'Aristote, c'est-à-dire tant les Eléates ou les Platoniciens que les physiologues :

> Et d'ailleurs la question, jadis et maintenant, toujours posée et toujours embarrassante[2], qu'est-ce que l'étant, c'est qu'est-ce que

1. Ceci sera confirmé aux chapitres Z 4-6, par la distinction de l'être simple des essences simples et de l'être double des expressions composées ; or, un attribut pris avec son sujet implicite est une expression composée, et sa définition inclut celle de son sujet. En revanche, si on lit seulement ici une distinction entre les catégories, il est impossible de justifier que la définition de la substance se trouve dans celle des autres – comme le fait remarquer G. Patzig, qui, n'y voyant pas de solution, attribue le problème à un manque de rigueur logique de la part d'Aristote (1979, p. 43).

2. Cette traduction est plus probable, en vertu de la répétition des deux « καὶ ἀεί » introduisant les deux participes, que celle de P. Aubenque, qui joint le premier « ἀεί » à « jadis et maintenant », pour soutenir qu'Aristote conçoit cette recherche comme infinie.

> l'*ousia*, car c'est cela que les uns disent être un, les autres plus nombreux que un, et les uns en nombre fini, les autres en nombre infini, et c'est pourquoi il nous faut aussi principalement, d'abord, et pour ainsi dire seulement, étudier, à propos de l'étant ainsi entendu, ce qu'il est (1028b 2-7).

J. Brunschwig a proposé une nouvelle traduction de la question « τί τὸ ὄν », car à ce stade de la pensée, « le problème des sens multiples de l'être doit être tenu pour déjà résolu, à la fois par l'énumération des catégories et par la reconnaissance de l'une d'entre elles comme principale : la table des catégories n'est donc pas, dans l'économie de l'argumentation et de la doctrine, une tentative de réponse à la question τί τὸ ὄν. Si cette question τί τὸ ὄν fait encore problème après la reconnaissance de l'essence comme signification primordiale de l'être, c'est donc que cette signification primordiale elle-même fait à son tour problème, abstraction faite des significations secondaires que leur secondarité même a permis de laisser en route. »[1] Par conséquent, il faut comprendre la question comme « qu'est-ce qui est l'être ? » ou « qu'est-ce que c'est qui est l'être ? » – ce qui correspond mieux aussi à la question fondamentale de toute la philosophie préaristotélicienne : « un pluraliste, par exemple, n'est pas un homme qui dit que l'être est multiple, mais un homme qui dit que multiples sont les choses qui *sont*, au sens fort du mot *être* »[2]. De ce fait, la question « τίς ἡ οὐσία » devient à son tour « qu'est-ce qui est l'essence ? », de même qu'en Z 2 « τίνες αἱ οὐσίαι » signifie « quelles sont les choses qui sont des essences ? », dont la réponse doit passer par la question préalable « qu'est-ce que l'essence ? » exprimée par « τὴν οὐσίαν πρῶτον τί εστι » (1028b 27-32). W. Leszl présente le problème de la même façon : « Aristotle's point in this passage is likely to be, then, that what previous philosophers really meant, when asking the question : « What sort of thing is entity (or is being) ? », is the question : « What sort of thing is substance ? », the latter question being proposed as a more accurate formulation of what they actually wanted to know. » En effet, poursuit-il, ce qu'on veut savoir c'est « which is the proper candidate for the status of primary entity, i.e. what

Cf. G. Patzig : « formerly and nowadays, each time the question has been proposed, it has been left without a satisfactory answer. », mais, ajoute-t-il, Aristote a confiance en sa propre capacité à clore la recherche (1979, p. 44).

1. J. Brunschwig, 1964, p. 192. Comme P. Aubenque, il appelle « essence » la première catégorie d'étants ; il limite donc l'enquête de Z à l'étude de la substance, même s'il reconnaît que l'ontologie ne peut s'y réduire : « il reste qu'en édifiant une théorie de l'essence, signification première de l'être, Aristote pensait accomplir la partie la plus difficile et la plus méritoire d'une science de l'être, et que le reste lui paraissait donné par surcroît (ἑπομένως, 1030a 22) » (*id.*, p. 196).

2. *id.*, p. 194.

thing or things constitute the basic type of being, which underlies all the others. »[1] M. Frede comprend également la question de Z comme celle de « ce qui est substance », c'est-à-dire « qu'est-ce que la chose elle-même sans toutes ses propriétés ? »[2] Mais il ne fait pas de différence entre cette question et « qu'est-ce que la substance ? », au sens de « que signifie la substance ? », qu'il considère comme l'objet de tout le livre Z, s'opposant à W.D. Ross et S. Mansion qui y voyaient comme nouvelle question « qu'est-ce que l'essence des substances ? »[3]. La traduction de J. Brunschwig me paraît s'imposer non seulement en vertu des arguments qu'il avance ainsi que de ceux de W. Leszl, mais aussi d'après le parallèle de ces expressions avec la question – d'origine platonicienne et pythagoricienne – posée au livre B : « τίς ἡ οὐσία τῶν ὄντων »[4], qui ne concerne pas la signification du mot mais la reconnaissance d'une certaine nature éminente. Cependant, si la plurivocité de l'étant a déjà été résolue, ce n'est pas le cas de celle de l'οὐσία, mais le livre Z devra à la fois en distinguer les différentes significations et examiner les choses qui pourront recevoir le terme, selon l'une ou l'autre de ces significations. La comparaison avec la question de B indique aussi comment comprendre le passage de « ὄν » à « οὐσία » : pour les anciens et les contemporains, étudier l'être c'est étudier une forme d'être sur laquelle reposent les autres, de sorte que, selon ce dernier argument aussi, l'οὐσία doit être étudiée en tant que principe explicatif de tous les étants. Comme telle, la question annonce donc les développements de Z et H sur l'essence comme cause formelle et comme être de toutes choses.

L'être initial

Des deux significations retenues pour le mot οὐσία, Aristote a examiné celle de sujet ; au chapitre 4, il aborde celle de « τὸ τί ἦν εἶναι ». L'expression peut se lire de deux façons, soit comme un verbe substantivé : « le fait d'être ce que c'était »[5], soit comme une question substantivée : « le ce qu'était être ». Cette dernière structure est beaucoup plus probable, du fait de son parallélisme avec la question « τὸ τί ἐστι », et surtout du fait qu'on peut en reconstituer l'origine à partir de périphrases telles que « τί ἦν αὐτῷ (sc. τῷ αἵματι) τὸ αἵματι εἶναι » : « ce qu'était pour lui l'être du sang »

1. W. Leszl, 1970, p. 431.
2. M. Frede, 1987, p. 74.
3. *Id.*, p. 79-80.
4. Cf. partie II, 3.
5. Après avoir signalé différentes traductions, Fr. Caujolle-Zaslawski choisit cette dernière, estimant que la question substantivée ne se distingue pas suffisamment de la définition (1981, p. 68).

(*Part. Anim.* 649b 22). En outre, l'article peut être remplacé par un pronom relatif, comme dans « ὅ ἦν οἰκίᾳ εἶναι »[1], or celui-ci peut introduire une question mais pas substantiver un verbe. La distinction de cette expression avec le *ti esti* repose à la fois sur l'expression de l'être et sur l'imparfait du verbe conjugué. Par conséquent, il est peu probable que cet imparfait renvoie simplement à un stade antérieur du raisonnement[2]. Selon Ross, l'expression désigne la forme d'une chose exprimée par le genre et la différence, sans mentionner la matière, de sorte que l'imparfait indique ce stade antérieur à l'entrée de la forme dans un corps[3]. D'une façon proche, E. Tugendhat y voit ce que la chose était avant l'adjonction des accidents. Pour P. Aubenque, au contraire, le *ti èn einai*, contrairement au *ti esti*, inclut la matière et « la singularité des accidents par soi », de sorte que l'imparfait s'explique par la « reconnaissance rétrospective de ce qui est essentiel parmi les attributs »[4]. S'opposant également à l'interprétation de Ross, S. Mansion propose que la « quiddité d'une chose sensible » soit « sa détermination en tant qu'elle informe une matière »[5] L. Couloubaritsis tient compte davantage de l'être qui est exprimé, de sorte que, contrairement au *ti esti*, le *ti èn einai* « exprime la connaissance de l'essence en tant qu'elle est condition d'existence d'un étant individuel »[6].

Le rapprochement que nous allons bientôt constater entre le *ti èn einai* et la cause formelle qui constitue à la fois l'origine et l'achèvement d'une chose en devenir, m'incline à considérer l'imparfait comme exprimant cette essence originelle, transmise à la chose par l'intermédiaire de l'*eidos* et qui en constitue déjà l'être avant que cette chose n'ait atteint son parfait développement; c'est pourquoi je propose de la traduire par « l'être initial », moins lourd que « ce qu'était être ». Tandis que le *ti esti* n'exprime que l'aspect logique de l'essence, cette expression-ci rend compte à la fois de l'être et du devenir, du principe et du fait, de l'essence et de l'existence.

Cependant, ce résultat n'est atteint par Aristote qu'au terme d'un long cheminement nécessitant la résolution de plusieurs apories. L'être initial est d'abord distingué, d'un point de vue logique, comme un prédicat qui dit l'essence même du sujet et ni un accident ni un propre (1029b 13-18).

1. Z 17, 1041b 6.

2. Fr. Caujolle-Zaslawski y voit cependant un sens banal de « comme chacun sait » (p. 71-73). Mais la plupart du temps, précisément, le τί ἦν εἶναι n'est ni évident ni déjà déterminé et doit être cherché.

3. W. D. Ross, 1924, vol. 1, p. 127.

4. P. Aubenque, 1962, p. 462-469.

5. S. Mansion, 1971, p. 320. R. Claix semble également identifier le τί ἦν εἶναι à la forme essentielle (1972, p. 355 et 359).

6. L. Couloubaritsis, 1981, p. 154.

C'est la raison pour laquelle il n'y a pas d'être initial des sujets composés, car l'énoncé de cet être est une définition (ὅρισμος), or celle-ci n'appartient qu'aux choses dites sans attribution, c'est-à-dire aux choses simples (1029b 18-1030a 7). Une objection se présente cependant à cette affirmation : si pour les expressions composées on peut du moins énoncer une essence (*ti esti)*, qui sera donc différente du *ti esti* ayant le statut de définition, on pourrait dire, parallèlement, que toutes ont une définition mais différemment (1030a 17-18). Et la preuve que l'essence a des emplois différents est qu'elle peut signifier aussi bien une substance que chacun des autres types d'étants, mais qu'elle appartient, de même que l'existence (« τὸ ἔστι »), aux unes de manière première ou absolue, aux autres de manière seconde ou en tant que tels, de même que le non-étant est en tant que non-étant (a 18-27). Par conséquent, la question qui se pose est de savoir si l'être initial appartient aussi de manière absolue aux substances et aux autres étants seulement comme être initial de quantité ou de qualité – et par suite, si on peut dire qu'il appartient d'une manière seconde aux expressions composées. Or, on peut dire que l'essence et l'être initial appartiennent à tous les étants parce qu'ils sont tous réunis par une référence à une même chose (1003a 32-b 3), ce qui n'est pas le cas pour les expressions composées ; par conséquent, si celles-ci ont un être initial, c'est d'une autre manière encore :

> Il est manifeste que la définition et l'être initial appartiennent au sens premier et absolu aux substances ; cependant, ils existent semblablement aussi pour les autres, mais pas au sens premier. Car il n'est pas nécessaire, si nous posons cela, que soit définition d'une chose tout nom qui désigne la même chose que son énoncé, mais seulement qu'un certain énoncé, c'est-à-dire celui qui est d'une chose une non par continuité comme l'Iliade ou tout ce qui est réuni par un lien, mais de toutes les manières dont se dit l'un ; or l'un se dit comme l'étant et l'étant signifie une chose déterminée ou une quantité ou une qualité. C'est pourquoi il y aura un énoncé et une définition même de l'homme blanc, mais d'une autre manière que du blanc et de la substance. (Z 4,1030b 4-13).

On voit que la différence entre l'être initial des expressions composées et celui des notions simples réside dans leur différence d'unité : évoquant les significations de l'un qu'il a précédemment distinguées, Aristote attribue aux expressions composées des unités résultant d'un lien externe et non nécessaire, tandis que tous les sens simples de l'étant ont une unité immédiate en vertu de leur nature même. Entendu de cette manière, le texte est tout à fait en accord avec le passage cité précédemment de H 6, à propos de l'unité immédiate des genres ultimes, et avec la théorie générale des sens de l'étant. Quant à la différence entre l'être initial des substances et celui des autres étants simples, il faut la comprendre de la même manière que celle qui existe entre l'étant attribué à la substance et l'étant attribué aux autres catégories : ce sont des prédicats qui possèdent plusieurs significations, mais dans l'énoncé desquelles se trouve toujours la référence à une signification première. Il en résulte, en vertu de l'unité plus ou moins forte des plurivoques, que toutes ces notions étroitement liées (essence, être initial, modalité d'être) ont une signification partiellement identique pour les dix sortes d'étants simples, mais une extension qu'on peut appeler accidentelle pour les expressions complexes.

Un cas particulier d'expressions complexes est abordé au chapitre suivant, celui des notions simples qui signifient une chose double : par exemple, la camusité signifie la concavité dans le nez, et le camus, étant une propriété du nez par soi, a un être double car il ne peut être défini sans référence à son sujet – de même que le mâle sans l'animal ou l'égal sans la quantité. Par conséquent, même s'ils ne constituent pas des expressions composées par accident, ils n'auront pas davantage que celles-ci d'être initial, ou alors de la même manière qu'elles (1030b 14-28). Et lorsque, après ce développement sur les propres, Aristote conclut que « il est donc clair que de l'essence seule il y a une définition et, s'il y en a des autres prédications, c'est nécessairement par addition, par exemple de l'impair car il ne se dit pas sans le nombre, ni la femelle sans l'animal – et j'appelle par addition ce dans quoi on dit deux fois la même chose, comme dans ces exemples » (1031a 1-5), l'opposition qu'il exprime se trouve entre la prédication du propre et celle de l'essence, de sorte que, selon ce critère, il y a un être initial au sens premier pour toutes les essences, et, selon un autre critère, parmi celles-ci, de l'*ousia* comme substance[1].

Cette constatation va se vérifier à maintes reprises par la suite, et d'abord au chapitre 6, où, pour illustrer que « chaque chose semble ne pas être autre que sa propre essence » et que « l'être initial est dit être l'essence de chaque chose » (1031a 17-18), Aristote oppose les expressions composées par accident aux expressions d'une essence simple. Par exemple, l'homme blanc et l'être de l'homme blanc ne sont pas la même chose, mais pour les choses dites par elles-mêmes ce doit être la même chose, par exemple pour les Idées (1031a 28-b 10) et pour les essences qui ne sont pas considérées comme non subsistantes, sinon toute connaissance serait impossible car connaître une chose c'est connaître son être initial, et si les

1. Ces distinctions se trouvent aussi chez W. Leszl, qui démontre, à partir des passages Z 7, 1032b 1 *sq.*, Z 11, 1037a 26-b 7, Z 6, 1031b 22 *sq.*, et H 6, 1045a 36 *sq.*, que, contrairement aux expressions complexes, toutes les catégories sont identiques à leur quiddité (1970, p. 434-442).

deux ne coïncidaient pas pour les essences, il faudrait ajouter une série infinie d'être initiaux de chaque essence (b 18-22 et 28-30). Les exemples donnés pour les Idées sont le bon, l'animal, l'étant, l'un, le beau et « toutes les choses qui ne sont pas dites selon autre chose mais selon elles-mêmes et comme premières », tout cela étant valable pour les spécificités (*eidè*) considérées ou non comme des Idées à la manière platonicienne (b 13-18). En conclusion donc, toute essence ou spécificité dite par elle-même est identique à son être initial. Ici se termine l'investigation purement logique de l'expression, où la dimension temporelle n'apparaît pas encore, tandis qu'aux chapitres 7 à 9 elle est appliquée aux étants en devenir où elle se confond avec la spécificité informant la matière. Cette spécificité comme finalité d'un devenir se trouve donc dans les quatre catégories d'étants concernées par celui-ci : la chose déterminée (τόδε), la quantité, la qualité ou le lieu (1032a 14-15).

Tandis qu'il rappelle les grands principes de sa théorie du devenir, naturel ou technique, Aristote fournit quelques définitions : « j'appelle spécificité l'être initial et l'essence première de chaque chose » (1032b 1-2) ; « la spécificité est la même d'une certaine manière pour les contraires car l'essence de la privation est l'essence opposée, par exemple la santé de la maladie, car la maladie est due à son absence, et la santé est l'énoncé dans l'âme et est la science » (b 2-5) ; « j'appelle essence sans matière l'être initial » (b 14). Partout l'essence s'exprime par « οὐσία » et non par « τί ἐστι », vraisemblablement parce que le « τί ἐστι » ne concerne que le côté logique de l'essence, non le côté ontologique d'une cause intervenant activement dans les étants concrets. Dans l'analyse des choses sensibles, la matière et l'essence spécifique deviennent une double structure explicative universelle, à propos de laquelle Aristote va s'appliquer maintenant à déterminer le rapport existant entre les deux termes – et ce tantôt de manière logique, par l'intermédiaire des définitions, tantôt de manière ontologique, par l'intermédiaire du rôle concret de la cause en acte dans les productions physiques et techniques [1].

1. Sur la continuité du livre Z et le rôle nécessaire des chapitres 7 à 9 à l'endroit où ils se trouvent (où ils ne constituent pas une digression), cf. L. Couloubaritsis, 1985, p. 290-295. Il résume ainsi l'objet des livres Z et H selon trois étapes successives : « la première établit le statut de la quiddité sans encore fonder sa portée objective dans le sensible (Z 4-6) ; la seconde fonde sa présence dans le sensible par la médiation de l'*eidos* (Z 7-9) et en tire les conséquences (Z 10-17) ; la troisième approfondit la question de l'unité de l'étance sensible en la distinguant d'autres types d'unité possibles (H 1-6). » (*id.*, p. 298). Pensant comme lui que la pensée d'Aristote se construit progressivement au travers de ces étapes, je vais parcourir ce cheminement qui doit déboucher sur la mise en lumière d'une structure ontologique générale.

Le couple matière-spécificité

Le rapport logique entre les deux notions est introduit par la question de savoir si une certaine matière du moins entre dans les définitions. C'est le cas, par exemple, lorsqu'on définit le cercle de bronze à la fois par sa spécificité : la figure comme genre premier où se trouve le cercle, et par sa matière : le bronze (Z 7, 1033a 1-5). Cette matière s'exprime alors sous la forme d'un adjectif dérivé du nom : « de bronze », comme aussi la statue « de pierre » et la maison « de briques », et cela se justifie parce que ce n'est pas la matière telle qu'elle était avant de former le composé qui se retrouve comme matière de ce composé, mais elle doit avoir changé (a 17-22). En effet, une matière prochaine telle que le bronze ou le bois a déjà sa propre spécificité de bronze ou de bois, et en recevant une nouvelle spécificité, de statue ou de maison, c'est elle-même qui subit un changement et est transformée en une entité totalement nouvelle, qui n'est pas seulement une addition de deux éléments. Pas plus donc la matière que la spécificité ne sont produites quand est produit le composé, mais la matière préexiste et la spécificité est, alors qu'elle n'était pas, sans qu'intervienne un processus de génération. D'autre part, si la spécificité était aussi une chose déterminée, séparément de la matière, elles ne pourraient à elles deux former une autre chose déterminée : c'est une des difficultés qui invalide la théorie des Idées ; par conséquent la spécificité est un « tel » (« τοιόνδε »), par lequel un ceci devient tel (Z 8, 1033b 20-24), et sa transmission dans la matière se fait par l'intermédiaire d'une cause motrice, l'artiste pour les productions techniques, le géniteur pour les productions naturelles (1034a 4-5). Cette transmission doit également expliquer la difficile question du rapport entre le général et le particulier. Aristote distingue en effet le composé particulier (Callias ou Socrate ou cette sphère de bronze) du composé général (l'homme, l'animal, la sphère de bronze en général) (1033b 24-26), le particulier étant « différent à cause de la matière (car elle est différente), mais le même par la spécificité (car la spécificité est insécable) » (1034a 8-9)[1]. Or, cette spécificité générale est contenue en puissance dans la semence qui la transmet ainsi d'un étant particulier à un autre étant particulier (Z 9, 1034a 34-b 1). Quant à la transmission des spécificités qui ne signifient pas une substance, elle se fait de la même manière, excepté qu'elle ne doit

1. La matière « individue » au sens où elle permet à la chose d'être une par le nombre, et non en tant qu'elle lui procurerait une identité déterminée, comme le rappelle G.E.M. Anscombe (1953, p. 88). La différence de matière permet la distinction de deux individus de la même sorte, mais « the statement that matter is the principle of individuation does not mean that the identity of an individual consists in the identity of its matter » (*id.*, p. 94).

pas se faire à partir d'un autre cas en acte, comme l'explique Aristote dans un texte qui condense toutes ses informations :

> Ce n'est pas seulement à propos de la substance que le raisonnement peut montrer que la spécificité ne vient pas à l'être, mais semblablement à propos de toutes les choses premières, par exemple à propos de la quantité, de la qualité et des autres catégories. De même, en effet, que vient à l'être la sphère de bronze mais ni la sphère ni le bronze, et de même pour le bronze, s'il vient à l'être (car il faut toujours que préexistent la matière et la spécificité), ainsi aussi pour la substance et pour la quantité et la qualité et les autres catégories, car la qualité ne vient pas à l'être mais bien la qualité d'un bois, ni la quantité mais la quantité d'un bois ou d'un animal. Mais il faut considérer comme propre à la substance, parmi celles-ci, la nécessité que préexiste une autre substance qui produit en étant en entéléchie, par exemple un animal si un animal vient à l'être, tandis qu'une qualité ou une quantité ce n'est pas nécessaire, mais seulement en puissance. (Z 9, 1034b 7-19).

La matière et la spécificité qui préexistent ne sont pas celles, particulières, de telle chose particulière, mais ce sont les espèces générales telles que le bronze (et non celui de telle statue, qui ne se révèlera comme tel que quand la statue sera produite) et la statue, en tant que notion générale se trouvant dans l'âme de l'artiste (et non la spécificité propre à telle statue, qui, elle aussi, existe au moment où la statue existe)[1]. La clarification du processus du devenir, tant physique que technique, a confirmé que la matière particulière est bien une partie du composé, aussi Aristote revient à la question de savoir si elle est aussi une partie de la définition[2]. Pour y répondre, il faut distinguer la définition d'un composé et celle d'une spécificité seule : dans la première la matière doit se trouver comme partie, dans la deuxième non (Z 10, 1035a 1-4). Si, par exemple, on définit le camus, qui signifie la concavité dans le nez, il faut y inclure le nez comme matière; mais si l'on définit isolément la spécificité « concave », le nez n'entrera pas dans cette définition. De même pour la statue et la statue de

1. Cf. « Lorsque l'homme devient sain, alors aussi la santé existe, et la figure de la sphère de cuivre en même temps que la sphère de cuivre » (Λ 3, 1070a 22-24) – tandis que la santé en général existe comme notion dans l'âme de ceux qui en ont la science. En tant que termes des procès particuliers, les spécificités particulières ne deviennent pas mais sont ce que la chose changeante devient : « Les spécificités et les affections et le lieu, vers lesquels se meuvent les choses mues, sont immobiles, par exemple la science et la chaleur. » (*Phys.* V 1, 224b 11-13).

2. Comme il le rappelle aux lignes 1034b 32-34, il s'agit seulement des parties de l'essence d'une chose, et non de ses parties de type quantitatif par exemple, comme les lignes et les surfaces.

bronze, pour le cercle et le cercle de bronze (a 4-9). Une particularité des objets mathématiques comme le cercle est que, même considérés hors de toute matière, ils sont composés de parties en lesquelles ils se divisent comme en des parties matérielles, par exemple en segments ou en demi-cercles, de sorte que ces matières, qu'il appelle « intelligibles » par opposition aux sensibles, ne doivent pas non plus figurer dans leur définition (1035b 6-11 ; 1036a 3-5, 9-13)[1]. En revanche, il semblerait que les lettres composent la syllabe comme une matière, mais ce n'est vrai que pour les lettres particulières de telle syllabe particulière, car, prises en général, elles font partie de la spécificité de la syllabe (1035a 9-17). La raison en est que ce sont des parties antérieures au tout, qui servent à le définir et ne sont pas définies par son intermédiaire, comme c'est le cas pour les segments définis à partir du cercle ou pour l'angle aigu défini à partir de l'angle droit, ou encore pour le doigt défini par l'homme (1035b 4-14). En effet, pour les animaux, les parties de l'âme sont antérieures au composé, car elles sont définies par leur fonction et non par l'intermédiaire du tout, tandis que les parties du corps sont postérieures, car elles sont définies à partir du composé[2] (1035b 14-27). En conclusion, les matières sont principes et parties pour les composés, mais pas pour les spécificités seules (1035a 30-31). Maintenant, il ne faut pas confondre composé et spécificité avec particulier et général, car il y a un composé général, dont les parties sont un *logos* et une matière généraux (1035b 27-31), et qui, de même que le composé particulier, n'a pas une véritable définition car il n'est pas identique à son être initial. Lorsqu'on dit donc que l'être du cercle et le cercle, ou l'être de l'âme et l'âme, sont la même chose, on les prend en tant que spécificités seulement, et de même lorsqu'on définit sans la matière l'homme ou le cheval en général. Quant à la connaissance des choses particulières, elle se fait par l'intermédiaire de la définition générale (1036a 8). Les lignes 1035b 27-34, qui aboutissent à la conclusion qu'il n'y a définition que des spécificités générales, peuvent paraître contradictoires avec les passages précédents (notamment 1035a 22, 28) qui distinguaient comme deux sortes différentes les définitions des composés et celles des spécificités (les deux étant pris en général). Mais les chapitres 4-6 avaient précisément établi cela, que la définition au sens strict (ὅρισμος) appartenait seulement aux choses identiques à leur être initial, c'est-à-dire

1. Il ne faut pas confondre cette matière intelligible, qui compose aussi des choses mathématiques particulières (quoique abstraites de tout corps), avec la matière générale qui fait partie des composés généraux, comme l'homme ou le cheval en général. La matière intelligible est en fait l'espace géométrique ou l'étendue (cf. *De An.* III 4, 429b 18-19).

2. Quoique certaines, comme le cœur ou le cerveau, d'où commence le développement de l'animal, sont simultanées au composé.

aux spécificités simples, tandis qu'une définition au sens large (λόγος) convenait aussi aux expressions composées d'un sujet et d'un attribut – or, de la même manière que la prédication d'une affection à une chose particulière, la prédication d'une spécificité à une matière entraîne la non-identité de ce composé avec son être, car celui-ci est double[1]. Ce n'est cependant pas le dernier mot d'Aristote à propos de la définition, qui y revient dès le chapitre 12.

En attendant, une dernière observation à propos des parties est qu'il n'est pas toujours facile de reconnaître si certaines parties sont du composé ou de la spécificité. Un premier critère est de voir si la spécificité peut se réaliser dans des matières différentes, comme le cercle dans le bronze, le bois, la pierre, etc. Mais quand elle est toujours réalisée dans les mêmes matières, comme l'âme de l'homme dans les mêmes chairs et os, ceux-ci ne font-ils pas partie de son essence? (Z 11, 1036a 31-b 5). En effet, « l'animal est quelque chose de sensible et sans le mouvement il n'est pas possible de le définir, donc pas non plus sans ses parties disposées d'une certaine façon » (*id.*, b 28-30). Cependant, l'animal ainsi défini est un composé général, mais il est possible de définir, sans le rapport au sensible, l'âme seule de l'animal en général.

D'autre part, d'après la correspondance des deux niveaux, il est clair qu'il doit y avoir aussi une spécificité individuelle, qu'Aristote affirme d'ailleurs clairement lorsque, évoquant les principes particuliers des choses particulières, il cite « ta propre matière et ta spécificité et ton moteur, et la mienne », qui sont les mêmes par l'énoncé général (Λ 5, 1071a 28-29). Cependant, tous les interprètes ne l'acceptent pas, et des hypothèses différentes existent quant au rapport entre les deux types de spécificités.

1. M. Frede utilise cette comparaison pour soutenir que seules les formes ont une définition (1990, p. 124-126), mais son autre argument est incorrect, selon lequel « the essence of an x is something an x is *per se* », de sorte que cet x peut seulement être une entité première, car les choses composées sont dites ce qu'elles sont parce qu'une chose est prédiquée d'une autre et non par soi (p. 124 et 125). Mais s'il est propre aux choses composées d'être exprimées par la prédication d'une chose à une autre (et ceci est valable tant pour « Socrate blanc » que pour « Socrate », comme composé de matière et de forme), cela ne signifie pas que cette essence double leur est attribuée par accident; au contraire, toute définition s'exprime sous forme d'attribution d'une chose à une autre (d'une différence à un genre), et toutes les essences sont prédiquées à tout sujet par soi. En outre, l'interprétation de Frede ne tient pas compte de la distinction d'un niveau particulier et d'un niveau général pour chacune des trois entités, matière, spécificité et composé, distinction selon laquelle les trois entités générales s'attribuent essentiellement à la particulière correspondante. D. Morrison reproche également à Frede sa vision platonicienne de l'*eidos* (1990, p. 132) et il propose de distinguer un sens étroit et un sens large de la définition, de sorte qu'en un sens les composés ont une définition en termes de matière et de forme, et un sens sont définis seulement par la forme (p. 144).

A. C. Lloyd estime que les âmes sont numériquement distinctes et que la forme générale n'existe dans la chose que comme prédicat[1]. Conformément à cela, on ajoutera, avec E. Berti[2], que c'est par la médiation du prédicat général que sont connus tous les individus de la même espèce, ce qui renverse définitivement la conception platonicienne que les principes doivent être davantage subsistants que les choses dont ils sont principes – conception causée, du reste, par l'absence de distinction entre « essence » et « substance ». En ce qui concerne plus particulièrement les vivants, la transmission de l'identité de l'espèce est assurée par le fait que c'est la spécificité générale qui est transmise par la semence et non une spécificité individuelle[3]. Mais d'où vient dès lors la spécificité individuelle et les différences qu'elle manifeste par rapport aux autres ? Les descriptions du développement embryonnaire dans le *De Gener. Animal.* indiquent que la plupart des différences individuelles viennent de la matière ou des circonstances environnementales, mais il semblerait que certaines soient inscrites dans la spécificité de chaque individu, en plus de l'information générale de l'espèce[4]. En effet, le sexe mâle et la ressemblance avec le père sont transmis par celui-ci aussi bien que les caractères de l'espèce et du genre, de sorte que, puisqu'il ne transmet que l'*eidos*, il faut admettre qu'il transmet un *eidos* particulier à côté de l'*eidos* général[5]. Quoi qu'il en soit, même s'il n'y a pas d'information individuelle innée, il y en a en tous cas une acquise, car l'âme de chacun, tout en restant identique à travers son temps de vie, peut exercer ou non différentes fonctions[6]. D'après le *De Anima*, l'âme comme entéléchie première possède à la fois les

1. A. C. Lloyd, 1981, p. 2-3 et 39-40. C'est cette forme individuelle qui est appelée *tode ti* en Δ 8, 1017b 25 ; H 1, 1042a 29 ; Θ 7, 1049a 35 ; Λ 3, 1070a 11-15, tandis que l'universelle est dite « *toionde* » : un « tel » généralisé, abstraction de nombreux « tels ».

2. E. Berti, 1989, p. 16.

3. M. Furth, 1990, p. 95. L'auteur estime cependant qu'il n'y a pas de forme individuelle car elle ne pourrait être préexistante ; mais l'exigence de préexister ne doit pas concerner toutes les formes, comme nous l'avons vu ci-dessus. Selon G.E.L. Owen, la forme est également uniquement générale, ce qui le mène à considérer la distinction entre « τόδε » et « τοιόνδε » comme un appareil « trop primitif » (1978-79, p. 20-21). J. Owens affirme, quant à lui, que la forme n'est ni individuelle (car la connaissance est de l'universel) ni universelle (car elle est une Entité substantielle), de sorte qu'elle a un statut antérieur à cette distinction (1978, p. 386-395) ; mais c'est là refuser de prendre en considération la plupart des textes, qui affirment les deux types de formes.

4. C'est l'opinion de J.M. Cooper (1990, p. 83), mais il reconnaît que les textes manquent de précision à cet égard. D. Balme estime que la forme individuelle inclut certains accidents matériels comme le sexe ou la couleur (1987, p. 291-312).

5. *De Gen. Anim.* IV 3, 767b 24-768b 1.

6. Cf. M. Frede (1987, p. 68-69) : les âmes ont une histoire différente, même si elle n'est pas essentielle pour leur identité, et cela ne les empêche pas de remplir leur rôle qui est d'assurer l'identité du composé par la continuité de l'organisation de la matière changeante.

déterminations de l'espèce et celle du particulier, tandis que comme entéléchie seconde elle est seulement particulière : « chacun des hommes n'est pas capable de la même façon (de recevoir la science), mais l'un parce que tel est son genre et sa matière, l'autre parce qu'il veut être capable d'étudier, si rien d'extérieur ne l'en empêche, et enfin celui qui étudie en entéléchie et connaît véritablement cet A particulier » (II 5, 417a 25-29).

La fin du chapitre 11, qui récapitule les réponses apportées jusque là, confirme qu'on appelle *ousia* les choses composées d'une matière et d'une spécificité, et *ousia* ou *ousia* première la spécificité seule ; et ni les choses composées ni les spécificités ne sont réservées aux substances : parmi les premières, on trouve aussi les objets mathématiques qui sont quantités et qualités, parmi les secondes, on trouve également des quantités et des qualités [1]. Jusqu'ici l'analyse structurelle n'est pas explicitement étendue à tous les étants, et cela s'explique du fait que, pour des raisons heuristiques et didactiques, cette analyse est menée d'abord à propos de la problématique du devenir, qui concerne quatre des catégories de l'étant, comme nous l'avons vu au début du chapitre 7. Ensuite, lorsqu'Aristote pose à nouveau la question de l'unité de la définition, au chapitre 12, il affirme qu'il n'y a de définition que des essences : « la définition est un énoncé un et d'une essence, de sorte qu'elle doit être l'énoncé d'une chose une, car l'essence signifie une chose une et un ceci, comme nous l'affirmons » (1037b 25-27). Il commence par examiner la méthode d'institution des définitions par la division, qui permet d'arriver à la dernière des différences attribuées au genre. Et par le biais du genre, il réintroduit la notion de matière qu'il avait écartée des véritables définitions, car « il existe comme la matière existe, car le son est genre et matière, et les différences produisent les espèces et les lettres à partir de lui » (1038a 6-7). Il en résulte que les différences expriment la partie la plus importante de la définition, au point que « seule la dernière sera la spécificité et l'essence » (a 26). Ceci n'est d'ailleurs compréhensible que de la même manière que l'unité d'une chose composée, car ce n'est pas le bipède seul qui définit l'homme mais le bipède informant une matière première qui est l'animal : comme la matière disparaît pour former une chose nouvelle, ainsi le genre disparaît pour former l'essence, mais il figure dans l'énoncé en vertu d'un dédoublement effectué par la pensée discursive à partir d'une chose effectivement une. La

1. En outre, l'universel n'est jamais substantialisé, comme le font remarquer M. Frede et G. Patzig (1987, II, p. 247-252) et E. Berti (1989, p. 9 et 19). Il n'en résulte pas cependant, comme l'affirme Frede (1978/1987, p. 63), que genre et espèce sont considérés comme n'existant pas réellement, car les prédicats signifient toujours quelque chose de réel, déterminant les choses particulières. L'espèce est soit le composé général soit la spécificité générale, or cette dernière se trouve dans les particuliers comme l'ensemble des fonctions communes à tous, et dire qu'elle est en puissance ne signifie pas qu'elle n'est rien.

même conception s'exprime au chapitre 13 par le fait qu'aucune chose ne peut être composée de deux réalités en entéléchie, par exemple la ligne double est composée de lignes qui s'y trouvent en puissance seulement (1039a 3-14). Cela pose un problème pour les définitions, car si aucune réalité composée n'est formée d'essences en entéléchie, alors que la définition est principalement de l'essence, il n'y aura définition de rien; mais Aristote annonce l'émergence d'une solution. Pour y parvenir, il commence par réaffirmer qu'il n'y a ni définition ni science des choses sensibles particulières, parce qu'elles sont changeantes et mortelles (Z 15, 1039b 27-1040a 7), mais que la raison d'être (λόγος) du composé, prise indépendamment de la matière, n'est pas changeante et mortelle car c'est « sans génération et destruction qu'elles sont et ne sont pas » (1039b 22-26). Ensuite, il écarte une nouvelle fois les réalités qui paraissent substances ou essences mais ne le sont pas : les parties des animaux et les éléments premiers n'existent pas séparément mais seulement en puissance dans les corps déterminés (Z 16, 1040b 5-16); l'un et l'étant ne sont pas essences des choses, pas plus que le principe et la cause en général, car toute essence est d'une chose une, tandis que ceux-là se trouvent en toutes choses (b 16-27). L'essence est distinguée du terme commun, même si elle reste un attribut : « rien d'autre de commun n'est essence, car l'essence n'appartient à rien si ce n'est à elle-même et à ce qui la possède, dont elle est essence » (b 23-24). Cependant, les Platoniciens ne sont pas parvenus à expliquer ce qu'était exactement cet « en soi » immortel existant à côté des mortels, de sorte qu'il faut reprendre la question de l'essence à partir d'un nouveau point de départ : le fait que l'essence est un principe et une cause (Z 17, 1041a 6-10).

Lorsqu'on cherche une cause, c'est toujours la cause d'une appartenance : soit d'une propriété à un substrat (par exemple, l'éclipse de lune), soit d'un genre à une espèce (l'animal à l'homme), soit d'une spécificité à une matière (la maison aux pierres) (a 10-27). Or, on peut rendre compte de ces appartenances par la cause finale ou par la cause motrice, mais cette dernière explique seulement le devenir, tandis que l'autre explique aussi l'être (a 29-32). La cause recherchée se fait donc plus précise : elle doit rendre compte de l'être de la chose, et il faut la chercher en désarticulant (διαρθρώσαντας) une chose apparemment simple, comme un homme. Par conséquent, on cherche « la cause par laquelle la matière est quelque chose » (b 7-8), et c'est cela son essence, c'est-à-dire « la cause première de l'être » (b 28). C'est pourquoi aussi, cette recherche n'est valable que pour les choses composées, tandis que celle des choses simples, c'est-à-dire sans matière, doit être d'un autre type (b 9-10). Une conséquence importante de ceci est qu'il n'y a de définition que des choses sensibles, prises en général, et soit avec la matière soit sans elle, mais des essences elles-mêmes il n'y a pas de définition (sinon, on devrait définir à nouveau celle-ci, et ainsi de suite jusqu'à l'infini)[1].

Le livre H commence par passer en revue tout ce qui a été dit jusque là. A partir du point de départ que la recherche porte sur les causes et principes des *ousiai* (Z 1), on a cité d'abord quelles choses sont reconnues comme *ousiai* par tous ou par certains (Z 2), ensuite on a étudié l'être initial et la définition, conjointement à la problématique des parties (Z 3-12), enfin on a écarté le général et le genre (Z 13). Il reste à examiner les *ousiai* reconnues par tous, c'est-à-dire les sensibles, et par là on reprendra la détermination de l'*ousia* à la fois comme sujet et comme τί ἦν εἶναι. Comme sujet d'abord, car sont *ousiai* comme sujets la matière (qui est une chose déterminée en puissance, et le sujet des changements), la raison d'être et la forme (qui est une chose déterminée séparable par la raison[2]) et le composé des deux (dont il y a génération et destruction, et qui est séparable absolument). Comme τί ἦν εἶναι ensuite, car « l'être initial appartient à la spécificité et à l'acte » (H 3, 1043b 1-2). L'acte du sensible est d'abord appréhendé comme la différence dans la matière, c'est-à-dire comme ce qui l'arrache à son indétermination en différenciant les choses qu'elle compose. Or, ce sont ces différences, dont le contenu déterminatif s'exprime à partir de n'importe quelle catégorie d'étants, qui signifient l'être de la chose (H 2, 1042b 25-31). Mais si les « principes de l'être » sont des déterminations quantitatives telles que le plus et le moins, ou qualitatives telles que le droit et le courbe, etc., il semble en résulter un renversement ontologique, car l'essence des substances sera constituée par les autres catégories[3]. Cependant, Aristote limite aussitôt la portée de ce rôle en disant :

1. Cf. aussi H 3, 1043b 25-32. D'autre part, on pourrait dire que l'essence est un nombre seulement en ce sens, parce qu'elle est nécessairement divisible en indivisibles, mais la notion de nombre est incapable de rendre compte de l'unité de l'essence en dépit de sa divisibilité (*id.*, 1043b 32-1044a 9).

2. *Id.* en *Phys.* II 1, 193b 4-5 : la nature est la forme et la spécificité « étant non séparable si ce n'est selon la raison ». De même, dans l'enquête sur ce qu'est le lieu : « en tant qu'il est séparable de la chose, il n'est pas la spécificité » (*Phys.*, IV 2, 209b 30-31). Quant à la matière, elle est ce qui est déterminé en puissance, c'est-à-dire non par soi-même (καθ'αὑτό) mais par la forme (*De Anima*, II 1, 412a 6-11).

3. Le même type de description se trouve dans la *Physique* à propos des productions : « Maintenant, la maison, la statue et quoi que ce soit d'autre sont produites de la même façon : la maison est produite à partir de telle non-composition et séparation de telles matières, et la statue ou une autre chose figurée, à partir de l'absence de figure ; dans chacun de ces cas, il y a pour les uns une ordonnance, pour les autres une composition. Si donc cela est vrai, tout ce qui est produit et tout ce qui est détruit est produit et est détruit soit à partir des contraires soit vers les contraires et leurs intermédiaires » (I 5, 188b 16-23).

> Il est manifeste d'après cela que, puisque l'essence est cause de l'être de chaque chose, c'est en elles (*scil.* les différences) qu'il faut chercher quelle est la cause de l'être de chacune. Aucune d'elles n'est donc essence, pas même couplée avec la matière, cependant elles jouent un rôle analogue dans chaque chose, et de même que dans les substances ce qui est attribué à la matière est l'acte lui-même, dans les autres définitions aussi c'est au plus haut point le cas. (H 2, 1043a 2-7).

On retrouve le caractère analogique du couple pour tous les types d'étants à définir : « l'acte et la raison d'être sont autres pour une autre matière » (a 12-13) mais la relation entre eux est toujours la même : le seuil est une pierre ou un bois placé d'une certaine façon, la symphonie est un certain mélange d'aigu et de grave, l'absence de vent est le repos dans la masse de l'air[1]. Ainsi, l'acte joint à la matière peut définir l'être d'une chose sensible, et pourtant ce n'est pas encore l'essence de chacune. Aristote se démarque en effet de la manière dont Démocrite définit par la différence :

> Si donc chacun des animaux et de leurs parties est par sa figure et par sa couleur, Démocrite aurait raison, car il semble avoir soutenu cela. Il dit en tous cas qu'il est clair pour toute chose de savoir, par exemple, ce qu'est l'homme quant à sa forme, car il est connaissable par sa figure et par sa couleur. Cependant, le mort possède la même forme de figure, et pourtant il n'est pas un homme. En outre, il est impossible que soit une main celle qui est disposée de n'importe quelle façon, par exemple de cuivre ou de bois, si ce n'est par homonymie, comme le médecin dessiné. En effet, elle ne pourra accomplir sa fonction propre (τὸ ἑαυτῆς ἔργον), de même que des flûtes de pierre ne peuvent accomplir leur fonction, ni le médecin dessiné. (*De Part. Anim.*, I 1, 640b 22-641a 3).

Il y a plus important dans ce texte que la seule nécessité qu'une différence soit exclusivement réservée à la chose définie : il faut surtout que cette différence exprime la fonction de la chose, car c'est ainsi qu'elle en exprimera véritablement l'acte – et de même la matière doit être apte à

1. Dans la définition on ne peut prendre en compte que la spécificité essentielle d'une chose en devenir, c'est-à-dire ce qu'une chose devient selon la génération et non selon les autres types de changements, car le cultivé, par exemple, est un *eidos* comme terme d'un changement qualitatif, mais il est un accident du composé (*Phys.* I 7, 190b 10-17). C'est seulement cette spécificité qui est « conforme à la raison d'être, que nous définissons pour dire ce qu'est la chair ou l'os » (*Phys.* II 1, 193b 1-2).

l'exercice de cette fonction[1]. Autrement dit, l'essentiel de la maison n'est pas d'être un assemblage, mais d'être un assemblage tel qu'il puisse servir d'abri (H 3, 1043a 31-33), de sorte que la différence n'exprime pas la fin mais le moyen pour la fin. De la même manière, la spécificité de l'œil n'est pas tel assemblage de chairs mais elle en est l'entéléchie, c'est-à-dire la vue, sans laquelle l'œil n'est plus lui-même que par homonymie (*De Anima*, II 1, 412b 18-21). Par l'introduction de l'acte comme finalité s'éclaire aussi d'une façon nouvelle la signification de l'être initial : ce qu'était être pour une chose particulière, c'est la finalité présente avant même sa production et vers quoi celle-ci se dirige. Ainsi se confirme que la spécificité n'est pas l'assemblage, l'harmonie, le temps, le lieu, ou quelle autre détermination des matières, mais l'exercice qu'elles permettent et qui donne son sens à la chose. Par conséquent, les définitions données à la fin du chapitre H 2 sont encore pour la plupart des définitions par la seule cause matérielle, par cette matière prochaine déjà déterminée par une certaine différence ; mais la cause formelle finale est la fonction en vue de laquelle telle matière est déterminée de telle façon. Et ceci est vrai tant pour les productions naturelles que pour les productions techniques. En revanche il n'y a peut-être pas de cause finale pour les affections des étants naturels, par exemple pour l'éclipse (H 4, 1044b 12), ce qui s'explique peut-être par le fait qu'elles n'ont pas non plus véritablement de matière mais seulement un substrat qui subit l'affection ; autrement dit, elles ne s'analysent pas en termes de matière et de spécificité immanentes. Cette observation est très importante, car elle réduit ce type d'analyse aux seules substances, tandis que si les autres étants peuvent être définis, ce sera selon une autre méthode. Pour les affections par exemple, ce sera par la spécificité et la cause motrice : comme Aristote l'avait déjà prôné dans les *Analytiques*, on ne définit pas l'éclipse seulement comme une privation de lumière, mais il faut y ajouter « du fait de l'interposition de la terre » (*id.*, b 13-15). En tous cas, la définition logique, par le genre et la différence, passe clairement au second plan par rapport à la définition par les causes[2], pas nécessairement les quatre sortes conjointes mais celles qui rendent compte le mieux de la nature du sujet à définir : la cause formelle seule pour les choses sans devenir, les causes matérielle et finale pour les choses en devenir, les causes formelle et

1. Cf. H 4, 1044a 27-29 : « Pour certaines choses, la matière est nécessairement différente pour des étants différents, par exemple une scie ne pourrait venir du bois, pas même en vertu de la cause motrice, car on ne produira pas une scie à partir de laine ou de bois ».

2. En effet, on ne peut que constater, avec P. Pellegrin, que « On peut parfaitement, avec les concepts aristotéliciens, diviser les animaux en classes et définir l'homme ou le chien. Si de pareilles définitions ne sont jamais construites dans le corpus aristotélicien, qu'en déduire d'autre sinon qu'elles n'intéressent pas Aristote ? » (1990, p. 45). Pour D. Balme aussi, la définition logique est, dans tout le domaine biologique, « irrelevant » (1990, p. 54).

motrice pour les affections de celles-ci. En outre, la cause motrice joue également un rôle prépondérant dans les choses en devenir, puisqu'elle est la cause de leur unité, ce qui a transformé une matière déterminée mais en puissance d'une autre détermination en cette détermination nouvelle réalisée (H 6, 1045a 30-33). Pour les choses immuables, c'est-à-dire sans matière, une telle cause de l'unité n'est pas nécessaire car celle-ci est immédiate : c'est le cas pour les catégories et pour les τί ἦν εἶναι, quoiqu'ils n'existent pas séparément des choses particulières (a 36-b 7). Mais même dans le cas des choses sensibles, l'unité est première et c'est l'analyse théorique qui sépare artificiellement les deux composants [1].

1. « Body and soul are not *per se* existents but the limiting principles of the understanding of biological existents and their processes » (J. P. Anton, 1987², p. 118). Cette remarque, bien entendu, ne concerne que ces termes pris en général, comme le souligne aussi D. Balme : « Matter qua matter is not a thing but a role played by things » (1990, p. 49).

CONCLUSION

LA LÉGITIMITÉ DE L'ONTOLOGIE GÉNÉRALE

L'examen de l'institution de l'ontologie par Aristote a été mené en cinq étapes, correspondant aux principales objections qui ont été faites à cette entreprise au cours de l'histoire (et j'appelle « ontologie » la « science de l'étant en tant qu'étant » de *Métaphysique* Γ). La première concerne la notion de science : puisque l'ontologie prétend être une science, elle doit se conformer aux exigences de celle-ci ; mais que sont-elles exactement ? Ensuite, différentes sciences émergent comme plus importantes que les autres ; ce sont, selon les ouvrages et selon les points de vue : la sagesse, la philosophie, la philosophie première, la science des premiers principes. A laquelle ou auxquelles de celles-ci l'ontologie s'identifie-t-elle et en quoi est-elle, par conséquent, éminente ? La troisième étape envisage la question peu abordée des différents types de plurivocité, dans le but de déterminer si celle du mot « être » constitue un obstacle à l'ontologie. Dans la partie suivante peuvent alors être définies les différentes significations de l'être, faisant ainsi apparaître le véritable objet de l'ontologie. Enfin, il restait à parcourir de manière critique la description ontologique elle-même, à la lumière des indications et conditions préalablement récoltées.

Pour Aristote, toute science doit exprimer des faits généraux et nécessaires, soit de manière non démonstrative, par différentes méthodes d'acquisition de propositions indémontrables, soit de manière démonstrative, en appliquant à ces propositions des règles précises de déduction de propriétés. Ces deux types de science ont pour points de départ indémontrables les concepts simples, c'est-à-dire les termes généraux acquis par induction à partir de la sensation. La désignation générale de principe recouvre à la fois, du côté linguistico-logique, les concepts simples, les propositions non médiées, les règles de déduction et les axiomes de tout discours, et du côté ontologique, les quatre sortes de causes de l'être et du devenir et les lois régissant la possession de certaines propriétés par tous les étants. Il existe entre ces deux niveaux une correspondance non pas posée *a priori* mais due aux processus mêmes d'acquisition des connaissances, dont la grande variété permet de vérifier à tout moment que l'on n'impose pas arbitrairement des structures au réel mais que s'instaure un véritable dialogue entre nos facultés cognitives et l'objet extérieur à connaître. Le rapport non pas d'adéquation mais de correspondance entre le logique et le réel s'est ainsi révélé comme une adaptation des structures noétiques aux structures ontologiques. En effet, il n'existe pas dans l'âme de structures logiques *a priori* en acte, mais une puissance à acquérir les universels par induction, qui consiste à pouvoir effectuer des unifications de choses multiples, par la reconnaissance de l'identique et du différent. De ce fait, les moyens par lesquels nous formulons l'aspect intelligible de tous les étants sont aussi les conditions structurelles des étants eux-mêmes, principes ou propriétés par soi. Le recours à la sensation permet de répondre à la difficile question de savoir sur quelles connaissances antérieures une science des principes ultimes peut s'appuyer : puisque l'intellect, qui institue les principes, ne pense pas sans images, celles-ci lui étant fournies par les sens, toute connaissance repose ultimement sur les informations sensibles, qui deviennent pleinement connaissances à partir de l'identification de l'essentiel, du général et du nécessaire en elles.

En ce qui concerne plus particulièrement la partie démonstrative de toute science, les propriétés démontrées doivent appartenir par soi au genre considéré, en vertu de ses principes propres et non en vertu de principes empruntés aux autres genres ; l'objet de l'ontologie, quelle que soit son extension, devra donc posséder des propriétés par soi et des principes propres, c'est-à-dire qui ne conviennent qu'à lui et non à des objets quelconques du réel. Or, ce sont précisément ces exigences qu'Aristote entreprend de remplir aux livres Γ et E de la *Métaphysique :* ce n'est pas par hasard qu'il consacre la majeure partie de sa présentation de l'ontologie à affirmer, d'une part, que les étants, considérés en tant qu'étants, possèdent des principes et des propriétés que, considérés selon leur essence particulière, ils ne possèdent pas par soi ; et, d'autre part, que l'ontologie comprend à la fois une institution des principes de son objet (c'est-à-dire des principes premiers du réel) et une démonstration de ses propriétés par soi. L'usage de cette terminologie technique précise révèle l'intention d'Aristote d'inscrire l'ontologie parmi les sciences légitimes. Quant au fait que les dix catégories ou genres ultimes des étants ne peuvent être réunis sous un seul genre, ce n'est pas un problème puisqu'ils ne constituent pas en tant que tels l'objet de l'ontologie mais seulement en tant qu'ils reçoivent le prédicat « être ». C'est ainsi qu'il faut comprendre le refus d'une science du bon et de l'étant dans l'*Ethique à Eudème,* comme dirigé contre la prétention de connaître d'une même façon toutes les choses bonnes ou toutes les choses qui sont, non de ce seul point de vue mais en elles-mêmes ; en effet, c'est seulement sous leur aspect commun d'étants qu'on peut connaître tous les étants, et par analogie seulement toutes les choses bonnes en tant que bonnes.

L'ontologie ainsi définie ne peut s'identifier à la philosophie première, dont tous les textes s'accordent à faire une étude des spécificités immatérielles, soit considérées en tant que séparées de la matière, soit réellement séparées d'elle, et plus particulièrement, parmi ces dernières, une étude du premier moteur immobile ; celle-ci, appelée aussi théologie, ne peut être dite universelle qu'au sens où l'effet produit par ce moteur se répercute sur l'ensemble du réel en devenir. En revanche, une appellation qui convient à la science de l'étant en tant qu'étant est celle de « philosophie », qu'elle soit définie d'une manière générale comme toute recherche de la vérité fondée sur l'explication causale, ou d'une manière plus précise, comme la science d'un objet universel. C'est en tant que telle qu'elle est annoncée au livre A de la *Métaphysique*, où elle reprend le rôle de la traditionnelle « sagesse » comme science des premières causes et des premiers principes du réel tout entier. De même, au livre B, elle n'a pas encore reçu son nom propre d'ontologie, mais les apories que la « science recherchée » y est chargée de résoudre sont effectivement affrontées à partir du livre Γ.

Cependant, pour justifier une science des étants en tant qu'étants, il faut lever préalablement le doute de l'homonymie de l'être ; en effet, si le fait d'être est irréductiblement différent pour chaque type de réalité, l'étude de tous les étants en tant qu'ils sont est impossible. On sait que la réponse d'Aristote à cet obstacle éventuel est que la plurivocité de l'être en tant que divisé en dix genres ultimes n'est pas une homonymie mais une pluralité de significations qui possèdent toutes en commun la référence à la substance ou réalité autosubsistante. Certains interprètes ont jeté le soupçon sur cette justification, l'estimant ajoutée *in extremis* pour sauver la théorie, en contradiction avec les indications d'ouvrages précédents. C'est pourquoi, j'ai entrepris de confronter tous les passages du corpus traitant d'un terme plurivoque (πολλαχῶς λεγόμενον) ou homonyme (ὁμώνυμον) ou synonyme (συνώνυμον), afin de déterminer la signification précise de ces termes et leurs rapports entre eux. Cette confrontation a révélé que la plurivocité est un terme générique regroupant les homonymes, les synonymes et les uni-référentiels (πρὸς ἕν λεγόμενα), l'ensemble de ces termes s'opposant aux univoques (μοναχῶς λεγόμενα) qui ne peuvent s'attribuer qu'à une seule sorte de choses. Par conséquent, un terme dit plurivoque n'est pas exclu comme tel du discours scientifique mais seulement, parmi ceux-ci, les homonymes. Or, si l'être est fréquemment dit plurivoque, il n'est jamais dit homonyme, et seule la confusion de ces deux termes a pu, dès l'Antiquité, jeter le discrédit sur l'entreprise ontologique. Les autres termes uni-référentiels rencontrés à l'occasion de cette enquête m'ont permis d'observer le statut logique et le fonctionnement exact de ce procédé, qui consiste à donner à un prédicat plusieurs définitions possédant toutes un même terme de référence, mais sans que celui-ci ait un rapport quelconque avec l'essence des différents sujets auxquels s'attribue le prédicat et sans qu'il doive posséder nécessairement au niveau ontologique le même rôle principiel qu'il possède au niveau linguistique. En outre, le résultat du procédé n'est pas de réduire plusieurs significations à une seule, mais de permettre que tous les sujets recevant de cette façon le même prédicat soient étudiés par une même science. Par ailleurs, l'examen de ce type particulier de synonymes que constituent les genres dans lesquels les espèces sont situées l'une par rapport à l'autre comme une série d'antérieures et de postérieures exclut l'hypothèse que soit les catégories soit les différentes substances puissent être considérées comme de telles séries.

Maintenant, pour savoir à quoi correspond la plurivocité de l'être, exprimée par la phrase « l'être se dit de quatre façons », il est nécessaire de partir de la théorie du verbe qui se trouve dans le *De Interpretatione*. Comme tout verbe, en effet, « être » est un prédicat attribuant une détermination à un sujet, en l'occurrence l'existence. Mais il possède en outre la particularité de pouvoir signifier la liaison entre un sujet et un prédicat. Or, c'est cet usage copulatif qui correspond à la première façon de dire l'être, l'être par accident, car le sujet d'une proposition prédicative quelconque ne reçoit pas par soi la signification de l'existence, mais éventuellement par l'intermédiaire de ce qui lui est prédiqué. L'être comme vrai est un usage particulier de la copule, lorsque sa mise en évidence dans la phrase sert à affirmer la vérité de celle-ci. Dans ces deux cas, l'être n'est pas un prédicat car il ne dit rien du sujet, mais il n'est pas non plus un élément superflu car la liaison logique qu'il assure se fonde sur une liaison réelle dans les choses. En tant que prédicat, l'être se divise à nouveau en de multiples significations, car il peut désigner chacune des modalités d'existence propres à chacun des genres de l'attribution : il n'y a pas d'existence absolue mais toujours en tant que chose subsistante ou dépendante ou, conformément à la liste de Γ 2, en tant que négation, privation ou possession d'une de ces choses. En outre, chacune de ces modalités se trouve dédoublée par l'existence en puissance ou en acte. C'est à propos de cet ensemble de significations qu'intervient l'unification πρὸς ἕν, au sens où la définition de toute modalité d'existence doit contenir la même référence à la substance comme substrat ultime. Par contre, les deux significations de la copule n'ont aucun rapport avec cet ensemble sémantique et l'on pourrait aussi bien remplacer le « est » copulatif par un mot propre ; en effet, le statut des non-étants exposé dans le *De Interpretatione* et dans les *Réfutations Sophistiques* montre l'impossibilité de déduire l'existence à partir de la prédication. C'est pourquoi aussi l'usage copulatif n'est pas étudié dans l'ontologie mais seulement dans les traités sur le langage.

L'objet de l'ontologie s'est donc progressivement précisé comme l'ensemble des choses qui sont, envisagées en tant qu'elles possèdent une certaine modalité d'existence faisant référence à la substance. Les propriétés par soi de cet objet seront, par suite, des conséquences du fait même de posséder une telle modalité ; elles ne sont pas propriétés par soi de toute la réalité, qui serait dès lors un seul genre, mais de ce caractère essentiel de toute réalité qui est le fait d'être. Elles peuvent être réunies en deux groupes : d'une part, tout ce qui est doit son existence à une ou à plusieurs parmi les quatre types de causes, d'autre part, tout ce qui est possède un certain type d'identité et de rapport aux autres. Le deuxième groupe relève de l'hénologie : y figurent le même et l'autre, le semblable et le dissemblable, l'égal et l'inégal, le général et le particulier, la mesure et le mesuré, toutes notions qui signifient un rapport entre unité et multiplicité. Au premier groupe appartiennent les principes premiers, parmi lesquels Aristote étudie longuement les notions définitionnelles qui manifestent les natures ontologiques : la spécificité, l'essence et l'être initial. Ces deux dernières appartiennent à tous les étants simples, quoique de façon première aux substances parce que les autres étants supposent toujours une prédication à celle-ci. Quant à la spécificité, elle est distinguée de l'essence et de l'être dans les étants en devenir, du devenir même desquels elle rend compte, en tant qu'entéléchie d'une matière changeant à partir de la privation contraire ; cette dernière structure explicative, le couple matière-spécificité, permet de donner une définition même des choses sensibles tout en garantissant l'unité réelle de chacune.

Les réalités principielles sont nécessairement différentes dans chacun des genres de l'étant, mais la notion même de principe de l'une des quatre sortes est analogique dans tous les genres : une fois connus les principes d'être ou de devenir et les conditions d'intelligibilité d'un certain genre d'étants, les mêmes rapports peuvent être détectés à propos d'un autre genre, et ainsi des réalités essentiellement différentes sont expliquées à partir des mêmes notions. C'est pourquoi, l'étude des réalités principielles propres à chacun relève de chaque science particulière, tandis que l'étude de la notion générale, en tant que propriété nécessaire de l'étant en général, relève de la science universelle. C'est ainsi que la tâche épistémologique consistant à établir les conditions de connaissance de tout genre particulier de l'étant, et la tâche ontologique consistant à déterminer ce qu'est l'être en général et ses propriétés par soi, se rejoignent en une seule et même étude, universelle et préalable à toute autre, la philosophie.

BIBLIOGRAPHIE

Éditions et traductions de la Métaphysique

H. BONITZ, *Aristotelis Metaphysica*. 2 vol., Bonn, Marcus, 1848-49.

W. CHRIST, *Aristotelis Metaphysica*, Leipzig, Teubner, 1934 (1886).

W. JAEGER, *Aristotelis Metaphysica*, Oxford, Clarendon Press, 1957.

W. D. ROSS, *Aristotle's Metaphysics. A revised Text with Introduction and Commentary*. 2 vol., Oxford, Clarendon Press, 1924.

J. TRICOT, *Aristote. Métaphysique. Traduction nouvelle et notes*, 2 vol., Paris, Vrin, 1962 (1933).

Éditions et traductions d'autres œuvres d'Aristote

J.L. ACKRILL, *Aristotle's* Categories *and* De Interpretatione (Introd., texte et trad.), Oxford, 1963.

E. BARBOTIN, *De l'âme*. Texte établi par A. Jannone, traduction et notes de E. Barbotin, Paris, Les Belles Lettres, 1966.

J. BRUNSCHWIG, *Topiques*. Introduction, texte, traduction et notes, Paris, Les Belles-Lettres, 1967.

L. COULOUBARITSIS et A. STEVENS, *La Physique*. Introduction, traduction et notes, Paris, Vrin, 1999.

V. DÉCARIE, *Éthique à Eudème*. Introduction, traduction, notes et indices, Paris, Vrin, 1991 [3].

Y. PELLETIER, *Les Attributions, le texte aristotélicien et les prolégomènes d'Ammonios d'Hermeias*, Introd., trad. et notes, Montréal-Paris, Bellarmin-Belles Lettres, 1983.

W. D. ROSS, *Aristotle's Prior and Posterior Analytics. A Revised Text with Introduction and Commentary*, Oxford, Clarendon Press, 1949.

Commentaires grecs

ALEXANDRE D'APHRODISIAS, *In Aristotelis Metaphysica commentaria*, ed. Hayduck, Berlin, Reimer, 1891.

AMMONIUS, *In Aristotelis Categorias commentarium*, ed. Busse, *id.*, 1895.

ASCLÉPIUS, *In Aristotelis Metaphysica commentaria*, ed. Hayduck, *id.*, 1888.

DAVID, *Prolegomena et in Porphyrri Isagogen commentarium*, ed. Busse, *id.*, 1900.

ELIAS, *In Porphyrii Isagogen et in Aristotelis Categorias commentaria*, ed. Busse, *id.*, 1900.

JEAN PHILOPON, *In Aristotelis Categorias commentarium*, ed. Busse, *id.*, 1898.

OLYMPIODORE, *Prolegomena et in Aristotelis Categorias commentarium*, ed. Busse, *id.*, 1902.

PORPHYRE, *Isagoge et in Aristotelis Categorias commentaria*, ed. Busse, *id.*, 1887.

SYRIANUS, *In Aristotelis Metaphysica commentaria*, ed. Kroll, *id.*, 1902.

Etudes citées

J. L. ACKRILL, « Aristotle on « Good » and the Categories », *Islamic Philosophy and the Classical Tradition*, ed. STERN, HOURANI, BROWN, Columbia, 1972, p. 17-25.

– « Aristotle's Definitions of psuchê », *Proceedings of the Aristotelian Society*, 73, 1972-73, p. 119-33.

D.J. ALLAN, « Aristotle's Criticism of Platonic Doctrine Concerning Goodness and the Good », *Proceedings of the Aristotelian Society*, 64, 1963-64, p. 273-286.

G.E.M. ANSCOMBE, « The Principle of Individuation », *Proceedings of the Aristotelian Society*, suppl. 27, 1953, p. 83-96.

J.P. ANTON, *Aristotle's theory of contrariety*, Lanham-London, 1987 [2].

– « The Aristotelian Doctrine of Homonyma in the *Categories* and Its Platonic Antecedents », *Journal of the History of Philosophy*, t. VI, 4, 1968, p. 315-326.

O. APELT, *Beiträge zur Geschichte der Griechischen Philosophie*, Leipzig, Teubner, 1891.

H. VON ARNIM, « Zu W. Jaegers Grundlegung der Entwicklungsgeschichte des Aristoteles », *Wiener Studien*, XLVI, 1928, p. 1-48.

P. AUBENQUE, *Le problème de l'être chez Aristote*, Paris, 1972 [2] (1962).

– « Sur la notion aristotélicienne d'aporie », *Aristote et les problèmes de méthode. Actes du 2e Symposium aristotelicum* (Louvain, 1960), éd. S. Mansion, Louvain, Presses Universitaires, 1961, p. 3-19.

– « Les origines de la doctrine de l'analogie de l'être », *Les Etudes Philosophiques*, 1978, 1, p. 3-12.

– « Sur l'inauthenticité du livre K de la Métaphysique », *Zweifelhaftes im Corpus Aristotelicum. Akten des 9 Symposium aristotelicum* (Berlin 7-16 sept. 81), ed. P. MORAUX et J. WIESNER, Berlin-New York, 1983, p. 318-44.

– « Plotin et Dexippe, exégètes des catégories d'Aristote », *Aristotelica. Mélanges offerts à Marcel De Corte*, Ousia Bruxelles – Presses Universitaires Liège, 1985, p. 7-40.

D.M. BALME, « ΓΕΝΟΣ and ΕΙΔΟΣ in Aristotle's Biology », *Classical Quarterly*, NS 12, 1962, p. 81-98.

– « Aristotle's Biology was not Essentialist », *Philosophical Issues in Aristotle's Biology*, éd. A. GOTTHELF & J. G. LENNOX, Cambridge, 1987, p. 291-312.

– « Matter in the definition. A reply to G.E.R. LLOYD », *Biologie, logique et métaphysique chez Aristote. Actes du séminaire CNRS-NSF* (Oleron 1987), publ. D. DEVEREUX et P. PELLEGRIN, Paris, 1990, p. 49-54.

E. BARBOTIN, *La Théorie aristotélicienne de l'intellect d'après Théophraste*, Louvain-Paris, 1954.

J. BARNES, « Aristotle's Theory of Demonstration », *Phronesis*, 14, 1969, p. 123-52.

– « Aristotle's Concept of Mind », *Proceedings of the Aristotelian Society*, 72, 1971-72, p. 101-14.

– *Aristotle's Posterior Analytics (Introd., trad. et notes)*, Oxford, Clarendon Press, 1975.

F. BASSENGE, « Das *to heni einai, to agathô einai* etc. etc. und das *to ti èn einai* bei Aristoteles », *Philologus*, 104, 1960, p. 14-47 et 201-22.

S. BERNARDINELLO, *Eliminatio codicum della* Metafisica *di Aristotele*, Padova, 1970.

E. BERTI, *L'unità del sapere in Aristotele*, Padova, Antenore, 1965.

– « Multiplicité et unité du bien selon E. E. I 8 », *Untersuchungen zur Eudemischen Ethik. Akten des 5 symposium aristotelicum* (Oosterbeek, 1969), ed. P. MORAUX et D. HARLFINGER, Berlin, De Gruyter, 1971, p. 157-184.

– « The Intellection of Indivisibles », *Aristotle on Mind and the Senses. Proceedings of the seventh symposium aristotelicum* (Cambridge, 1975), ed. G.E.R. LLOYD & G.E.L. OWEN, Cambridge, 1978, p. 141-163.

– « Le problème de la substantialité de l'être et de l'un dans la *Métaphysique* d'Aristote », *Études sur la* Métaphysique *d'Aristote, Actes du VI*[e] *symposium aristotelicum* (Cerisy, 1972), Paris, Vrin, 1979, p. 89-130.

– « Aristote et la méthode dialectique du *Parménide* de Platon », *Revue Internationale de Philosophie*, 134, 1980, p. 341-58.

– « Origine et originalité de la métaphysique aristotélicienne », *Archiv für Geschichte der Philosophie*, bd 63, 1981, p. 227-252.

– « La fonction de *Métaph. Alpha Elatton* dans la philosophie d'Aristote », *Zweifelhaftes im Corpus Aristotelicum. Akten des 9 Symposium aristotelicum* (Berlin 7-16 sept. 81), ed. P. MORAUX et J. WIESNER, Berlin-New York, 1983, p. 260-94.

– « Quelques remarques sur la conception aristotélicienne du non-être », *Revue de Philosophie Ancienne*, 2, 1983, p. 115-42.

– « Il concetto di « sostanza prima » nel libro Z della *Metafisica* », *Rivista di Filosofia*, LXXX n°1, avril 1989, p. 3-23.

– « Être et Non-Être chez Aristote : contraires ou contradictoires ? », *Revue de Théologie et de Philosophie*, 122, 1990, p. 365-73.

– « Philosophie, dialectique et sophistique dans *Métaphysique* Γ 2 », *Revue Internationale de Philosophie*, 1997/3, n°201, p. 379-396.

R. BOEHM, *Das Grundlegende und das Wesentliche. Zu Aristoteles, Abhandlung « Über das Sein und das Seiende » (Metaphysik Z)*, La Haye, 1965. Tr. fr. E. MARTINEAU, *La* Métaphysique *d'Aristote. Le Fondamental et l'Essential*, Paris, 1976.

– « Le fondamental est-il l'essentiel ? », *Revue Philosophique de Louvain*, 64, 1966, p. 373-89.

R. BOLTON, « Aristotle's definitions of the soul : *De Anima* II, 1-3 », *Phronesis*, 23, 1978, p. 258-278.

– « Division, définition et essence dans la science aristotélicienne », *Revue Philosophique de la France et de l'Etranger*, II, 1993, p. 197-222.

R. BRAGUE, *Aristote et la question du monde*, Paris, P.U.F., 1988.

S. BROADIE, « Que fait le premier moteur d'Aristote ? », *Revue Philosophique de la France et de l'Etranger*, II, 1993, p. 375-411.

J. BRUNSCHWIG, « Dialectique et ontologie chez Aristote. A propos d'un livre récent », *Revue Philosophique*, CLIV, 1964, p. 179-200.

– « E. E. I 8, 1218a 15-32 et le Περὶ τἀγαθοῦ », *Untersuchungen zur Eudemischen Ethik. Akten des 5 symposium aristotelicum* (Oosterbeek, 1969), ed. P. MORAUX et D. HARLFINGER, Berlin, De Gruyter, 1971, p. 197-222.

– « La forme, prédicat de la matière ? », *Etudes sur la* Métaphysique *d'Aristote, Actes du VI*e *symposium aristotelicum* (Cerisy, 1972), Paris, Vrin, 1979, p. 131-166.

– « L'objet et la structure des *Seconds Analytiques* d'après Aristote », *Aristotle on Science : The* Posterior Analytics, *Proceedings of the eighth Symposium Aristotelicum* (Padova 1978), ed. BERTI, Padova, 1981, p. 61-96.

B. CASSIN et M. NARCY, *La décision du sens : le livre Gamma de la Métaphysique d'Aristote*. Introduction, texte, traduction et commentaire, Paris, Vrin, 1989.

Fr. CAUJOLLE-ZASLAWSKI, « Aristote : Sur quelques traductions récentes de « TO TI HN EINAI », *Revue de Théologie et de Philosophie*, 113, 1981, p. 61-75.

A. CÉSALPIN, *Questions péripatéticiennes*, tr. fr., Paris, Alcan, 1929.

C. CHIESA, « Symbole et signe dans le *De Interpretatione* », *Philosophie du langage et grammaire dans l'Antiquité*, Bruxelles, Ousia – Université des Sciences Sociales de Grenoble, 1986, p. 203-218.

R. CLAIX, « Le statut ontologique du concept de « sujet » selon la métaphysique d'Aristote. L'aporie de "*Métaphysique* VII (Z), 3" », *Revue Philosophique de Louvain*, 70, 1972, p. 335-59.

A. CODE, « The aporematic approach to primary being », *Canadian Jounal of Philosophy*, sup. 10, 1984, p. 41-65.

– « Aristotle's *Metaphysics* as a science of principles », *Revue Internationale de Philosophie*, 1997/3, n°201, p. 357-378.

J.M. COOPER, « The Magna Moralia and Aristotle's Moral Philosophy », *American Journal of Philology*, 94, 1973, p. 340-

– « Metaphysics in Aristotle's embryology », *Biologie, logique et métaphysique chez Aristote. Actes du séminaire CNRS-NSF* (Oleron 1987), publ. D. DEVEREUX et P. PELLEGRIN, Paris, 1990, p. 55-84.

L. COULOUBARITSIS, « Sophia et Philosophia chez Aristote », *Annales de l'Institut de Philosophie de l'Université Libre de Bruxelles*, 1978, p. 7-38.

– « Dialectique et Philosophie chez Aristote », *Philosophia*, 8-9, 1978-79, p. 229-55.

– *L'avènement de la science physique. Essai sur la Physique d'Aristote*, Bruxelles, Ousia, 1980.

– « Y a-t-il une intuition des principes chez Aristote ? », *Revue Internationale de Philosophie*, 134, 1980, p. 440-71.

– « Considérations sur la notion de TO TI HN EINAI », *L'Antiquité Classique*, 50, 1981, p. 148-57.

– « L'Être et l'Un chez Aristote », *Revue de Philosophie Ancienne*, 1, 1983, p. 49-98 et 2, 1983, p. 143-95.

– « La notion d'*entelecheia* dans la *Métaphysique* », *Aristotelica. Mélanges offerts à Marcel De Corte*, Bruxelles, Ousia-Presses Universitaires Liège, 1985, p. 129-55.

– « Le statut du devenir dans Métaphysique Z et H », *Aristoteles Werk und Wirkung*, Paul MORAUX gewidmet, Erster Band, Berlin-New York, 1985, p. 288-310.

– « *Legomenon* et *katègoroumenon* chez Aristote », *Cahiers de Philosophie Ancienne* n°5 – *Cahiers du Groupe de Recherche sur la Philosophie et le langage* n°6 et n°7, Bruxelles-Grenoble, 1986, p. 219-38.

– « La métaphysique s'identifie-t-elle à l'ontologie ? », *Herméneutique et ontologie. Hommage à P. Aubenque*, ed. R. BRAGUE et J.-F. COURTINE, Paris, PUF, 1990, p. 297-322.

– « La question du « sujet » dans la philosophie grecque », *Cahiers de l'École des Sciences philosophiques et religieuses*, n°8, 1990, p. 9-41.

– *Aux origines de la philosophie européenne : de la pensée archaïque au néoplatonisme*, Bruxelles, De Boeck-Wesmael, 1992.

J.-F. COURTINE, « Différence ontologique et analogie de l'être, le tournant suarézien », *Bulletin de la société française de Philosophie*, 2, 1989.

– *Suares et le système de la métaphysique*, Paris, PUF, 1990.

M. CRUBELLIER, « La beauté du monde. Les sciences mathématiques et la philosophie première », *Revue Internationale de Philosophie*, 1997/3, n° 201, p. 307-331.

V. DÉCARIE, *L'objet de la métaphysique selon Aristote*, Montréal-Paris, 1961.

– « L'authenticité du livre K de la Métaphysique », *Zweifelhaftes im Corpus Aristotelicum, Akten des 9 Symposium aristotelicum* (Berlin 7-16 sept. 81), ed. P. MORAUX et J. WIESNER, Berlin-New York, 1983, p. 295-317.

M. DE CORTE, *La Doctrine de l'Intelligence chez Aristote*, Paris, Vrin, 1934.

A. DE MURALT, « L'être du non-être en perspective aristotélicienne », *Revue de Théologie et de Philosophie*, 122, 1990, p. 375-88.

L. M. DE RIJK, « The Authenticity of Aristotle's *Categories* », *Mnemosyne*, S. 4a, IV, 1951, p. 129-159.

P. DESTRÉE, « "Physique" et "métaphysique" chez Aristote. A propos de l'expression ὂν ᾗ ὄν », *Revue Philosophique de Louvain*, 1992, tome 90, p. 422-444.

E. DE STRYCKER, « Prédicats univoques et prédicats analogiques dans le « Protreptique » d'Aristote », *Revue Philosophique de Louvain*, 66, 1968, p. 597-618.

– « Concepts-clés et terminologie dans les livres ii à vii des *Topiques* », *Aristotle on Dialectic. Proceedings of the 3rd Symp. Arist.* (ed. G.E.L. OWEN), Oxford, 1968, p. 141-163.

– « Notes sur les relations entre la problématique du *Sophiste* de Platon et celle de la *Métaphysique* d'Aristote », *Etudes sur la Métaphysique d'Aristote, Actes du VI*^e^ *symposium aristotelicum* (Cerisy, 1972), Paris, 1979, p. 49-64.

A.-M. DILLENS, *A la naissance du discours ontologique. Étude de la notion de kath'hauto dans l'œuvre d'Aristote*, Bruxelles, Ousia, 1982.

D. DUBARLE, « La doctrine aristotélicienne de l'analogie et sa normalisation rationnelle », *Revue des Sciences Philosophiques et Théologiques*, LIII, 1969, p. 3-40.

B. DUMOULIN, « L'*ousia* dans les *Catégories* et dans la *Métaphysique* », *Zweifelhaftes im Corpus Aristotelicum, Akten des 9 Symposium aristotelicum* (Berlin 7-16 sept. 81), ed. P. MORAUX et J. WIESNER, Berlin-New York, 1983, p. 57-72.

– *Analyse génétique de la* Métaphysique *d'Aristote*, Montréal – Paris, Bellarmin – Belles Lettres, 1987.

I. DÜRING, « Aristotle's Method in Biology. Note on *De Part. An.* I 1, 639b 30- 640a 2. », *Aristote et les problèmes de méthode. Actes du 2e Symposium aristotelicum* (Louvain, 1960), éd. S. MANSION, Louvain, Presses Universitaires, 1961, p. 213-221.

– *Aristoteles. Darstellung und Interpretation seines Denkens*, Heidelberg, Carl Winter – Universitätsverlof, 1966.

L. ELDERS, *Aristotle's Theory of the One*, Assen, Van Gorcum, 1961.

P. ENGEL, « Structure sémantique et forme logique d'après l'analyse aristotélicienne des phrases d'action », *Philosophie du langage et grammaire dans l'Antiquité*, Ousia Bruxelles – Université des Sciences Sociales de Grenoble, 1986, p. 181-202.

M. J. FEREJOHN, « Aristotle on Focal Meaning and the Unity of Science », *Phronesis*, 25, 1980, p. 117-128.

– *The Origins of Aristotelian Science*, New Haven, Yale University Press, 1991.

J. FOLLON, « Le concept de philosophie première dans la *Métaphysique* d'Aristote », *Revue Philos. de Louvain*, nov. 1992, tome 90, p. 387-421.

W. W. FORTENBAUGH, « Nichomachean Ethics, I, 1096b 26-29 », *Phronesis*, 11, 1966, p. 185-194.

– « Aristotle's Analysis of Friendship : Analogy, Resemblance, and Focal Meaning », *Phronesis*, 20, 1975, p. 51-62.

M. FREDE, « Titel, Einheit und Echtheit der aristotelischer Kategorienschrift », *Zweifelhaftes im Corpus Aristotelicum, Akten des 9 Symposium aristotelicum* (Berlin 7-16 sept. 81), ed. P. MORAUX et J. WIESNER, Berlin-New York, 1983. Version anglaise : « The Title, Unity, and Authenticity of the Aristotelian *Categories* », *Essays in Ancient Philosophy*, Minneapolis, University of Minnesota Press, 1987, p. 11-28.

– « Categories in Aristotle », *Essays in Ancient Philosophy*, Minneapolis, University of Minnesota Press, 1987, p. 29-48 (1re parution dans *Studies in Aristotle*, ed. D.J. O'MEARA, Studies in Philosophy and History of Philosophy, vol. 9, 1981).

– « Individuals in Aristotle », *Essays in Ancient Philosophy*, Minneapolis, University of Minnesota Press, 1987, p. 49-71 (1re parution : « Individuen bei Aristoteles », *Antike und Abendland, De Gruyter*, 1978).

– « Substance in Aristotle's *Metaphysics* », *Essays in Ancient Philosophy*, Minneapolis, University of Minnesota Press, 1987, p. 72-80 (1re parution dans *Aristotle on Nature and Living Things*, ed. Allan GOTTHELF, Mathesis Publications, Pittsburgh PA, 1985).

– « The Unity of General and Special Metaphysics : Aristotle's Conception of Metaphysics », *Essays in Ancient Philosophy*, Minneapolis, University of Minnesota Press, 1987, p. 81-95.

– « The definition of sensible substances in Metaphysics Z », *Biologie, logique et métaphysique chez Aristote. Actes du séminaire CNRS-NSF (Oleron 1987)*, publ. D. DEVEREUX et P. PELLEGRIN, Paris, 1990, p. 113-129.

M. FREDE – G. PATZIG, *Aristoteles « Metaphysik Z » (texte, traduction et commentaire)*, 2 vol., München, 1987.

M. FURTH, « Specific and individual form in Aristotle », *Biologie, logique et métaphysique chez Aristote. Actes du séminaire CNRS-NSF* (Oleron 1987), publ. D. DEVEREUX et P. PELLEGRIN, Paris, 1990, p. 85-111.

S. GAUKROGER, « Aristotle on Intelligible Matter », *Phronesis*, 25, 1980, p. 187-197.

G. GÉRARD, « De l'ontologie à la théologie. Lecture du livre Z de la *Métaphysique* d'Aristote », *Revue Philos. de Louvain*, nov. 1992, tome 90, p. 445-485.

P. GOHLKE, *Die Entstehung der aristotelischen Logik*, Berlin, 1936.

D.W. GRAHAM, *Aristotle's two systems*, Oxford, 1987.

G. G. GRANGER, *La théorie aristotélicienne de la science*, Paris, Aubier Montaigne, 1976.

G. GROTE, *Aristotle*, London, Murray, 1883.

O. HAMELIN, *Le Système d'Aristote*, Paris, Alcan, 1920.

H. HAPP, *Hyle. Studien zum aristotelischen Materie-Begriff*, Berlin, De Gruyter, 1971.

W.F.R. HARDIE, *Aristotle's Ethical Theory*, Oxford, Clarendon Press, 1968.

J. HINTIKKA, « Aristotle and the Ambiguity of Ambiguity », *Inquiry*, 1959, 2, p. 137-151.

T.H. IRWIN, « Homonymy in Aristotle », *Review of Metaphysics*, XXXIV n°3, 1981, p. 523-44.

– « Le caractère aporétique de la *Métaphysique* d'Aristote », *Revue de Métaphysique et de Morale*, 1990, n°2, p. 221-48.

E. VON IVANKA, « Die Behandlung der Metaphysik in Jaegers 'Aristoteles' », *Scholastik*, VII, 1932, p. 1-29.

W. JAEGER, *Studien zur Entstehungsgeschichte der Metaphysik des Aristoteles*, Berlin, Weidmann, 1912.

– *Aristoteles, Grundlegung einer Geschichte seiner Entwicklung*, Berlin, Weidmann, 1923.

H.H. JOACHIM, *Aristotle : The Nicomachean Ethics* (ed. D. A. REES), Oxford, 1951.

Ch. KAHN, « On the Terminology for Copula and Existence », *Islamic Philosophy and the Classical Tradition*, ed. STERN, HOURANI, BROWN, Columbia, 1972, p. 141-58.

– « The Role of Νοῦς in the Cognition of First Principles in *Post. An.* II 19 », *Aristotle on Science : The « Posterior Analytics », Proceedings of the eighth Symposium Aristotelicum* (Padova 1978), ed. E. BERTI, Padova, 1981, p. 385-414.

– « Aristotle on thinking », *Essays on Aristotle's De Anima*, ed. NUSSBAUM & RORTY, 1992, p. 359-79.

A. KENNY, « The Stylometric Study of the Aristotelian Writings », *CIRPHO*, Montréal, Automne 1975, III, p. 5-32.

– « A Stylometric Comparison between five disputed works and the remainder of the Aristotelian corpus », *Zweifelhaftes im Corpus Aristotelicum, Akten des 9 Symposium aristotelicum* (Berlin 7-16 sept. 81), ed. P. Moraux et J. Wiesner, Berlin-New York, 1983, p. 345-66.

L.A. KOSMAN, « Predicating the Good », *Phronesis*, 13, 1968, p. 171-174.

– « What does the maker mind make ? », *Essays on Aristotle's De Anima*, ed. NUSSBAUM & RORTY, 1992, p. 343-58.

M.-Th. LARKIN, *Language in the philosophy of Aristotle*, The Hague-Paris, Mouton, 1971.

J.M. LE BLOND, *Logique et méthode chez Aristote*, Paris, Vrin, 1970² (1939).

R. LEFÈBVRE, « L'image onto-théologique de la *Métaphysique* d'Aristote », *Revue de Philosophie Ancienne*, 2, 1990, p. 123-172.

Ch. LEFÈVRE, *Sur l'évolution d'Aristote en psychologie*, Louvain, 1955.

J.G. LENNOX, « Aristotle on Genera, Species, and « the More and the Less » », *Journ. Hist. of Biology*, 1980, 13-2, p. 321-346.

M.-P. LERNER, *Recherches sur la notion de finalité chez Aristote*, Paris, PUF, 1969.

W. LESZL, *Logic and metaphysics in Aristotle*, Padova, Antenore, 1970.

– *Aristotle's Conception of Ontology*, Padova, Antenore, 1975.

– « Unity and diversity of the sciences : the methodology of the mathematical and of the physical sciences and the role of nominal definitions », *Revue Internationale de Philosophie*, 134, 1980, p. 384-421.

F.A. LEWIS, *Substance and Predication in Aristotle*, Cambridge University Press, 1991.

A.C. LLOYD, « Genus, species and ordered series in Aristotle », *Phronesis*, 7, 1962, p. 67-90.

– *Form and Universal in Aristotle*, Liverpool, 1981.

G.E.R. LLOYD, « Aristotle's Zoology and his Metaphysics : the *status quaestionis*. A critical review of some recent theories », *Biologie, logique et métaphysique chez Aristote. Actes du séminaire CNRS-NSF* (Oleron 1987), publ. D. DEVEREUX et P. PELLEGRIN, Paris, 1990, p. 7-35.

P. LOUIS, Observations sur le vocabulaire technique d'Aristote, *Autour d'Aristote, Recueil d'études de philosophie ancienne et médiévale*, Louvain, Publications universitaires, 1955, p. 297-306.

S. MAC DONALD, « Aristotle and the Homonymy of the Good », *Archiv für Geschichte der Philosophie*, 71, 1989, p. 150-74.

H. MAIER, *Die Syllogistik des Aristoteles*, 3 vol., Tübingen, H. Laup, 1896-1900.

A. MANSION, « L'immortalité de l'âme et de l'intellect d'après Aristote », *Revue Philosophique de Louvain*, 51, 1953, p. 444-472.

– « L'objet de la science philosophique suprême d'après Aristote, *Métaphysique* E. 1 », *Mélanges de philosophie grecque offerts à Mgr Diès*, 1956, p. 151-168.

– « Philosophie première, philosophie seconde et métaphysique chez Aristote », *Revue Philosophique de Louvain*, tome 56, mai 1958, p. 165-221.

S. MANSION, *Le jugement d'existence chez Aristote*, Louvain-Paris, 1946.

– « Les apories de la *Métaphysique* aristotélicienne », *Autour d'Aristote, Recueil d'études de philosophie ancienne et médiévale*, Louvain, Publications universitaires, 1955, p. 141-79.

– « Notes sur la doctrine des catégories dans les *Topiques* », *Aristotle on Dialectic. The Topics, Proceedings on the Third Symposium Aristotelicum*, ed. G.E.L. OWEN, Oxford, Clarendon Press, 1968, p. 189-201.

– « To simon » et la définition physique », *Naturphilosophie bei Aristoteles und Theophrast. Verhandlungen des 4 Symposium Aristotelicum* (Göteborg 1966), ed. I. DÜRING, Heidelberg, Stiehm, 1969, p. 124-32.

– « Sur la composition ontologique des substances sensibles chez Aristote (*Métaphysique* Z 7-9) », *Philomathes. Studies and Essays in the Humanities in Memory of Ph. Merlan*, ed. R.B. PALMER et R. HAMERTON-KELLY, De Hage, Nijhoff, 1971, p. 75-87.

– « La notion de matière en *Métaphysique* Z 10 et 11 », *Etudes sur la* Métaphysique *d'Aristote, Actes du VI*[e] *Symposium Aristotelicum*, publ. P. AUBENQUE, Paris, Vrin, 1979, p. 185-205.

– « La signification de l'universel d'après *An. Post.* I1 », *Aristotle on Science : The « Posterior Analytics », Proceedings of the eighth Symposium Aristotelicum* (Padova 1978), ed. E. BERTI, Padova, 1981, p. 29-42.

Tous ces articles sont repris dans S. MANSION, *Etudes aristotéliciennes, Recueil d'articles*, Louvain-la-Neuve, Editions de l'Institut Supérieur de Philosophie, 1984.

W. MARX, *The Meaning of Aristotle's « Ontology »*, The Hague, Nijhoff, 1954.

E. MARTINEAU, « De l'inauthenticité du livre E », *Conférence* 5, 1997.

P. MERLAN, « Metaphysik : Name und Gegenstand », *Journal of Hellenic Studies*, 77, 1957, p. 87-92.

M. MIGNUCCI, « Sur la « méthode » d'Aristote en logique », *Revue Internationale de Philosophie*, 134, 1980, p. 359-83.

P. MORAUX, « A propos du νοῦς θύραθεν chez Aristote », *Autour d'Aristote. Recueil d'études de philosophie ancienne et médiévale*, Louvain, Publications universitaires, 1955, p. 255-295.

– « La méthode d'Aristote dans l'étude du ciel; *De Caelo* I 1-II 12 », *Aristote et les problèmes de méthode. Actes du 2ᵉ Symposium aristotelicum* (Louvain, 1960), éd. S. MANSION, Louvain, Presses Universitaires, 1961, p. 73-194.

J. MOREAU, « L'être et l'essence dans la philosophie d'Aristote », *Autour d'Aristote. Recueil d'études de philosophie ancienne et médiévale*, Louvain, Publications universitaires, 1955, p. 181-204.

– « Remarques sur l'ontologie aristotélicienne », *Revue Philosophique de Louvain*, 75, 1977, p. 577-611.

D. MORRISON, « Some remarks on Definition in *Metaphysics* Z », *Biologie, logique et métaphysique chez Aristote. Actes du séminaire CNRS-NSF* (Oleron 1987), publ. D. DEVEREUX et P. PELLEGRIN, Paris, 1990, p. 131-144.

– « Le statut catégoriel des différences dans l'« *Organon* » », *Revue Philosophique de la France et de l'Etranger*, II, 1993, p. 147-78.

R. MUGNIER, *La théorie du premier moteur et l'évolution de la pensée aristotélicienne*, Paris, Vrin, 1930.

P. NATORP, « Thema und Disposition der aristotelischen Metaphysik », *Philosophische Monatshefte*, 24, 1887-88, p. 37-65 et 540-574.

F. NUYENS, *L'évolution de la psychologie d'Aristote*, Louvain-Paris, Vrin, 1948.

K. OEHLER, *Der Unbewegte Beweger des Aristoteles*, Frankfurt, Klosterman, 1984.

E. OGGIONI, *La 'Filosofia Prima' di Aristotele*, Milan, Vita e Pensiero, 1939.

G.E.L. OWEN, « Logic and Metaphysic in some earlier works of Aristotle », *Aristotle and Plato in the Mid-Fourth Century*, ed. I. DÜRING and G.E.L. OWEN, Göteborg, 1960, p. 163-90.

– « Τιθέναι τὰ φαινόμενα », *Aristote et les problèmes de méthode. Actes du 2ᵉ Symposium aristotelicum* (Louvain, 1960), éd. S. MANSION, Louvain, Presses Universitaires, 1961, p. 83-103.

– « Aristotle on the Snares of Ontology », *New Essays on Plato and Aristotle*, ed. R. Bambrough, London-New York, 1965, p. 69-95.

– « Particular and general », *Proceedings of the Aristotelian Society*, LXXIX, 1978-79, p. 1-21.

J. OWENS, *The Doctrine of Being in the Aristotelian Metaphysics*, Toronto, 1978³ (1951).

– « The Reality of the Aristotelian Separate Movers », *Review of Metaphysics*, t. III 3, 1950, p. 319-337.

G. PATZIG, « Theologie und Ontologie in der « Metaphysik » des Aristoteles », *Kant Studien*, 52, 1960-61, p. 185-205. (trad. anglaise par J. et J. BARNES dans *Articles on Aristotle*, 1975-77, vol. 3).

– « Logical Aspects of Some Arguments in Aristotle's *Metaphysics* », *Etudes sur la* Métaphysique *d'Aristote, Actes du VIe symposium aristotelicum* (Cerisy, 1972), Paris, Vrin, 1979, p. 37-48.

P. PELLEGRIN, *La classification des animaux chez Aristote. Statut de la biologie et unité de l'aristotélisme*, Paris, Belles Lettres, 1982.

– « Taxinomie, moriologie, division. Réponses à G.E.R. Lloyd », *Biologie, logique et métaphysique chez Aristote. Actes du séminaire CNRS-NSF* (Oleron 1987), publ. D. DEVEREUX et P. PELLEGRIN, Paris, 1990, p. 37-47.

J.H. RANDALL, « Metaphysics : Its Functions, Consequences, and Criterion », *Journal of Philosophy*, XLIII n° 15, juillet 1946.

G. REALE, *Il concetto di filosofia prima e l'unità della* Metafisica *di Aristotele*, Milano, 1967 (1961).

H.S. RICHARDSON, « Desire and the Good in De Anima », *Essays on Aristotle's* De Anima, ed. Nussbaum & Rorty, 1992, p. 381-99.

L. ROBIN, *La théorie platonicienne des Idées et des Nombres d'après Aristote*, Paris, 1908.

P. RODRIGO, *Aristote, l'éidétique et la phénoménologie*, Grenoble, Millon, 1995.

D. B. ROBINSON, « Ends and means and logical priority », *Untersuchungen zur Eudemischen Ethik. Akten des 5 symposium aristotelicum* (Oosterbeek, 1969), ed. P. MORAUX et D. HARLFINGER, Berlin, De Gruyter, 1971, p. 185-193.

G. ROMEYER DHERBEY, *Les Choses mêmes. La pensée du réel chez Aristote*, Lausanne, L'Age d'Homme, 1983.

C. ROSSITTO, « La possibilità di un' indagine scientifica sugli oggetti della dialettica nella Metafisica di Aristotele », *Atti dell'Instituto Veneto di Scienza, Lettere ed Arti*, Tomo CXXXVI, 1978, p. 363-89.

L. ROUTILA, *Die Aristotelische Idée der Ersten Philosophie*, Amsterdam, North Holland Publishing Cy, 1969.

C. RUTTEN, « L'analogie chez Aristote », *Revue de Philosophie Ancienne*, 1, 1983, p. 31-48.

– « Note sur quelques conjoncteurs chez Aristote ; Métaphysique, Γ, Z et H », *Revue de Philosophie Ancienne*, 2, 1983, p. 197-201.

V. SAINATI, *Storia dell'« Organon » Aristotelico. 1. Dai « Topici » al « De Interpretatione »*, Firenze, Le Monnier, 1968.

A. SCHWEGLER, *Die Metaphysik des Aristoteles*. 4 vol., Tübingen, Fues, 1847-48.

R. SORABJI, « Body and Soul in Aristotle », *Philosophy*, 49, 1974, p. 63-89.

A. M. THORNTON, « *Logos*-phrase et *logos*-texte chez Platon et Aristote », *Philosophie du langage et grammaire dans l'Antiquité*, Ousia Bruxelles – Université des Sciences Sociales de Grenoble, 1986, p. 165-179.

F. A. TRENDELENBURG, *Geschichte der Kategorienlehre*, Hildesheim, Olms, 1963 (1e éd. Leipzig, 1846).

E. TUGENDHAT, *TI KATA TINOΣ*, Freiburg-München, 1958.

M. VAN AUBEL, « Accident, Catégories et Prédicables dans l'œuvre d'Aristote », *Revue Philosophique de Louvain*, 61, 1963.

G. VERBEKE, « La notion de propriété dans les *Topiques* », *Aristotle on Dialectic; the Topics.* Proceedings of the 3rd Symp. Arist. (ed. G.E.L. Owen), Oxford, 1968, p. 257-276. « La critique des idées dans l'*Ethique Eudémienne* », *Untersuchungen zur Eudemischen Ethik. Akten des 5 symposium aristotelicum* (Oosterbeek, 1969), ed. P. MORAUX et D. HARLFINGER, Berlin, De Gruyter, 1971, p. 135-156.

– « L'objet de la *Métaphysique* d'Aristote selon des études récentes », *Revue de Philosophie Ancienne*, 1, 1983, p. 5-30.

W. J. VERDENIUS, « Traditional and Personal Elements in Aristotle's Religion », *Phronesis*, 5, 1960, p. 56-70.

J. VUILLEMIN, *De la logique à la théologie : cinq études sur Aristote*, Paris, Flammarion, 1967.

H. WAGNER, « Über das aristotelische *pollachôs legetai to on* », *Kant-Studien* 53, 1961-62, p. 75-91.

A. D. WALKER, « Aristotle's account of Friendship in the Nicomachean Ethics », *Phronesis*, 24, 1979, p. 180-196.

C. WERNER, « La finalité d'après Aristote », *Revue de Théologie et de Philosophie*, 19, 1931, p. 5-16.

M.J. WOODS, « Problems in Metaphysics Z, chapter 13 », *Aristotle : a Collection of Critical Essays*, London, 1967, p. 215-40.

E. ZELLER, *Aristotle and the Earlier Peripatetics* (trad. angl.), London – New York, Longmans, Green & Co, 1897.

M. ZINGANO, « L'homonymie de l'être et le projet métaphysique d'Aristote », *Revue Internationale de Philosophie*, 1997/3, n° 201, p. 333-356.

INDEX DES PASSAGES CITÉS

TABLE DES MATIÈRES

ACHEVÉ D'IMPRIMER
EN JANVIER 2000
PAR L'IMPRIMERIE
DE LA MANUTENTION
A MAYENNE
N° 19-00

Dépôt légal : 1er trimestre 2000